빛나는 문화유산 온돌

보성 오봉산 구들장 이야기

김준봉 지음

어문학사

서 문

한옥은 한국의 고유한 주택이며 지속 가능한 건축이 그 기본 요소이다. 특히 온돌 난방은 공기를 데우는 방식이 아닌 바닥을 뜨겁게 달구어 신체를 직접 접촉하는 난방 방식으로서 서양의 벽난로 난방과 대비되는 특징을 지닌다. 이는 각국의 생활 양식에 맞추어 발전한 것으로, 서양의 경우 입식 위주의 동적인 생활 방식을 갖추었으므로 '선 불'이 발달하였고, 우리나라의 경우 좌식 위주의 정적인 생활 방식을 갖추었으므로 '누운 불'을 사용하게 된 것이다. 즉 온돌은 우리의 주거문화 및 생활 양식에 알맞게 발전한 우리 난방문화의 핵심 요소인 셈이다. 지금은 온돌 침대나 아파트 온수 온돌 등 여러 가지로 변형이 되기는 했지만, 이러한 온돌-구들장 문화는 현대에까지 여전히 이어져오고 있는 우리 민족의 역사적 산물이다. 우리는 온돌에서 태어나고 온돌에서 생활하며 온돌에서 죽는다. 따라서 한옥의 심장은 바로 온돌이고 우리는 '백의 민족'이라기보다 바닥에 뜨거운 구들장을 베고 자는 '온돌 민족'이다.

이 책은 이 온돌을 구성하는 방바닥의 필수적이며 중요한 자재인 구들장의 역사와 문화, 암석의 과학적 성질과 열적 성능 등에 관한 책이다. 이 책으로 말미암아 반만년을 이어온 전통 한옥의 친환경성과 온돌 난방의 원천기술을 현대에 접속하여 인류의 위대한 발명인 바닥난방 온돌문화를 한층 계승 발전시켜 나가는 데 일조하기를 기대한다.

이른바 K-컬처로 불리는 한류의 한 요소로서 K-POP과 한복·한식 등은 이미 현대화 및 세계화의 길로 접어들었다. 이제 한국 주거문화(K-House)의 핵심인 온돌 또한 세계의 관심에 화답할 차례다. 실제로 온돌의 뛰어난 성능은 해외에도 잘 알려져 전 세계인으로부터 주목받고 있으며, 외국인의 방한 경험을 소개하는 유튜브 영상 등에서도 온돌과 찜질방에 대한 소개는 빠지지 않는다. 평창 동계올림픽이 개최되던 해 선수촌에 설비되어 있던 온돌이 선풍적인 인기를 끌었던 것 역시 온돌의 세계적 관심에 대한 방증이다. 필자가 1993년도부터 20여 년동안 중국 연변과학기술대학과 북경공대에서 학생들을 가르칠 때에도, 북경과 상해, 심양의 고급 아파트에는 하나같이 바닥난방인 온돌 보일러가 설치되어 있었다. 그러나 안타까운 것은, 이러한 온돌 보일러의 핵심 자재나 온돌마루가 모두 독일이나 핀란드, 일본산이었다는 사실이다. 온돌이 필시 우리의 전통문화이자 기술인데도 불구하고, 현재 세계 시장을 점유하고 있는 것은 대개 독일이나 일본 등의 외국 회사들이다. 우리 고유의 전통에 대한 저작권이나 주도권이 확립되지 않은 안타까운 현실이다.

대한민국의 주거 형태를 대표하는 온돌문화가 금속 활자나 한글문화만큼 알려지지 않은 채 저평가되고 있다는 것은 참으로 가슴 아픈 실정이다. 명실상부 자랑스러운 우리의 것임에도 불구하고 우리 스스로의 관심마저 희미해져 가니, 현재 한국은 온돌에 대한 연구도 부진하고 자료조차 부족한 형편이다. 이제 우리가 온돌의 종주국임을 다시 한번 확인하고 알릴 기회가 왔다. 온돌의 핵심 자재인 구들장을 떠내던 자리인 보성군 득량면 오봉산 구들장 채석장에 대한 이야기를 통하여 부디 온돌문화의 근간인 구들장에 대한 이해의 폭을 넓힐 수 있기를 간절히 기대한다.

2023년 11월

눈 덮인 진천 온돌연구소에서

국제온돌학회 상임회장 김준봉

온돌찬가

온돌 사랑 오봉산 구들장 사랑
황토 사랑 불 사랑
흙으로 만든 인형 불로 구워 사람되듯
흙과 나무 불로 살라 숨을 쉰다

한옥의 심장은 구들
구들에 불이 든다
심장이 뛴다
뜨거운 불로 차가와진 흩어진 가족들을 모은다

이제 갈라진 반도 사람길로 고래켜서
남으로 북으로 북에서 남으로
따스한 너를 보낸다

백두에서 한라까지
뜨겁게
흩어진 민족 불로 모으리라
구들 사랑 자연 사랑 이웃 사람
온돌방 같이 따스한
구들처럼 포근한 아랫목 너를 맞는다

나를 살라 너를 데우는 불목하니는
오로지 고랫길로 희망 구들 놓으리라

동토의 가슴 희망 구들 아궁이로 녹여내어
구들장 두 어깨에 지고서 제 살 아낌없이 사르리라

그 열정의 불꽃으로 텅 빈 아궁이 환히 비추는
붓돌을 기둥 삼아 이맛돌에 뜨거운 심장 벌겋게 달구는 온돌이여-!

이글거리는 불기에 타들어가는 불구멍 속
목놓아 부르는 불 혼

아홉 고래등에 비수 꽂아 붉은 핏불로 하연 연기로
앓아 곪은 차디찬 냉기를 부활로 알리는 온돌이여-!

사그라드는 맘 아쉬워 두 입술 깨물어

개자리에 머물게 하소서

허허로운 맘 없기를 두 입술 깨물어

먼 굴뚝으로 보내게 하소서

기어이 굴뚝개자리를 박차고

어두운 터널 긴 동면의 구새를 지나 신명나게 춤추리라

우리 흰 구름으로 높푸른 하늘에 희망 구들 놓을 때까지

2023년 11월

김준봉

축 사

한 해를 마무리하고 새해를 준비하는 시기에 『보성 오봉산 구들장 이야기-빛나는 문화유산 온돌』을 발간하게 되신 것을 진심으로 축하드립니다.

보성 오봉산 구들장 채석지가 문화재로 등재되기까지 갖은 노력을 아끼지 않으신 국내외 한국 온돌문화의 대가 김준봉 교수님의 노고에 감사드립니다.

'보성군과 교수님의 인연은 필연적이다'라는 생각이 듭니다. 교수님의 주된 역할로 2018년 국가문화재 제135호로 등재된 '온돌문화'는 온돌문화와 구들장의 관계에 대해 다시 생각하게 만드는 계기가 되었습니다.

또한, 2021년 1월 보성 오봉산을 처음 방문하시고 현재까지 보성에 대한 꾸준한 애정과 관심으로 보성에서 군민들과 함께 구들장 온돌문화 교육 프로그램과 온돌 세미나를 진행해주신 점도 뜻깊게 생각합니다.

보성 오봉산 구들장 현장은 채석 산업으로 대부분의 가구가 생계를 이어갔을 만큼 지역민들의 삶과 애환이 녹아있는 정서적 향수를 간직한 곳이며, 대한민국 근현대사에 국민들의 생활상을 엿볼 수 있는 살아있는 역사의 현장입니다.

2021년 5월 11일 오봉산 구들장 채석지가 문화재가 되었다는 소식은 보성 군민의 마음을 위로해주고 당시의 고생에 보상해 주는 듯했습니다. 국가에서 인정한 문화재로 인정받았다는 점에서 더없이 뿌듯합니다.

이에 오봉산 구들장 채석지의 보존·관리·활용은 물론 향후 세계문화유산에 등재될 수 있는 기반을 하나, 둘 마련하고 있습니다. 이 길을 김준봉 교수님과 함께 걸어간다면 정말 든든할 것 같습니다.

다시 한번, 『보성 오봉산 구들장 이야기-빛나는 문화유산 온돌』 발간을 축하드리며, 한국의 온돌문화와 보성 오봉산 구들장의 우수성을 세계에 알리는 데 최선을 다하겠습니다.

감사합니다.

2023년 12월

보성군수 김철우

목차

들어가며1

빛나는 우리 온돌문화유산
- 보성 득량 오봉산 구들장 채석장을 추억하며[1]

소, 구들장, 워낭소리

소설 「워낭소리」는 내 출세작이다. 그토록 목을 맸던 신춘문예 당선작이었으니까. 또 그 후 영화가 만들어져 워낭소리는 전 국민의 가슴에 울려 퍼지게 되었다.

2020년 초. 나는 세계의 나그네가 되기로 하고 쿠바로 향하던 발길을 돌리고 귀국해야만 했다. 전 세계를 마비시킨 코로나 때문이었다. 필리핀의 오지마을 탐비사안에서 짐을 싸서 떠나오던 그 새벽의 공기를 아직도 잊지 못하고 있다. 10년쯤 외국에서 지내면서 사연 많은 내 나라의 현대사를 되짚어볼 야심을 그렇게 허망하게 내려놓게 될 줄은 몰랐다. 그나마 장편소설 한 편을 마무리한 걸로 위로 아닌 위로를 삼아야 했을 뿐.

1 이 글은 진정으로 우리 문화를 사랑하여 전국을 다니다 보성에 정착한 소설가 양승언 님께서 사모님과 손수 구들(온돌) 기술자 교육을 받고 구들장 채석장을 답사하며 느낀 점을 써주신 것이다. 이 지면을 빌려 감사의 말씀을 전한다.

19년 동안이나 성실하게 고기를 자르고 설거지를 한 덕분에 두 자녀의 뒷바라지를 무사히 할 수는 있었지만 늘 시간에 쫓기던, 그야말로 도시의 주인공이 되지 못하고 그 도시의 파수꾼, 도시 벌레 같았던 생활을 이제는 청산할 계획이었다. 다소 불편을 겪을지라도 나는 소설가로서 온전한 삶을 실현할 수 있기를 바랐다. 마당을 쓸고 텃밭에 채소를 가꾸며 살고자 하였다.

나는 먼 길을 나섰다. 몇 달 정도 작품을 쓰고 돌아올 줄 알고 있던 아내에게는 미안한 노릇이었지만 그 길로 어쩌면 다시는 서울의 심장부로 되돌아가지는 않으리라는 꿍꿍이속을 갖고 있었다. 캠핑카부터 별별 궁리를 하면서 흐르고 흘러 닿은 산천이 바로 전라남도 보성군 율포바다였다. 무안, 신안, 장흥, 고흥까지 갔던 곳 되돌아가면서 내내 길을 찾았다.

마침내 일림산 산자락에 위치한 어느 종가의 제각에 자리를 잡았다. 이순신 장군이 임진왜란 때 군량미를 얻은 곳에서 유래하는 지명 득량만 보성.

어떤 신이 내렸던 걸까. 한 달이 넘도록 남의 조상 묘를 찾아다니며 벌초를 했다. 돈을 받은 것도 아니고 스스로 자청한 일이었다. 예초기 칼날에 부딪힌 돌에 얼굴을 맞기도 하였고 말벌집을 잘못 건드려 병원 응급실로 달려가기도 했다.

나는 3년째 아직도 보성에서 살고 있다. 이상한 운명으로 피할 수 없는 남도 사람이 '돼부렀다'. 보성읍, 벌교읍은 물론 노동·미력·겸백·

율어·복내·문덕·조성·득량·회천·웅치 10개 면을 산삼 캐는 심마니처럼 뒤지고 다녔다. 그 열정의 소산으로 2023년 3월 기행소설 『득량, 어디에도 없는』을 출판했다. 책 읽지 않는, 독서 멸습의 시대에 출간한 지 8개월이 지났음에도 독자들의 꾸준한 사랑을 받고 있다.

2021년 5월. 오봉산 구들장 채석지가 국가 문화재로 등록되었다는 소식을 들었다. 나는 이미 알고 있었다. 오봉산이 우리나라에서 손꼽는 구들장 채석지였다는 사실을. 그리고 언급한 기행소설에서 「워낭소리, 오봉산 구들장 이야기」 편을 쓰는 중이어서 더 깊은 관심을 갖게 되었다. 그 중심에 김준봉 선생이 계셨다. 국제온돌학회 회장이라니!

구들장, 온돌문화는 특별한 한옥 문화재 건물에 자료적 가치로서나 존재하는 것으로 알고 있었다. 실제로 현실 생활에서는 발달된 난방문화로부터 멀어지고 있는 것도 사실이다. 도시 집중화된, 아파트로 대변되는 급변한 주거 환경에서 구들장이 설 자리는 없다. 편리성에서도 그렇고 연료 소재의 측면에서도 그렇다. 그러나 구들장, 온돌문화는 단지 난방문화의 기능적 측면으로만 과소평가할 수 없는 귀중한 전통과 여전히 계승 발전시켜야만 할 정신적 가치가 숨어있다. 지방이나 농가에서는 일부러 구들장 시설을 하는 주택들도 꽤 되는데 그 까닭은 무엇보다도 구들장을 놓은 온돌방의 건강적 효능 때문이다. 구들장을 놓고 황토를 바른 방바닥에 불을 지피고 자면 소위 현대 문명병이라고 하는 불면증이라든지 피부 질환에 탁월한 효과가 있다.

또 구들장을 놓은 온돌방은 무엇보다 공동체, 협동과 상생을 의미

한다. 1980년대만 하더라도 한 방에서 같은 이불 덮고 누워 자며 성장한 추억들을 돌이켜보면 이해할 것이다. 나중에 김준봉 선생과 인연이 되어 온돌문화 세미나나 실제 구들장을 놓는 실습에 참여하면서 강의를 통해 배우게 되었다. 구들장, 온돌문화가 단순히 난방 기술적 측면을 넘어서는 문화적 가치가 상당히 심오함을. 오늘날 실용주의를 내세워 극도로 이기적인 개인주의만 팽창되는 폐단을 생각해 본다면 그 숨은 대답을 온돌문화에서도 찾아볼 수 있을 것이다.

나는 「워낭소리, 오봉산 구들장 이야기」 편을 쓰면서 진한 눈물을 흘리지 않을 수 없었다. 보성 오봉산의 구들장을 채석하여 근근이 삶을 지탱했던 앞선 세대들이 겪은 뜨거운 삶의 이야기 때문이었다. 이미 내 작품 속에 수록했지만 평생 구들장을 채석하여 일가를 먹여 살린 어느 채석공의 사연이 너무나 감동적이었다. 보성 복내면 어느 부잣집에서 머슴을 살던 이였다. 그는 득량면으로 이주하여 오봉산에서 구들장 채석하는 것으로 가난한 살림을 지탱했는데, 문제는 채석한 구들장을 실어 나를 소가 없다는 점이었다. 그는 이전의 머슴 살았던 복내의 부잣집을 찾아가 사정하였고 그의 성실함을 인정하고 있던 주인이 소 한 마리를 거저 주었다. 당시의 소는 농가의 큰 재산이었다. 채석공은 그 소로 달구지에 구들장을 실어 내렸고 단순히 구들장만 캐던 때에 비해 더 많은 돈을 벌게 되었다. 채석공의 두 아들은 다 사법시험에 합격했고 대법관까지 오르는 입지전적의 인물이 되었다.

채석공은 늙은 소가 운명할 때 외양간에서 함께 눈물을 흘리며 밤을 새웠다. 죽은 뒤에는 오봉산에 묻고 돌탑을 쌓은 뒤 매년 위령제까지 지냈다. 그리고 당신이 운명할 때를 맞아 아들을 불러 평생 오봉산 돌밭에서 구들장을 싣고 나르던 소의 워낭을 잘 간직할 것을 유언하였다.

2022년. 그 채석공의 후손들로부터 연락을 받았다. 내가 소설 워낭소리를 쓴 작가임을 알게 된 그는 내게 같은 제목으로 가사를 써줄 수 없냐고 하였다. 매우 감동적인 사연을 알고 있던 나는 오봉산 구들장 채석지를 올라가면서 그 즉석에서 가사를 썼다.

그리운 내 고향 전라도 보성군 득량
세월은 지나고 혼자서 추억만 달래본다
어디선가 보일듯한
어디선가 들릴듯한
돌아오지 못할 지나간 이야기
꿈에서도 잊을 수 없다네
아버지와 소달구지
그리운 내 고향 시골집
워낭소리 들려온다.

보성 복내면 출신의 이용도 선생이 곡을 붙였다.

2023년 오봉산 구들장 채석장 탐방 때 나는 김준봉 선생과 동행하였고 구들장 학습 수강생들 앞에서 내가 가사를 쓴 <워낭소리>를 직접 불렀다. 오봉산 구들장 채석지 국가등록문화재 바로 그 현장에서.

문명의 변화는 더 빠른 속도로 눈부시게 발전할 것이다. 어쩌면 구들장 온돌 방식은 극소수의 농가나 그 시설을 보존해야 할 문화재 건물이 아니라면 사라질지도 모른다. 부인하거나 막을 수 없는 세태다. 하지만 결코 잊지 말아야 중요한 전통문화의 유산이 있다. 어제 없이 오늘이 있을 수 없듯 그 모형과 방식은 변할지라도 우리 민족의 주요 생활방식이었던 구들장 온돌문화에 짙게 배어있는 공동운명체 상생의 정신 말이다. 인기나 대중의 박수와 거리가 먼 국제온돌학회를 창립하여 꿋꿋하게 전통의 가치를 재발견하고 실천하는 김준봉 선생을 진심 응원한다.

그대, 혹시 삶의 쓸쓸함에 부대끼는가. 전라남도 보성으로 오시라. 오봉산을 오르며 국가 문화재 구들장 채석지를 살펴보라. 평생 망치와 정을 들고 돌을 떼낸 채석공과 그 구들장을 실은 달구지를 끄느라 발톱이 빠지고 피를 흘려야만 했던 소들. 우리는 누구도 어느 날 하늘에서 그냥 뚝 떨어진 존재가 아니며 내가 누리는 오늘의 이 편리와 행복이 결코 저 오봉산 돌밭에서 그 생이 다하도록 무거운 구들장을 나른 채석공과 소와 무관하지는 않다는 사실을 기억해야만 하리.

소설가 양승언

들어가며2

한옥의 심장은 온돌
- 우리는 온돌민족

중국 한인동포(조선족) 한옥, 구들(온돌) 이야기

온돌공부는 내 필생의 공부다. 필자는 건축을 전공하여 국가공인 건축사 자격을 취득한 건축가이고 대학에서 건축설계와 건축역사 이론을 가르치며 한옥과 온돌을 연구하는 학자다. 그리고 중국에서 민족학을 연구하여 민족의 전통문화에 관한 관심이 깊다. 필자가 중국 연변 한인동포 마을에 처음 발을 디딘 때가 1993년이다. 연변과학기술대학 설립 당시 교수와 학교 설계를 해야 할 전문인 교수선교사가 절실히 필요하다는 친구의 설득(?)으로 중국 길림성 연변조선족자치주의 연변과학기술대학에 간 것은 내 인생의 변곡점으로 당시 교수선교사로 근무하던 대학동기인 친구 교수의 후원차 연변에 간 것이 인연이 되어 제3의 인생이 시발되었다.

서울 용산구 동빙고동에서 초중고등학교를 다녔다. 서빙고초등학교, 당시 용산 해방촌에 위치한 숭실중학교, 그리고 뺑뺑이 1회로 영등포구에 위치한 관악고등학교를 다녔고 대학은 사당동과 부천 여월동에서 살면서 다니고 졸업 후 방산업체 조건으로 공영토건에 입사해서 등촌동 인공폭포 옆에 살았다. 건축사사무소 신혼 시절에는 풍납동에 살았다. 아마 여기 서른까지가 제1의 인생인 셈이다.

건축사 면허를 1988년, 당시로는 비교적 어린 나이에 취득하여, 안정적인 영동대교 남단에 위치한 우성그룹의 리베라호텔 영선주임으로 일하던 직장을 그만두고 지금 제2의 고향이 된 충북 진천에 건축사 사무소를 차린 것이 아마 제2의 인생의 시작. 이곳 제2의 고향 '생거진천'에서 아이 셋을 키웠다. 큰 아들이 상산초등학교, 진천중학교를 졸업할 때까지.

당시 건축 경기의 호황으로 잘나가던 건축사 사장에서 중국 오지의 대학교수로 이동하는 것은 그리 쉽지 않았다. 이미 아이가 셋이고 터가 잘 잡힌 곳을 다시 떠나 당시 적성국가로 분류되어 특정국가 여행허가를 득하고 '자유중국'이 아닌 '중공'으로 떠나는 것이니. 그리고 건축설계와 시공에 최적화된 생활을 학문 연구와 교육으로 전환하는 것 역시 큰 결심이었다.

1994~1997년 사이, 매년 방학과 계절학기를 통해 적응 기간을 거친 후 1998년 8월 온 가족이 중국 만주벌판으로 이주했다. 제3의 인생의 시작이다.

중국의 '연변한인동포민가' 연구로 박사학위를 받고 본격적인 교수로서 연구자의 길을 시작했다. 길림성, 요녕성, 흑룡강성, 소위 한 성이 우리 한반도보다 더 큰 만주벌판을 헤매며 우리 전통민가와 그 민가의 핵심 요소인 온돌 연구에 매진하여 『중국속 한국 전통민가』 책을 출간하고 한국과학기술총연합회로부터 중국한인동포민가 연구의 공로로 과학기술론우수논문상을 받은 것은 개인적으로는 크나큰 감격의 순간이었다. 처음에는 학교 설계와 감리를 맡아 진행했지만 중국의 학교인 고로 비자 문제 때문에 학교에서 학생들을 가르치는 교수 일을 병행해야 했는데, 당시 건축과가 없어서 연극반 지도교수로 연극영화의 이해라는 교양과목을 가르쳤다. 대학 시절 내내 전공 공부는 안하고 연극 공부를 했던 것이 큰 도움이 되었다.

얼마 후 학생들의 요구를 토대로 건축을 전공한 교수들이 모여 건설공학부를 만들어 본격적인 건축과 교수의 길을 걸었다. 아무래도 연변과학기술대학은 선교사들이 운영하는 대학이라서 겉으로는 일반 중국 대학이지만 거의 신학교 버금가는, 소위 포항의 한동대 수준인 바람에 전공이 부분적으로는 소홀할 수밖에 없었기에 주말마다 학생들과 건축 답사를 하면서 민가 건축 연구를 했다. 그것으로 부족한 전공 교육과 연구를 보충하면서 현장 공부를 병행한 셈이다.

대학 시절 학교에서는 서양 건축 중심으로 수업을 했고 졸업 후에도 한국 전통 건축에 대한 열망은 있었지만 충분히 체계적으로 우리 전통 건축을 공부할 기회가 없었던 아쉬움이 컸기에, 필자의 오랜 열망에 이끌려, 중국 동북 삼성 지방(길림성, 요녕성, 흑룡강성)의 민가를 주로 답사를 통하여 조사하고 연구를 한 것이 우리 한옥과 구들에 입문하는 계기가 되었다. 특히 우리 민족이 많이 살고 있는 연변 지방의 한옥은 고래 등 같은 기와집은 별로 없지만 우리의 순박하고 순수한 황토방 초가집 형태의 '민가'는 정말 많았다. 중국 현지의 한족(漢族)집과는 확연히 차별된다. 비록 중국의 집들보다는 규모 면에서 크진 않지만 정갈하고 깔끔한 우리 전통 건축 황토방 한옥에 금세 매료되었다. 그 전통 한옥 요소 중에서 이거다, 하고 필자를 당긴 것이 바로 구들-온돌-이다.

수많은 흙집의 온돌들을 조사하면서 이렇게 작은 집에서, 이렇게 추운 곳에서, 이렇게 열악한 재료를 가지고, 이렇게 깨끗하고 포근하고 따뜻한 집을 지을 수 있구나 하는 생각을 갖게 되었다. 말하자면 한옥의 원초적인 아름다움에 반한 것이다. 흔히 한옥하면 고래 등 같은 기와집을 연상하지만 사실 한옥의 주류는 마루, 흙벽, 초가집이다. 그런데 우리 민족의 정과 혼이 심어져 있는 황토 초가집은 근대화와 더불어 우리에게서 멀어지고 고급 양반집이 지금 이 시대의 한옥으로 대표되는 것은 아쉬운 일이다.

이 양반 한옥이 아닌 서민 한옥이 바로 황토구들방이고, 이 황토구들방이 중국 연변 땅에 무진장으로 있는 것이 아닌가. 함경도에서 오신 분들은 함경도식 초가집, 경상도에서 오신 분들은 경상도식 초가집, 전라도에서 오신 분들은 전라도식 초가집… 당시 이 황토방 한옥을 보면 볼수록 신기하기도 하고 가슴이 끓었다. 건축가의 촉이 확 당겨지는 그런 느낌. 그래서 미친 듯이 중국의 전통 한국 민가를 조사하러 다녔다.

또 한 가지 민가 답사 이유가 있다. 그것은 타민족을 대할 때 첫 번째로 해야 할 것이 그곳의 종교나 주거문화, 인문지리 등에 대한 기초 지식을 쌓는 일이고, 그러기 위해서는 자료를 수집해야 하기 때문이다. 타 문화를 이해하는 기본 자료를 만드는 일이 절실했다. 또한 한족·만주족·몽고종·조선족 등 중국에 거주하는 소수민족들에 대한 주거문화와 민속에 관한 기초 자료 수집의 필요성도 큰 이유였다.

중국 연변 도문시 정암촌에 가면 충청도 마을 출신 사람들만 사는데, 우리나라 충청도에서는 사라진 충청도 아리랑을 그곳의 동포들은 아직까지 이어가고 있었다. 물론 경상도 출신들만 사는 남도촌, 전라도 무주 출신들만 사는 무주촌도 있다. 전라도 무주촌에는 지금 한국 땅에서는 찾기 힘든 1930년대 전라도 사투리가 잘 간직되어 있다. 지난 2015년 여름 충북 진천 국악협회 회원들과 그곳 연변 도문시 정암촌에 가서 함께 충청도 '진천 아리랑'을 불렀는데 정말 감동적이었다.

정암촌은 고려말 이성계가 여진족 통두란 장수와 여러 날을 겨루어 형제가 되었다는 일화가 전해지는 정암바위가 있는 곳이기도 하다. 이들이 지금 사는 모습이 바로 우리가 꿈꾸던 그런 생활을 하시고 계시는 거였는데. 오전에는 개인 텃밭을 가꾸고 오후에는 마을 공동 사업을 한다. 저녁에는 함께 놀이도 하고 토론도 하고. 물론 모든 집과 땅은 국가가 나누어 주었고, 모두 다 현대적으로 수리를 해서 깔끔하다. 모든 집이 현대적으로 수리를 했어도 다 불 때는 따끈한 구들방이 있다. 이 한옥 구들방은 주변의 흔한 재료인 흙과 돌과 나무로 지어졌다.

지금 이러한 구들장을 사용된 황토구들방이 건강 건축을 추구하는 현대인들에게 가장 저렴하고 좋은 한옥이다.

(사)국제온돌학회의 창립과 20여 년의 역사

2002년 7월, 드디어 연변과학기술대학에서 당시 최영택 구들장인과 리신호 충북대 교수 등과 함께 국제온돌학회를 창립했다.

2003년, 칭화대학교방문학자를 거쳐 올림픽 배드민턴 경기장 설계참여를 계기로 2004년 북경공업대학 건축도시대학 교수로 자리를 옮기고 지금까지 매년 온돌 국제학술심포지엄과 논문집을 발간하고 있다.

2006년, 『온돌 그 찬란한 구들문화』를 리신호 교수와 공저로 발간했다.

2008년, 국토부로부터 사단법인 국제온돌학회를 인가 받았다. —아쉽게도 당시 문화재청으로부터는 설립 불가 통보를 받았다. 온돌은 동네 어르신들이 모두 놓는 기술이었기 때문에 당시에는 전통전문기술로 보기에는 다소 부적합했기 때문이다. 그래서 국토교통부를 통해 인가를 진행했다.— 그때는 대목, 소목, 화공, 단청, 미장공 등은 있었지만 온돌공은 없던 시절. 이때부터 학회에서 전통온돌기술자 양성 사업을 시작하여 매년 여름방학때 충북 진천 한옥구들문화원 자연환경생태건축연구소에서 온돌 교육 시작. 제1기로 필자인 김준봉과 유완, 유종, 문재남, 오홍식, 유명성, 정귀성 등 30여 명이 졸업했다.

2010년, 국제온돌학회가 국토부로부터 '온돌기술 세계유산등재타당성연구' 수행을 계기로 온돌 한류를 깨웠고 중국의 거센 견제를 받기에 이르렀다. 당시 재직중이던 북공대에 중국 기자들의 취재 요청 쇄도로 학교 연구실을 거의 못 가고 외지로 돌던 기억이 생생하다.

2012년, 문화재청이 온돌에 관심을 갖기 시작하여 국토부와 공동으로 온돌기술 온돌문화를 우리 한민족 핵심 한류 중심으로 인정하여 온돌공을 문화재 기능인 종목으로 추가하는 연구를 부여 전통문화대학교와 함께 추진했다.

2014년, 드디어 문화재청이 직접 주관하는 제1회 온돌문화재기능자 시험을 한국전통문화대학교에서 실시하여 필자인 김준봉과 유종, 문재남, 유명성, 정귀성 등 10여 명의 온돌 장인을 선발했다.

2016년, 문체부로부터 용역을 받아 온돌문화를 해외에 알리는 영문 책자를 발간했다. 이를 해외 한국문화원 등에 배포한 것은 큰 보람이었다.

2018년, 국제온돌학회의 주관으로 '온돌문화'를 한국무형문화유산 135호로 등재시켰다. 이것으로 '온돌문화'를 유네스코 세계문화유산으로 등재하기 위한 필수 조건을 달성했다.

2021년, 보성군 오봉산 구들장 채석지를 한국근대국가문화유산으로 등재시켰다.

2023년, 하동 지리산 칠불사 아자방 구들이 국가민속문화유산으로 승격 등록되었다.

그간 전통온돌기술자도 49차에 걸쳐 1, 2급 600여 명을 배출하여 지금에 이르고 있다.

본격적인 온돌 연구의 시발인 하동 지리산 칠불사 아자방 온돌

이제 우리 한류의 핵심인 한글과 금속활자에 이어 온돌문화를 세계 유산으로 등재하기 위하여 국가문화재인 양주 회암사지와 더불어 현재 경남도 지방문화재인 하동 칠불사아자방지를 국가급 문화재로 승격해야 할 당위성이 충분했다. 아자방 온돌은 사찰온돌의 진수로 우리나라 온돌의 최고봉이라 할 수 있다. 그래서 양주 회암사지와 더불어 하동 칠불사 아자방은 온돌 연구자라면 누구나 연구하고픈 주제이다.

2008년 아랫목돌 수리에 참여한 이후 2016년 해체 복원 조사, 2018년 발굴 조사, 2020년 아자방 체험관 기본 계획작업과 두 번에 걸친 아자방 체험관의 설계 시공, 2022~2023년 아자방의 전면적인 해체와 발굴, 그리고 조선 순조 시기의 아자방으로 복원 공사를 마치고 2023년 10월, 드디어 칠불사 아자방이 지방문화재에서 국가급 민속문화재로 승격되었다.

그리고 2022년, 『천년의 비밀 아자방 온돌』 책을 발간하였다. 거의 7년 동안 아자방 체험관 2회 시공, 아자방 해체 복원을 한 모든 기록을 모아 아자방 온돌 책을 세상에 내보낸 것이다.

보성 오봉산 구들장 채석지

2023년을 기해 우리 온돌문화의 핵심 자재인 구들장을 생산하던 우리나라 최대의 구들장 산지인 오봉산 구들장 채석지에 관한 책을 발간한다.

이 오봉산 구들장 채석지는 2021~2022년에 걸쳐 2년이라는 비교적 짧은 시간에 지표 조사와 구들장의 특성과 성분 분석 각종 역사적 사실들을 발굴하고 생존하신 분들의 기억을 인터뷰를 통하여 채록하여 국가문화재로 등록한 정말로 귀중한 문화유산이다. 득량역은 이 구들장을 운반하던 역이고 득량면에는 이 오봉산 구들장으로 지어진 우리의 전통한옥들이 즐비하다. 하동 칠불사 아자방에도 이 오봉산 구들장이 쓰였고 전국적으로 70%에 이르는 구들장이 이곳 오봉산 구들장으로 공급되었다고 전해진다.

이 구들장 채석지 역사의 흔적을 더듬는 일은 우리 한민족 문화의 속살을 느끼는 일이다.

이제 이 기록들을 이 책에 남기어 길이 보전하고자 이 책을 쓴다.

오봉산 구들장 채석지란

전남 보성의 오봉산에 펼쳐진 온돌 석재 채취 현장은 우리 민족이 수천 년간 유지해온 난방 체계였던 온돌문화의 뚜렷한 증거가 되고 있다. 이는 한국 사회에서 자취를 감추기 시작해 지금은 몇 안 되는 고택에서나 유지되고 있는 온돌문화의 핵심에 해당한다. 현재 연로한 세대들에게는 어릴 적 온돌방에서 생활한 기억이 뚜렷이 남아 있지만, 앞으로 100년, 200년 후에는 온돌문화에 대한 기록마저 희미해질지도 모른다. 따라서 대한민국 등록문화재인 오봉산 온돌 석재 채취 현장을 보존하는 일은, 쇠락해가는 우리 전통문화에 생명을 불어넣는 것으로서 매우 가치 있는 일이다.

· 문화재명: 보성 오봉산 구들장 채석지

· 소재지: 전남 보성군 득량면 해평리 산 63-1, 63-4

· 시대: 일제강점기 1930년대 말에서 1980년대까지

· 종류/분류: 채석지 및 운반로

· 지정 내용: 국가등록문화재(근대문화유산)로 등록

전남 보성 오봉산 구들장 산지는 우리나라 국가 무형문화재 135호로 지정(2018년)된 '온돌문화'의 핵심 자재인 '구들장' 채석장이다. 현재 남아 있는 구들장 산지 중 규모가 가장 크고 그 유적이 비교적 잘 보존되어 있어 온돌 구조의 핵심 자재의 채석지로 역사적, 문화적, 학술적

가치를 인정받아 마땅하다.

5,000년 역사의 한민족은 한옥과 온돌이라는 우리 고유의 주거문화를 탄생시켰고 거기에 온돌방이라는 보편적 가치와 탁월성을 지닌 문화를 정착시켰다. 그간 채석지의 지표 조사를 통해 그 규모와 형성 시기가 잘 드러났으며 우리나라 근대기 산업 및 주거문화와 사회사적 측면에서도 매우 가치가 있는 것으로 평가된다. 지금까지 수집된 유구 유물들과 증언을 토대로 추정하건대, 이 채석지는 1940년대부터 본격적으로 사용되어 1980년대 초까지 활발하게 채석이 유지된 구들장 산지다.

오봉산 구들장 채석지는 우리나라 구들장 산지를 대표할 수 있는 채석지로서의 입지가 확고하고 그 가치 또한 대대로 보존되어야 할 소중한 문화유산이다. 국가등록문화재로서 지속적으로 보존 및 정비·관리가 이루어질 수 있도록 관심을 가져야 하고, 아울러 그로부터 파생된 각종 채석 도구나 운반 수레, 인근의 운반로 등 역시 마땅히 문화재적 가치 규명과 보존 활용이 이루어져야 한다.

한반도에서의 한옥과 온돌은 그 뿌리가 깊고 값지다. 온돌은 난방 방법으로서도 그 값어치가 높지만 거주 문화적 삶의 한 부분으로도 의미가 깊다. 최근 들어 온돌문화를 재조명하는 연구가 활발히 진행되고 있다.

온돌(온돌)의 한 요소가 구들장에 있다. 구들장은 온돌석(溫突石)이라 했는데 온돌 구조에서 바닥의 주요 요소인 판돌(板石)을 말하는 것이다.

구들장은 산지에서 채석된 후 이동 운반되어 한옥 집짓기에 쓰인다. 원래 길이(크기) 40~60센티미터, 두께 6센티미터가 기본이었다. 현장에서 재생으로 쓰일 때 그 크기가 다양하게 변화된 것이다.

전라남도 보성군 오봉산 구들장 채석장은 값진 역사를 갖고 있다. 구들장 채석 과정 또한 구전과 기록으로도 잘 남아 있다.

오봉산 채석장은 일제강점기 말기인 1940년대 초에 본격적으로 채석된 것으로 보이며, 이는 1980년대 초까지 40여 년간 채석 수요 충당에 활용되었다. 가장 활발히 채석이 이루어진 것은 1960년대이다.

현재도 산지 채석장은 비교적 잘 존치되고 있다. 또한 전통적 돌뜨기(채석) 도구와 수레 등 운반 도구, 구들장의 이동 및 하역 과정은 그 산길과 여러 현장에 그대로 남아 있다.

이의 훼손을 막고 온돌 역사를 계승하는 의미에서 보성군 오봉산 산지 등록문화재를 길이 보존하고 보전해야 할 것이다.

온돌 석재는 자연에서 채취하고, 이를 구들장으로 활용하여 온돌 난방을 한 일은 생활문화적인 사항이므로 자연과 문화가 복합되어 있다는 점에서 세계유산 중 복합유산으로 추진하는 것이 바람직하다고 판단된다. 현재 우리나라에 복합유산으로 선정된 세계유산이 전무하다는 점도 긍정적인 요소일 것이다.

또한 오봉산 구들장 운반로의 길고 높은 축대에도 주목해야 한다. 보성 오봉산에 남아 있는 50도가량의 경사지 절벽 위, 자연 지형에 맞추어 쌓아 올린 이 축대는 남한 지역 내에서 제대로 남아 있는 예를 구하기가 어렵다. 현재 오봉산 구들장 운반로의 경우 축대와 더불어 당시 채석과 운반에 사용되었던 각종 공구와 장비 또한 비교적 온전히 남아 있으므로, 앞으로의 유적 보존 및 정비를 위해 조속히 국가등록문화재로 지정하여야 할 것이다. 그리고 현재 남아 있는 구들장 운반로의 분위기 그 자체가 문화유적 관광지로의 활용이 충분하여, 중장기적인 학술 조사를 진행하면서 오봉산 구들장 산지의 역사성과 그 중요성을 더욱 부각시켜야 한다.

이를테면 운반로와 채석지 사이로 사람만 다닐 수 있는 '기본적인 작은 숲길 정비(제초 작업 및 수목 제거 등)' 등을 통해 당시 우리 구들장 문화의 지속을 위해 행해졌던 채석 작업과 운반로의 축대 조성 기술을 느낄 수 있는 산교육장으로 즉시 활용할 수 있도록 조치가 필요하다고 사료된다.

아울러 이 유적은 남아 있는 상태 자체가 매우 양호하다는 점에서도 보존 가치를 더한다. 따라서 오봉산 구들장 산지에 대한 역사적 특별성과 재료적 탁월성을 돋보이게 하기 위하여 전통 구들장 채석지에 대한 포괄적인 연구가 진행되어야 하며, 이를 위해 전국적으로 산재해 있던 구들장 산지에 대한 종합적인 조사가 필요하다. 또한 전문가의 사전 검증 없는 해체 및 성능 개선 사업 등이 현재 잘 보존되어 있는 오봉산 채석지를 훼손하는 불상사가 발생하지 않도록, 지방자치단체가 주도적으로 구들장 산지 보전 사업을 진행해야 한다.

이 오봉산 구들장 채석지가 국내 문화재로 등록이 되었으니 계속적인 보전과 활용으로 인근 고택에 보존되어 있는 온돌 구조와 함께 세계유산 등재를 추진하는 일이 시급하다. 우리 민족의 온돌 난방 체계는 동북아시아의 다른 문화권에 영향을 끼쳐 온 사실은 널리 알려진 바 있다. 이미 국제온돌학회 국제학술대회에서 수차례 발표된 바와 같이 지구 반대편의 미국과 유럽의 겨울철 난방 체계 개발에 아이디어를 제공했다는 사실은 서로 다른 문화권 사이의 교류의 뚜렷한 흔적이며, 이러한 사실은 세계유산 평가 기준에도 부합되어 긍정적인 요소가 될 것이다.

아울러 국내의 문화재 등록을 거쳐 세계유산으로 가기 위해서는 더욱 철저한 역사문화적인 고증 연구와 자연적인 측면에 대한 과학적인 기초 연구가 필수적이라 하겠다. 현장에서 직접 일했던 사람들의 증언을 채록하는 일 또한 필요할 것으로 판단된다.

들어가며3

국제온돌학회 창립 22주년을 지나며

우리의 전통문화 구들

세계적인 권위를 자랑하는 '대영백과사전'에는 온돌이 'ONDOL'로 등재되어 있다. 구들 역시 고유명사이기에 다른 표현은 아직 없고 'GUDLE'로 표기할 수밖에 없을 것이다. 그러나 요즘의 영한사전을 찾아보면 구들이나 온돌이 '하이퍼코스트(hypocaust)'로 표기되어 있는 경우가 종종 있다.

이는 우리의 전통 난방법인 구들을 아주 원시적인 온돌 구조로서 자연 온천수를 흘러내리는 방법인 서양식의 하이퍼코스트와 동일 선상에 둔 것과 같다. 우리가 우리의 전통 난방 기술을 계승·발전·전파시키지 못한 동안에 일어난 일이다.

하이퍼코스트는 서양 로마시대에만, 그것도 단지 목욕탕용으로 잠깐 사용되었던 원시적 바닥난방 형태인데, 우리 구들과는 비교도 안 되는 단순한 구조이다. 바닥에 수로(水路) 형태로 온천수를 흘려서 바닥을 데웠던 시설이 대부분인데, 우리의 전통처럼 불을 이용하여 열기를 다루어 축열이나 취사 겸용을 가능하게 한 복잡한 구조도 없는 아주 단순한 난방법이다. 이런 서양의 하이퍼코스트를 우리 고유의 역사와 전통에 빛나는, 복잡하지만 그 원리가 과학적인 첨단화된 구들과 비교하고 그 자리를 대체하게끔 하는 것이 참으로 안타까운 현실이다. 우리가 우리의 것을 귀하게 여기지 않는다면 누가 우리를 귀히 여기겠는가?

옛날 어렸을 적에 감기에 걸려서 온몸에 오한이 나거나 으스스 떨리면 제일 먼저 떠올리는 것이 '따끈따끈한 방바닥'이다.

감기가 아니더라도, 몸이 찌뿌듯하거나 어깨가 무겁고 허리가 뻐근할 때 '뜨거운 구들 방바닥에 두어 시간 지지고 땀을 흠뻑 내고 나면', 언제 그랬냐는 듯이 온몸이 날아갈 듯 가벼워지는 것이 사실이다.

이러한 온돌문화는 이미 구석기시대부터 불의 이용으로 발생되었다. 그리고 이 온돌문화는 오랜 기간에 걸쳐 발달되어 지금에 이른 찬란한 우리의 유산으로, 지금의 중국 만주 지역과 한반도 북부 지역에서 크게 사용되었고 우리 민족이 전승받아 지금까지 사용하고 있다. 요컨대 구들, 온돌문화는 우리 민족에 의해 만들어지고 우리 민족에게 전승되어 발전되었다고 할 수 있다.

우리네 온돌의 흔적은 신석기시대의 움집 화덕에서 처음으로 발견되는데, 현재까지 알려진 이에 관한 가장 오랜 유적은 두만강 유역의 기원전 5000년에서 4000년 정도로 추정되는 '서포항 집터'에서 발견되었다.

다섯 개의 돌무지 형태로 마련된 5개의 화덕 가운데 양 끝의 두 개에는 냇돌을 둘렀으며 가운데는 3개에는 자갈만을 깔아놓았다. 이것은 이러한 온돌고래의 양 끝에서 불을 지폈다가 가장 화력이 왕성한 잉걸불을 가운데 화덕 쪽으로 모아놓은 흔적으로 보인다. 불을 위에서 때는 하향식 구들이다. 따라서 이때의 화덕은 집안의 공기를 데우거나 어두움을 밝히고 음식을 끓이는 일 따위의 여러 가지 구실을 함께 한 셈이다. 즉, 전기가 없던 시절에 이 온돌 구조는 난방·조명·취사·소독 등 다목적 역할을 하였다. 또한 고구려의 벽화와 발해의 왕궁 터에 하향식 구들이 발전된 형태인 상향식 구들의 모습이 나타나는 것으로 볼 때, 우리 온돌 최초의 역사는 그보다 훨씬 이전이 될 것임을 분명하게 알 수 있다. 그리고 기원전 1000년, 즉 지금으로부터 약 3,000년 전에 알래스카 아막낙섬에서 상향식 구들 유적이 발견되었다.

문헌상의 원시 구들이 복잡한 구조와 과학적 기능을 갖춘 구들로 발전하는 데 수백 년 이상의 많은 시간이 걸렸다고 보아 최초 한반도 북부의 원시인이 불을 발견 · 획득하고, 불을 이용하여 복잡한 구조의 구들을 만드는 데는 그보다 수십 배에 달하는 천 년 이상의 기간이 소요되었을 것으로 추정되므로 우리 고유의 온돌문화인 구들은 구석기 시대에 발생되었을 것으로 여겨진다.

그 후 정착 생활이 본격화된 청동기시대로 접어들어 농사를 짓고 붙박이로 살면서 화덕의 구실은 취사와 난방의 두 갈래로 나뉘었고, 이때부터 난방용 화덕을 집 한 귀퉁이에 붙이고 불 이용에 있어 가장 중요한 발명인 수평의 굴뚝으로 연기를 밖으로 뽑았다. 이러한 굴뚝의 발명은 참으로 대단한 발견으로 서구의 벽난로 굴뚝(Chimney) 발명보다는 거의 천 년 이상 앞선 것이다. 이러한 화덕과 굴뚝, 구새는 철기시대에 기역자(ㄱ) 꼴 구들로 발전하였다. 지금 북한이지만 평안북도 노남리의 집 자리에서 나온 것이 그것이다. 동쪽의 것은 너비 30㎝, 깊이 30㎝이고 남북으로 놓인 것은 너비와 굴뚝이 딸려 있었다.

방의 일부만 데우는 외구들 형태인 이 'ㄱ'자 꼴 구들은 고구려시대(기원전 37년~기원후 668년)에도 이어졌다. 4세기에 만든 황해도 안악 제3호 무덤 부엌 그림에 음식을 끓이는 부뚜막과 난방용 아궁이를 따로 낸 것이 보인다. 따라서 이때에도 구들은 방 일부에만 놓았음이 분명하다. 지금은 중국 땅이지만 과거 고구려 영토인 만주 지방에 가면 한족, 만족, 조선족 등 민족을 불문하고 이러한 와구들이 놓여있다.

이후 우리네 구들이 통구들(방 전체가 구들로 되어있는 경우)로 바뀌어, 방 어디에나 앉고 눕게 된 것은 고려시대 중기 이후부터로 여겨진다. 이것은 조선시대 초기가 되어서야 중부 이남에까지 퍼져 나갔다. '온돌'이라는 말이 처음 나온 것도 이 무렵(『조선왕조실록』, 『세종실록』 7년 을미 7월 병진)이며, 바닥에 콩댐을 한 장판을 깐 것도 이때부터이다.

어쨌든 우리 한민족의 주거문화는 이러한 온돌문화와 깊은 관련이 있으며, 구들이 발명되어 가족을 이루고, 부족이 모이고, 민족이 형성되어 한반도에 국가가 성립되었으니 이보다 더 가치 있는 것은 없을 것이다. 이 온돌문화는 모든 민족문화 사이에서도 뛰어난 문화의 원류이며, 그 역할 또한 중요하였으므로 인류의 문화유산 중에 더 없이 귀중한 것이다. 위대한 민족 문화유산을 전승받은 우리가 이러한 위대한 전통의 온돌문화를 잘 가꾸지 못하고 등한시하여 멸실되고 있음은 안타까운 일이다. 인류 최초의 제빙·냉장 시설인 석빙고와 더불어 온돌을 유네스코의 인류 문화유산으로 반드시 등록하여 보존하고 보호하는 것이 우리의 사명이다. 더 나아가 온돌을 현대화시켜 기술을 개발하고 세계화해 나가면서 바닥난방 시장의 수요에 주도적인 나라로 거듭 태어나서 우리의 찬란한 온돌문화를 세계로 수출하는 일을 더 늦기 전에 서둘러야만 한다.

우리 민족 최고의 발명품인 구들

우리말에 '드러눕다'라는 말이 있다. 이는 풀어서 말하면 '들어가서 눕는다'라는 의미이다.

일단 실내로 들어가면 눕는(앉는) 문화이기에 그냥 눕는다고 하지 않고 '드러눕는다'라고 말한 것이다. 또한 '일어나다'라는 말도 같은 맥락에서 보면 그냥 '일어서다'라고 말하지 않고 '일어나다'라고 말하는 것을 풀어보면, '일어서면 나간다'는 의미이다. 이는 과거 원시 시절에 생긴 말로, 동굴 생활 시절 지붕이 낮은 좌식 생활이었고 일어서면 나가야 했기에 '일어나다'라고 말했다고 볼 수 있다. 이렇듯 우리 민족은 일찍부터 좌식 생활을 해 왔고 좌식 생활의 필수 요소인 바닥난방(온돌)의 발견과 발전은 필연적인 것이었다고 쉽게 짐작할 수 있다.

지금 중국 동북 지역의 아파트를 다녀보면 우리 민족들은 어김없이 온돌방에서 생활하고 있고 중국 한족들조차도 온돌방의 매력에 매료되어 있어 온돌방을 선호하고 온돌방에서 생활하는 모습을 흔히 볼 수 있다. 수도인 북경과 여러 도시들도 예외는 아니어서 최근 들어 바닥 난방의 시공이 붐을 이루고 있다. 과거에는 난방 시설이 전무했던 상해 등의 도시에도 온돌의 붐이 일고 있는 것은 결코 우연한 일이 아니다. 온돌 종주국의 위상을 하루빨리 되찾아야 한다.

우리 민족의 고유하고 독특한 문화 구들

우리 민족의 독특하고도 독창적인 문화는 불의 문화이며 온돌문화이다. 낮에는 태양빛으로 몸을 녹이고 밤에는 불을 피워 몸의 일부를 따뜻하게 하는 것에서부터 불로 토기를 구워 그릇을 만들고 쇠를 녹여 그릇과 철기 종 등을 제작하는 것 모두가 본격적인 온돌을 만들 수 있게 하는 방식인 축열(蓄熱), 즉 돌에 열을 저축하는 방법과 동일한 원리이다. 축열된 돌을 품에 품거나, 불 피운 자리에 앉거나 누워서 취난(取煖)할 수 있게 되어 온돌이 발명되었고, 그에 따른 온돌문화가 형성되었다.

처음 선사시대에 춥고 바람이 강한 산악 지대에서 자연적으로 나무가 마찰되어 불이 생겨났을 것이고, 이 산불에서 불씨를 얻어 모닥불로 이용하고, 화산 폭발 등에서도 불씨를 얻을 수가 있었을 것이다. 그러다가 모닥불 씨를 계속 지피면 강한 바람에 불이 꺼지기 쉬우므로 바람막이 돌을 세워놓게 되고, 그 돌이 축열되면 몸에 품거나 불탄 자리의 축열된 땅을 통해 몸을 따뜻하게 할 수가 있어 추운 겨울에도 동사(凍死)하지 않고 생존할 수가 있었다고 볼 수 있다.

초기 원시인들은 추위를 견디기 위해 움집 형태인 지하 구조의 생활을 하였다. 그 후 온돌 문명이 동굴이나 땅굴 생활하는 원시인을 땅 위로 돌아오게 하여 땅 위에 움막집, 귀틀집이 지어지게 되었고 이것이 발전하여 초가가, 또 우리 민족의 독특한 건축 양식인 기와를 얹은 한옥이 되었다. 한옥은 여름과 겨울 동시에 적응할 수 있는 세계적으로 가장 과학적이며 쾌적한 주거 중의 하나이다.

우리 민족은 집 속에서 바람으로 불을 피우고 연기를 따로 분리하는 온돌문화를 발상시켜 '전통 한옥은 온돌을 보호하고, 그 집은 사람을 살게 하여' 민족문화를 이루는 중요한 요소로 온돌을 발전시켰다.

우리 민족은 원시시대부터 '불'을 잘 다루는 민족이다. 이러한 불문화의 최고봉인 '온돌'이 생활에 밀착되어 계승되었고 독창적이며 독자적이면서 청결하고 순박한 우수한 민족성이 형성되어 좌식 생활의 온돌에서 생활하면서 따뜻한 정서로 가족 제도가 만들어져 우리 민족 고유의 독특한 의식주(衣食住)의 문화가 이룩되었다.

우리는 앉는 문화이고 발보다는 손을 많이 사용하는 문화이다. 입식 생활을 하는 다른 민족에 비해 손을 많이 쓰기 때문에 우리 고유의 춤을 보면 대부분 손을 많이 사용하는 것을 볼 수 있다. 발은 앉아 있었기에 상대적으로 다른 민족의 춤에 비해 덜 사용했다. 우리의 음식은 된장과 김치의 발효 음식 문화이다. 불과 온돌은 서로 떨어져서는 결코 발달할 수 없었다. 우리의 복식문화인 한복은 온돌 생활에 가장 적합한 형식이다. 서양의 벽난로는 불을 세워서 이용하는 '선 불'이고, 우리는 불을 눕혀서 사용하는 '누운 불'이다. 그래서 서양의 굴뚝(Chimney)은 수직으로 세워져 있고, 우리 구들은 굴의 둑처럼 수평으로 연기를 내보낸다.

독특한 구들(온돌)난방의 문화적 가치

한국 사람은 예로부터 아랫목에서 태어나 자랐고, 늙어 병들면 아랫목에서 치료했으며, 죽으면 아랫목을 떠났다가 제사상이나 차례상도 아랫목으로 다시 돌아와 받았으므로, 살아서나 죽어서나 따뜻한 온돌방 아랫목과 밀착된 인생이다.

아랫목에는 차렵이불을 깔아 늘 따뜻하게 하고, 손님이 오거나 밖에 나갔던 식구가 들어오면 아랫목에 앉기를 권하고, 밖에 나간 식구의 밥도 차렵이불 속에 묻어 늘 따끈따끈한 식사를 하게 했다. 어렸을 적 실수로 아랫목에 놓아둔 아버지의 진지를 발로 차서 쏟아버린 것을 아직도 생생히 기억하고 있다. 길쌈, 바느질, 다듬이질, 반찬거리 다듬기, 화투놀이와 윷놀이 그리고 할아버지, 할머니에게 재미있고 무서웠던 옛날이야기를 듣는 것도 전부 다 이 아랫목에서 이루어졌다. 말하자면 온돌의 아랫목은 집안 식구의 의식주나 예의범절 등 모든 것을 잘 간수하여 안전하게 보호하는 안주인의 자리이자 온 가족의 쉼터였다.

만주 지방인 중국 연변의 옛날 집들을 보면 모두 구들에서 생활하고 활동한다. 우리들의 오늘날 집도 마찬가지이다. 비록 침대가 들어서고 책상과 의자가 들어와도 역시 밥상은 좌식이 편하다.

전통 한옥은 그 구조가 온돌을 보호하고 온돌이 또한 사람을 따뜻하게 보호 해주는 절묘한 구조로 되어있어 한옥의 중심은 온돌의 보호가 최우선이라 할 수 있다. 여름에는 시원하게 하고 겨울에는 따뜻하게 해조는 온돌이 바닥에 있다. 장마철의 습기는 흙벽인 진흙이 흡수했다가 건조하면 방출하여 방의 습도를 조절해준다. 땅에서 올라오는 습기는 이중 바닥 구조인 구들고래가 막아주고 겨울에는 따뜻한 지열을 고래가 또한 저장해준다. 창호는 미닫이와 여닫이에 덧문의 삼중 구조이며 창호지로 온돌을 보존하면서도 공기를 적절히 환기시켜 주고 문풍지로는 급격한 한기(寒氣)의 유입을 막아준다. 참으로 과학적이며 훌륭한 살아있는 우리의 위대한 주거문화이다.

한민족은 앉은 자세가 방바닥에 털썩 꼬아 앉는 독특한 좌위(座位)이다. 이 좌위는 아메리카 원주민과 같다. 중국 사람은 입식으로 의자에 좌위하고 침대에서 잔다. 일본 사람은 다다미 위에 꿇어앉거나 지위가 높은 사람일 경우 한국식 좌위를 한다. 한국식 좌위는 몸이 가장 많이 방바닥 온돌에 닿는 자세다. 한국의 경우, 바닥 온돌이 따뜻하기 때문에 온돌 바닥과 몸이 최대한 접촉하도록 앉는 방식을 선호하게 되었다고 해석할 수 있다. 즉 앉는 자세부터 우리는 다른 종족이나 민족과는 달리 독특하며 안정적이다. 이는 바닥난방인 온돌문화의 영향이다.

바닥의 온돌이 몸에 닿아 따뜻함을 주는 그 쾌감은 다른 난방에서는 도저히 맛볼 수 없는 것이다. 단순히 실내의 온도만 상승시키고 바닥은 여전히 차가운 서양 난방은 천장만 따뜻하게 가열하는 비과학적, 비경제적인 난방으로, 사람의 몸은 항상 천장이 아니라 추운 바닥에 있게 되어 의자, 침대 등 땅에서 떠 있는 불안한 상태에 있고 페치카(pechka)나 난로 등이 인체의 한쪽 부분만을 데우게 되어 쾌적감이 떨어지고 열 손실이 많다.

우리가 요를 깔고 누우면 뜨거운 온돌의 열을 요에 축열하여 혈액순환이 불량한 등, 허리, 다리 등 몸의 많은 부분을 골고루 직접 따뜻하게 해주고, 이불은 더 넓어 바닥 온돌에서 나는 열을 모아서 축열하여 바닥에 닿지 않는 가슴, 배, 무릎, 발 등 몸의 대부분을 따뜻하게 한다. 한옥은 벽과 지붕이 단열재가 아니고 이불이 단열재가 되는 원리이다. 침대의 경우는 자체 체온으로 온도를 유지하나 온돌 난방은 외부 바닥의 온도가 체온을 높여준다. 그래서 자는 동안에도 혈액순환을 원활하게 해준다. 즉, 이불 속 온도를 높여주는 것이 전통 온돌의 주요한 기능이다.

우리 한민족은 지구상에서 불을 가장 잘 다루는 민족이다. 그래서 하늘로 올라가는 불을 바닥 고래 속을 기어 들어가게 하여 고래와 굴뚝 구새를 통하여 결국 불을 밟고 서고, 불을 깔고 앉고, 불을 베고 잘

수 있는, 그야말로 대단한 온돌에서 살게 된 것이다. 다른 민족은 불을 무서워하거나 숭배하며 멀리했지만, 우리는 불과 친하게 지낸 것이다.

또 아궁이에서 구새(굴뚝)까지 불(열)을 가두고 식은 연기를 바닥으로 내보내게 한 구들 구조는 열이 오랫동안 바닥고래에 머물게 하여 구들장을 달궈 불을 넣지 않는 시간에도 방바닥을 늘 따뜻하게 하는 축열 기술과 천천히 열을 발산하는 방열(放熱) 기술의 결합체로, 인체의 하부에서 인체의 온도를 유지시키는 가장 과학적이며 위생적인 난방을 가능케 한다. 이런 두한족열(頭寒足熱)과 수승화강(水昇火降)의 원리는 동양의학에서 말하는 체온의 이상적인 상태로, 추운 곳에서 방으로 들어와 손과 발을 아랫목의 따뜻한 이불 속에서 담그면 따뜻한 쾌감은 말할 수 없이 좋다. 한방에서도 이런 상태를 가장 좋은 방법으로 여겨 환자 치료 시 이용하고 있다. 즉 공기 난방과 피부 접촉 난방은 그 효과가 현저히 차이 난다.

이런 온돌의 따뜻함이 우리 민족의 따스한 마음씨를 만들고, 그것이 우리 민족으로 하여금 우수한 자질을 갖게 하여 온화하면서도 은근한 끈기를 지닌 우수한 민족 문화를 꽃피우게 하였으리라 믿어진다. 그리고 온돌의 아랫목은 가정의 위계질서를 나타내고 장유유서 문화를 키우는 곳으로서 구들의 가장 중요한 자리이며, 안주인이 바느질, 다리미질 등 단란 생활을 하며 아기를 기르는 곳으로서 위생과 보건상으로도 중요한 자리이고, 식구들이 감기나 배가 아플 때 찜질하는 자리이며, 집안의 중심으로 밥그릇을 놓고 차렵이불로 감싸 음식이 식지 않도록 해주는 중요한 곳이다. 아궁이에 앉아 불을 넣게 되면 인체의 복부에 원적외선이 복사되어 암이나 부인병과 냉증이 치료되며, 난방과 취사 겸용인 숯불로는 된장찌개 끓이기, 밤, 감자, 고구마, 옥수수 등의 구이를 할 수 있고, 연기가 없는 숯불 또한 화로에 담아 방을 따뜻하게 데우는 등 쓰임새가 많다. 지금도 숯불구이는 고기 음식 문화에 있어 아주 중요한 위치를 차지하고 있다.

우리네 어머니는 아이를 낳은 후에도 부뚜막 아궁이에서 불을 때는 습관 때문에 아궁이의 풍부한 원적외선 소독으로 인하여 산후조리를 몇 달씩 하지 않아도 금방 정상적인 생활에 복귀할 수 있었으며, 회복시간이 아주 짧았다. 이는 아궁이에서 불을 땔 때 장작에서 나오는 원적외선과 부뚜막의 황토 흙에서 나오는 각종 좋은 열선들이 우리네 어머니의 자궁 부위를 소독하고 회복시키는 중요한 치료 역할을 담당했기 때문이다. 지금 한창 유행하는 찜질방과 황토방은 전통문화를 아는 이들은 누구라도 우리 조상들의 총명한 불 문화, 온돌문화의 기원에서 발생한 것을 쉽게 상상할 수 있다.

굴뚝과 온돌의 과학은 서양보다 1,000년 이상을 앞선 발명

우리네 구들을 구체적으로 묘사한 첫 기록은 7세기 중엽에 나온 중국의 고서인 『구당서(舊唐書)』의 다음과 같은 내용이다.

"북쪽의 사람들은 산골짜기에 살며, 지붕은 띠로 덮였다. 겨울에는 긴 구들(온돌, 쪽구들, 외구들)을 만들고 그 아래에 불을 지펴서 방을 덥힌다."라고 기록되어 있다. 이러한 전통 구들인 온돌은 방 한쪽에만 일부가 높게 깔려서 걸터앉거나 잘 때에만 이용되었는데 중국 사람들은 이를 '긴 구들'이란 뜻으로 장캉[長炕]이라 적었다. 당시 중국 중원 지방에서 아주 신기한 발명품으로 여겨진 온돌은 중국으로 퍼져 나갔으며, 그들은 이를 '캉'이라고 부른다. 바로 고구려·발해식 구들이다.

중국의 동북쪽의 민가를 답사하다 보면 어느 집에나 구들을 놓았을 뿐만 아니라 산간지대의 농민들조차도 이것이 한국에서 들어왔다고 말하는 것을 들을 수 있으니 이는 반갑고 놀라운 일이 아닐 수 없다.

그들의 구들은 방 앞쪽(창쪽)에 놓은 '쪽구들'과 방의 반 넓이에 시설한 '반구들' 두 가지뿐으로, 우리네와 같은 방 전체를 덮는 통구들(온구들)은 없다. 이것은 중국 사람들이 우리처럼 앉지 않고 서서 지내기 때문이다. 그들은 신을 신고 집안을 다니는 문화이기에 구들이 더 이상 발달하지 않고 부분 구들 형태로만 명맥을 유지하고 있는 것이다.

그러나 우리 민족은 계속적으로 온돌문화를 발전시켰다. 궁궐이나 집의 구들을 살펴보면 참으로 놀라운 과학적 발명품들을 발견하게 된다. 부넘기, 바람막이, 개자리 등 고도의 물리학과 유체역학을 알지 못하고는 도저히 알 수 없는 형태의 구들을 우리네 조상은 이미 수천 년 전에 발명하여 사용했던 것이다.

구들용 자재는 물리·화학적으로 안전한 자연 광물질이고 마모되어 못 쓰게 되지 아니하므로 구들은 하자의 발생이 거의 없는 영구 시설이다. 구들돌[연화석(燃火石), 깻목돌 등]이 아닌 청석 또는 마사지돌 등은 불을 먹으면 튀어서 깨지거나 부서지는 경우 또는 고임돌을 잘못 고여 구들장이 노는 경우에도 누구나 손쉽게 놀거나 깨진 구들장만 갈거나 고이면 된다. 가만히 유지보수를 하는 과학적인 구조이다.

여러 해 동안 불을 때면 고래나 개자리 등에 재가 차서 고래가 메워지게 되어 따뜻하지가 못하다. 이런 때는 부넹기와 구새불맞이돌 사이 일종의 점검구에 대나무대로 된 긴 타래를 관통시켜서 고래의 재를 구들개자리와 고래개자리에 흩어내서 퍼내면 따뜻하게 된다. 또 굴뚝(구새)의 아랫부분에서도 고래의 재를 쑤셔내 꺼낼 수 있다. 불이 너무 많이 들어서 나무를 많이 때게 되어 과도하게 뜨겁게 되면 부넹기에 돌을 얹어 부넹기를 좁게 하여 불의 흐름을 억제하고 연료가 절약되어 구들돌이 천천히 식게 된다. 또 열기가 너무 빨리 연도 굴뚝과 구새로 빠져나갈 때는 방 밖의 구새로 이어지는 굴뚝을 덮은 구들장을 들고 적절히 좁힌다. 아궁이에 찬 공기가 너무 빨리 들어가면 구들이 쉬이 식으므로 구들장으로 불이 들어가는 입구인 아궁이를 가린다. 이 고래의 종구배 및 횡구배는 포물선형 곡면을 형성하여 하나의 불주머니 역할을 하여 열이 오랫동안 머물러 구들장과의 열 교환으로 구들장이 효과적으로 많은 열을 저장할 수 있게 한다. 수천 년 동안 이루어진 온돌의 과학은 수없이 많은데 우리가 아직도 알지 못하고 있을 뿐이다.

새로 구들을 놓았거나 구들이 장마에 침수되어 불이 들지 아니하여 구들을 건조시키지 못할 경우는 굴뚝 끝의 구새에 있는 불맞이돌을 빼고 굴뚝개자리 끝에서 종이나 신문지 같은 것으로 불을 많이 피워 건조를 시키면 아궁이의 불이 잘 든다. 열기의 흐름이 아궁이에서부터 고래와 굴뚝을 지나 구새갓까지 각 단계의 구조에 따른 온도차 및 기압차에 의하여 파스칼의 원리와 베르누이의 정리에 따라 사이폰식 원리로 자연적인 흐름으로 되어 있고, 아궁이 부넹기, 굴뚝불맞이돌 등을 이용하여 열기의 흐름과 방향과 속도를 적절히 조절할 수 있다.

한번 불을 때면 100일 동안 온기를 지속했다는 우리 조상의 작품인 칠불사 아자방(亞字房)을 우리는 다시는 재현할 수 없는 것인가?

우리는 이제 온고지신(溫故持新)의 의미를 새로이 새길 시점에 왔다.

온고지신, 온돌(구들)과 석빙고를 발전시켜야 하는 이유

우리가 전통 구들에 대한 기술 개발 없이 단순히 바닥을 덮는 기술에만 의지하는 온수 파이프(일명 엑셀파이프를 사용한 바닥난방)를 이용하는 동안, 서방 선진국들은 모닥불에서 난로나 페치카로, 또 스팀 또는 온수 보일러로, 이어서 공기 조화 시스템으로, 다시 전기히터로 난방법을 발전시켜 왔다. 그들은 현재 간편하고 급속한, 전기를 이용한 난방법을 떠나 다시 청정에너지이자 무한한 자원인 태양열을 저장하여 이용하거나 활주로, 결빙로로 지붕의 눈을 녹이는 난방 기술을 개발하여 급속히 보급하여 이용하고 있다. 또한 열원뿐 아니라 각종 전도, 전열재료도 눈부시게 발전하고 있다. 거기다 유럽에서는 ISO 바닥난방 표준을 온돌의 종주국인 한국을 배제한 채로 만들고 있으며 바닥난방 기술을 자기들 고유의 기술로 만들려고 시도하고 있다. 우리가 온돌문화를 계승 발전시키지 못하면 김치가 '기므치'로 둔갑할 뻔한 역사를 재현할지도 모른다.

한민족의 선인들은 이미 수천 년 전에 이미 고체에 열을 저장하여 이용하는 바닥난방 기술인 온돌 난방과 더불어 한강변의 동빙고, 서빙고의 석빙고처럼 겨울의 얼음을 여름 삼복기까지 저장하여 사용하는 축냉(蓄冷) 기술로서 만들어 낸 특수 냉장고 시설을 우리들에게 물려주었다. 즉 열 관리 분포인 축열 저장 기술 및 축냉 저장 기술 등 불과 열기와 냉기를 다루는 분야에서는 우리 민족의 선인들이 서방 선진 국가들보다 500년 이상이나 시대를 앞서 가고 있었다. 그리고 구들 역시 한번 불을 때면 100일간이나 열기가 식지 않는 칠불사의 아자방이 있었다. 그리고 이미 서양 네덜란드의 온실보다 150년 앞선 온돌 온실을 만들어 겨울에도 여름 채소를 재배하였다.

우리는 이 전통 온돌과 석빙고 기술을 연구 재발굴하여 개발하고 발전시키고 세계 시장에 내어놓을 수 있도록 현대화하여 화석연료가 무기화, 산업화되는 세계 냉난방 시장 수요에 우월한 위치를 점유할 공급국이 될 수 있도록 하는 일을 해내는 것이, 우리의 조상이 우리에게 물려준 사명이며 이 시대를 사는 우리들이 해야 할 몫이라고 믿는다. 그리고 이러한 일은 일반 산업체는 물론 학계, 언론계 등이 힘을 합해 이루어 나아가야 한다고 본다. 2002년 중국 만주에서 처음 성립

한 국제온돌학회는 이러한 맥락에서 K-온돌(구들)문화의 존재 의미가 있고 우리가 계승·발전시켜야 할 중요한 터전이라고 생각한다.

현재 외국의 바닥난방 발전 현황

독일에서는 일찍부터 바닥난방에 관심을 두어 보건 위생과 에너지 절약, 환경보호 차원에서 적극적으로 지원하고 있다. 일례로 바닥난방 시공 국가의 직접적인 자금 지원 혜택을 받거나 시공 기술의 도움을 받을 수 있다. 또한 우리가 마루를 여름용으로만 고집하고 발달시키지 못하는 동안 그들은 겨울용 온돌마루를 개발하여 현재 일본과 함께 세계 온돌마루 시장을 석권하고 있다. 온돌의 종주국인 우리나라는 질 좋은 마루의 대부분을 일본과 독일 등지에서 수입해 의존하고 있으며, 중국도 후발주자로 맹렬히 추격하고 있다.

과거 미국, 유럽 등 선진국들은 바닥난방에 관하여 연구할 겨를이 없었고 알지도 못했으나, 20세기에 들어와 현대 건축의 발달로 건축 설비 기술이 향상되자 냉동 시설의 전실 바닥이나 외부 얼음을 녹일 목적으로 전기를 이용한 열선이나 전기 히터를 이용하게 되었고, 북유럽의 추운 지역의 목장이나 양계장에서 병아리, 송아지 등 어린 가축의 동사를 막기 위해 전기를 이용해 바닥을 가열하게 되었다. 이후 이 전기 바닥난방(구들) 이용 영역을 넓혀 지붕의 적설 융설용, 경사 도로의 해빙용, 상하수도의 결빙 해빙용, 활주로의 제설 및 해빙 등으로 이용하다가 지금은 다양한 주거 양식에까지 활용하고 있다.

미국의 경우를 보면 최근에 바닥에 빈 관을 매립하여 그곳으로 뜨거운 바람을 통과시키는 원시적 형태의 구들을 개발하여 그것이 대단한 발견이라고 특허까지 받아내는 웃지 못할 현실이 발생하는 실정이다. 현재 중국을 비롯한 세계 여러 나라의 세계 각지에 700만여 명의 한국 교민이 살고 있으며 중국의 200만 명을 헤아리는 한인동포(조선족) 또한 여전히 온돌에서 생활하며 중국인들에게 영향을 끼치고 있다. 미국의 경우, 한인 이민 역사만도 100년 이상이고 현재 재미교포의 수가 근 200만 명을 헤아리고 있어 온돌의 수용·보급 가능성이 가장 크다고 할 수 있는 곳으로 여겨지는 바, 앞으로 온돌(구들)의 수요가 증가할 수도 있을 것이다. 이외에 호주, 유럽의 여러 도시들이 세계 온돌 표준을 제정하는 등 온돌에 대한 관심과 연구는 급속히 진행되고 있다. 또한 비주거용 분야의 구들(바닥 가열 장치)은 고속도로, 활주로, 비행기 날개와 자동차 운전석 바닥 및 운전대 손잡이, 일반 도로의 급커브길 융설 장치 등에 많이 사용되고 국내에도 미국산 발열선(Heating Cable)을 일부 수입하여 시공하고 있다. 우리나라도 교량이나 산악지의 급경사 커브길에서 전기를 이용하여 해빙시키는 장치를 일부 도입해서 쓰고 있다. 이 모든 것은 우리 선조들이 물려준 지혜의 극히 일부분을 사용하고 있을 뿐이다.

일본의 경우 원래 바닥난방을 사용하지 않는 민족이고 화로나 원시적 형태 고타쓰, 이로리로 불리는 벽난로가 고작이었다. 그들은 지역

환경상 습하고 더운 날씨 때문에 다다미 문화를 발전시켰을 뿐이다. 그런데 이 일본이 청정에너지의 개발에 관심을 가지고 전기 온돌 분야를 개발하여 이 부문의 세계 시장을 석권하다시피 하고 있다. 온돌마루도 독일에 버금가게 우리나라를 앞질러 많은 제품을 생산하고 우리나라 시장을 크게 잠식하고 있다. 시중에 나도는 고가의 온돌마루가 모두 일본과 독일 제품인 것은 서글픈 현실이다.

중국의 경우도 비록 후발주자이긴 하지만 인조 온돌마루(일명 강화마루) 분야와 일반 마루 바닥재 분야에서 저렴한 인건비를 기반으로 급속도로 저가의 온돌마루 시장을 크게 점령하고 있는 실정이다. 전기를 이용한 바닥난방도 꾸준히 개발하여 많은 신제품을 출시하고 있음은 물론이다. 중국 상해 이남 지역은 한겨울에도 기온이 영하로 내려가지 않았기 때문에 과거에는 법으로 난방을 금지하였으나 경제 수준이 높은 사람들을 중심으로 급속히 온돌 난방이 퍼지고 있다. 소득의 증가에 따라 실내 온도가 증가하기 때문이다. 전에는 추우면 실내에서 두꺼운 옷을 착용하였지만, 이제는 바닥난방으로 실내의 온도를 상승시키므로 더 이상 실내에서의 두꺼운 옷은 필요치 않게 된다.

국제온돌(구들)학회, 가장 우리다운이 세계적인 것

근세에 들어 현대화와 더불어 무분별한 서구화의 부작용으로 민족을 생존케 하고 형성시킨 민족문화 원류의 원천이며 민족과 더불어 밀착되어 전승된 온돌이 말살되어 버렸다.

인류 최초의 난방 시스템이며 가장 장구한 시대에 걸쳐 이용해 온 독창적이며 독자적인 우리 민족의 발명품인 전통 온돌은, 유감스럽게도 지금 우리들이 연구를 게을리하여 학문적 기반을 닦지 못했던 까닭에 교육도 연구도 개발도 없이 지금까지 말살되고 있다. 이제 우리가 이 일을 담당해야 한다고 생각한다.

서방 선진국은 신 에너지 개발은 물론 에너지 저장·절약 기술 분야에서 개발 경쟁이 치열하여 구들 원리를 이용한 바닥난방 기술 개발 경쟁 또한 치열하다. 이미 개발된 기술을 기업화한 제품으로 독일과 일본 등 이 분야의 국제적 시장을 독점하고 있다. 사실 우리의 전통 온돌은 주로 어깨너머로 전수되었고, 특성상 지역마다 사람마다 구조, 형식 및 효과가 상이한 부분이 있어 대개 사찰 같이 나무 등의 연료가 풍부하고 전기 공급이 늦어진 곳에서 그 명맥을 유지하였다. 전통 온돌은 일제강점기를 지내면서 서구화의 자리에 밀려 각급 학교는 물론 사회적으로 교육된 바도 없어 공부하고 연구한 성과도 거의 없는 상태였다. 의학·한의학·위생학·공학·문화 등 관련된 각 분야 학자들과 협력하여 연구하고 개발하고 현대적으로 과학화하여, 다소 늦기는 했으나 생태 환경이 중요시 되고 지속 가능한 건축이 최고의 이슈가 되고 있는 이때, 참살이(웰빙 Well-Being)가 트랜드가 된 세계 바닥난방 수요에 우리가 주요 공급국이 되는 것이야말로 구들 종주국의 체면을 세우고 민족 문화를 수출하는 계기가 될 것이다.

그리고 이 책의 발간을 위하여 동역자로 헌신적인 노력을 같이한 충북대학교 리신호 명예교수님께 심심한 감사의 마음을 전한다.

리신호 교수는 우리살림집연구소 소장으로 연변과학기술대학에서 일하던 시절 교환교수로 1년간 연구년을 받아 필자와 같이 중국 연변 지방의 조선족 농촌주택을 연구했으며, 국제온돌학회 부회장을 지냈고 이후 명예회장으로서 필자와 공동회장으로 함께한 온돌 동지다.

동북공정에 대항하는 국제온돌(구들)학회는 2002년 전통 온돌의 발상지로 여겨지는 중국의 만주 지역인 연변과학기술대학에서 창립되었다. 민족대학인 연변대학교와 한국연세대학교에서 각각 두 번째와 세 번째의 '국제학술발표대회'를 가졌으며, 이어 중국 수도인 북경 공업대학에서 네 번째 그리고 대한주택공사(LH공사)에서 다섯 번째 대회를 가졌다. 제6회 역시 중국 만주의 심양건축대학에서 한국의 건설기술 연구원과 공동으로 2006년 10월 18일에 개최했다. 그 이후 매년 한국과 중국을 번갈아가며 제7차는 전남대학, 제8차는 하얼빈공업대학, 제9차는 전주대학교, 제10차 시기에는 서울과학기술대학에서 10주년을 기념하는 행사를 치렀고 제11차는 북경공업대학에서, 제12차는 충북 진천 종박물관의 주철장 전수관에서 진천군과 공동으로 개최하여 온돌 제품 전시와 온돌 시연을 했고, 또한 국토교통부의 연구 과제로 온돌 기술 문화유산 등록 방안 마련을 위한 연구를 수행하는 한편 서울과학기술대학에서 온돌 유네스코 등록을 위한 학술 세미나 자리를 가졌다. 제13차 국제학술대회는 우석대학에서 진행했으며, 알래

스카 구들 연구를 총괄한 스코틀랜드 에버딘대학 고고학자인 리차드 크넥 교수를 초청했다. 제14차는 북경공업대학에서 개최했고 『온돌과 구들문화』가 세종우수도서로 선정되었다. 제15차는 전북대학교에서, 제16차는 2017년 심양건축대학에서 '온돌문화와 인류무형유산'을 주제로 열렸고 문화재청 연구과제인 온돌문화 국가무형문화 지정가치 조사 연구 용역을 수행하였다. 제17차는 2018년 전남대학교에서, 제18차는 2019년 동국대학교와 하동 칠불사에서 아자방 복원과 건강 토속 건축을 주제로 열었고, 우리 학회에서 직접 아자방 체험관의 구들을 시공하여 2020년 아자방 온돌문화축제와 제19차 국제학술대회를 칠불사 운상다원과 하동군에서 개최하였다. 제20차는 2021년 코로나 시절에도 불구하고 비대면과 대면 on-off로 보성군에서 오봉산 구들장 채석지를 주제로 열었다. 그리고 오봉산 구들장 채석장이 대한민국 근대문화유산으로 등재되는 쾌거를 이루었다. 2023년에는 보성 오봉산 구들장 채석장에서 온돌문화축제와 국제온돌학회 창립 22주년 행사를 개최하였고 그와 아울러 온돌인의 숙원이던 하동 칠불사 아자방이 국가문화재로 승격되는 일에 국제온돌학회가 그 중심 역할을 감당한 것은 큰 보람이다.

중국의 동북공정에 대항하고 우리 역사를 바로 세우기 위해서, 그리고 찬란한 민족 문화의 전승과 발전을 위해서 많은 관심과 지지를 바라는 바이다.

2023년 11월

제1장

보성 오봉산 구들장 밭(채석장)

1. 온돌 그 찬란한 구들문화에 대하여

한글, 금속활자 그리고 온돌 이 세가지는 한민족 문화유산의 대표

온돌은 우리 한옥의 핵심 특징으로, 순 우리말로는 '구들'이라 부른다. 이 구들을 글로 쓰게 되니까 한자로 堗, 燦, 坑, 突, 溫堗, 溫突로 쓰게 되었고 해방 이후 온돌이라는 한글로 두루 쓰이게 되었다. 그래서 큰 범주로 보면 온돌과 구들은 모두 우리가 만든 말로 서로 동의어이고, 바닥난방을 지칭하는 같은 말이라 할 수 있다. 이 온돌은 현대 건축이 추구하는 건강 건축, 환경친화 건축을 핵심으로 하고 있어 첨단 기술국인 미국, 독일, 프랑스, 일본 등의 나라에서는 바닥난방 방법으로 연구하여 건축물의 난방은 물론 첨단 기술 제품 생산을 위한 항온 항습 공장에 도입했고, 종합병원의 물리치료실, 축사 난방, 고속도로와 비행장의 제설용 등에 이용해 오고 있다.

필자가 중국 연변과학기술대학에서 교수 시절 주말마다 학생들과 건축 답사를 하면서 민가 연구를 했는데, 중국 동북 지역(길림성, 요녕성, 흑룡강성)의 민가 답사를 통하여 중국 현지의 한족(漢族) 집과는 확연히 차별되는 황토방 초가집 민가를 발견했다. 비록 중국의 집들보다는 규모 면에서 크진 않지만 정갈하고 깔끔한 우리 전통 서민 한옥에 금세 매료될 수밖에 없었다.

이 전통 한옥 민가 요소 중에서 가장 핵심적인 것이 바로 구들-온돌이다. 일제강점기 당시 만주의과대학 시절 연세대학교 세브란스 의과대학 교수였던 현규환 박사가 보건의학을 연구하면서 「온돌과 캉(고구려 입식형 쪽구들을 치칭하는 중국어)의 위생학적 연구」를 통하여 한반도 전역과 만주 지역의 온돌의 구조와 원리 특성을 연구한 것이 우리 온돌 연구의 효시라고 할 수 있다. 한옥의 심장이라 할 수 있는 전통 온돌은 아궁이에 열을 가하여 고래(방바닥 아래의 공간)를 따라 열이 이동하면서 바닥에 열에너지를 저장하고, 이 축열된 에너지를 서서히 방열하면서 실내를 따뜻하게 유지하는 복사와 전도, 대류의 열전달 3요소를 모두 갖는 방법으로, 가히 인류 역사적으로 가장 뛰어난 난방 방법이라고 할 수 있다. 오죽하면 현대 건축의 거장인 프랭크로이드 라이트가 본인의 자서전에서 한국의 온돌은 인류가 발명한 가장 우수한 난방법이라고까지 극찬했겠는가?

수많은 흙집의 온돌들을 조사하면서 이렇게 작은 집에서, 이렇게 추운 곳에서, 이렇게 열악한 재료를 가지고, 이렇게 깨끗하고 포근하고 따뜻한 집을 지을 수 있구나 하는 생각을 갖게 되었다. 말하자면 한옥의 원초적인 아름다움은 바로 온돌로, 흔히 '한옥' 하면 고래 등 같은 기와집을 연상하지만 사실 한옥은 마루, 흙벽, 초가집이 가장 주류를 이룬다. 그런데 우리 민족의 정과 혼이 심어져 있는 황토 초가집은 근대화와 더불어 우리에게서 멀어지고 고급 고래 등 같은 기와집이 지금 이 시대의 한옥으로 대표되는 것이 못내 아쉬움으로 남는다.

온돌의 특징

열에너지는 물질이 아니며, 이것이 물질에 작용하였을 때 나타나는 현상이므로 기체, 액체, 고체 등에 대하여 나타나는 현상은 크게 차이가 있다. 구들에서 열은 1차로 기체인 공기에 전달되고, 2차는 고체(진흙, 구들장 등)에, 3차에서는 다시 실내 공기에 전달되므로, 난방 효과는 열전달 과정의 속도와 시간에 의하여 좌우되며 이는 외기 온도에도 크게 영향을 받는다. 열에너지가 구들에 체류하는 시간이 길어지도록 각부가 만들어졌을 때 가장 난방 효과가 커진다. 그 외 전통 온돌의 특징은 다음과 같다.

(1) 열에너지를 저장하는 방식으로 축열식이다.

(2) 직접 가열식으로 열원이 난방 장소에 있으므로 열의 운반 이동 손실이 전혀 없으며 불맛이 다르고 습기 조절이 가능하다.

(3) 구들은 바닥 면에서 방열하므로 접촉식으로 인체를 직접 가온하며, 대류가 억제되어 아래가 따뜻해지는 '두한족열'의 건강 건축으로 낮은 온도로 서서히 방열한다. 즉, 실내 온도를 낮추면서 쾌적성을 높이는 에너지 절약적 저온 지속 난방법이다.
(4) 구조상 여러 개자리, 바람막이 등을 두어 단계별로 열기의 배출을 지연시켜 열에너지가 구들 속에 오랫동안 머물게 한다.
(5) 아궁이에 불을 지피면 나무가 타면서 나오는 열기와 원적외선 등은 부인병 예방에 큰 효과가 있다.

전통 온돌의 설계는 건축사의 몫이다

전통온돌은 바닥난방 설비이지만 건축구조체를 이용하는 직화기술이기에 열을 발생시키고 저장하고 발열하고 연기를 배출하는 시설 모두 건축구조물이 그 역할을 담당하기에 건축사의 설계가 필수적이다. 그냥 보일러나 에어컨을 설치하듯이 기성품을 가져올 수 없기 때문이다. 이러한 직화고래구들은 흙집 황토방 민가를 지으면서 방 한 칸 정도에 시공하는 경우가 늘고 있는데, 전통 구들을 보급하기 위해서는 농촌 표준 주택 모델에 직화고래구들방을 넣고, 전원주택과 펜션주택 등에 의무적 연기 차단 방법, 열기 체류 시간 증가 방법 등을 표준화하여 보급해야 한다. 과거 전통 한옥에는 단열이나 창호의 기밀성이 비교적 느슨하여 불완전 연소 가스의 누출이 큰 문제가 아니었으나 지금의 주택에서는 단열과 기밀성이 높아 작은 연기의 누출도 치명적이기 때문에, 반드시 건축사의 정밀한 설계와 감리가 필요하다. 현대에는 국토부를 주관으로 하여 신한옥의 도입이 계속 권장되고 있는데, 전통 구들 기술을 연구하여 과학적으로 각 부위별 구들의 규격을 합리화하고 표준화할 수 있도록 국가가 나서야 할 때이다. 현실적으로 현대 아파트 등에 대안으로 가능한 형태는 전기 축열 바닥난방과 전기 고래 구들 시스템으로서, 난방 설비는 자유롭게 하고 한국전력에서 과도한 누진세율을 조정하면 향후 많이 보급될 수 있다.

한옥은 '건강 건축'이며, 온돌은 면역 기능을 향상시키는 '치유 건축'이다

우리 한옥은 건강 건축이며 면역 기능을 향상시키는 치유 건축이다.

일찍이 조선 세종 때 이미 선비들의 치료를 위하여 온돌방을 궁궐 안에 설치하여 그 효능을 인식하였고, 일제강점기에도 현규환 박사는 1944년 만주의과대학 위생학교실에서 「온돌(溫突, 좌식형 통구들)과 캉(炕, 침대형 입식 쪽구들)의 위생학적 연구」를 통해 온돌의 보건의학적 연구를 하였는데, 당시 만주인(滿族), 중국인(漢族), 조선인(韓人)을 구별하여 민족별로 온돌의 건강성에 대한 과학적이고 객관적인 연구를 하였다. 당시 열악한 만주 지역의 의료 환경에서도 체온 유지와 청결성을 유지하여 면역 성능을 높이는 온돌의 보편성과 탁월성에 대하여 그 진가를 규명하였다. 오랜 전통과 역사를 가진 한옥, 그중에서도 최소 2,000년 이상 이어 우리의 건강을 담보한 온돌의 효능을 간과해서는 안 된다.

온돌은 수승화강 작용으로 두한족열을 유도하여 면역 기능을 향상시키는 보건의학적 설비이다

근대화의 물결로 침대 문화와 라디에이터 난방이 아파트 문화의 유입을 통해 물밀듯이 들어왔지만, 방바닥을 따뜻하게 하는 한민족 고유의 온돌문화만은 변화시키지 못했다. 아무리 입식 문화가 우리 주거문화의 대세가 되었어도 실내에서 탈화하여 바닥을 따뜻하게 하는 온돌은 현재까지도 거의 100%를 유지하고 있다. 그 이유는 무엇인가? 바로 동서양의 고전의학자들이 공통적으로 질병에 걸리지 않고 건강하게 사는 방법의 핵심으로 꼽는 수승화강(水昇火降)을 통한 두한족열(頭寒足熱)로 면역 기능을 향상시키는 것이다. 글자 그대로 해석하면 물(水) 기운은 올리고 불(火) 기운을 내려서 위는 차게, 아래는 따뜻하게 유지한다는 말이다. 즉 수승화강의 이치인데, 한방의학에서는 이를 사람에게 적용해 머리는 차고 발은 따뜻하게 하는 것이 만병을 예방하는 건강 비법이라 한다.

원 헬스(One Health, 전 세계 사람-동물-환경이 모두 서로 밀접하게 연결) 시대, 현대의 바이러스 질병을 예방하려면 청결한 환경 유지와 따뜻한 체온 유지가 필수

최근 '코로나 19'로 우리나라 온 천지가 비상이 걸렸다. 모든 뉴스가 전염병 소식으로 초토화되었다. 신종 감염병 앞에 모두가 처음을 겪고 있으며 환경과 건강에 대한 불확실성을 국가 차원에서 경험하는 첫 사례이다. 대한예방의학회 '코로나 19' 비상대책위원장은 이번 사태를 보며 앞으로 '또 다른 무엇'이 오리라는 사실부터 인정해야 한다고 말한다. 요컨대 우리는 전 세계 사람-동물-환경이 모두 서로 밀접하게 연결되어 있다는 개념인 원 헬스(One Health) 시대를 살아가고 있으므로, 앞으로 또 들이닥칠 수 있는 불확실성에 대한 해답은 역사에서 찾아야 한다는 말이다.

이 시점에서 우리는 한옥과 전통 난방인 온돌에 대한 의미를 새롭게 이해할 수 있다. 왜냐하면 현대의 바이러스 질병 예방을 위해서는 청결한 생활 환경 유지와 따뜻한 체온 유지를 통한 면역성 확보가 중요하기 때문이다. 우리 온돌은 실내에서 신발을 벗는 탈화 생활로 실내의 오염을 막는 데 유리하고, 또한 공기의 온도를 올리는 서양의 입식형 난방과는 다르게 방바닥을 따듯하게 하여 좌식 생활을 통한 피부 접촉 난방으로 거주자의 체온을 올려주는 획기적인 난방이므로 면역 증진에 도움이 된다. 보건 의학적 견지에서 보면 치유 건축이 핵심인 한옥이 온돌을 통해 온도뿐만 아니라 자연적인 습도 조절로 인위적인 가습기의 폐해를 예방하며, 전통 한옥과 온돌은 신선한 산소를 공급하기 위한 황토의 통기성에 의한 자연 환기, 미세먼지를 차단하면서 신선한 공기를 공급하는 흙벽 정화 작용 등으로 여러 건강 건축에 반하는 문제들을 한꺼번에 처리할 수 있다. 이는 수천 년을 내려온 우리의 원천 기술이자 우리의 터전이다.

'가장 우리다운 것이 가장 창의적이다.'
한옥과 온돌의 보편성과 탁월성은 온돌문화유산의 핵심 키워드!

영화 <기생충>이 칸 영화제 수상에 이어 4관왕의 쾌거를 이뤘다. 국내뿐만 아니라 전 세계 모든 영화인들이 환호하며 한국 영화 역사에 길이 남을 족적을 새겼다. 비(非) 영어권 영화로서는 최초로 최우수작품상을 수상했다. 국제장편영화상(옛 외국어영화상)과 최우수작품상을 동시에 수상한 것 역시 최초다.

온돌을 연구하는 학자로서, 봉준호 감독이 아카데미 시상식에서 인용했다는 '가장 개인적인 것이 가장 창의적인 것이다.'라는 마틴 스코세이지(Martin Scorsese)의 말을 이렇게도 바꿀 수 있지 않을까 싶다. '가장 우리다운 것이 가장 창의적이다.' 황토를 사용한 자연적인 습도 조절, 실내 온도를 낮추면서도 바닥을 따뜻하게 해 이불 속 온도를 높여 쾌적감을 유지시켜 에너지 부하를 줄이고, 자연적인 통풍 조절 등으로 쾌적한 실내 환경을 조성하는 전통 한옥의 온돌을 이제 세계 만방에 전해야한다.

온돌은 또한 실내에서 재나 먼지 등이 발생되지 않아 폐나 기관지 건강에 문제를 불러일으키지 않는다는 장점이 있어 최근 국내의 산후 조리원이나 아동 도서실 등 노약자 및 영유아 시설에 채용되어 호평을 받고 있다. 국내뿐만 아니라 독일 등 유럽에서 또한 가정은 물론 병원에서까지도 온돌을 응용해 사용할 만큼 그 효과도 뛰어나다. 이와 같이 한옥과 온돌이 가진 보편성과 탁월성이 바로 우리 문화유산으로서의 핵심 키워드이다.

온돌문화는 패시브 건축(Passive Achitecture)의 핵심 요소이고, 자연과 함께하는 배려와 상생의 주거문화이다

'코로나 19'를 지나온 지금 불확실한 미래 건강을 위한 가장 좋은 대책은 결국 면역 기능을 향상시키는 것이다. 불확실성의 시대인 4차 산업혁명시대를 맞아 가장 확실한 과학은 살아온 역사가 증명한다. 청결한 생활과 면역을 증가시키는 좌식 탈화 생활의 역사를 가진 한민족의 온돌문화가 우리 앞에 펼쳐진다. 그렇다. 온돌문화는 패시브 건축의 핵심 요소이고 자연과 함께하는 배려와 상생의 주거문화이다. 이 문화에는 힘이 있다. 김구 선생이 "오직 한없이 가지고 싶은 것은 높은 문화의 힘이다."라고 말씀하신 문화의 힘이 바로 "한옥과 온돌문화"가 아닌가.

한옥의 심장은 온돌: 온돌 없는 한옥은 알맹이 없는 껍데기

이제 본격적인 겨울이다. 바야흐로 따끈한 구들방 아랫목이 그리워지는 계절이 왔다. 한옥은 겨울용 온돌과 여름용 마루가 한 공간에 있는 독특한 구조이다. 중국, 일본의 전통 주택과 한옥의 가장 큰 차이는 바닥난방 시설인 온돌(구들)에 있다. 온돌은 건축 시설이지만 한옥의 민속문화의 핵심이다. 그래서 한옥의 구조는 그 자체로 구들을 보호하기 위한 것이라 할 수 있다. 구들 아래의 흙은 장마철 습기를 흡수했다가 날이 건조해지면 이를 방출하는 방식으로 방 안의 습도를 조절한다. 여름철에는 땅에서 올라오는 습기를 차단하고 겨울철에는 지열을 저장해준다. 이와 같이 한옥의 온돌은 복사와 전도, 대류의 열전달 3요소를 모두 고려한 독특하면서도 친환경적, 과학적인 난방법이다.

사전을 보면 온돌을 '화기(火氣)가 방 밑을 통과하여 방을 덥히는 장치'로 기록하고 있으나, 좌식 생활을 하는 방바닥이면 온돌방이라 할 수 있다. '온돌(溫突)'은 '따뜻함이 바닥에서 돌출하여 배어 나온다'는 뜻이다. 흔히 온돌을 '따뜻한 돌'로 종종 설명하는데 이는 우리 전통 온돌을 오해한 것이다. '따뜻한 돌'의 의미라면 아마도 '온석(溫石)'이나 '난석(暖石)'으로 썼을 것이기 때문이다. '구들'을 굳이 '돌(突, 堗)' 혹은 '온돌(溫突)', '난돌(煖堗)'이라 쓴 것은 우리의 전통 온돌이 '돌'을 다루는 기술이기보다는 '불'을 다루는 기술이기 때문이다. 즉 불을 이기는 것은 '돌'이 아니고 '흙'이기에 온돌을 만드는 장인을 '토수(土手)' 혹은 '구들편수', '니장(泥匠)'이라고 불렀다. 전통 구들은 흙을 이용하여 불을 다루고 가두는 한국 고유의 전통 난방 기술로 따뜻한 기운을 바닥에서 발생시키는 자연스러운 난방법이다.

먹잇감이 부족한 겨울을 나기 위해 곰은 겨울잠을 자고, 호랑이는 더욱 열심히 사냥을 한다. 어느 쪽이 더 바람직할까? 우리는 전에 '약육강식', '적자생존', '강한 자가 살아 남는다'라고 배워왔다. 서양 문물이 본격적으로 들어오던 때에는 능동적이고 진취적인 삶을 최고선으로 여겼다. 그러나 최근 서구에서 들어오는 첨단 생태 건축 이론은 패시브 하우스(Passive House)이다. 직역하면 '수동형 주택'이지만, '자연형 주택' 혹은 '자연친화(순응)형 주택'이 더 적절한 번역이라 할 수 있다. 우리 한옥은 호랑이와 같은 삶이라기보다는 곰 같은 삶으로 겨울을 지내는 순응형 주택이었다고 볼 수 있다.

한옥의 키워드는 건강 건축

이와 같이 우리 한옥의 키워드는 상극이 아니고 상생이다. 즉 '너를 죽여야 내가 사는 것'이 아니고 '네가 살아야 나도 산다'이다. 한겨울에는 마당과 마루를 버리고 오로지 방안에서 겨울을 보냈다. 그 방도 윗목의 경우에는 요강의 물이 얼 정도로 춥게 되어 아랫목만으로 한겨울을 났을 정도니, 그야말로 최소 면적만을 데워서 가장 적은 에너지를 사용하는 구조이다. 실내외 기온 차가 적을수록 에너지의 부하가 줄어 에너지를 절약하게 된다. 현대의 주택은 방안의 온도를 따스하게 유지시키는 단열 벽체가 아주 중요한 요소이지만, 한옥 온돌방의 단열재는 벽체가 아니고 아랫목에 깔아놓은 '이불'이라 할 수 있다. 이와 같이 한옥의 특징은 실내온도를 낮추면서도 이불 속 온도를 높여 수승화강(水昇火降)의 원리에 입각한 두한족열(頭寒足熱)로 쾌적도를 유지하는 에너지 절약형 시스템이다.

전통 온돌을 시공하는 주택은 단열 규정을 완화해야

현대로 오면서 우리 전통 온돌을 과학적으로 연구한 최초의 학자는 세브란스 병원의 의사였던 현규환 박사이다. 그는 1930년대 일제강점기 만주의과대학 시절에 보건의학교실의 주요 연구 「온돌과 캉의 위생학적 연구」에서 조선인, 만주인, 중국인에 따른 종류별 온돌의 구조와 그 원리, 지역별 분포 등을 아주 상세히 조사하고, 침상 내 이불 속 온도에 따른 쾌적감 등을 체계적으로 연구하였다. 그의 연구에 따르면 한민족의 온돌은 우리 주거문화의 핵심이고 건강 건축의 중요한 요소라고 이미 결론지어져 있다. 그러나 최근 건축법에 따른 벽체의 단열 규정으로 말미암아 건강 건축으로서의 한옥의 정체성이 점점 없어지고 있다. 주택은 휴식을 위한 침실의 환기와 쾌적한 산소 공급이 중요하기 때문에, 전통 온돌이 설치된 주택의 경우에는 침실만이라도 건축법상 과도한 단열 조건을 완화시켜야 이불 속 온도를 쾌적의 조건으로 하는 우리 민족의 온돌 전통이 유지될 수 있다.

그러나 아쉽게도 이러한 온돌 기술을 현대 건축으로 잘 이용하고 있는 나라는 우리나라가 아니고 독일, 일본 등이다. 그들이 우리의 온돌 기술을 기초로 하여 현대적 난방법인 온수 온돌과 전기 온돌 등을 산업화하였기 때문에 중국, 미국 등 바닥난방의 수요가 급증하는 지역의 시장을 대부분 점령하고 있는 실정이다. 우리의 온돌 제품은 질과 가격 면에서 충분히 경쟁력이 있음에도 불구하고 세계 시장에서의 국가 브랜드 가치 열세로 인해 독일과 일본 제품에 비해 수요가 적은 실정이다. 이 같은 현실을 극복하기 위해 우리 고유의 온돌 기술을 지속적으로 교육하여 보급하고, 보전하는 정책적 지원이 필요하다. 이는 또한 유네스코 세계문화유산에도 등재를 서둘러야 할 이유이다.

한옥과 온돌-우리의 빛나는 문화유산

우리의 빛나는 문화유산은 수없이 많다. 그중 가장 세계에 내어놓을 만한 것은 무엇인가? 바로 한글과 금속활자, 그리고 한옥 온돌이

다. 모든 문화는 각 나라마다 독특한 자기의 것이 있기 때문에 일본인은 일본 집이 좋고 미국인은 미국 집이 좋다. 중국인에게 중국의 집이 편하고 좋은 것은 우리가 한옥을 좋아하는 것만큼이나 당연하다. 그러나 구들과 마루가 있는 한옥은 그 성격이 다르다. 온돌은 한국에 국한되지 않고 세계적으로도 통용될 수 있는 보편적인 건강 건축이기 때문이다. 서양은 벽난로는 '서 있는 불'을 사용하고 우리는 불을 깔고 앉을 수 있게 '누운 불'을 사용한다.

전통은 편하고 익숙한 것

사실 전통은 어렵고 힘든 것이 아니다. 편하고 익숙하면서 나름의 품격을 갖춘 것이다. 한옥 전통을 이어가기 위해서 지금 이 시대에 편하고 익숙한 한옥이 요구되는 당연한 이유이다. 지금 편하고 익숙하지 않으면 전통은 더 이상 이어갈 수 없다. 지금 불편하게 여겨지는 한옥은 과거 시절의 한옥이지 지금의 한옥은 아니다. 농경 생활을 영위하는 과거의 생활 패턴이 바뀌어, 겨울에도 마루와 거실을 계속 사용을 해야 하며, 과거와는 달리 실내에 위생적이고 기능적인 화장실과 주방을 원하고 있다. 그래서 그리 비싸지 않으면서 편리하고 따뜻한 그러면서도 전통의 품격이 있는 한옥의 출현은 이 시대의 요구이다.

편리하고 아름다운 한옥에 살고 싶지 않은 한국 사람이 있을까? 한옥에 대한 우리의 욕망은 바로 삶의 질의 향상과 우리의 정체성 회복에 대한 욕망과 맞닿아 있다. 자연과 호흡하며 자연과 조화롭게 살고 싶은, 아토피 걱정이 없는 친환경적인 집에서 좀 더 품격있는 우리 집-한옥에서 살고 싶다는 욕구인 것이다. 서양의 건축가들이 주장하는 친환경(ECO-environment)성은 우리 한옥의 핵심이다. 이런 한옥을 과거처럼 편리하고 품격 있으면서 가격도 저렴하게 만들어야 할 책임에서 한국의 건축사들도 자유로울 수 없다.

지리산 칠불사 아자방

지난 9월에 열린 국제온돌학회와 하동군이 공동으로 주최한 제18차 국제학술대회는 칠불사 아자방 구들을 주제로 '아자방 온돌의 복원과 토속 건강 건축'을 기치로 하여 그간의 아자방 발굴과 재현 성과를 공개하였다. 아자방의 놀라운 비밀을 현대 기술로 밝히고 반만년을 이어온 온돌 난방의 원천 기술을 현대에 접목해 인류의 위대한 발명인 바닥난방문화를 한층 계승 발전시켜 나가는 행사였다.

칠불사의 아자방은 실내 모습이 한자의 아(亞) 자와 같은 형태로 지어진 곳이라 하여 아자방이라 이름 지어졌다. 스님들이 수도를 하는 좌선처와 경행처를 두고 있는 독특한 구조로, 온돌 구조가 특이해 아궁이는 지게를 지고 들어갈 만큼 거대하고, 긴 겨울 동안 추위를 견디며 수행을 하던 스님들을 위해 한번 불을 때면 49일간이나 따뜻하고 그 온기가 100일간이나 간직되었다는 놀라운 기록이 남아있으니 명

실상부 우리나라 온돌 역사의 자부심이라고 할 수 있다.

지리산 자락에 위치한 이 아자방은 신라 효공왕(재위 897~912년) 때 '구들 도사'로 불리던 담공 선사가 칠불사에 축조한 아자형의 온돌방으로, 네 모퉁이를 바닥보다 35㎝ 높게 잡아 스님들이 면벽 수행을 할 수 있도록 돼 있다. 아자방은 만든 이래 1,000년을 지내는 동안 한 번도 고친 일이 없다는 기록이 있는데, 안타깝게도 순조 30년(1830)에 화재로 소실되어 개축했으나, 다시 1949년에 여수 순천 십일구 사건(여순반란사건)으로 국군에 의해 작전상 이유로 소실되었다. 1982~1983년에 복원 사업을 벌이면서 제대로 된 발굴과 고증을 거치지 않는 바람에 예전과 달리 사흘 정도 온기가 지속되는 데 그쳤다. 당시 시굴 조사 결과 1m 이상의 구들과 10㎝ 두께의 방바닥 장판, 구들장의 두께는 20㎝ 이상 되는 것이 많이 조사됐으나 서둘러 공사를 마치는 바람에 원형이 많이 훼손된 것은 큰 아쉬움으로 남았다.

아자방, 천년의 비밀을 풀다.

최근 경남건축문화재연구원이 하동군의 의뢰를 받아 아자방 터를 2016년 2월과 8월, 두 차례에 걸쳐 발굴 조사한 결과 고려 시대 건물 터가 확인되고, 그동안 묻혀 있던 아래쪽에서 네모반듯한 모양의 '확돌'도 처음으로 발굴됐다. 이는 오랜 기간 온기를 간직하기 위해 장작을 한꺼번에 쌓을 수 있는 가마 형태의 대형 아궁이가 존재했음을 추측할 수 있는 귀중한 단서이다. 현장에서는 장작을 한꺼번에 적재할 수 있는 길이가 2m가 넘는 대형 주 아궁이, 좌우 양쪽에 보조 아궁이와 건물터, 청자편 등 고려 시대와 조선 시대 구조물과 유물이 발굴됐다. 이는 아자방 구들이 이미 고려 시대에도 존재했음을 보여 주는 것이다. 2015년부터 4년간 이뤄진 아자방 해체·발굴 조사 결과 고래(구들장 밑으로 낸 고랑)둑은 8조가 설치돼 있었으며, 축열 기능을 높이기 위해 기와를 쌓아 만든 것으로 확인되었다. 이후 체험방의 재현으로 겨우내 한 번 불을 때면 100일간 따뜻했다는 기록이 전해 오는 칠불사 아자방(亞字房)의 천년 비밀의 일부가 풀렸다.

아자방 체험관은 사찰 방문객을 위해 실제로 아자방 온돌을 동일한 형태와 크기로 재현한 것이며 학술대회 기간 동안 임시 개관되었다. 아자방 해체 복원 사업의 자문단장인 고영훈 경상대학교 명예교수가 '지리산 칠불사 아자방 구들의 해체와 복원'을 주제로, 그리고 아자방의 재현을 위한 체험관을 직접 설계하고 시공한 필자가 '아자방 구들 체험관의 구조와 설계 시공'을 주제로 각각 발표한 후 아자방 발굴 조사 현장을 견학하고, 새로 재현된 아자방 체험관을 통하여 온돌 장인들의 숨결을 느끼는 시간을 가졌다.

온돌문화, 세계문화유산 등재의 시동을 건다.

아자방은 우리 민족이 불을 다루는 솜씨가 얼마나 뛰어났는지를 보여 주는 걸작 중의 걸작 우리나라 전통 온돌문화의 특징을 잘 보여 주고 있다. 이번 발굴과 복원을 위해 부엌 바닥과 아궁이, 구들과 고래 등을 모두 해체한 결과 아자방 구들의 천년 비밀을 어느 정도 밝혀낼 수 있었으며, 하동군은 발굴 결과를 토대로 문화재청에 아자방을 국가지정문화재로 승격시킬 것을 요청하기 위해 준비하였다. 또한 칠불사 경내에 아자방 온돌 체험관을 별도로 재현해서 우리 선조들의 온돌 기술과 문화를 일반인들에게 공개하고, 체험도 할 수 있게 할 계획이다. 아자방 온돌 체험관은 발굴 결과를 토대로 철저한 고증을 거쳐 2019년 12월 말 완공되었다.

온돌문화는 이미 유네스코 세계유산으로 등재된 우리의 천년 고찰 산사 건축, 양동마을·하회마을·외암리 민속마을 등 민가 건축, 경복궁·창경궁 등 궁궐 건축에 이르기까지 온돌이 핵심 요소이다. 온돌은 한민족의 고유한 전통 생활 양식으로 역사와 문화적 가치를 가지고 있을 뿐만 아니라 오랜 고대 기술의 고유성을 간직하고 있어서 세계문화유산으로서의 가치가 충분하다. 한글과 더불어 온돌문화는 인류의 보편적 가치를 나타내는 데 손색이 없다. 이미 2018년 5월에 국가무형문화재로 등재되어 유네스코 등재 신청 요건을 갖추었다.

보온 밥통이 없던 시절, 늦게 귀가하는 아버지를 위한 보온 중인 밥그릇을 차는 실수를 누구나 한 번쯤 경험했을 것이다. 지금 현대인의 삶은 아랫목을 잃어버린 각방 세대이다. 한번 다투거나 토라지면 회복이 요원하다. 말 없이 자기 방으로 들어가서 문을 닫고 며칠이고 말도 안 하고 서로 부딪치지 않고 충분히 살 수 있으니 말이다. 어린 시절 필자의 가족은 7남매 5형제가 한방에서 살았다. 아무리 다투고 서로 화가 나도 겨울밤 어김없이 아랫목 이불 속에 두 발과 시린 손을 녹여야 했다. 매일 밤 살을 부대끼고 사는데 어찌 형제 우애가 생기지 않을 수 있을까? 그래서 현대 가정 파괴범은 아마 온돌을 실종시키는 서구식 난방법의 도입이라고 말을 해도 과언이 아니겠다. 추운 겨울밤 오순도순 따끈한 아랫목에 둘러 앉아 군고구마를 먹던 시절이 생각난다.

2. 보성 오봉산 구들장 채석지의 근대문화유산 개요

등록문화재 근대문화유산
국가무형문화유산 135호 온돌문화에 관한 유적/채석지

<table>
<tr><td rowspan="10">대상
문화재
현황</td><td rowspan="2">명 칭</td><td>보성 오봉산 구들장 채석지</td><td>寶城</td></tr>
<tr><td colspan="2">-</td></tr>
<tr><td>시대</td><td colspan="2">근대 일제강점기 후반~1970년대 근대화 시대</td></tr>
<tr><td>소재지</td><td colspan="2">전라남도 보성군 득량면 해평리 산63-1, 63-4번지</td></tr>
<tr><td>구조
/형식
/형태</td><td colspan="2">채석지 및 구들장 운반로</td></tr>
<tr><td>재료
/품질</td><td colspan="2">-</td></tr>
<tr><td rowspan="3">수량
/규모
/크기</td><td colspan="2">해당 문화재 면적: 200,000㎡(산63-1, 63-4번지)</td></tr>
<tr><td colspan="2">보호구역-</td></tr>
<tr><td colspan="2">보호물-</td></tr>
<tr><td>현재 용도
/기능</td><td colspan="2">폐 채석지 일부 편백나무 조림지</td></tr>
</table>

<table>
<tr><td rowspan="3">대상
문화재
현황</td><td rowspan="2">소유자
(단체)
(토지)</td><td>성명(명칭): 국유(산림청)</td><td>전화번호: 1588-3249</td></tr>
<tr><td colspan="2">주소 대전광역시 서구 청사로 189 1동</td></tr>
<tr><td>연혁
/유래
/특징</td><td colspan="2">오봉산 구들장 채석지는 1930년대 말부터 1980년대 초까지 40년간 구들장을 채석하여 전국적으로 구들장을 공급하던 곳으로 현재 구들장 운반로와 채석지가 잘 보존되어 있는 전국 유일의 구들장 산지이다. 채석 경험자들의 구술에 의하면 전성기인 1960년대에는 전국 구들장의 70%까지 생산했다고 전해지며 당시 구들을 실어 나르던 운반로와 채석지가 잘 남아 있어 대한민국 온돌문화의 역사적 지속성에 근거한 주요한 근대 유적지로서 국가적으로 보존 정비 활용이 시급한 문화유산이라고 판단된다.</td></tr>
<tr><td rowspan="2">관리단체
(안)</td><td>단체명</td><td>보성군</td><td>대표자: 보성군수</td></tr>
<tr><td>지정
신청
사유</td><td colspan="2">오봉산 구들장 채석지 관리관할 기초지방자치단체</td></tr>
<tr><td colspan="2">지정 가치 및
근거 기준</td><td colspan="2">오봉산 구들장 채석지는 근대문화유산으로서, 우리 전통무형문화유산 135호인 구들문화의 주 재료라고 할 수 있는 구들장이 생성되는 산지다. 오봉산 구들장 채석지는 과거 구들장 채석이 활발하던 당시의 상황을 보여주는 구체적 사례들을 많이 가지고 있으며, 이곳에서 채집된 구들장은 무게에 비해 강도가 우수한 것이 특징이다. 이 점이 오봉산 구들장이 전국적으로 판매될 수 있는 이유였다고 볼 수 있는데 타 지역 구들장과의 강도 실험을 통한 결과 휨 강도와 열보존 성능이 탁월한 것으로 조사되었다.</td></tr>
</table>

위와 같이 「문화재보호법 제53조 및 같은 법 시행령」 제34조에 따라
국가등록문화재로 등록

보성 오봉산 구들장 밭(채석지) 문화재의 인문 환경 및 현상·관리 상황

구분	내용	비 고
입지 및 역사 문화 환경	· 보성 오봉산 구들장 채석지는 전남 보성군 득량면 해평리 산63-1, 63-4 두 필지에 위치 · 오봉산(五峰山, 해발 343.5m)은 봉우리 다섯 개가 모여 있는 산으로, 계곡의 협곡과 산등성에 솟은 기이한 모양의 바위 봉우리와 바위 벽이 병풍처럼 펼쳐져 있으며 채석지는 오봉산 중에서도 해평리 오봉산 지역, 청방산 지역, 객산리 지역 세 곳에 분포	-
현재의 보존 상태 및 보호·관리상 조치가 필요한 사항	· 편백나무 조림지와 폐 채석지로 일부 등산로로 이용되고 있음 · 채석지 및 운반로는 자연 풍화와 등산로 이용으로 인하여 채석지 운반로가 훼손되고 있기 때문에 이에 대한 보존 조치가 시급히 필요함	-
보수·정비 및 현상변경 이력	훼손된 채석지 운반로 일부 보수 조치하였음	-
부속시설물(주변) 현황	해당사항 없음	-
소재지 및 주변의 지정·등록문화재 분포 현황	보성군에는 43개소의 지정문화재와 등록문화재가 있으며 인근 지역에는 다음의 문화재가 있음 · 보물 제943호 우천리 삼층석탑 · 천연기념물 제418호 보성 비봉리 공룡알화석 산지 · 국가민속문화재 제162호 보성열화정 · 전라남도 유형문화재 제106호 보성향교 · 전라남도 문화재자료 제55호 해평리 석장승 · 전라남도 문화재자료 제134호 보성 봉능리 석조인왕상	-
그 밖의 사항	오봉산 구들장 채석지 인근에 고려시대에 오봉산 구들장 돌로 축조된 축대가 있는 개흥사지가 소재	-

3. 보성 오봉산 구들장 채석지의 지정 가치

입지적 가치

보성 오봉산 구들장 채석장이 위치한 오봉산(五峰山, 392m)은 득량면 해평리, 도촌리, 비봉리 일대에 봉우리 다섯 개가 모여 있는 산으로 계곡의 협곡과 산등성에 솟은 기이한 모양의 바위 봉우리와 바위 벽이 병풍처럼 펼쳐져 있다. 이 중 해평리 저수지 남쪽 득량만을 바라보는 봉오리로 북향으로 내려오는 가지 능선과 계곡 일대에 사면에 구들장 채석지가 산재해 있다.

온 산이 바위로 되어 있고, 용추와 폭포가 있다. 경치가 좋은 곳으로 유명하다. 『신증동국여지승람』에는 "오봉산(五峯山) 보성군의 남쪽 30리에 있다."라고 기록되어 있다. 『해동지도』(보성)에는 오봉산(五鳳山)으로 표기되어 있으며 산 밑에 개흥사가 기재되어 있다.

오봉산 구들장 산지 주변에는 오봉산 동쪽에 위치한 보성 비봉리사지와 비봉리 마애여래좌상, 오봉산 정상에 입지한 오봉산성이 있으며, 서쪽에 보성 도촌리 가장 도요지와 학동 도요지가 있다.

보성 오봉산을 주산으로 삼은 오봉산 구들장 산지(채석지)는 계곡의 협곡과 산등성에 솟은 기이한 모양의 바위 봉우리와 바위 벽은 병풍을 펼쳐놓은 듯 자연미가 빼어나다. 칼바위, 병풍바위, 버선바위 밑에는 마당굴, 정제굴, 독굴 등 수없이 많은 굴들이 뚫려 있는데, 이는 보성군 내에서도 특기할 정도로 복잡한 지층 구조로서 지질학계의 주목을 받고 있다. 특히 오봉산 구들장 산지가 있는 득량 지역은 백악기 화산암류 분포 지역 중 하나이며, 기반암은 선캄브리아기의 지층으로 변성퇴적암류와 반상변정 화강암질 편마암 및 화강암질 편마암으로 구분되는 특징이 있다.

이처럼 오봉산 구들장 채석지는 선캄브리아기의 변성암류와 백악기의 퇴적암류를 기반으로 하여, 백악기 후기 화산암류가 기반암류에 의해 고립되어 단일 화산암체로 독립적으로 분포하고 있으므로, 화산암류의 암석학적 특징과 그 화산구조에 대한 양상을 밝히는 데 좋은 지역이며 지질은 화강암질 편마암, 능주층군 퇴적암, 중성화산암류, 산성화산암류, 제4기 충적층으로 이루어져 있어 보성군 여러 지역 중에서도 복잡한 양상을 보여 늘 연구의 가치가 높은 천연의 구들장 산지이다.

구들장 채석 경험자들의 구술 채록에 의한 오봉산 구들장 채석 지역은 크게 세 구역으로 나눠진다. 흔히 오봉산이라고 일컫는 구역은 광의의 오봉산 즉 행정구역상의 오봉산이며, 지역 내 주민들은 이 오봉산을 청방산과 오봉산 그리고 객산리로 나뉘어 부르고 있는데, 즉 득량면의 동쪽 지역인 해평리를 중심으로 한 오봉산과 득량면의 서쪽 지역인 도촌리를 중심으로 한 청방산, 그리고 그 사이 남쪽 지역인 객산리가 주요 채석지이다.

역사적 가치

오봉산 구들장 채석지는 전성기에 전국 구들장의 70%를 생산했다고 전해진다. 실질적인 사료 검토 및 조사로서 구술 채록 대상자 중 가장 연세가 많은 정○○(현 87세, 도촌리 거주) 어르신의 증언을 살펴보면, 1945년 해방을 기준으로 3~4년 전부터 오봉산 채석이 시작된 것으로 보여진다. 또한 부친이 가장 마지막까지 채석 사업을 했던 것으로 기억하는 이○○(현 52세, 강골마을 거주) 씨의 증언에 따르면 오봉산 구들장 채석 사업은 1980년도 초반에 막을 내린 것으로 추정된다. 즉, 오봉산의 구들장 채석 사업은 1930년 말경에 시작되어 1980년도 초까지 약 40년간 이루어졌으며, 증언자들의 채석과 관련한 경험 기간 등으로 미루어 볼 때 채석 산업이 가장 활발했던 성숙기는 1960년대 무렵이다. 이후 70년대에 들어서면서 점점 쇠퇴하기 시작한 구들장 채석 사업은 80년대 초에 끝이 난 것으로 보여진다.

구들장의 채석 과정은 크게 채석과 운반의 과정으로 나뉜다. 채석은 정과 망치를 이용해 돌을 쪼개어 채취하는 돌뜨기 작업과 화약을 이용한 폭파 작업 후 이루어지고, 이렇게 채집된 돌은 운반업자가 산 아래 마을 집하장 또는 기차역인 득량역까지 운반하였다.

오봉산 구들장 채석에서 가장 특별한 모습은 중량물인 돌을 산 위에서부터 산 아래까지 운반하는 과정으로, 운반의 도구로는 소와 우마차(소달구지)를 이용하였다. 이 소와 달구지는 농사일과 석재 운반을 병행했는데, 소와 구들장을 실은 소달구지가 원활하게 다닐 수 있도록 산 위로 오르는 길을 우마차 길로 조성한 것은 특히 주목해야 할 부분이다. 이 길은 현장에서 채석 후 남은 구들장 돌들을 이용해 만든 것으로, 오르내리는 우마차가 두 대가 서로 교차할 수 있도록 넓은 지역을 구축한 것이 특징이다.

조사 결과 이러한 우마차 길은 오봉산과 청방산 동일하게 거의 산 정상까지 이르렀던 것으로 확인되며, 현재는 나무로 덮여 있어 그 길의 흔적을 찾기는 쉽지 않다. 그러나 최근 해평리의 오봉산에서 발굴된 우마차 길의 모습을 통해 당시의 채석 현장의 모습을 충분히 가늠해 볼 수 있다.

1930년대가 일제강점기 후기라는 사실을 감안하면, 당대의 혼란한 사회 환경 속에서 구들장 사업이 시작되고 번영했다는 것은 매우 이례적이라고 할 수 있다. 이는 당시 지역 사회 속 오봉산 구들장 산지의 위상을 짐작하게 하는 대목이다. 열악한 경제 상황 속에서 채취된 구들장은 주로 건축업자들 또는 건축자재상들을 통해 전국으로 판매되었다. 보성 득량역에서 철도의 화물차량을 통하여 광주와 목포로 가장 많은 양이 출하된 것으로 파악되며, 벌교 순천 지역을 거쳐 경상남도 지역과 부산까지 갔던 것으로 추정된다. 외지에서 온 업자들에게 직접 구들장 돌을 판매하는 업무에 관여했던 정○○(현 87세, 도촌리 거주) 어르신은 경기도에서 건축업자가 구들장 돌을 사러 왔던 것을 기억하고 있고, 득량역에서 통운회사 소속으로 상하차 업무를 하셨던 이○○(오봉리 거주) 어르신은 일부 용산을 종착역으로 하였던 기차가 있었다고 증언했다. 이를 종합하면 오봉산 구들장이 서울까지도 운반 및 사용되었다는 사실이 확인되는데, 오봉산 구들장의 수요가 전국적이었다는 점만으로도 당대 오봉산 구들장의 가치와 평가를 헤아려볼 수 있다.

이상으로 미루어 우리는 보성 오봉산 구들장 산지의 구들장 산업이 일제강점기 말부터 시작되었으며, 이곳에서 채석된 구들장이 보성 지역 및 전남 지방은 물론 광주 부산 서울에 이르기까지 전국적으로 공급되었다는 중요한 역사적 사실을 확인할 수 있다. 따라서 이 오봉산 구들장 채석지는 대한민국 온돌문화의 역사적 지속성 속에서 근대 문화에 관한 주요한 유적지로서 국가적으로 보존·정비·활용될 충분한 가치를 가지고 있다고 판단된다.

학술적 가치

오봉산 구들장 산지(채석지)는 구들장이 생산되는 산 정상부 부근에서부터 산 아래 집하장까지 운반로가 설치되어 있는데, 경사도가 45도에 이르는 바위 경사를 따라 구들장 돌 조각을 석축형으로 쌓아 우마차가 다닐 수 있는 넓고 긴 길을 만들었다.

이 길로 우마차가 한 번에 운반할 수 있는 양은 평균 1.5칸(1칸=8자*8자)에 해당하는 돌로 1톤 정도의 무게이다. 1톤이 넘는 무게의 돌을 싣고 경사진 산길을 내려오는 것은 매우 위험한 일이었으므로 마차에 별도로 브레이크를 설치하였는데, 이 브레이크는 바퀴에 쇠로 연결된 것으로 운반자는 이 브레이크를 잘 조절하여 소가 경사진 길에서 미끄러지지 않도록 하였으며 평지에서는 브레이크를 풀어줌으로써 쉽게 소가 걸어갈 수 있도록 하였다. 또한 운반 시 충격으로 인한 마차와 돌의 보호를 위해 바닥에 멍석을 깔고 이동 시 소에게 별도의 짚신을 신겨 소의 발을 보호했다. 새끼줄로 만든 이 짚신은 소의 앞뒤 네 발에 모두 신겼는데, 산을 한 번 오르내리면 해어져 없어질 정도였다고 하니 얼마나 고된 작업이었나를 알 수 있다. 당시에 채석 현장에서 일하셨던 몇몇 어르신들은 짚을 이용한 소 짚신 삼는 방법을 재현하였다.

구들장 운반로는 오봉산 능선과 계곡, 바위의 경사로 등 입지 조건과 우마차의 하중 문제를 해결하기 위해서 의도적으로 계획한 도로 축대로, 각각의 축대는 막대한 하중을 견디면서 축대의 벽체를 유지할 수 있도록 견고하게 만들었다. 축조 방법은 현장에서 구들장으로는 상품 가치가 없는 단단한 작은 돌조각을 경사면 하부에서부터 도로의 폭이 확보되는 높이까지 한 칸 한 칸 들여쌓아 무게 중심이 벽체 안쪽으로 쏠리도록 하는 것인데, 외부 충격으로부터 도로 축대의 벽면을 보호할 수 있는 형태로 완성된다. 우마차가 교행할 수 있는 넓은 공간을 마련할 때 가장 중요한 것은 높고 긴 석축을 쌓을 수 있는 기술이다. 오봉산 구들장 운반로 축대의 경우, 인근 보성 개흥사지 축대에서 확인된 기술과 유사하게 기초 부분에 대한 안정 작업이 이루어졌고 석축을 층층이 쌓아올리면서 모서리 부분에서 각을 잡아 각 단의 면을 일정하도록 만들었다. 비록 민간 기술이지만, 그 속에 담긴 장인들의 세심함과 정교함은 당시 발달된 석축 기술의 모습을 잘 보여준다는 점에서 그 가치가 크다.

또한 오봉산 구들장의 특징은 무게에 비해 우수한 강도에 있다. 이는 오봉산 구들장이 전국적으로 판매될 수 있었던 이유로 볼 수 있는데, 타 지역 구들장과의 강도 실험을 시행한 결과 휨 강도와 열 보존성능이 탁월한 것으로 조사되었다. 오봉산 구들을 사용한 이들은 오봉산 구들장 돌은 얇지만 강도가 세다고 입을 모아 증언한다. 또한 다공질로 공극이 많아 가볍기 때문에 작업도 수월하고, 오래도록 불과 연기에 닿아도 터지지 않는 특징을 가장 큰 장점으로 꼽는다.

지정 가치 요약

오봉산 구들장 채석지는 일제강점기 후기부터 1980년대 근대화 말기까지 전남 지방은 물론 광주 부산 서울에 이르기까지 널리 이용되었다는 구체적 사례들을 많이 가지고 있는 구들장 산지로서, 온돌문화의 지속적인 전승과 변천 그리고 보성 득량면 지역사에 미친 영향이 크고 심대하다. 어린 시절 득량역 주변에서 채석된 구들장 돌이 기차를 통해 운반되던 모습을 증언하는 윤○○(현 59세, 오봉리 거주) 씨에 따르면 80톤가량의 돌을 실을 수 있는 화물차량 8량 정도가 항상 득량역에 대기하고 있었다고 한다. 이로써 8량의 화물차가 일주일에 한 번씩 구들장 돌을 날랐다고 가정할 때 1달에 평균 4천 톤가량의 구들장 돌이 전국 각지로 판매되어 나갔을 것으로 추정된다. 또한 득량면은 돌이 많은 지형 특성상 비가 와도 땅에 물이 고이지 않아 농사를 짓기 어려운 환경이어서 농사가 그다지 큰 수입원이 되지 못하였으나, 오봉산 구들장의 채석 산업으로 인해 대부분의 가구가 농번기를 제외하고는 채석 현장에서 일했다고 한다. 또한 천연의 자원과 지형을 잘 이용한 구들장 운반로의 유구는 정교한 석축의 구축 방법을 보여주고 있어 문화재적 가치가 높다. 특히 역사적, 입지적, 학술적 가치가 뛰어나서 대대로 보존되어야 할 소중한 문화유산이므로 국가지정문화재로 지정하는 것이 합당하다고 사료된다.

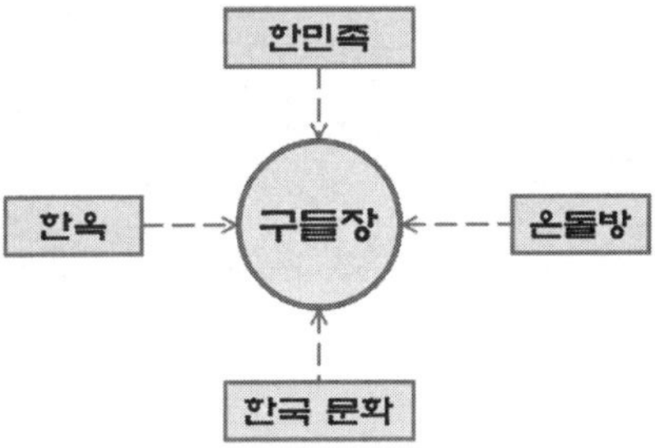

4. 채석지 및 관련 시설 분포 개요

1) 대상지 개요

<그림 1-1> 오봉산 구들장 채석지 및 관련 시설 분포 지도

■ 본 조사에서는 득량면 해평리 산 40 외 5필지에 위치한 채석지 4곳(A, B ,C, D)과 운반로(교차로) 1곳, 그리고 규모도 크고 현존 상태가 양호한 석축 1곳을 조사하여 도면화하였다. 채석 종료 후 약 40년이 지나 일부는 훼철된 곳도 있지만 전반적으로 비교적 옛 모습을 잘 갖추고 있다.

■ 각 구역별 규모와 현상에는 차이가 있으나 오봉산 구들장 채석지가 가지고 있는 운반로 개설, 이로 인한 석축 조성 등 전반적인 사항은 대체로 유사하다.

■ 채석지 중 가장 주목되는 곳은 D구역이다. 이곳은 오봉산 정상부, 해발 약 300m 지점에 위치하고 있는데 특히 급경사지, 약 60~70도 경사지에 구축한 운반로가 매우 인상적이다. 운반로는 사람과 소, 그리고 마차가 함께한 채석지 못지않은 산업 시설이다.

■ 채석지 분포가 광범위하고 채석 시기가 각기 다르기 때문에 운반로 개설시 3거리, 4거리 등 교차로가 상당히 많이 생겼다. 운반로는 갈 지(之)자 형상으로 정상부까지 잘 조성되어 있다.

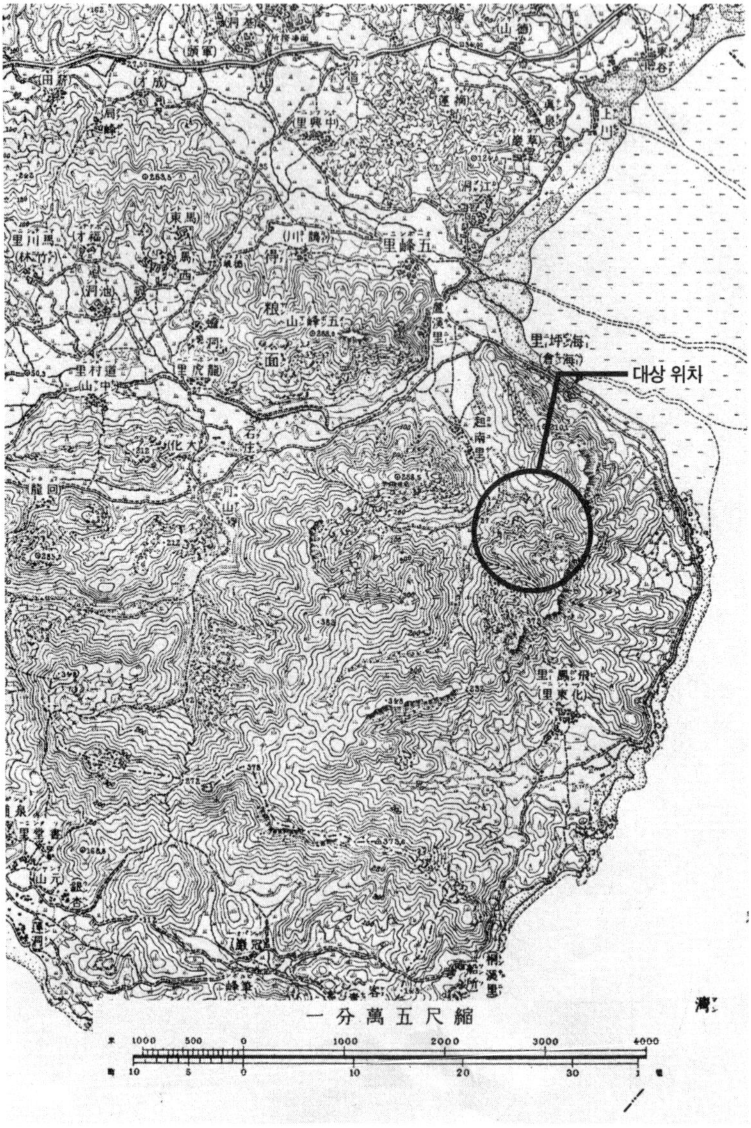

<그림 1-2> 보성 일대 근세 지도(1/50,000)

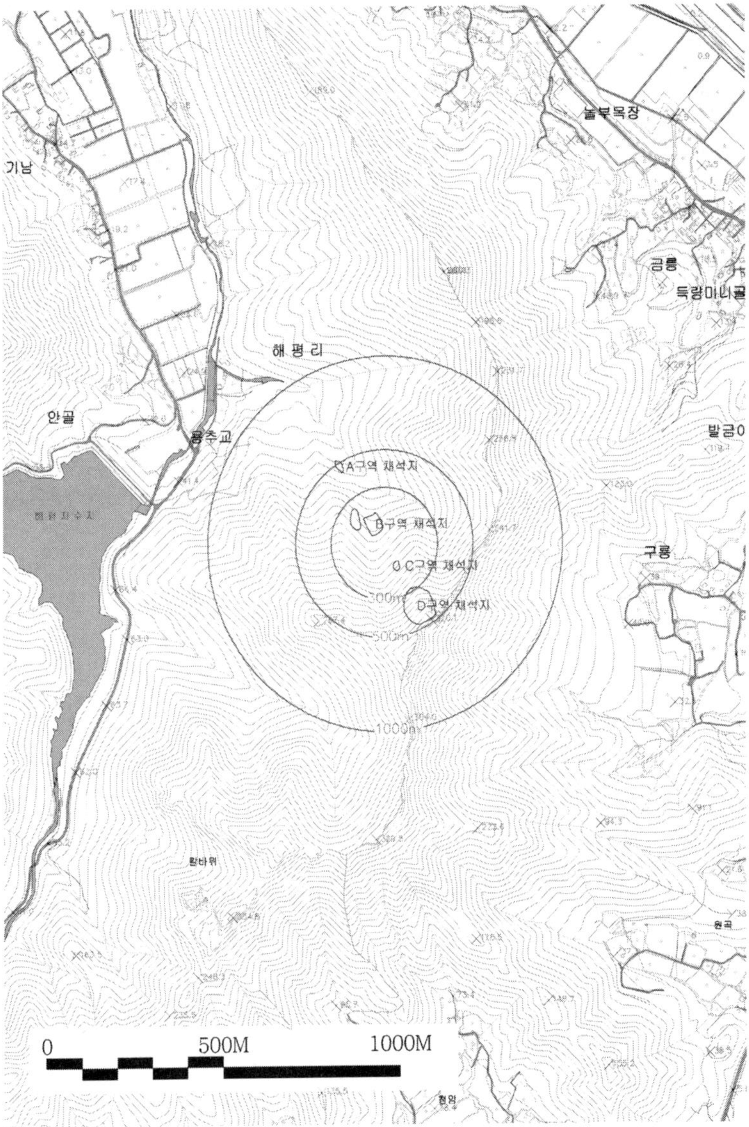

<그림 1-3> 보성 신청지와 주변 지형도(1/25,000)

<사진 1-1> 채석지 및 관련 시설 위치도/위성 사진

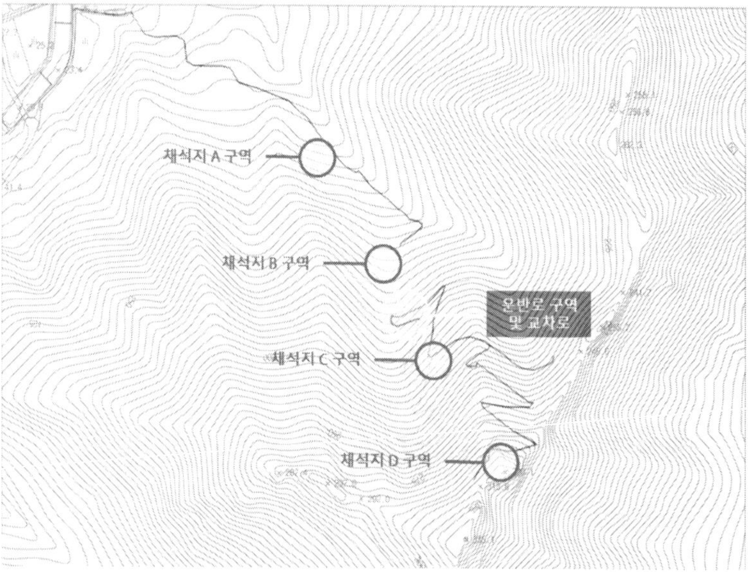

<그림 1-4> 채석지 및 관련 시설 위치도/등고선 지도

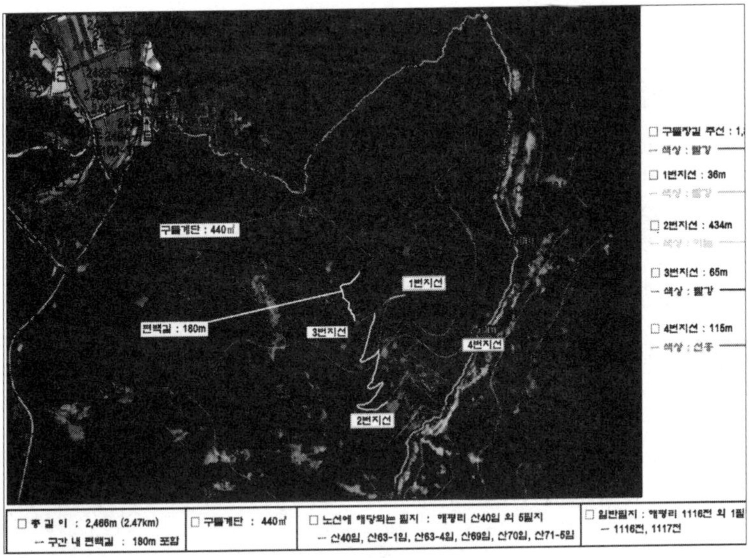

<사진 1-2> 오봉산 구들장길 위치도
제공: 보성군

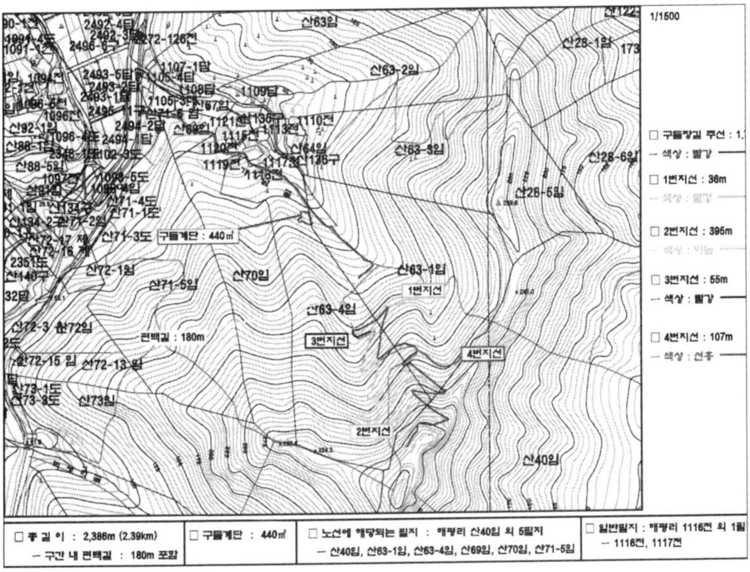

<그림 1-5> 오봉산 구들장길 위치도
제공: 보성군

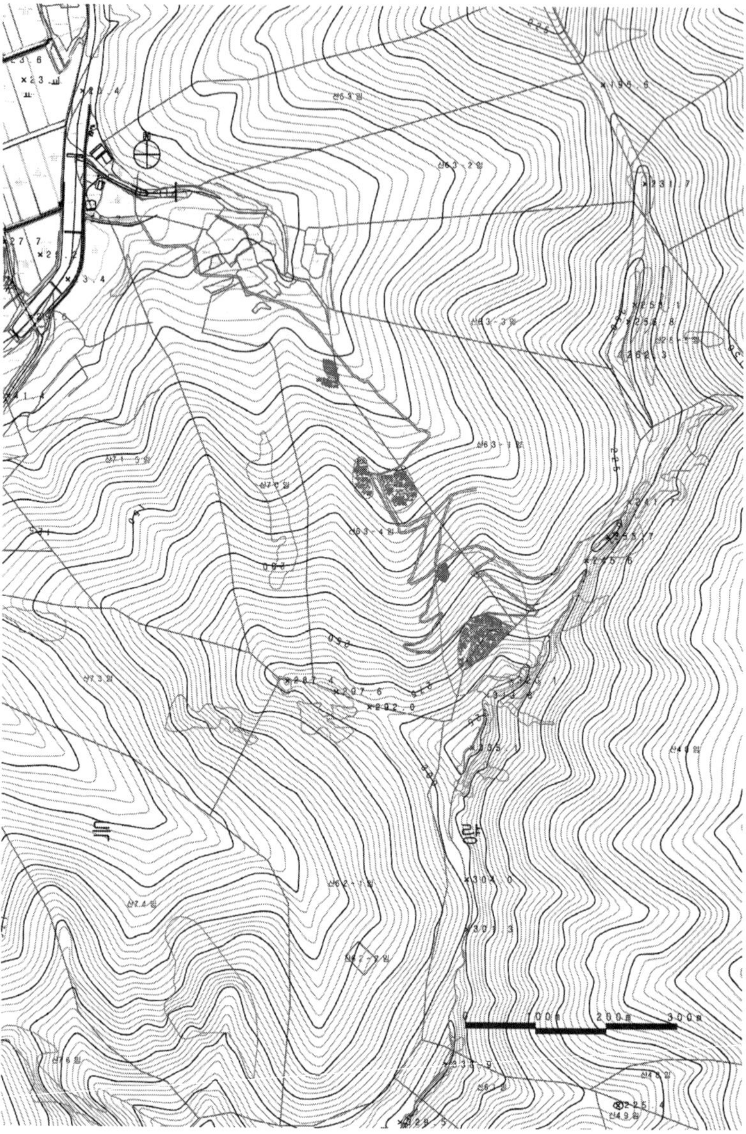

<그림 1-6> 보성 구들장 채석지와 운반로 유적 위치도(1/5,000)

<사진 1-3> 구들장 운반로1

<사진 1-4> 구들장 운반로2

<사진 1-5> 구들장 운반로3

<사진 1-6> 구들장 운반로4

2) 구역별 현황

<A구역> - 면적: 약 448㎡

A구역은 진입부 하단 초입에 위치한 채석지 및 석축이다. 전체 구역 면적은 약 600㎡이다. 이 구역에서 가장 돋보이는 구조는 17단으로 축조된 계단식 석축으로 현재도 축조 당시의 본 모습이 잘 남아 있다. 단 높이는 500~700, 디딤판은 800~1,500 정도이며, 쌓기 형식은 막돌허튼층구조로 되어있다. 전체적으로 큰 흐트러짐 없다. 채석지는 석축 상단에 광범위하게 펼쳐져 있으며 현재는 수목으로 덮여 있어 접근이 어렵다. 석축부 군데군데에도 40, 50년생으로 보이는 수목이 있어 그간의 역사를 보여주고 있다.

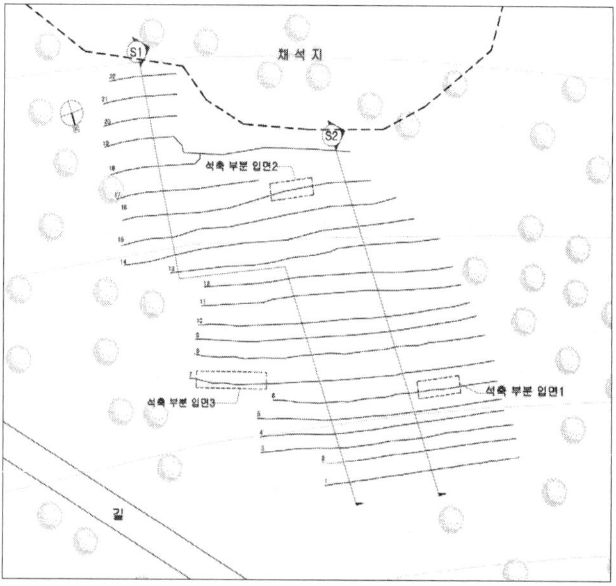

<그림 1-7> A구역 평면도

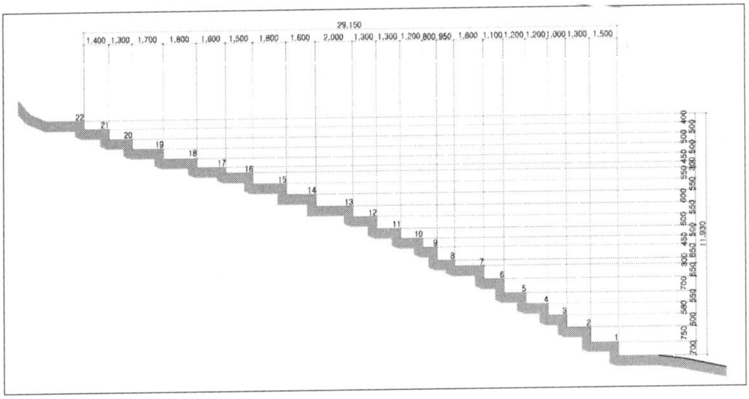

<그림 1-8> A구역 단면도1

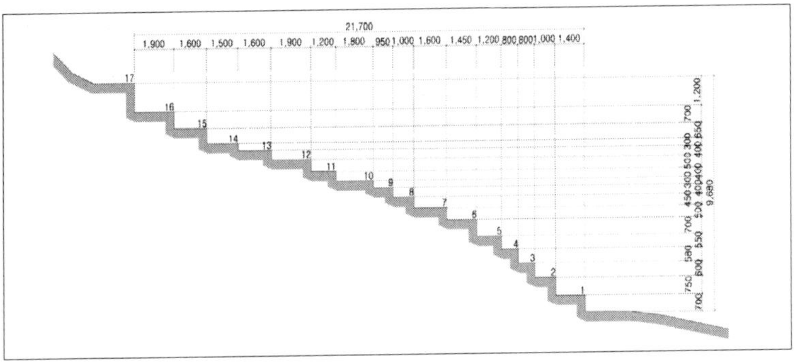

<그림 1-9> A구역 단면도2

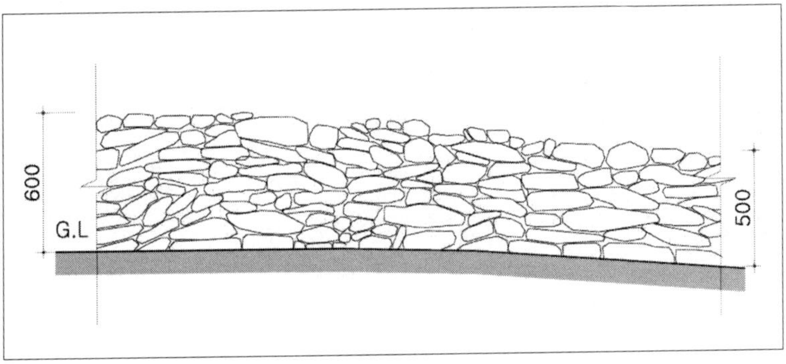

<그림 1-10> A구역 부분 입면도1

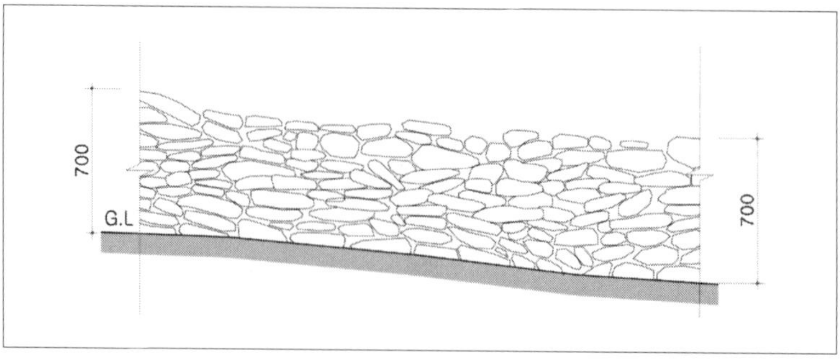

<그림 1-11> A구역 부분 입면도2

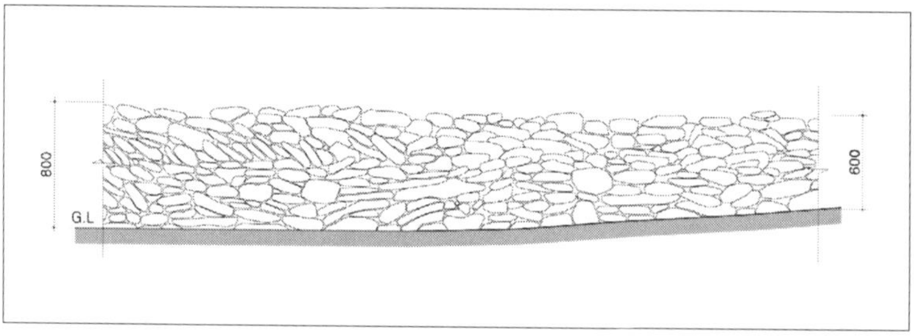

<그림 1-12> A구역 부분 입면도3

<사진 1-7> 석축 상세 모습

<사진 1-8> 석축 근경

<사진 1-9> 석축 전체 원경

<사진 1-10> 석축 실측 모습

<사진 1-11> 석축 상부 모습

<B구역> - 면적: 3,370㎡

B구역도 오봉산 하단부에 위치하며 A구역과 약 230m의 거리를 두고 있다. 채석지는 운반로 주변에 넓게 조성되어 있는데 하단 지역에는 편백나무가 비교적 조밀하게 식재되어 있다. 이 나무는 채석 종료 이후 인공적으로 조림한 것으로 보인다. 현재 이곳에는 사용 가능한 구들장이 상당히 널려있다.

운반로는 약 5m의 간격을 두고 상하 두 길이 있으며, 폭은 2~2.5m 정도로 비교적 넓다. 이곳에도 편백나무가 식재되어 있다. 이 지역은 앞으로 힐링 구들장 공원으로 조성해도 좋을 듯하다.

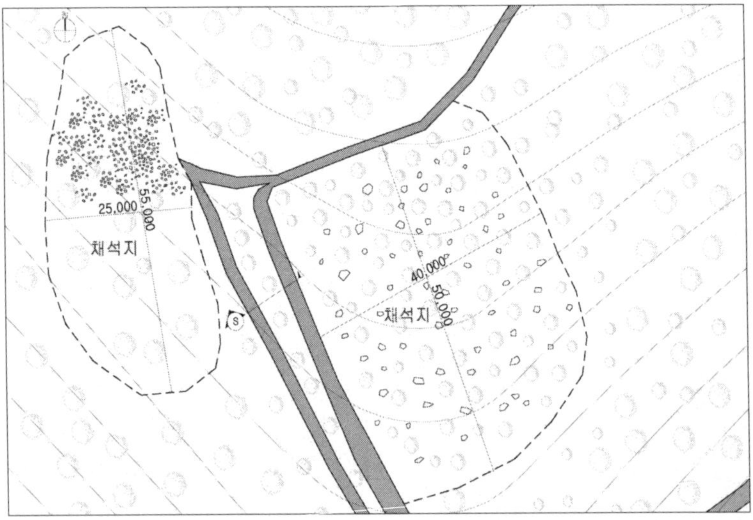

<그림 1-13> B구역 평면도

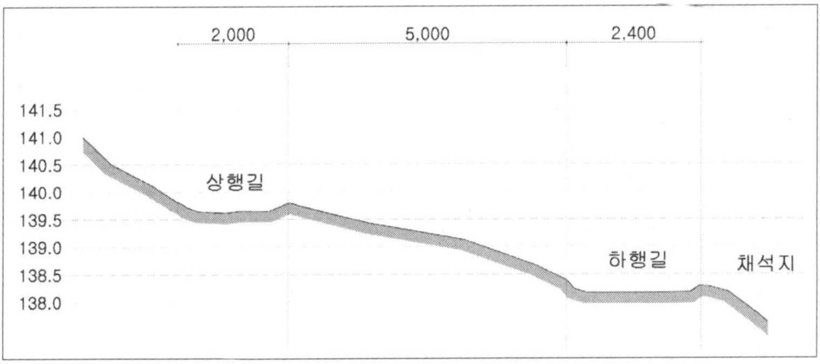

<그림 1-14> B구역 운반로 단면도

<사진 1-12> B구역 노출 구들장

<사진 1-13> 채석지 모습1

<사진 1-14> 채석지 모습2

<사진 1-15> 운반로 및 주변 채석지

<C구역> - 면적: 330㎡

C구역은 오봉산 중턱에 위치한 채석지로 교차로(삼거리) 주위에 광범위하게 펼쳐져 있다. 지형상 상당히 급한 경사지에 채석지가 위치한 관계로 운반로 하부에는 약 1.2~1.7m 높이의 석축이 잘 축조되어 있다. 운반로는 채석지와는 별도로 오봉산의 새로운 주목되는 시설이며 특히 교차로가 상당히 많다. 이는 채석지가 곳곳에 산발적으로 발달했다는 증거이다.

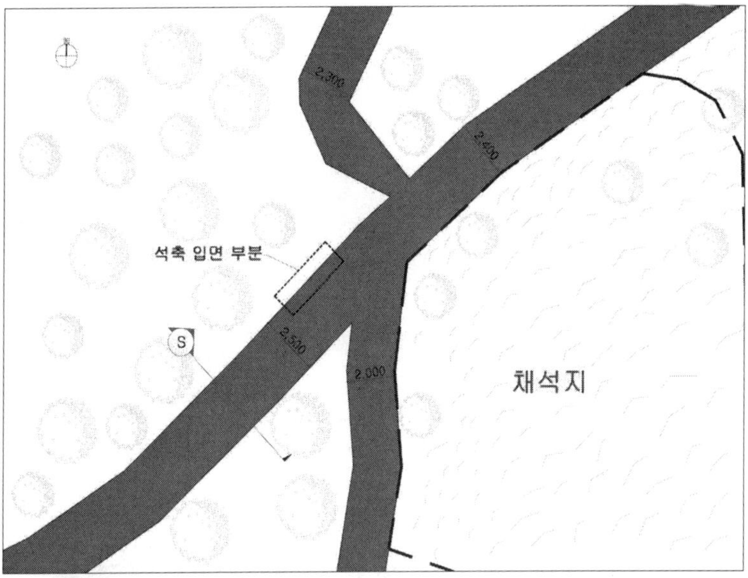

<그림 1-15> C구역 평면도

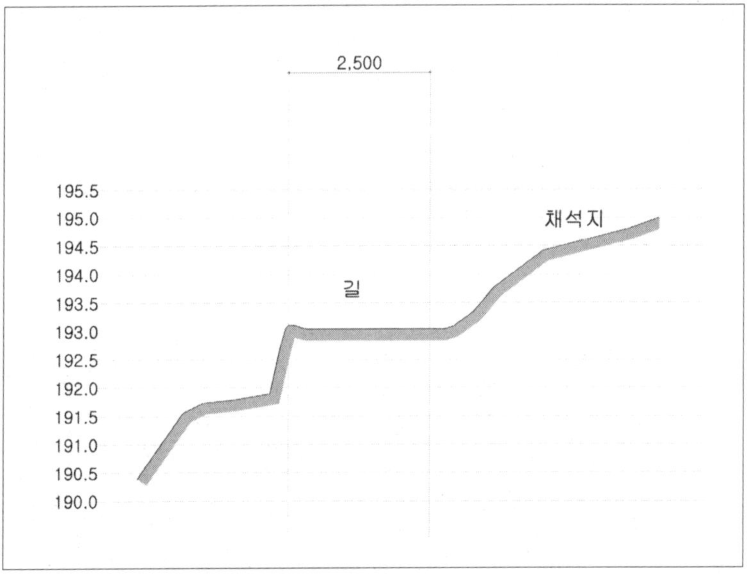

<그림 1-16> C구역 단면도

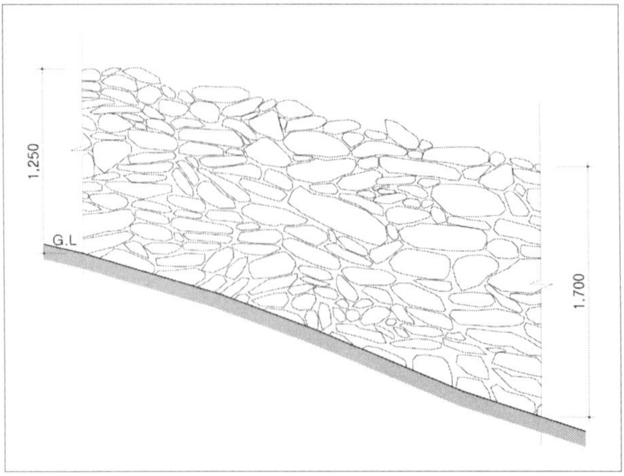

<그림 1-17> C구역 입면도

<사진 1-16> 채석지 모습1

<사진 1-17> 채석지 모습2

<사진 1-18> 채석지 모습3

<사진 1-19> 석축 실측 모습

<D구역> - 면적: 3,271㎡

D구역은 오봉산 최정상부에 위치한 채석지로 규모나 현존 상태 등에서도 최상 단계의 채석지이다. 이 채석지는 채석이 거의 종료되는 1970대까지 채석이 됐던 곳이다. 채석지는 약 50~60도의 상당히 급경사지에 분포되어 있고, 운반로도 미로처럼 구성되어 있다. 채석지 정상부에는 2000년경에 마을 주민, 즉 채석 사업에 참여했던 후손들이 쌓은 2기의 기념탑이 있다.

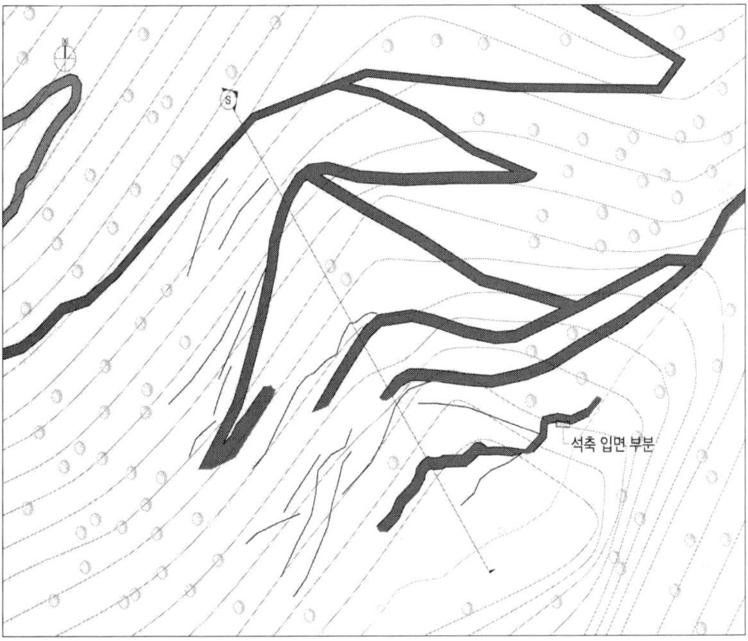

<그림 1-18> D구역 전체 평면도

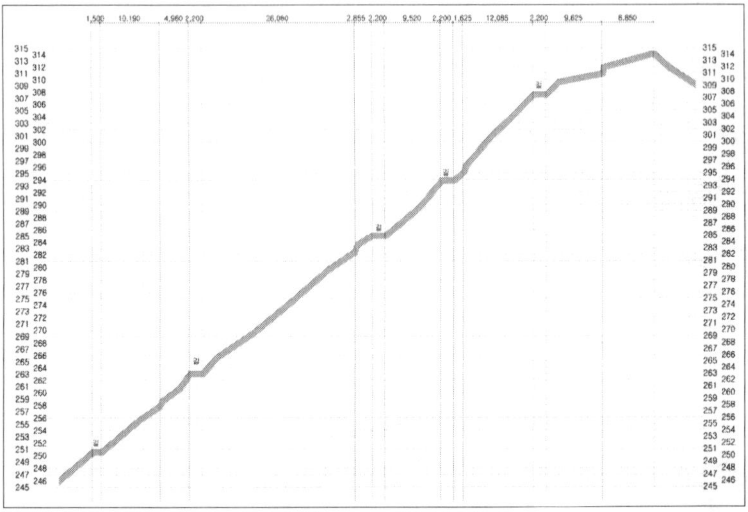

<그림 1-19> D구역 단면도

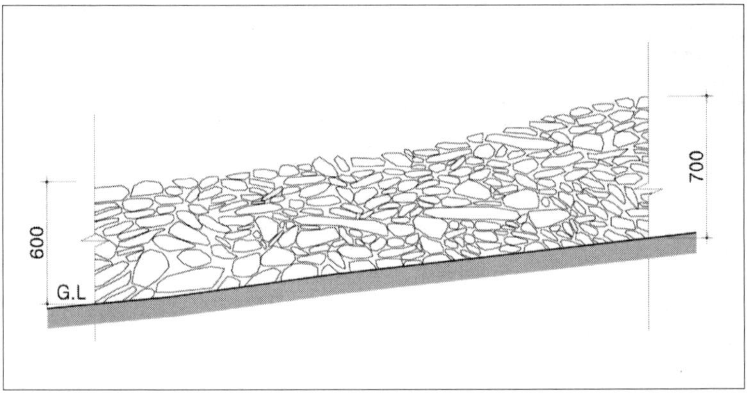

<그림 1-20> D구역 입면도

<사진 1-20> D구역 채석지 및 운반로 전경1
오봉산 전체 채석지 중 가장 규모가 크고 보존 상태도 양호한 곳이다.

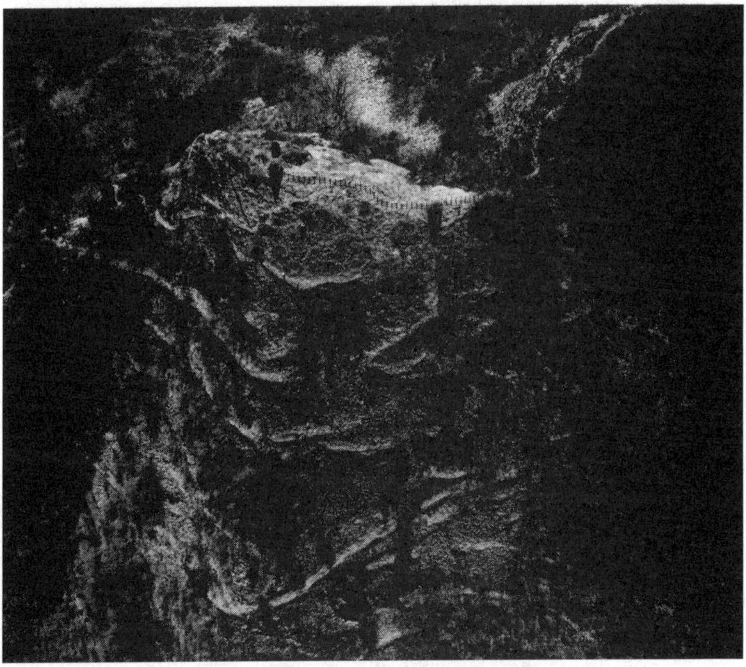

<사진 1-21> D구역 채석지 및 운반로 전경2

<사진 1-22> 채석지 모습1

<사진 1-23> 채석지 모습2

<사진 1-24> 채석지 상세 모습

<사진 1-25> 채석지 상세 모습 및 운반로 전경

<사진 1-26> 채석지 상세 모습

<사진 1-27> 기념탑

<교차로 A>

오봉산에는 채석지가 매우 광범위하게 분포되어 있는 관계로 운반로 역시 단일 길로만 형성되지 않았다. 운반로가 사방으로 연결되어 있고, 그 과정에서 교차로가 수없이 형성되어 있다. 한편 지형상 운반로가 상하로 축조된 곳도 있는데, 교차로 A구역이 규모도 넓고 현존 상태도 매우 양호하다. 운반로는 구조상 하부는 채석 과정에서 자연적으로 파생된 작은 막돌로 석축을 쌓았다. 그 높이는 보통 1m 정도가 된다.

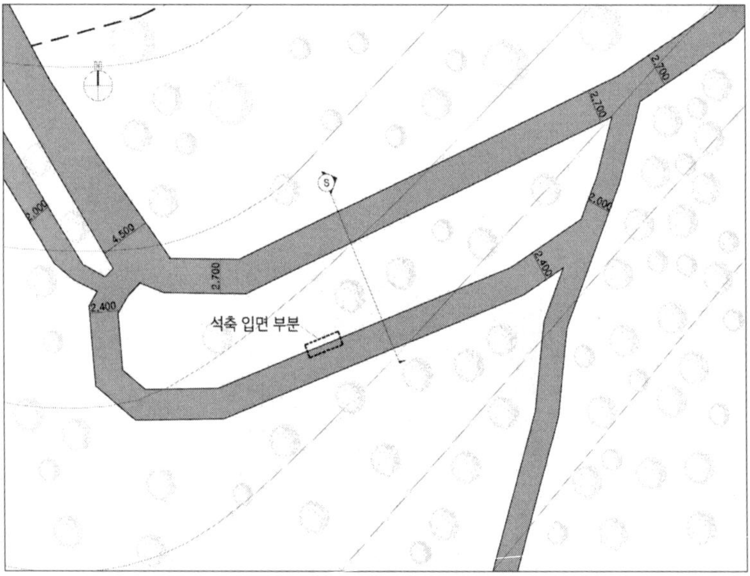

<그림 1-21> 교차로 전체 평면도

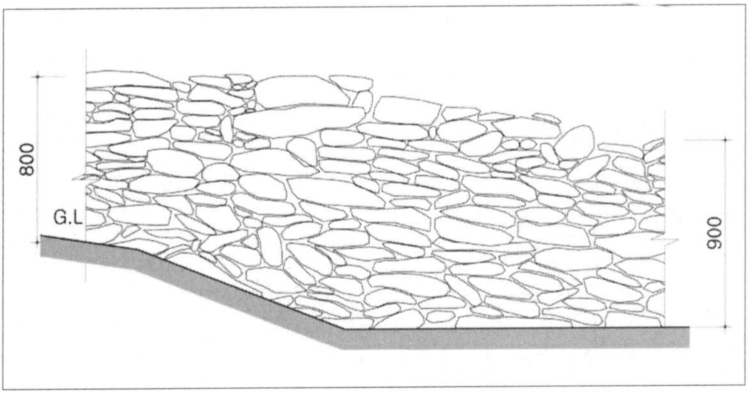

<그림 1-22> 교차로 부분 입면도

<사진 1-28> 교차로 전체 전경

<사진 1-29> 교차로 전체 모습

<사진 1-30> 운반로 모습1

<사진 1-31> 운반로 모습2

<사진 1-32> 운반로 석축 모습

<석축 A>

석축은 채석지와 함께 오봉산 구들장 산지의 주목되는 구조물이다. 석축 조성은 운반로 개설이나 채석지의 안전을 위해 쌓은 구조물이며, 거기에 사용된 석재는 채석 과정에서 나온 자연 상태의 넓적한 돌이 주로 사용됐다. 쌓기 형식은 흙 채움 없이 돌로만 쌓은 강담 형식이다.

현재 규모나 상태 등에서 보존 가치가 가장 큰 석축은 채석지 A구역과 위쪽으로 약 30m 거리에 위치하고 있다. 전체 길이는 약 12m 정도가 되고 높이는 1m 정도가 된다.

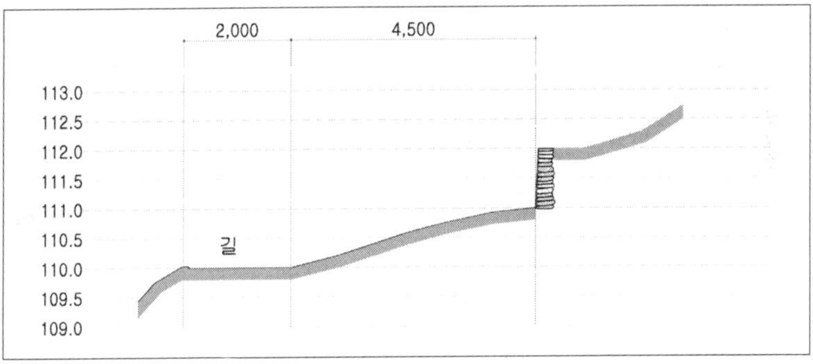

<그림 1-23> 석축 단면

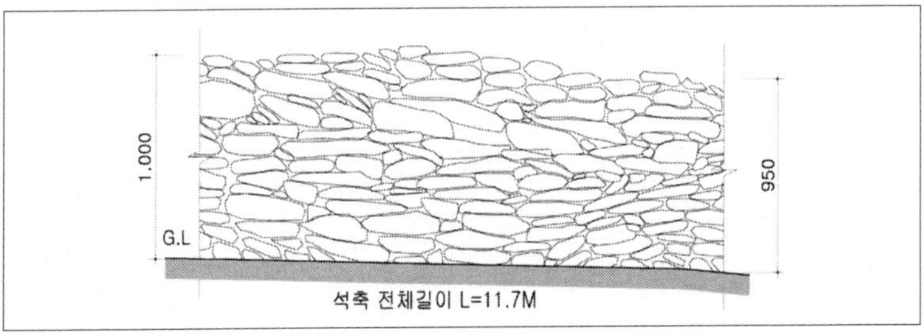

<그림 1-24> 석축 입면

<사진 1-33> 석축 전체 전경

<사진 1-34> 석축 상세 모습

<사진 1-35> 석축 측면

3) 오봉산 구들장 채석지 신청지와 유적 집중 지역 대상 지번 및 개요

<table>
<tr><th>구역</th><th colspan="2">지번 및 면적</th><th>집중지역
면적(㎡)</th><th>지목</th><th>소유</th><th>이용규제
및 관계법령</th></tr>
<tr><td rowspan="2">A</td><td colspan="2">전라남도 보성군 득량면
해평리 산 63-1</td><td>35㎡</td><td rowspan="6">임</td><td rowspan="6">국
(산림청)</td><td rowspan="2">농림지역
보전관리지역
국토 및 이용에
관한 법률
(산지관리법)</td></tr>
<tr><td colspan="2">전라남도 보성군 득량면
해평리 산 63-4</td><td>413㎡</td></tr>
<tr><td rowspan="2">B</td><td colspan="2">전라남도 보성군 득량면
해평리 산 63-4</td><td>3,251㎡</td><td rowspan="4">농림지역
보전관리지역
보전산지
(산지관리법)</td></tr>
<tr><td colspan="2">전라남도 보성군 득량면
해평리 산 63-1</td><td>119㎡</td></tr>
<tr><td>C</td><td colspan="2">전라남도 보성군 득량면
해평리 산 63-4</td><td>330㎡</td></tr>
<tr><td>D</td><td colspan="2">전라남도 보성군 득량면
해평리 산 63-4</td><td>3,271㎡</td></tr>
<tr><td rowspan="2">신청
지번</td><td>전라남도
보성군
득량면
해평리 산
63-1</td><td rowspan="2">100,000㎡</td><td rowspan="2">채석지
면적
7,419㎡</td><td colspan="3">- 문화재 보호구역: 해당 없음, 보전관리지역
- 현상변경허가 대상 구역(문화재보호법): 해당 없음
- 보전관리지역(국토의 계획 및 이용에 관한 법률): 100%
- 보전산지(산지관리법): 100%</td></tr>
<tr><td>전라남도
보성군
득량면
해평리 산
63-4</td><td colspan="3">- 구들장 운반로 총 길이: 약 1,579m
- 구들장 운반로의폭: 1.5~2.8m
- 구들장 운반로의 총 면적: 3,798.06㎡(캐드구적)</td></tr>
<tr><td>신청지
합계</td><td colspan="3">200,000㎡</td><td colspan="3">국유: 100%/개인: 0%</td></tr>
</table>

<표 1-1> 오봉산 구들장 채석지 신청지와 집중 지역 대상 지번

4) 이용규제 및 관계법령

「국토의 계획 및 이용에 관한 법률」에 따른 지역·지구 등

국토계획법에 의한 용도지역의 하나로서 농업·임업의 진흥과 산림의 보전·육성을 위해 체계적이고 효율적인 관리가 필요한 지역 국토의 계획 및 이용에 관한 법률 제36조 제1항 제3호

보전관리지역

관리지역 중의 하나로서 자연환경 및 생태계 보전을 위해 보전이 필요하나 자연환경보전지역으로 지정하기에는 곤란한 지역 국토의 계획 및 이용에 관한 법률 제36조 제1항 제2호 가목

다른 법령 등에 따른 지역·지구 등

가축사육제한구역(가축사육제한구역(1,500m_닭, 오리, 개, 메추리))<가축분뇨의 관리 및 이용에 관한 법률>

지역주민의 생활환경 보전 또는 상수원의 수질보전을 위하여 가축사육의 제한이 필요하다고 인정되어 지정하는 지역가축분뇨의 관리 및 이용에 관한 법률 제8조

가축사육제한구역(가축사육제한구역(2,000m_돼지))<가축분뇨의 관리 및 이용에 관한 법률>

지역주민의 생활환경 보전 또는 상수원의 수질보전을 위하여 가축사육의 제한이 필요하다고 인정되어 지정하는 지역가축분뇨의 관리

및 이용에 관한 법률 제8조

가축사육제한구역(가축사육제한구역(700m_젖소))<가축분뇨의 관리 및 이용에 관한 법률>

지역주민의 생활환경 보전 또는 상수원의 수질보전을 위하여 가축사육의 제한이 필요하다고 인정되어 지정하는 지역가축분뇨의 관리 및 이용에 관한 법률 제8조

임업용산지(보전산지)<산지관리법>

보전산지 중의 하나로 산림자원의 조성과 임업경영기반의 구축 등 임업생산 기능의 증진을 위하여 필요한 산지산지관리법 제4조 제1항 제1호 가목

준보전산지<산지관리법>

공장설립승인지역(수도법시행령 제14조의3 2호)<수도법>

5. 조사 보고서 및 학술 발표회에 따른 오봉산 구들장 채석장

1) 오봉산 구들장 산지(채석장) 지표 조사 보고서

· 조사 기간: 2021 03. 03. ~ 07. 31.

· 조사 기관: (사)국제온돌학회

· 조사 경위: 보성 오봉산 구들장 산지(채석장) 지표 조사와 당시 구들장 채석과 운반 등 역사적 가치 조사

· 조사 내용: 구들장 채석 도구 및 연장과 주요 채석지, 운반로를 포함한 도로 및 석축 등

·조사 결과: 구들장 운반로 석축 시설 등 당시 구들장을 채석하고 운반한 유적지를 확인할 수 있었음. 특히 자연 지형을 이용한 층단식 운반로와 당시 사용된 채석 도구와 운반 수레 관련 자료들은 대한민국 근대화기의 온돌문화와 구들장의 채석과 운반 등의 상황을 상세히 알 수 있게 함.

2) 전남 보성 오봉산 구들장 산지(채석장) 자문위원회 /구들장 암석 물리적 성능조사 및 향후 활용 계획 보고서

· 회의명: 전남 보성 오봉산 구들장 산지 지표 조사 자문위원회/구들장 암석 성능조사 및 향후 활용 계획 보고서

· 일 시: 2021. 05. 22.

· 장 소: 전남 문화재 연구원

· 자문위원: 박강철(조선대학교 명예교수), 송석기(국립군산대학교 교수, 근대분과위원), 서정호(온돌문화 세계유산등재추진위원장, 성결대학교)

3) 전남 보성 오봉산 구들장 산지(채석장)의 문화재적 가치 국제학술대회

· 회의명: 오봉산 구들장 산지(채석지)의 문화재적 가치 국제학술대회 및 토론회

· 일 시: 2021. 7. 15. ~ 16.

· 장 소: 답사 보성 오봉산 지역, 회의 봇재홀

· 토론자: 리신호(명예교수, 충북대학교), 정연상(문화재위원, 국립안동대학교), 김종헌(문화재위원, 배재대학교), 김정동(우리근대건축연구소 소장,목원대명예교

수), 천득염(문화재위원, 전남대 석좌교수), 박창규(관광학박사, 전남도립대학교), 이광복(문화재기능인협회 이사장), 서만철(한국문화재보존과학회 명예회장), 서정호(국제온돌학회 세계문화유산등재위원장)

4) 보성 오봉산 구들장 산지의 역사적 가치 조사

· 기간: 2021년 3월~7월 · 연구기관: 보성군/(사)국제온돌학회 · 경위: 보성 오봉산 구들장 채석지 조사 사업 · 내용: 보성 오봉산 구들장 산지 학술 조사	1. - 도구 및 유물 조사 자료 2. - 인터뷰 녹취 자료 3. - 신문 TV 방송 자료 4. - 사진 자료

제2장

보성 오봉산 구들장 채석지 개요

1. 전통 온돌에 사용된 구들장

대대로 전승된 유산에는 인류 문명의 발달에 기여할 수 있는 창의성과 선조들의 지혜가 내재되어 있다. 이러한 인류의 유산들 중에서 온돌(구들)은 한반도에서 발전하여 세계적으로 그 우수성을 인정받은 한국의 전통 난방 기술이며 한국의 주거문화를 형성하는 기본으로 오늘날 보일러, 발열 및 전열 배관 설비, 장판 및 온돌마루 등과 같은 형식으로 재창조되면서 전승되어 왔다.

온돌은 구들, 장갱(長坑), 화갱(火坑), 난돌(煖堗), 연돌(烟堗) 등과 같이 다양한 이름으로 불리다가 19세기 이후 온돌(溫突)이라는 이름으로 정착되었다. 각 지역의 특성에 맞추어 점진적으로 변화해오던 온돌문화는 주로 근대화에 따른 주택의 서구화 동향으로 인해 전승 단절의 위기에 놓인 적도 있었다. 온돌은 한국인의 주거인 한옥에서는 마루와 함께 필수적인 요소이며 사회적 지위나 지역적 차이를 불문하고 모든 한국인들이 공통적으로 향유하는 주거문화이다. 또한 온돌은 많은 식구들이 적은 에너지원으로 추운 겨울을 이겨내고 건강을 유지해야 했던 한국의 좌식 평상(坐式平床) 문화에 적합한, 한국 고유의 난방 방법이기도 하다.

인류의 여러 유산 중에서도 한반도에서 발전하여 세계적으로 그 우수성을 인정받은 이 온돌은, 한국에서 독특하고 다양한 문화를 형성하며 대중화되고 정착된 것이 인정되어 2018년 '온돌문화'라는 명칭으로 제135호 대한민국 무형문화유산으로 등재되었다. 이는 온돌과 이로부터 파생된 온돌문화의 가치가 높이 평가되었기 때문이다. 온돌은 오랫동안 전승되고 지속적으로 재창조되며 한국 사회의 주 생활과 대중문화에 영향을 미쳐왔다는 점에서 사회문화적 가치가 높고, 또한 한반도 지역의 혹한에 지혜롭게 적응하고 대처해 온 한국인의 창의성이 발현된 문화이자 다른 나라의 바닥난방 방식과는 분명히 구별되는 한민족 고유의 주거 기술로서 귀중한 문화유산이다. 이러한 온돌은 사용하는 암석의 종류에 따라 다양한 특성을 나타내게 되며, 구들난방의 효율성을 높이기 위해서는 각각의 특징을 고려한 암석의 선택이 매우 중요하다. 현재 구들 구조에 대한 과학적 탐구는 어느 정도 이루어졌지만, 아쉽게도 구들 암석에 대한 관심은 상대적으로 적은 편이다.

구들장으로 사용하기에 좋은 암석은 구들 고래를 덮기 유리하고 시공상 편리해야 한다. 쉽게 설명하자면, 형태적으로는 평평하게 넓되 얇아야 하고, 다루기 용이하도록 가벼워야 하지만, 방바닥의 구조를 버틸 수 있을 만큼 충분히 강해야 한다. 즉 층층이 얇게 잘 쪼개져야 하고 불에 강해야 한다. 그래서 구들장 원암의 박편을 편광현미경으로 관찰해 보면, 광물과 광물 사이에 미세한 벽개면이 나타나 있게 된다. 또한 편암과 편마암은 일정한 방향으로 배열되어 있는 층상규산염 광물(운모류)의 배열이나 광물의 방향성 배열(장석 또는 석영)에 의한 벽개면이나 엽리/편리를 형성하고 있으며 이들 벽개면이나 층상절리 방향을 따라 쪼개짐이 발달한다. 응회암은 화쇄류나 유동 방향에 따라 층상절리가 발달하며, 석영반암인 경우 흔하지 않지만 경우에 따라 수평 방향의 층상절리가 발달될 경우 이 층상절리면을 따라 쪼개짐이 발달하게 된다(김송철, 2009).

따라서 본 연구는 온돌, 구들장, 황토방 등 친환경 건축 기술의 현대화 및 세계화하기 위한 기초연구로서 구들장의 암석 종류에 따른 물리화학적 특성, 역학적 특성, 열적 특성에 관한 기초 성능을 비교·평가하고자 하였다.

구들장에 사용된 암석의 종류는 각 지역별로 상이하다. 전라도 지역의 경우 화산 폭발에 의하여 생성된 화산쇄설물인 화산재와 암편이 퇴적 및 굳어져 형성된 응회암 지역이 많고, 변성암인 편마암 지역, 편암 지역, 그리고 화성암인 석영반암 지역에서 주로 구들장 자재를 채취하였다(김송철, 2009), 전라남도에서는 구들장으로 응회암을 제일 많이 사용하였다(<표 2-1>). 그리고 우리나라에서 가장 널리 분포하는 화강암이 전 지역에서 두루 사용되었고, 충청도 지역인 옥천 미원 지역에서 점판암 계열인 청평석이 최근까지 사용되고 있다. 최근에는 석재 가공

특징 구분	화산쇄설물들로 형성된 암석	엽리/편리를 보이는 변성암		결정질 조직을 보이는 화성암	화산 퇴적암	변성암	화산암
암석	응회암	편마암	편암	석영반암	점판암	화강암	현무암
지역	나주, 보성, 완도, 여수, 장성, 장흥, 함평, 해남, 화순	광양, 곡성, 영광, 구례	무안, 강진, 순천	고흥, 담양, 완도, 목포, 영암	충청도 지역 미원, 옥천	가평 양평 포천 등 전국에 분포	제주 백두산 주위 화산 지역

<표 2-1> 우리나라 구들장으로 사용된 암석의 종류표

의 발달로 화산암 계열인 현무암이 베트남과 중국 등지에서 수입되어 주로 사용된다. 결론적으로 대리석처럼 불에 취약하거나 아주 무른 돌이 아니면 모두 구들장으로 사용이 가능했다고 볼 수 있다.

김송철(2009)의 선행 연구에 따르면, 전남 북동부 지역(곡성, 구례, 순천, 광양)의 구들장은 편마암, 편암을 사용하였으며 이 암석들은 원생대나 고생대에 형성된 지층들이 그 이후 심한 변성작용을 받아 만들어졌다. 전남 서남부 지역(보성, 진도, 해남, 장흥)은 주 구성 암석으로 백악기 화산쇄설성암과 퇴적암류가 분포하고 있으며, 구들장에는 화산쇄설암류인 응회암(주로 라필리 응회암)이 가장 많이 사용된 것으로 나타났다. 전남 북서부 지역(영광, 장성, 담양, 나주)에는 화강암류의 분포가 가장 넓으나, 구들장으로 사용된 암석은 소규모로 분포하는 응회암류, 편마암류, 석영반암류가 주를 이룬다.

2. 보성 오봉산 구들장 채석지의 위치 및 분포

보성군의 오봉산은 전남 보성군 득량면에 위치하고 있으며 해발 343.5m로 득량면 해평리, 도촌리, 비봉리 일대에 연결되어 있다(<그림 2-1>).

온 산이 바위로 되어 있고, 용추와 폭포가 있다. 경치가 좋은 곳으로 유명하다. 『신증동국여지승람』에는 "오봉산(五峯山) 보성군의 남쪽 30리에 있다."라고 기록되어 있다. 『해동지도』(보성)에는 오봉산(五鳳山)으로 표기되어 있으며 산 밑에 개흥사가 기재되어 있다. 오봉산이라는 이름은 산의 봉우리가 다섯으로 구성되어 있어서 붙여진 것이다. 고려 말 왜구의 침입에 대비하여 축조한 오봉산 성지가 있다.

앞서 언급한 바와 같이 오봉산은 봉우리가 다섯 개 모여 있는 산으로, 계곡의 협곡과 산등성에 솟은 기이한 모양의 바위 봉우리 및 바위벽이 마치 병풍을 펼쳐놓은 듯 빼어난 자연미를 선보인다. 칼바위, 병풍바위, 버선바위 밑에는 마당굴, 정제굴, 독굴 등 수없이 많은 굴들이

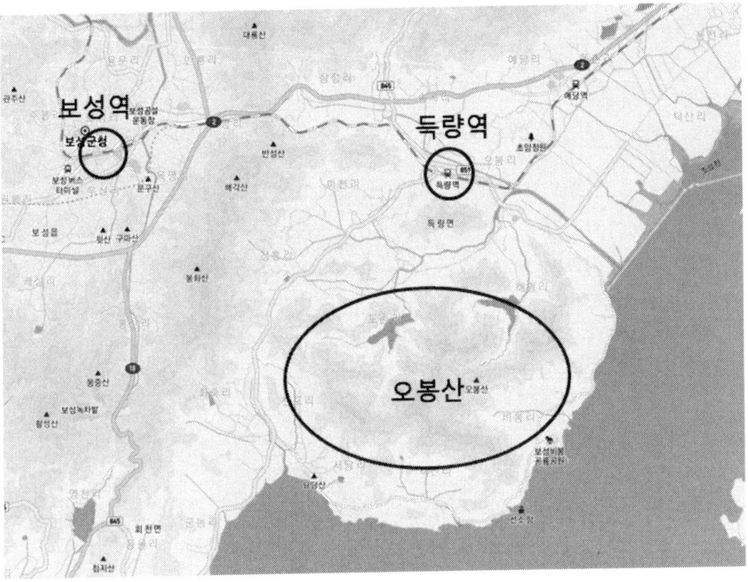

<그림 2-1> 보성군 오봉산의 위치

뚫려 있다. 이곳에서는 빨치산에 얽힌 이야기도 전해온다.

보성군 득량면(Deungnyang-myeon, 得粮面)은 전라남도 보성군 남부에 위치한 면으로 면적은 73.95(㎢)이고 인구는 4,100여 명(2020년 기준)으로 보성읍 벌교읍 다음이다. <그림 2-2>의 북쪽은 겸백면(兼白面), 북동쪽은 조성면(鳥城面), 남서쪽은 회천면(會泉面), 서쪽은 보성읍과 미력면(彌力面)에 접하고, 남동쪽은 득량만에 면한다. 면의 북계(北界)에 소백산맥의 지맥인 해안산맥이 뻗어내려 면 전체가 남부를 향해 경사진 지형을 이룬다. 남동부 해안 일대에 전개된 넓은 간척지가 농경지로 이용되어 주요 산지를 이루며, 쪽파·감자·버섯 등의 특용 작물을 비롯해 방울토

<그림 2-2> 보성군 오봉산이 위치한 득량면의 위치

마토·오이·애호박·고추·딸기와 단감·참다래 등을 생산하고 있다. 득량만 연안에서는 피조개·키조개·바지락 등의 패류 양식이 활발하다. 보성읍과 벌교읍을 연결하는 국도가 면의 중부를 동서로 통하며, 경전선(慶全線)이 통과하고 있어서 교통이 편리하다.

득량면은 오각형에 가까우며 마치 복주머니의 형국을 하고 있다. 득량면의 자연환경적 위치는 남서쪽으로 길게 자리 잡고 있는 해발 340m의 오봉산이 있으며 동쪽에는 방장산이 자리 잡고 있다. 오봉산의 해발고도는 그다지 높은 편이 아니나 산봉우리가 대부분 큰 바위로 형성되어 있다. 단애와 절벽이 많아 멀리서 보면 가파르게 보이는 특징이 있는데 명산으로 꼽히고 있다. 그러나 산봉우리와 달리 산자락은 비교적 완만한 편이어서 논밭을 개간하여 작물을 경작하기도 한다(득량면지 발췌 정리, 2011 발행).

득량면의 행정구역은 일제강점기인 1914년 도촌면과 송곡면이 병합하여 탄생하였으며, 2004년 12월 현재 9개의 법정리, 37개의 행정리, 77개 반, 그리고 67개 자연 마을로 구성되어 있다. 2004년 12월 31일 기준으로 득량면의 총 면적은 73.95㎢로, 이 중 임야가 43.87㎢, 논이 16.08㎢, 밭이 4.51㎢, 대지가 1.50㎢, 그 외 과수원 목장용지 등이 형성되어 있다. 임야 다음으로 논이 많은 비중을 차지하고 있음을 알 수 있는데, 1973년 완공된 득량만 방조제 공사와 함께 바다가 농지로 변했기 때문이다(득량면지 발췌 정리, 2011발행).

3. 보성 오봉산 구들장 산지의 분포와 득량 지역의 지질 및 지형 특성

보성 오봉산 구들장 산지는 <그림2-3>에서 보는 바와 같이 득량면을 중심으로 오봉산 구역, 객산리 구역, 청방산 구역에 분포한다.

보성군은 바다에 접해 있으면서도 보성강 발원지를 이루고 있어 해안과 내륙의 특징이 함께 나타난다. 지형은 지질 구조와 관련하여 산지가 발달하였는데, 동북쪽에서 남서쪽으로 이어지는 방장산(해발 536m)은 해안과 내륙을 나누고 있다. 군내 전체 지역이 높은 산과 얕은 구릉으로 연이어 있다. 따라서 해안 지대와 보성강 유역의 협소한 곡간 평지를 제외하고는 대부분 산지를 이루고 있다. 특히 오봉산 일대는 보성군에서도 복잡한 지층 구조를 갖추고 있어 지질학계의 관심의 대상이 되기도 한다.

이러한 산지의 형성은 화산 활동과 깊은 관련이 있다. 한반도 남부는 중생대 백악기에 북서태평양의 유라시아 대륙 연변부에서 있었던 격렬한 화산-심성 활동의 지역으로 알려져 있다. 이 시기에 형성된 화

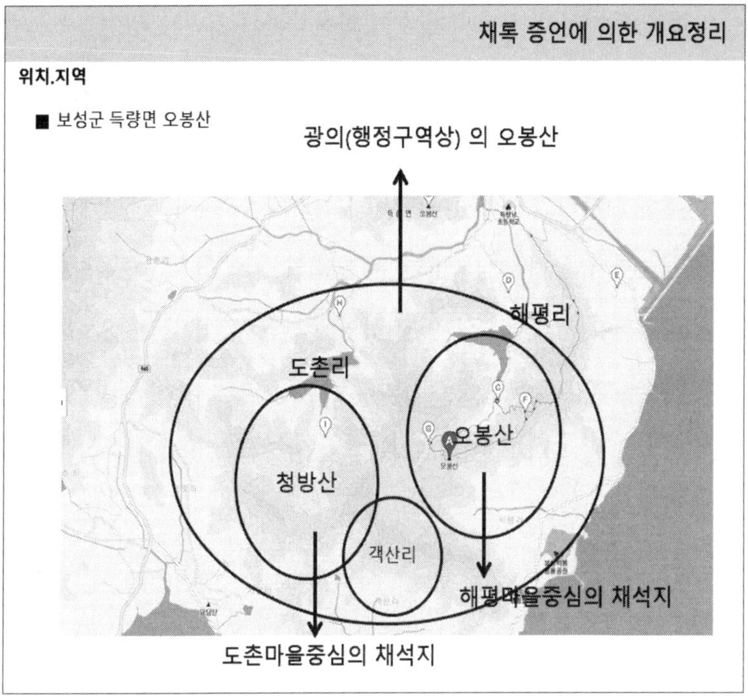

<그림 2-3> 오봉산 구들장 산지 구역별 분포

산암류들은 경상분지를 비롯하여 영동-광주 함몰대, 통리 퇴적분지, 갑천 함몰지, 음성 함몰대, 부안-고창-법성포 함몰대 및 남해안 도서 지역에 분포하고 있다. 득량 지역은 전라남도 남해안 도서 지역에 널리 분포하는 백악기 화산암류 분포 지역의 하나이며, 기반암은 선캄브리아기의 지층이다. 이들 기반암은 변성퇴적암류와 반상변성 화강암질 편마암 및 화강암질 편마암으로 구분된다.

이처럼 득량면 일대는 선캄브리아기의 변성암류와 백악기의 퇴적암류를 기반으로 하여, 백악기 후기 화산암류가 기반암류에 의해 고립되어 단일 화산암체로 독립적으로 분포하고 있으므로, 화산암류의 암석학적 특징과 그 화산구조에 대한 양상을 밝히는 데 좋은 지역으로 늘 연구의 대상이 되어 왔다. 득량 지역의 지질은 주로 산성암류에 속하는 것으로서 첫째, 대산암류로는 응회암, 유문암류 둘째, 반심성암류로는 유문암, 규장암, 유문암질 석영 안산암 반암, 장석반암 셋째, 심성암류로는 화강암 등으로 구성되고 각색의 역암, 자색 셰일 및 사암, 응회질 사암 및 각역암 등의 퇴적암류가 남동쪽 해안에 연하여 분포되어서 기저를 이룬다.

득량 지역은 그 구조로 보아 조그마한 분지를 형성하고 있으며, 이 지역의 주의에 분포하는 편마암 및 편암과의 접촉부는 거의가 다 충적층으로 덮여 있고, 단지 고리터재에서 화강편마암과 유문암질 석영 안산암 반암과의 접촉부를 볼 수 있을 뿐이다. 화강편마암은 확실히 유문암질 석영 안산암 반암에 의해 관입 당했으며, 역암 가운데 화강편마암의 역들이 상당히 많이 포함돼있는 것으로 보아 이들의 관계를 부정합으로 추정하는 것도 가능하리라 본다. 득량면의 지질은 화강암질 편마암, 능주층군 퇴적암, 중성화산암류, 산성화산암류, 제4기 충적층으로 이루어져 있어 보성군 여러 지역 중에서도 복잡한 양상을 보인다.

이 중 능주층군 퇴적암은 넓은 면적에 분포하는데 득량면의 오봉산 산록의 평야 지대에 주로 분포한다. 또한 편마암 계열의 변성암류가 광범위하게 분포해 있으나 소백산 편마암복합체의 화강암질 편마암은 예당, 득량을 거쳐 득량면과 회천면의 경계에 위치한 고리재 부근까지 길게 분포해 있다. 변성암 계열에 속하는 지리산 편마암복합체는 소백산 편마암복합체의 분포 지역과 인접하여 분포하고 있는데, 보성군에서는 예외적으로 득량면에 위치한 오봉산 서쪽에 국지적으로 소백산계 편마암류가 분포하고 있다. 또한 중생대 백악기에 산출된 산성화산암과 중성화산암은 득량면 오봉산 정상 부근과 비봉리의 해안 부근을 거쳐 회천면 서당리까지 뻗쳐 있다.

제4기 충적층은 방장산을 중심으로 한 득량면·조성면의 해안 간척평야 지대에 넓게 분포하고 있다. 이 지층은 아직 고결되지 않은 지층이다. 이 같은 지질구조하에서 형성된 득량면의 토양 분포를 살펴보면, 산악지나 고원지에는 편마암으로부터 풍화되어 형성된 양질의 암쇄토 및 산성갈색삼림토가 가장 넓게 분포하고 있으며, 내륙평탄지나 곡간지에는 양질-식질의 회색토와 충적토가 길게 분포한다. 해안 평탄지에는 부분적으로 양질 내지 식질의 회색토 및 염류토가 분포하고 있다.

참고로 덧붙이자면 득량과 비슷한 시기인 중생대 백악기에 화산이 폭발한 해남 역시 지질에 있어 득량과 매우 흡사한 양상을 보이고 있다. 해남은 옥돌로 유명한 고장인데, 조선내화 회장인 이훈동은 그의 자서전에서 다음과 같이 술회하고 있다. 황산면 일대의 지층은 응회암과 중생대 백악기 말에 분출한 유문암이라는 암석이 주를 이루고 있는데 여기에 석영반암 등의 암체(岩體)가 뚫고 들어오면서 모암(母岩)에 뜨거운 열을 가해 변질된 부분이 바로 옥돌이다. 이처럼 비슷한 시기에 화산이 폭발하여 형성된 득량과 해남의 지질을 비교해 보면 응회암과 유문암 등 비슷한 암반이 형성되어 있음을 알 수 있는데, 득량의 유명한 구들장과 맥반석도 중생대 백악기의 화산 폭발에 의해 형성된 것이라고 볼 수 있겠다.

제3장

보성 오봉산 구들장의
인문 및 산업적 특징

1. 구들장 채석 지역과 기간

1) 채석 지역

2021년 3월에 실시한 구들장 채석 경험자들의 구술 채록에 의하면 오봉산 구들장 채석 지역은 크게 세 개 구역으로 나뉘어진다. 흔히 오봉산이라고 일컫는 구역은 광의의 오봉산, 즉 행정구역상의 오봉산이며, 지역 내 주민들은 이 오봉산을 청방산과 오봉산으로 나누어 부르고 있는 것을 알 수 있다. 즉 득량면의 동쪽 지역인 해평리를 중심으로 한 오봉산과 득량면의 서쪽 지역인 도촌리를 중심으로 한 청방산, 그리고 그 사이의 객산리 세 곳이 주요 채석 지역이었던 것을 증언을 통해 알 수 있다(<그림 3-1> 참조).

그러나 해평 지역에 해당하는 오봉산은 오래 전부터 칼바위나 용추폭포 등의 수려한 경관을 자랑하고 있어 일찍이 등산로가 형성될 정도로 많은 사람들에게 잘 알려진 지역이다. 최근 돌탑을 쌓거나 옛 구들

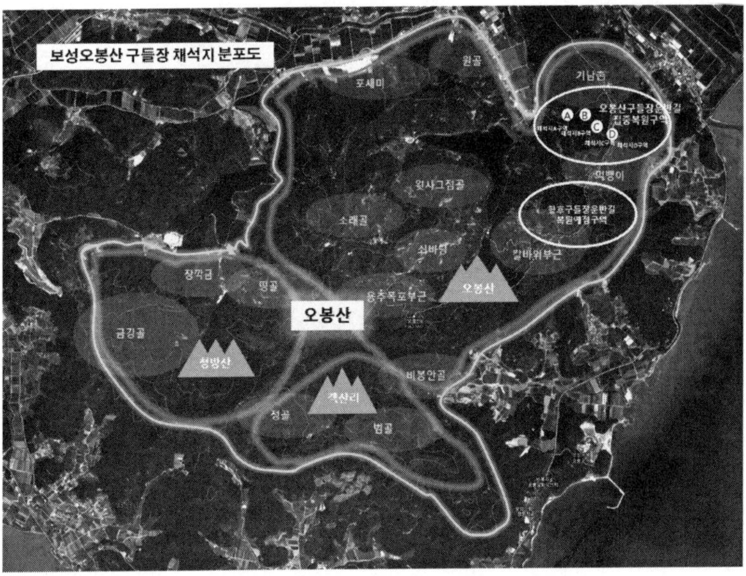

<그림 3-1>오봉산 구들장 채석지 분포도

장 채석로를 찾는 등 여러 노력이 기울여져 오봉산에 대한 관심이 더욱 높아진 반면, 청방산 지역은 아직 이렇다 할 개발이나 복원 작업이 없는 상태다.

2) 채석 기간

구술 채록 증언자 중 가장 연세가 많은 정○○(현 87세) 어르신의 증언에 따르면, 오봉산 채석은 1945년 해방 약 3~4년 전인 40년대 초부터 시작된 것으로 보인다. 부친이 가장 마지막까지 채석 사업을 하였던 것으로 기억하는 이○○(현 52세) 씨의 증언에 따르면, 오봉산 구들장 채석 사업이 막을 내린 것은 약 1980년도 초반으로 추정된다. 즉, 오봉산 구들장 채석 사업은 1940년대 초반에 시작되어 1980년대 초까지 약 40년간 이루어진 것이다. 증언자들의 진술을 토대로 채석 기간을 정리해 보면 다음과 같다.

아래 <표 3-1>의 황색 표시 부분은 채석과 관련한 증언자들의 경험 기간을 연도와 나이로 표시한 것이다. 이로 미루어 볼 때 오봉산 지역의 구들장 채석 산업이 가장 활발했던 성숙기는 1960년대로 보여지며, 이후 70년대에 들어서면서 점점 쇠퇴한 것으로 보여진다

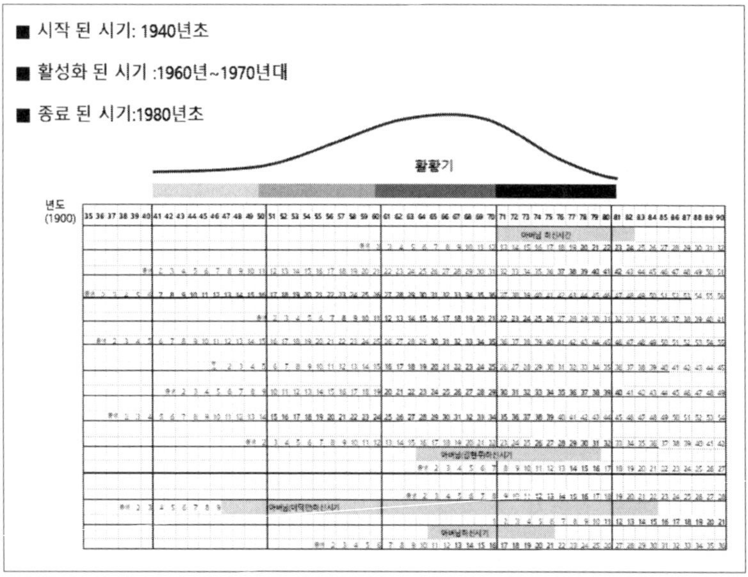

<표 3-1> 오봉산 구들장 채석지 활성화 기간

그러니까 우리가 방돌을요 30년동안 했어요.
방돌로 30년동안? 그러면 일제 강점기 때는 6.25 때는 안하시고 그 이후로 하신거네요?
안했죠 . 방돌 6.25후에 나왔제 그전에는 요 밑에서 거기가 원조야 거기서 시월에 겨울에 방 놓을라고 사러와요 광주서 그러면 인자 거기서 사가고
그때가 언제? 최초 언제부터 시작한게 언제 쯤이예요?

우리보다 한 5년 앞서서 시작했어
젤 처음 시작 한사 람이 5년 먼저 시작했으면?
세 명내지 4명 있었겄죠
1970년도에 문을 닫았다고 치면 30년 동안 하셨으면 1940년에 시작 하신거잖아요?
글쵸
1940년이면 해방 전에 시작하거나 해방 전에 시작했다?
응 해방전에 시작했어요

<현장 채록>

2. 구들장 채석과 운반

1) 채석

구들장의 채석 과정은 크게 채석과 운반의 과정으로 나뉘며 채석 과정은 <그림 3-2>의 모식도와 같다. <표 3-2>는 당시 현장에서 채석 경험을 한 증언자들의 증언에 따라 다음과 같이 활동 지역으로 분류한 표이다.

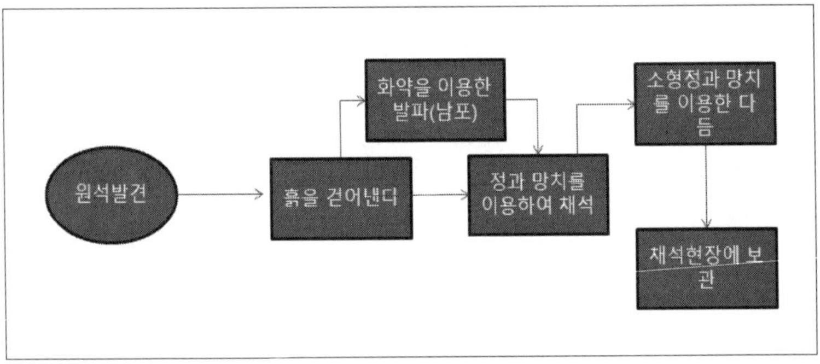

<그림 3-2> 채석 과정 모식도

증언 채록 13명, 2021년 3월 21일 ~ 4월 21일 실시			
증언자 구분		직접 경험자	11명
		간접 경험자	4명
증언자 연령 (2021년 기준)		직접 경험자	78세
		간접 경험자	59세
증언자 주 활동 지역	직접 경험자	도촌	6명
		해평, 기남	2명
		기타	3명
	간접 경험자	도촌	2명
		해평, 기남	1명
		기타	1명
증언자 역할 (직접 경험자에 한함)		업자 및 관리	1명
		남포 및 채석	1명
		채석	4명
		운반	1명
		운반 및 채석	1명
		인허가	1명
		통운(상하차 포함)	2명

<표 3-2> 오봉산 구들장 채석지 경험자 인터뷰 개요

채석은 주로 정과 망치를 이용해 돌을 쪼개어 채취하는 돌뜨기 작업과 화약을 이용해 돌을 폭파한 뒤 돌을 채취하는 남포(발파)라는 과정을 통해 이루어졌다. 또한 이렇게 채취된 돌은 운반업자를 통해 마을 아래 집하장 또는 득량역까지 운반되었다. 이때 운반에는 소와 마차(구

루마)를 이용하였다. 또한 이 모든 업무를 총괄하는 업자(보통은 산주)와 채석장 및 하역장에서의 관리와 감독을 담당하는 서사가 있었다.

증언을 통해 알 수 있는 것은 <그림 3-3>과 같이 모든 작업이 매우 분업화 되어 있었다는 것을 알 수 있다.

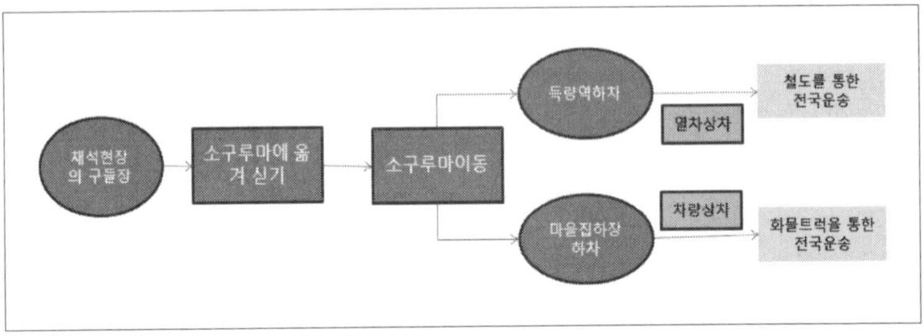

<그림 3-3> 구들장 채석과 운반 모식도

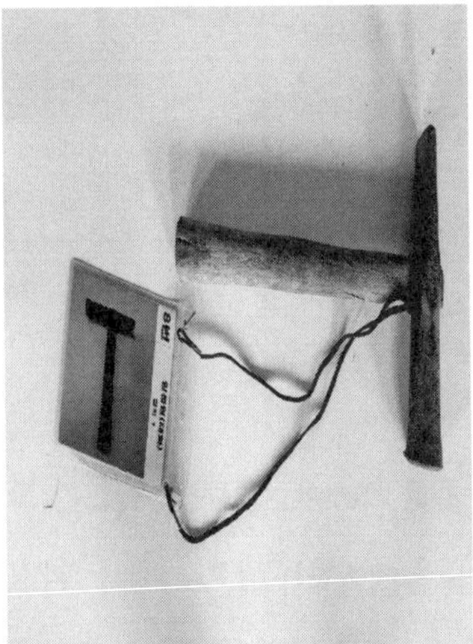

망치

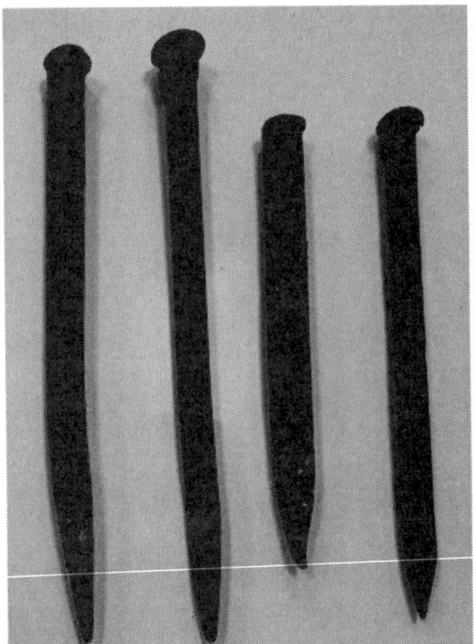

정

<사진 3-1> 오봉산 채석 당시 사용된 망치와 정

2) 운반

오봉산 구들장 채석에서 가장 특별한 것은 중량물인 돌을 산 위에서부터 산 아래까지 운반하는 과정이다. 이때 운반에는 소와 마차(구루마)를 이용하였는데, 소들은 대개 농사와 석재 운반을 병행하였다. 산으로 오르는 길은 소와 마차가 다닐 수 있도록 우마차 길로 다져놓았는데, 이는 현장에서 채석 후 남은 돌들을 이용하여 조성한 것이며 현장 감독자가 필요에 따라 별도의 인부를 고용하거나 별도의 작업 비용을 부담해 시공했다고 한다. 넓은 지역을 형성해 오르내리는 우마차가 서로 교차할 수 있도록 한 것도 특징이다. 이러한 우마차 길은 오봉산과 청방산 모두 산 정상까지 놓여 있었던 것으로 확인된다. 현재는 나무로 덮여 있어 그 길의 흔적을 쉽게 찾기는 어렵지만, 최근 해평리의 오봉산에 복원된 우마차 길의 모습을 통해 당시의 채석 현장을 가늠해 볼 수 있다.

1톤이 넘는 무게의 돌을 싣고 경사진 길을 내려오는 것은 매우 위험한 일이었으므로 마차에 별도로 브레이크를 설치하였다. 브레이크는 바퀴에 쇠를 연결한 형태이며, 운반자는 소가 경사진 길에서는 미끄러지지 않고 평지에서는 쉽게 걸어갈 수 있도록 브레이크를 잘 조절하였다.

또한 소에게는 별도의 짚신을 신겼다고 한다. 이 짚신은 소의 발을 보호하는 용도로, 채석한 후에 남은 뾰족한 잔돌이 많은 이 지역에서는 필수적이었던 것으로 보인다.

새끼줄로 만든 소의 짚신은 소의 네 발에 모두 신겼다. 산을 한 번 오르내리면 짚신이 다 해져 없어질 정도였다고 하니 구들장 운반이 얼마나 고된 작업이었나를 가늠해볼 수 있다. 당시 채석 현장에서 일하셨던 몇몇 어르신들은 아직도 소 짚신 삼는 방법을 기억하고 있다.

채석된 돌의 크기와 두께에 따라 차이가 있지만, 우마차가 한 번에 운반할 수 있는 돌의 양은 평균 1.5칸(1칸=8자*8자) 정도였다고 한다. 운반량에 따라 수입이 결정되었으므로 운반하는 사람의 입장에서는 한 번에 많은 양을 싣고 운반하는 것이 유리할 수밖에 없었고, 그러기 위해서 얇은 돌을 골라 싣는 일이 많았다고 한다. 구들장 돌이 두꺼우면 아무래도 많은 양을 실을 수도 없고 구루마에 올리고 내리는 일이 힘들어 싣기를 꺼렸으나 채석된 돌이 적으면 그마저도 싣기를 마다할 수 없었다고 증언하고 있다. 싣는 돌의 두께가 얇은 경우, 작업 요령이 있는 숙련자들은 한 번에 2칸의 양까지도 실었다고 한다.

오봉산에서 채취된 구들장은 주로 건축업자들 또는 건축자재상들

소 짚신 운반 마차

<사진 3-2> 오봉산 채석 당시 사용된 소 짚신과 운반 마차

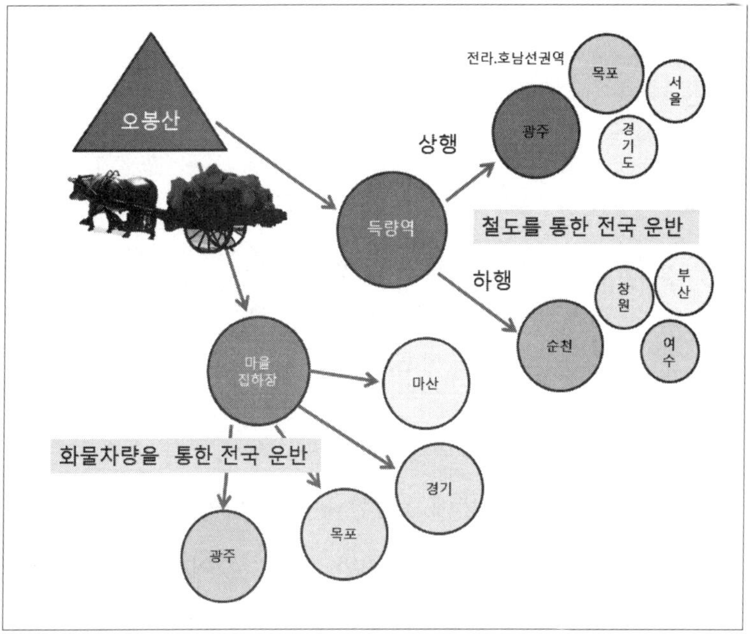

<그림 3-4> 구들장 운반 루트

을 통해 전국으로 판매되어 간 것으로 보인다. 가장 많은 양이 운반된 것은 광주와 목포로 파악되며, 벌교 순천 지역을 거쳐 경상남도 지역과 부산까지도 판매되었던 것으로 추정된다. 타 지역으로의 운송에는 득량역 철도의 화물차량이 이용되었다.

대부분의 증언자들은 구체적인 장소까지는 기억하지 못하고 있으나 판매에 관여했던 정○○(현 87세) 어르신은 건축업자가 경기도에서부터 구들장 돌을 사러 왔던 것을 기억하고 있다.

당시 구들장 채석에 참여했던 생존 노인들의 증언에 따르면, 우마

그러면 들으신 거 중에 제일 멀리 어디까지 사러 온 사람이 있어요?
사러온사람? 그랑께 서울까지는 안갔고 경기도야
우리는 몰라요
경기도 정도 까지?
그때는 주소를 알았을지 몰라도 경기도 경상도
그 사람들이 주로 집 짓는 사람들이 왔겠네요?
업자들이지. 업자들이 여기서 실어 가 갖고

<현장 채록>

차 한 대가 구들돌을 한 번에 운반할 수 있는 양은 채석된 돌의 크기와 두께에 따라 약간의 차이가 있지만 평균 1.5칸에(1칸=8자*8자) 해당하는 돌이 실렸다고 한다. 구들장의 운반량에 따라 수입이 결정되었으므로 운반하는 사람의 입장에서는 한 번에 많은 양의 구들장을 싣고 운반하는 것이 유리할 수밖에 없었기에 가능하면 얇은 구들장 돌을 골라 싣는 일이 많았다고 한다. 구들장 돌이 두꺼우면 아무래도 많은 양을 실을 수도 없고 구루마(우마차를 칭함)에 올리고 내리는 일이 힘이 들므로 싣기를 꺼렸으나 채석된 돌의 양이 적으면 그마저도 싣기를 마다할 수는 없었다고 증언하고 있다. 돌의 두께가 얇고 싣는 요령이 있는 숙련자들은 한번에 2칸의 양까지도 실었다고 한다.

3. 오봉산 채석지 구들장의 특징

오봉산 구들장 돌은 그림에서 표현한 바와 같이 상층은 대부분 실금으로 석층이 분리되어 있는 반면 암석의 하부는 덩어리로 되어 있었다고 한다. 정을 통해 상부를 걷어낸 뒤(돌을 뜬다고 표현함) 더 이상 판 형태로 뜰 수 없을 경우 '남포'라고 불리는 화약을 이용해 폭파시키는 과정을 거쳤다. 이 과정을 거치면 암석에 충격이 가해져 층으로 쪼개지는 판돌이 만들어졌던 것으로 보인다. 또한 증언에 따르면 돌의 분리층이 명확하지 않을 경우에도 작업 편의를 위해 남포를 이용했으며, 이를 통해 판돌의 형태로 분리할 수 있었다고 한다. 위 내용을 종합하면, 오봉산 채석지의 돌이 구들장 돌로서의 적합성을 가지고 있었음을 확인할 수 있다.

석공으로 오랜 시간 돌과 함께 일하셨다는 황○○ 어르신(현 85세)의 증언에 의하면, 이러한 돌은 전국 어디에도 없으며 득량면과 서쪽으로 매우 근접한 회촌 지역에서조차도 분리 층을 가진 돌은 발견되지 않았다고 한다. 또한 증언자 대부분이 오봉산 구들장 돌은 얇지만 강도가 세다고 입을 모았고, 오래도록 불과 연기에 닿아도 터지지 않는 특징을 가장 큰 장점으로 꼽았다.

> 나중에 석산 일을 다녀봤는데 금산이나 벌교 제석산 하튼 그런데 가보고 했는디 그런 돌하고는 틀려요 여기돌이
> 그 돌은 구멍을 뚫어 발파를 하면 팍 조개 불고 그런데 여기 돌은 떡 포개져 있는거 처럼 들썩 들어져 버리는 그런 성질이 있어요
> 이 지역에만 그것이 여기 조금만 가면 회개가 있어 회촌으로 가는 회개
> 회촌으로 한 발짝만 요리 득량하고 경계선 요쪽은 돌이 틀리고 요쪽은 방 독 산이고 그쪽은 뭉텅이 산이여
> 거기 돌은 둥글둥글하니 크게 나와 갖고 뭉텅이로 가로세로가 없는 돌이여
> 대를 쪼개면 쪼개지듯 하는 돌이 여기고 거기는 뭉치로 되서 가로세로가 없어 독이
> 메가 있다고 하거든요 돌이 메기 있다 . 그러면 가로 세로 이것이 없는 돌이 요리가 기고

<현장 채록>

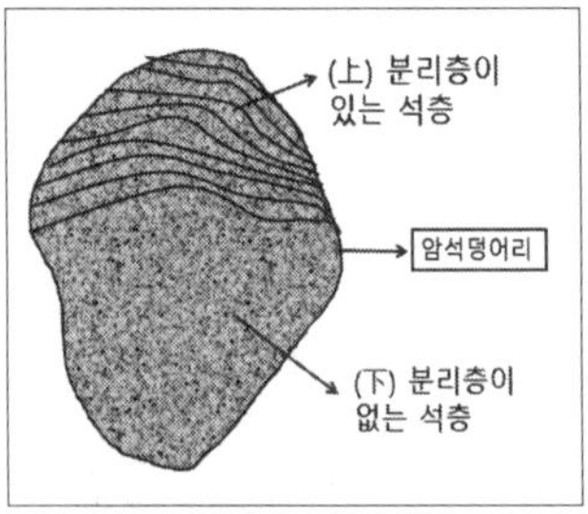

<그림 3-5> 구들장 원석

<사진 3-3> 상품화 된 구들장

4. 구들장 가격과 채석량

구들장을 외지 업자에게 판매하였던 정○○ 어르신(현 87세)의 증언에 의하면 1960년대 구들장의 가격은 2칸 기준 약 1만여 원이었다고 한다. 정○○ 어르신은 또한 산에서 돌을 뜨는 사람과 돌을 운반하는 사람에게 각각 4천 원의 임금이 돌아갔으니, 구들장 판매 수익의 실제 마진은 약 2천 원 정도였을 것이라고 증언한다. 당시 2천 원은 쌀 다섯 되 정도에 해당하는 금액이며, 돌을 뜨는 사람이나 운반하는 사람이나 하루에 2칸 분의 일을 수행하는 것이 쉽지는 않았다고 하니, 하루 일당으로 쌀 1말을 채 벌기 어려웠던 셈이다.

어린 시절 득량역 주변에서 채석된 구들장 돌이 기차를 통해 운반되던 모습을 증언하는 윤○○ 씨(현 59세)에 따르면 80톤가량의 돌을 실을 수 있는 화물차량 8량 정도가 항상 득량역에 대기하고 있었다고 기억한다. 득량역에서 출발하는 화물차량의 경우 다른 품목(예를 들면 곡물류)을 싣고 가는 것을 본 적이 없다고 한다. 이로써 8량의 화물차가 일주일에 한 번씩 구들장 돌을 날랐다고 가정할 때 1달에 평균 4천 톤가량의 구들장 돌이 전국 각지로 판매되어 나갔을 것으로 추정된다. 또한 채석 현장에는 많게는 100명가량의 인부가 산의 각지에 흩어져 채석작업과 운반 작업을 하였다고 하니 구들장 돌의 채석이 활황기였을 당시의 득량면은 구들장 돌이 주요 수입원이었을 것으로 보인다.

2천원 주고 뜨는 사람한테는 얼마를 주신거예요?
뜨는 사람한테는 4천원
두 칸 기준으로?
한 칸에 얼마 2천원 줬든가.. 아 2천원 줬겄소
두칸이면 4천원
6천원이 돈으로 나가고
우리가 2천원 묵고 , 2천원 더 묵을때도 있고
소매 일로 적게 화물차 갖고 오면 많이 받죠.
열차 차띠기로 나가면 싸고

<현장 채록>

제4장

보성 오봉산 구들장의 광물학적, 지화학적 특성

이 장의 자료는 제20차 국제온돌학회 국제학술대회 논문집에 실린 논문들을 발췌 요약하였다.
(김준봉, 노열 전남대 교수, 강석표 우석대 교수, 박재봉 전남대 교수, 한민수 한국전통문화대 교수 등)

1. 보성 오봉산의 지질 특성

구들장으로 사용한 암석을 채취한 오봉산응회암은 주로 유문암질 용결 라필리 응회암(Welded Lapilli Tuff)으로 되어 있으며, 보성도폭(국립지질조사소, 1968)에서는 각력질 응회암으로 기술하고 있다(<그림 4-1>). 오봉산은 원추형 모양을 보이며, 오봉산응회암은 보성군 득량면 득량리에서 시작하여 득량면과 회천면계를 형성한 원고상 산령까지 계속되어 초생달 모양으로 넓게 분포되어 있다. 오봉산응회암은 일반적으로 주향의 발달이 명확하지 않으나 10~45° 북서로 경사져 있으나 전체적으로 30° 이하의 완경사를 이룬다.

오봉산응회암층은 화쇄류(ash-flow)나 화산쇄설물의 강하(ash-fall)에 의해 형성된 것으로 나타나며 유문암질로 다양한 종류의 암편, 부석, 샤아드, 결정편 등으로 구성되어 있으며 부분적으로 용융되어 유리질 내지는 실리카류(Si)의 광물이나 방해석 등이 공동에서 동심원상으로 성장하기도 하고 크랙을 채우기도 한다. 석기(Groudmass) 부분에 작은

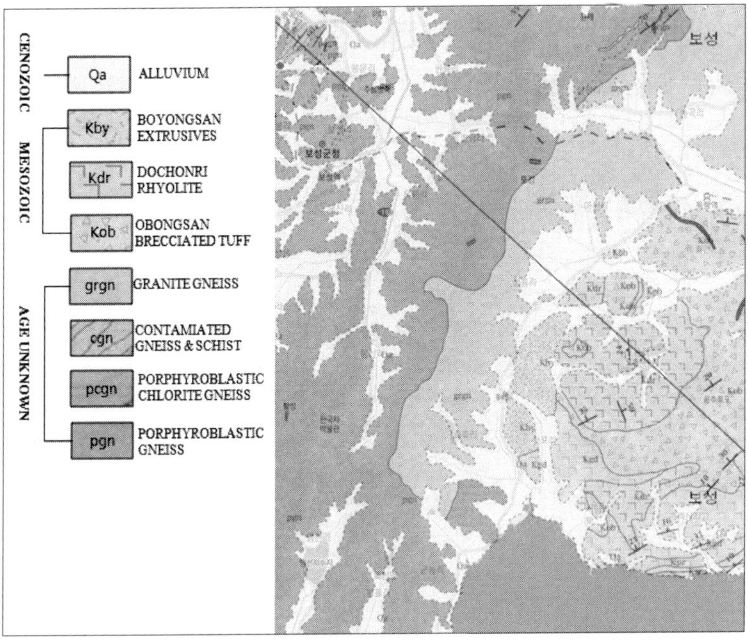

<그림 4-1> 오봉산 주변의 지질(한국지질자원연구원, 2015)

구체(gloubule) 모양의 유리질 부분이 이웃하는 구체와 접하여 파동 경계를 이루기도 한다. 오봉산응회암은 화쇄류 유동층을 따라 층상(sheet) 절리가 발달하여 이 절리면으로 쪼개지는 특성을 이용하여 판상의 암편을 채취하여 온돌용 구들장으로 반출되고 있다. 득량면 뒷산 오봉산 산록에는 거대한 장석분암질 각력암이 노출되어 있다(국립지질조사소, 1968).

야외 조사 결과, 구들장을 채석했던 지역은 오봉산 정상 또는 8부

능선 지점이며 4.2cm에서 9.2cm 정도의 두께로 층상의 절리로 잘 발달되어 있었다. 또한 절리 틈은 0.1~0.2cm 정도이며 눈으로 알아볼 수 있을 정도로 풍화가 되어 있었다. 오봉산 응회암은 도처에 조상들이 손쉽게 구들장을 채석할 수 있는 두께로 층상 절리면들이 발달되어 있었다. 절리 구조는 대개 산 정상이나 8부 능선에서 발달하는데, 이는 화산 폭발 후 여러 차례에 걸쳐 화산재가 쌓일 때 중력에 의한 화쇄류 흐름에 각각의 에피소드(episode)가 반영되기 때문인 것으로 보인다.

2. 오봉산 구들장의 광물학적 특성

보성군 오봉산 하부 석재채취장에서 채취한 용결 응회암은 회색을 띠며, 각력질 응회암 또는 용결 응회암이 주를 이룬다(<사진 4-1>의 왼쪽). 구들장으로 주로 사용되는 응회암은 오봉산 정상 또는 8부 능선 지점에 채취하였으며 회색을 띠며, 각력질 응회암(breccia tuff)이 주를 이룬다(<사진 4-1>의 오른쪽).

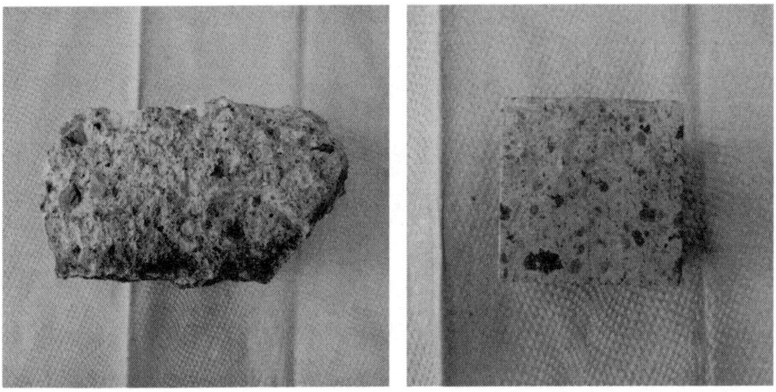

<사진 4-1> 오봉산 상부(왼쪽)와 하부(오른쪽)에서 채취한 각력질 응회암과 용결 응회암

오봉산 상부(왼쪽)와 하부(오른쪽)에서 채취한 용결 라필리 응회암을 이용하여 제작한 박편의 관찰 결과, 오봉산 상부와 하부 암석의 주 특징은 여러 종류의 암편과 부석, 결정편을 함유하며 석기에는 미립의 장석 결정과 유리질 파편(shard), 유리질 구성된 구체(globule), 공극을 유리나 실리카 또는 방해석 등이 채우는 행인 등 다양한 조직을 보이고 있다. 장석 결정으로는 사장석과 알카리장석의 반정과 미립의 결정이 모두 존재한다. 장석 또는 일부 유색광물은 방해석, 녹염석, 녹니석 및 기타 변질 광물로 변질되고, 자철석 광물이 부성분 광물로 존재하며 기타 철산화물 등이 나타나고 있다. 구들장으로 주로 사용되는 오봉산 응회암의 주 구성 광물은 석영, 장석, 불투명광물, 방해석, 녹니석으로 구성되어 있으며 불투명 광물은 철광물로 사료된다(<사진 4-2>). 오봉산 하부 채석장에서 채취한 용결 응회암의 주 구성 광물은 석영, 장석, 방해석, 불투명 광물이 주를 이루며 상부에서 산출되는 각력질 응회암과 유사한 광물로 구성되어 있다(<사진 4-3>).

오봉산 상부(왼쪽)와 하부(오른쪽)에서 채취한 오봉산응회암의 주 구성 광물의 광물 조성을 재확인하기 위하여 X-선회절 분석을 실시하였다. 분석결과에 따르면 구들장으로 주로 사용되는 오봉산응회암의 주 구성 광물은 석영(Quartz), 사장석(Plagioclase), 운모(Mica), 녹니석(Chlorite)으로 구성되어 박편 관찰과 유사한 결과를 보여주고 있다(<그림 4-2>). X-선회절 분석에 따르면 오봉산 하부 채석장에서 채취한 용결 응회암의 주 구성 광물은 상부에서 산출되는 응회암과 유사한 광물조성인 석영

(Quartz), 사장석(Plagioclase), 운모(Mica), 녹니석(Chlorite)으로 구성되어 있음을 알 수 있다(<그림 4-3> 참조).

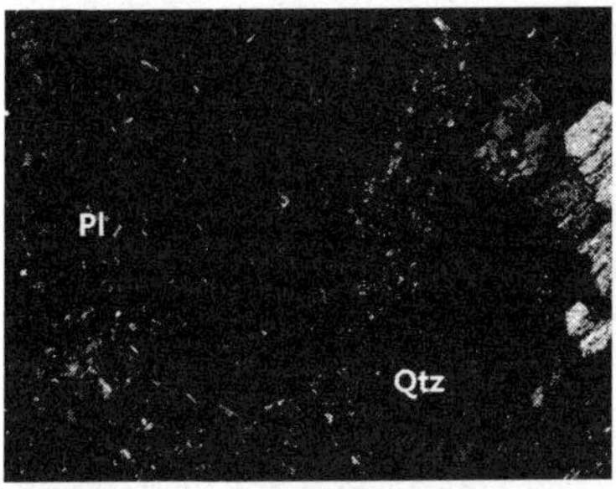

직교니콜

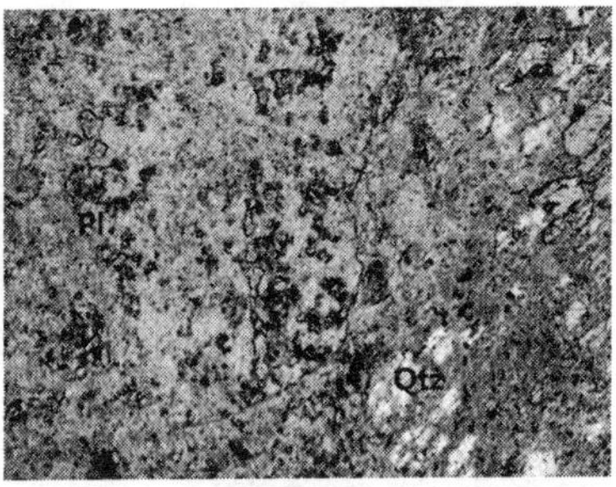

개방니콜

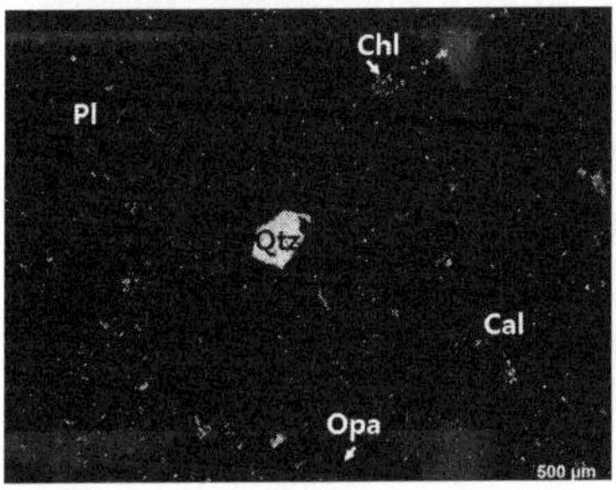

직교니콜

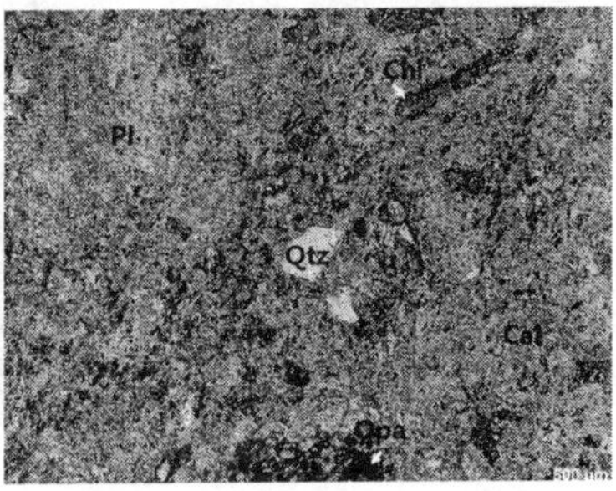

개방니콜

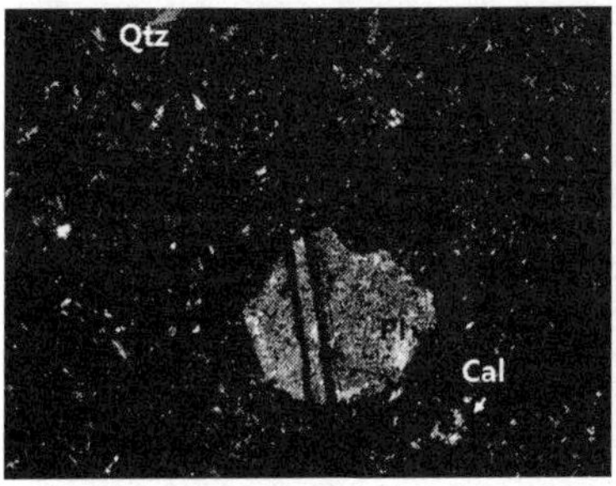

직교니콜

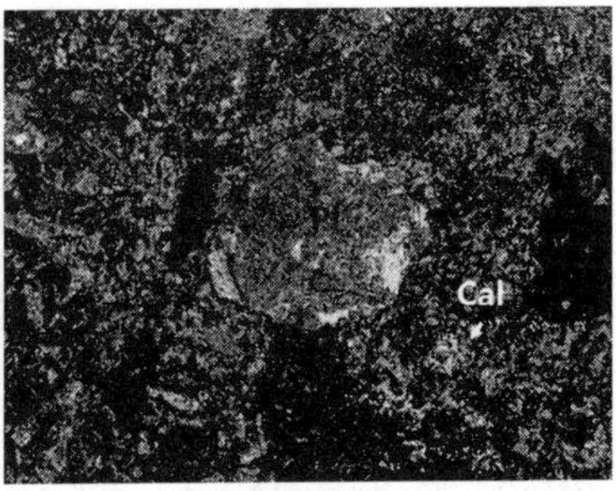

개방니콜

<사진 4-2> 오봉산 상부에서 채취한 각력질 응회암의 박편 관찰 사진

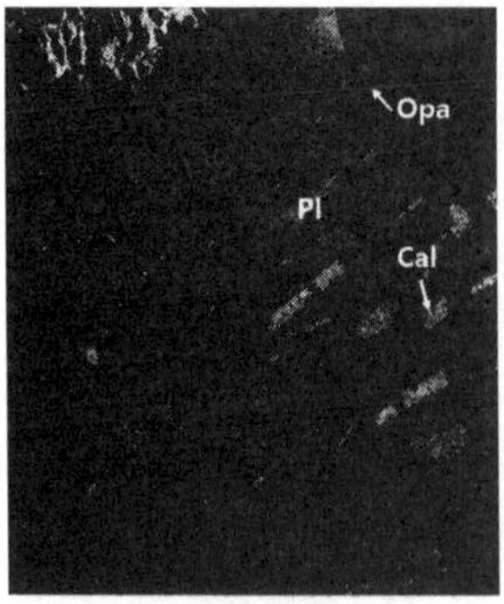

직교니콜
(미립의 결정으로 구성된 암편)

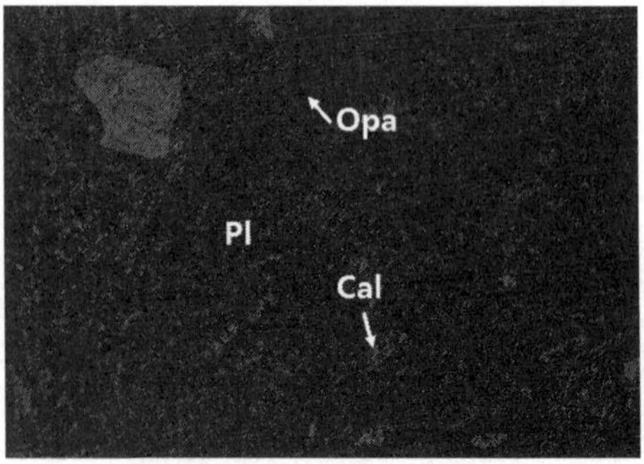

개방니콜
(미립의 결정으로 구성된 암편)

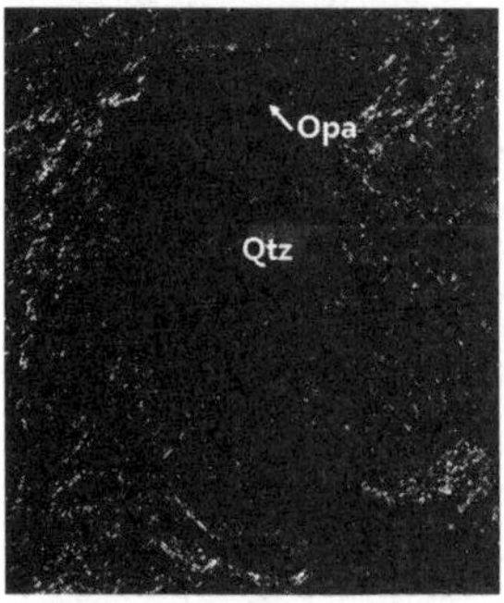

직교니콜
(결정주위로 쇄류를 보임)

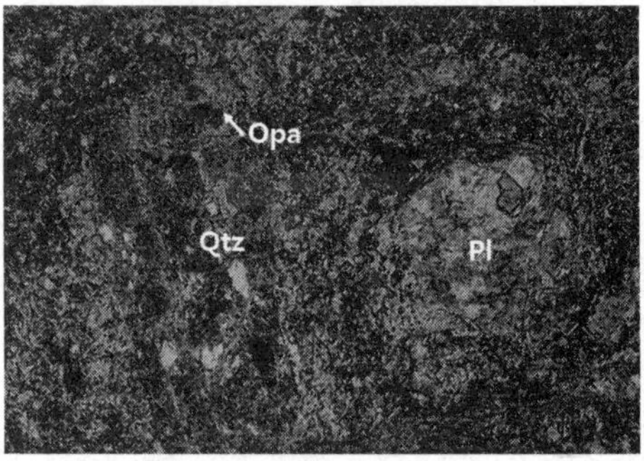

개방니콜

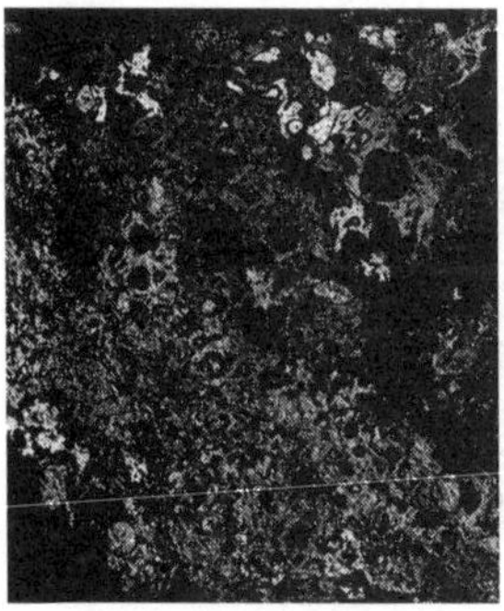

직교니콜
(용융되어 유리질 형성)

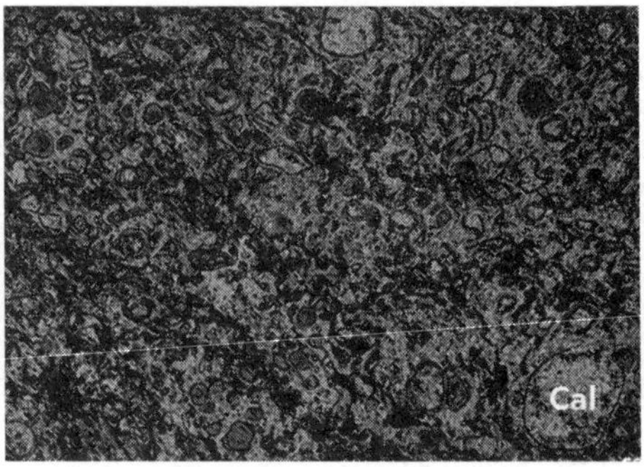

개방니콜
(미립의 결정으로 구성된 암편)

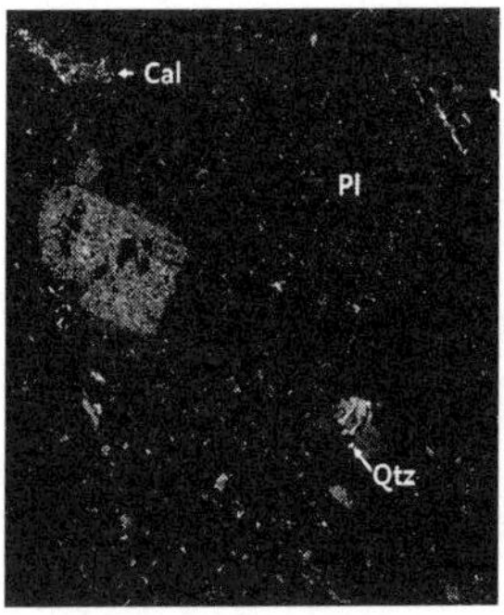

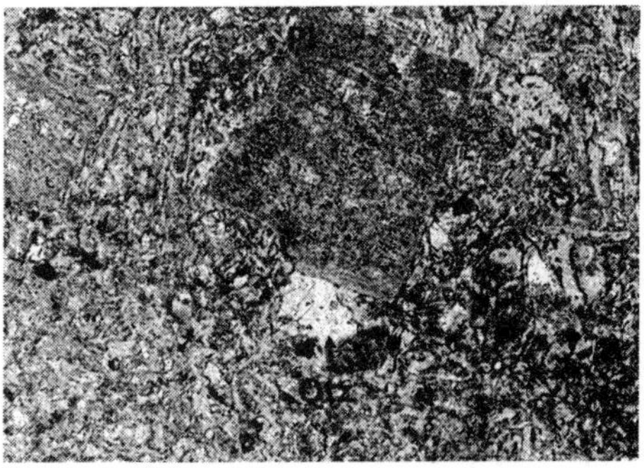

직교니콜 개방니콜(자철석-흑색)

<사진 4-3> 오봉산 상부에서 채취한 각력질 응회암의 박편 관찰 사진

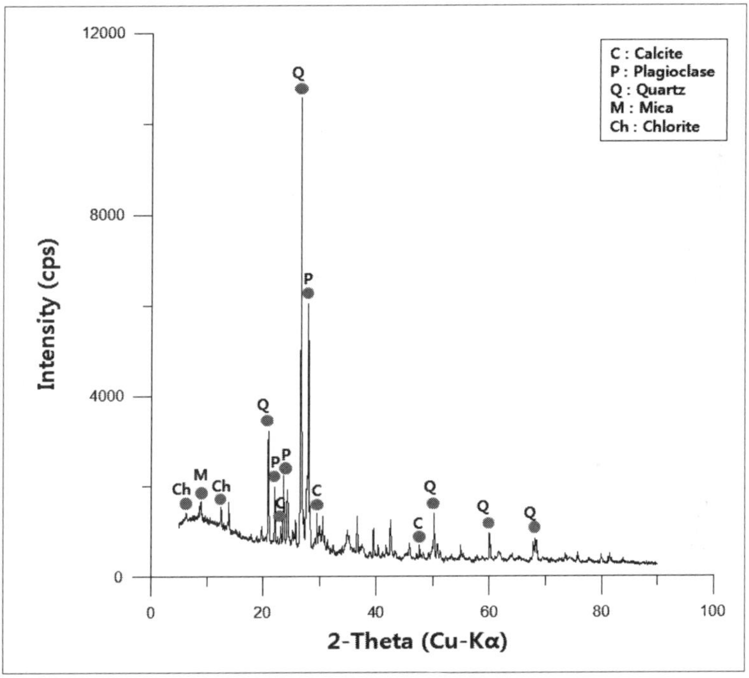

<그림 4-2> 오봉산 상부에서 채취한 각력질 응회암의 XRD 분석 결과

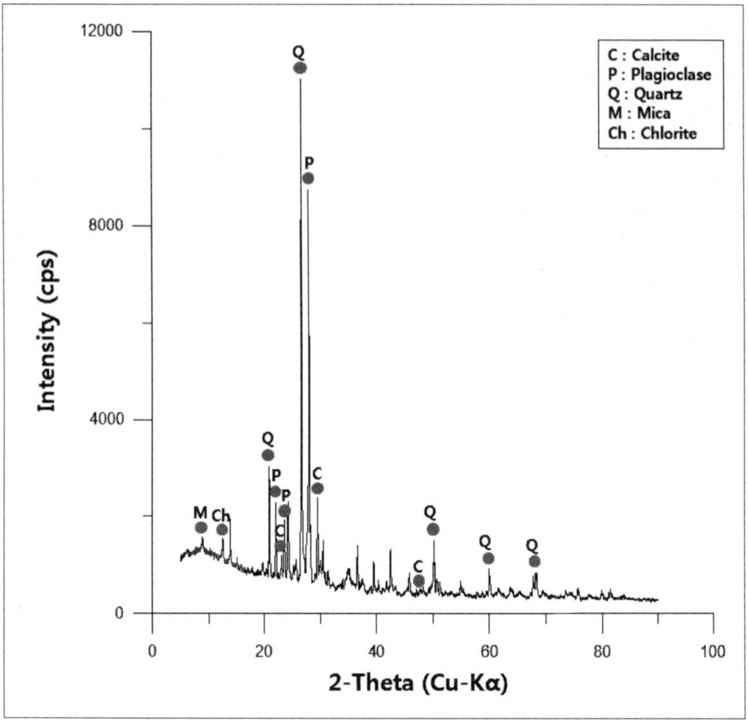

<그림 4-3> 오봉산 하부에서 채취한 용결 응회암의 XRD 분석 결과

3. 오봉산 구들장의 지화학적 특성

구들장으로 사용하는 응회암의 화학 성분은 SiO_2의 함량이 68.42%로 산성암에 해당되고 SiO_2의 함량이 70.02%인 화강암과 유사하다(김송철, 2009). 응회암은 SiO_2의 함량이 각각 68.42%로 산성의 유문암질 마그마가 폭발하여 형성된 화산재와 각력이 굳어져 형성되었다고 볼 수 있다(<표 4-1>).

오봉산 상부와 하부에서 채취한 응회암의 주 성분 원소를 확인하기 위하여 XRF 분석을 실시하였다(<표 4-2>). 구들장으로 사용하는 오봉산 상부 암석 시료(용결 라필리 응회암)의 화학 성분은 SiO_2 = 65.8%, Al_2O_3 = 13.2%, K_2O = 8.38%, CaO = 2.38%, Fe_2O_3 = 6.32%으로 산성응회암에 해당되고, 불투명광물(철을 함유한 광물)로 인하여 Fe_2O_3 = 6.32%로 나타나며, CaO = 2.38%는 박편 관찰에서 나타난 방해석에 기인한 것으로 생각된다. 건축 재료인 석재로 판매할 목적으로 채굴하는 오봉산 하부 암석 시료(용결 응회암)의 화학 성분은 SiO_2 = 66.3%, Al_2O_3 =

13.1%, K_2O = 6.28%, CaO = 2.68%, Fe_2O_3 = 8.05%로 산성응회암에 해당되고, 불투명광물(철을 함유한 광물)로 인하여 Fe_2O_3 = 8.05%로 나타나며, CaO = 2.68%는 박편 관찰에서 나타난 방해석에 기인한 것으로 생각된다. 오봉산 상부와 하부에서 채취한 응회암의 주 성분 원소의 구성 함량은 유사하다.

성분	오봉산 상부 각력질 응회암	오봉산 하부 용결 응회암	응회암*	화강암*
	- 함량 (%) -			
SiO_2	65.8	66.3	68.42	70.02
Al2O3	13.2	13.1	23.78	15.35
Fe_2O_3	6.32	8.05	1.01	3.11
CaO	2.38	2.68	0.52	3.11
MgO	0.40	0.66	1.24	1.13
K_2O	8.39	6.28	1.39	3.57
Na_2O	1.98	1.82	3.53	3.15
MnO	0.23	0.26	-	0.05
P_2O_5	0.26	0.24	0.10	0.12
TiO_2	0.52	0.51	-	0.41
SO_3	0.20	-	-	-
ZnO	0.03	0.04	-	-
Rb_2O	0.03	0.02	-	-
SrO	0.03	0.06	-	-
Y_2O_3	0.02	0.01	-	-
ZrO_2	0.05	0.06	-	-
Cl	0.10	-	-	-
Total	100	100	99.99	100.02

<표 4-1> 오봉산 상부와 하부 암석의 주성분 원소(단위: wt%)
(김송철, 2009)

오봉산 용결 라필리 응회암(welded lapilli tuff)의 주성분 원소의 분석 결과, 대부분 원소들의 함량은 상부 대륙지각의 평균값(Taylor and

McLennan, 1955)과 작은 범위 내에서 유사하게 나타나고 있으나 K_2O와 전체 철의 함량이 높은 특징을 보인다. 오봉산 시료의 K_2O 함량은 상부 대륙지각의 평균값(Taylor and McLennan, 1955)보다 오봉산 하부 시료에서는 약 2.85배, 그리고 상부 시료에서는 약 1.84배 정도 높게 나타난다. 전체 철의 함량도 상부 대륙지각의 평균값보다 오봉산 하부 시료에서 약 1.4배 정도 그리고 오봉산 상부 시료에서 약 1.78배 정도 높게 나타고 있다. 이와 같은 화학 조성은 암석의 박편 관찰 결과 주 구성 광물의 화학 조성과도 잘 일치된다. 알카리 장석이 석기와 반정상으로 흔하게 나타나며 또는 철산화물 광물이 쉽게 관찰된다.

원소	오봉산 상부 각력질 응회암	오봉산 하부 용결 응회암
Sc	6,831	7,165
Co	2,812	3,188
Ni	1,353	1,571
Rb	118,720	82,433
Y	39,841	21,075
La	45,003	37,948
Ce	77,057	77,481
Pr	9,152	8,073
Nd	33,367	29,306
Sm	6,750	5,494
Eu	1,281	1,083
Gd	7,450	5,478
Tb	929	499

Dy	5,977	3,987
Ho	1,181	691
Er	3,742	2,465
Tm	465	259
Yb	3,543	2,527
Lu	522	331
Re	<100	<100
Pb	22,336	21,950
Th	10,470	7,961
U	2,230	1,634

<표 4-2> 오봉산 상부와 하부 암석의 미량 원소와 희토류 원소(함량: μg/kg)

미량 원소(Trace element)와 희토류 원소(Rare earth element)의 분석 결과도 상부 대륙지각의 평균값(Taylor and McLennan, 1955)과 비교하여 보았다. 괄호 안의 값은 상부 대륙지각의 평균값이다. 오봉산 용결 라필리 응회암의 시료에서 미량 원소값은 Sc 6.8~7.1(11)mg/kg, Co 2.8~3.1(10) mg/kg, 그리고 Ni 1.3~1.5(20)mg/kg으로 상부 대륙지각의 평균값보다 낮다. 이 원소들은 규산염 용액보다는 주로 맨틀을 구성하고 있는 감람석이나 휘석과 잘 어울리는(농집되는) 원소들이다. Y는 오봉산 하부 시료에서 39.8mg/kg으로 대륙 상부 지각(22mg/kg)보다 높게 나타나나 상부 시료에서는 유사한 값을 보인다. 그 외 미량 원소들은 상부 대륙지각의 평균값과 비교하여 보면 뚜렷한 차이점을 보이지는 않는다.

희토류 원소의 분석값에서는 오봉산 시료의 가벼운 희토류 원소

(Light rare earth element, LREE)인 La, Ce, Nd, Sm, 및 Eu에서 상부 대륙 지각의 값보다 조금 부화되어 나타나고 무거운 희토류 원소(Heavy rare earth element, HREE)인 Yb과 Lu에서는 각각 1.1와 0.3배 정도 낮게 나타난다. 일반적으로 LREE가 부화되고 HREE가 낮게 나타나는 것은 섭입대의 대륙 연변부에서 흔히 나타나는 특징이다.

4. 오봉산 구들장의 물리적 특성

1) 암석의 밀도와 공극률

구들장으로 사용한 오봉산응회암과 화강암의 밀도를 측정해 본 결과(<표 4-3>), 구들장으로 사용한 응회암의 밀도는 2.42~2.50g/cm^{3}으로, 화학 조성이 유사한 산성암인 화강암은 2.65~2.66g/cm^{3}로 구들장으로 사용된 응회암의 밀도가 낮게 나타났다. 공극률에서는 구들장으로 사용한 응회암은 7.5%로, 화학 조성이 유사한 화강암 1.4%로 구들장으로 사용된 암석이 높게 나타났다(김송철, 2009).

암석명	두께 (mm)	직경 (mm)	건조 시료 무게	포화 시료 무게	포화 시료 (비이커)	부피 (cm^3)	건조 밀도 (g/cm^3)	습식 밀도 (g/cm^3)	함수 부피 (cm^3)	공극율 (%)
응회암	3.32	24.76	3.82	3.94	2.36	1.58	2.42	2.50	0.12	7.5
화강암	3.07	24.86	3.92	3.94	2.46	1.48	2.65	2.66	0.02	1.4

<표 4-3> 구들장 응회암과 화강암과 물리적 특성 비교
(김송철, 2009)

2) 암석의 강도

구들장으로 사용했던 암석인 응회암의 강도는 513.41kgf/cm^{2}으로 화강암(1,483.70kgf/cm^2)보다 낮게 나타났다(<표 4-4>). 구들장과 구들장 원암인 응회암과의 강도를 비교해보면, 구들장은 열에 의한 많은 풍화로 강도는 원암보다 약해져서 강도 차이는 66kgf/cm^2 보여주었다(김송철, 2009). 따라서 구들장으로는 강도가 강하지 않은 암석을 사용하였다(<표 4-4>).

구분	암석명	최소값	최대값	평균값
구들장	응회암	318.69	572.81	446.98
구들장 원암	응회암	310.15	676.90	513.41
대조군	화강암	1,483.70	1,483.70	1,483.70

<표 4-4> 구들장과 원암 및 대조군 암석들의 강도 비교(단위: kgf/cm^2)
(김송철, 2009)

5. 오봉산 구들장의 열역학적 특성

1) 열적 특성

MBL 온도 센서로 구들장의 열전도도를 측정한 연구 결과에 따르면, 구들장으로 사용한 응회암의 600초 동안 두 지점(각 4cm, 7cm)의 평균 온도차는 응회암은 16.98℃로 화강암(10.63℃)보다 크게 나타났다(<표 4-5>). 구들장으로 사용한 응회암의 두 지점의 평균 온도차는 화강암보다 대체적으로 크게 나타났다(김송철, 2009).

암석 구분	응회암	화강암
두지점 간 온도변화	16.98	10.63

<표 4-5> MBL 온도 센서에 의한 실험군과 대조군 암석의 두 지점(4cm, 7cm)의 온도차(℃) (김송철, 2009)

Nano Flash를 이용하여 구들장의 열전도도를 측정한 연구 결과(김송철, 2009)에 따르면, 구들장으로 사용한 응회암)과 화강암의 열전도도를 비교하여 본 결과, 응회암(2.79W/mK)은 화강암(3.381W/mK)보다 낮게 나타났다(<표 4-6> 참조).

시료	암석명	건조 밀도 (g/cm³)	확산율 (mm²/sec)	비열 (J/gK)	열전도도(W/mK)	
					시료	평균
실험군	응회암	2.42	1.27	0.79	2.43	2.79
대조군	화강암	2.65	1.54	0.84	3.43	3.38

<표 4-6> MBL 온도 센서에 의한 실험군과 대조군 암석의 두 지점(4cm, 7cm)의 온도차(℃) (김송철, 2009)

MBL 온도 센서로 암석의 열 보존성을 측정한 연구 결과(김송철, 2009)에 따르면, 구들장으로 사용한 응회암과 이와 화학 조성이 유사한 화강암이 100℃에서 50℃까지 떨어지는 데 걸린 시간을 비교하여 보았다(<표 4-7> 참조). 구들장으로 사용한 응회암(316초)과 화학 조성이 이와 유사한 화강암(330초)이 유사한 결과를 보여주었다.

온도 변화 구간(℃)	응회암	화강암
100~90	47	46
90~80	50	51
80~70	59	57

70~60	68	74
60~50	92	102
100~50	316	330

<표 4-7> MBL 온도 센서에 의한 암석별 100~50℃ 사이에서의 열 보존성 결과(단위: 초)
(김송철, 2009)

2) 열에 대한 강도

토치 불에 의한 열 내구성 실험에서 보면 내구성을 나타내는 갈라짐 현상이 화강암은 4회 이하에서 나타나고, 구들장으로 사용한 암석인 응회암은 7회 이상에서 나타났다(<표 4-8> 참조). 구들장으로 사용한 암석인 응회암이 산성암인 화강암보다 열에 더 강하게 나타났다. 특히, 응회암인 경우는 6회까지 균열이 나타나지 않고 7회에서 균열이 나타났다. 토치 열 실험을 실시했던 시료를 광학현미경으로 관찰해 본 결과, 육안 관찰보다 균열이 더 뚜렷하게 보이며 특정한 광물이 빠져나간 흔적, 광물이 빠져나간 면이 관찰되었다. 석영 주변이나 유리질 석기에 균열이 나타난 것을 볼 수 있다. 토치 열에 가열된 시료를 물에 넣어 생성된 잔류물을 현미경으로 관찰해 본 결과, 결정들은 깨졌을 때 나타난 패각 모양이 관찰되었고 묽은 염산과는 반응하지 않는 결정들이다. 토치 열에 의한 암석 파괴는 석영의 열 팽창으로 깨지는 것이 원인이며, 구들장 정보 수집 시 할아버지들이 "화강암은 불을 가하면 터진다."라고 증언했는데, 이 파열을 일으키는 물질이 석영인 것으로 판명되었다. 응회암은 반상 조직이나 층상절리가 잘 나타나지만 화강암은 등립질이나 조립질 조직을 가지며 석영의 함량이 높아서 열에는 약하다. 따라서 암석들의 열 내구성은 구성 광물의 함량과 조직에 따라 달라짐을 알 수 있었다.

암석 횟수	응회암	화강암
1	안정	안정
2	안정	안정
3	안정	균열
4	안정	-
5	안정	-
6	안정	-
7	균열	-

<표 4-8> 토치 열 실험을 통한 암석의 열 내구성 결과
(김송철, 2009)

3) 구들장의 화학 성분과 열적 특성과의 관계

구들장의 구성하는 5가지 주 화학 성분이 열 특성에 어떤 영향을 미치는지를 조사해 본 결과, 열전도도와 열 보존성에 가장 크게 영향을 미치는 산화물은 MgO, SiO_2로 나타났다. SiO_2 성분은 열 보존성과 반비례하는 높은 상관관계($p<0.05$)이며 열전도도에도 영향을 미치고 있는 것으로 나타났다(김송철, 2009). SiO_2으로 이루어진 석영은 반도체 물질이기 때문에 열 보존성이 낮아진다. MgO 성분은 열 보존성과 비례하는 아주 높은 상관관계($p<0.05$)이며 열전도도에 약간의 영향을 미치

고 있는 것으로 나타났다. MgO 성분은 부도체이기 때문에 열 보존성과는 비례하게 나타난다(김송철, 2009).

MBL 온도 센서에 의한 두 지점의 온도차와 NanoFlash에 의한 열전도도는 반비례한다(<그림 4-4> 참조). 암석의 열 내구성은 토치 열 실험으로 석영과 암석의 조직이 관련이 있음을 알아냈다. 따라서 화강암은 구들장으로 사용하지 않았고 열에 강한 암석인 응회암이 많이 사용되었다. 열전도도는 암석의 화학 성분 중 SiO2의 함량과는 비례(+), 열 보존성은 SiO_2의 함량은 반비례(-), MgO의 함량과는 비례(+) 상관관계로 나타났다(김송철, 2009).

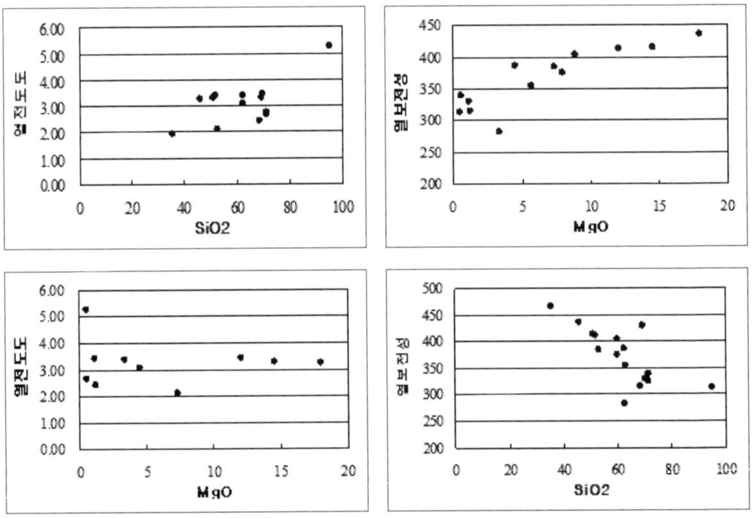

<그림 4-4> 암석의 구성 성분(SiO_2, MgO)과 열전도도, 열 보존성의 관련성
(김송철, 2009)

제5장

타 지역 구들장과의 물리적 특성 비교

1. 실험 계획 및 방법

본 연구는 보성 오봉산 구들장과 타 지역 구들장과의 물리적 성능을 비교하기 위해 시행되었다. 실험에 사용할 암석 종류로는 최근까지 구들장에 사용되었던 충북 옥천판석(점판암), 전남 보성 오봉산 맥반석(응회암), 그리고 최근 황토방용으로 가장 많이 사용되는 수입 화산석(현무암) 3종류를 선정했고, 이들을 대상으로 구들장에 대한 물리·화학적 특성, 역학적 특성, 열적 특성에 대한 기초 성능을 평가하기 위하여 실험 계획을 <표 5-1>과 같이 수립하였다. 암석 종류에 따른 구들장의 물리·화학적 특성으로서 밀도, 흡수율을 측정하였고, 역학적 특성으로서 압축 강도, 휨 강도를 측정하였다. 또한 열적 특성으로서 열전도도를 측정하였다.

암석 종류	물리·화학적 특성	역학적 특성	열적특성
옥천판석(점판암)	- 밀도 - 흡수율 - 화학 성분	- 압축 강도 - 휨 강도	- 열전도도
맥반석(응회암)			
화산석(현무암)			

<표 5-1> 실험 계획

1) 구들장

본 연구에서 사용한 구들장은 암석 종류에 따라 옥천판석(점판암), 보성맥반석(응회암), 화산석(현무암) 등 3종류를 설정하였다. 충북 옥천판석은 현재에도 구들장과 조경용 건축자재로 생산되고 있고, 전남 보성맥반석은 현재에는 구들장으로 사용되는 자연석은 생산되지 않으나[1] 산지 근처 강골마을 이정래 고택 해체 시 사용되었던 구들장을 샘플로 하였다. 현무암은 우리나라 제주도에서는 흔히 쓰이나 육지로 반출이 어려워 중국이나 베트남 등지에서 수입되는 구들장용 현무암을 실험 샘플로 사용하였다. 사용 구들장의 개요를 <표 5-2>에, 표면성상을 <표 5-3>에 나타내었다.

암석 종류	채취장소	크기(mm)	무게(kg)
옥천판석(점판암)	충북 옥천군	1100×500×40~50	63
맥반석(응회암)	전남 보성군 오봉산	1200×600×30~40	60
화산석(현무암)	베트남 수입산	500×500×50	30

<표 5-2> 사용 구들장 개요

1 현재 자연석이 아닌 가공석으로 오봉산 구들장 채석지 인근 채석장(삼승석재)에서 건축용 내외장재용으로 생산되고 있다.

배율	옥천판석	맥반석	화산석
원구들장			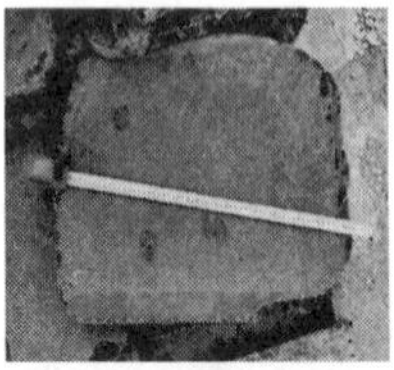
×1		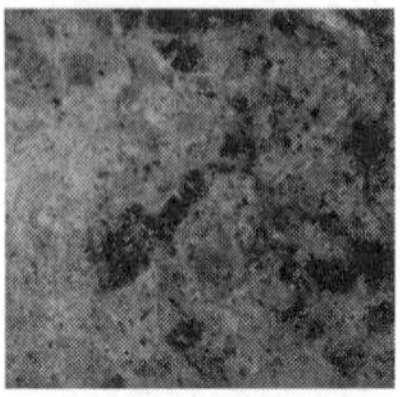	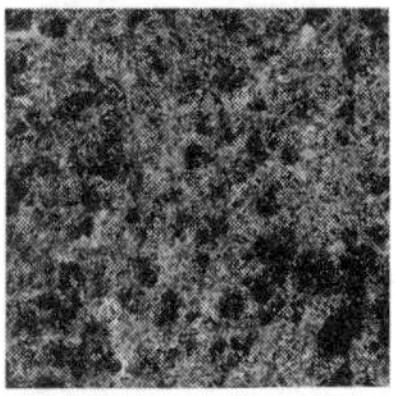
×160	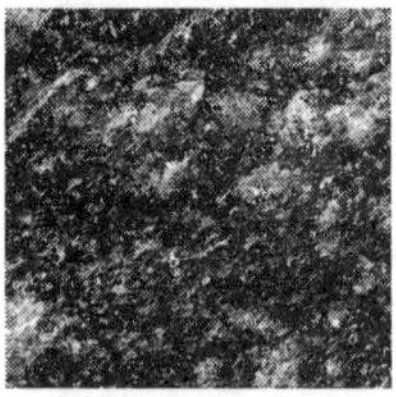		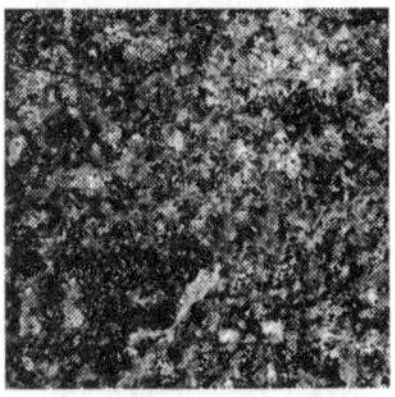
×300	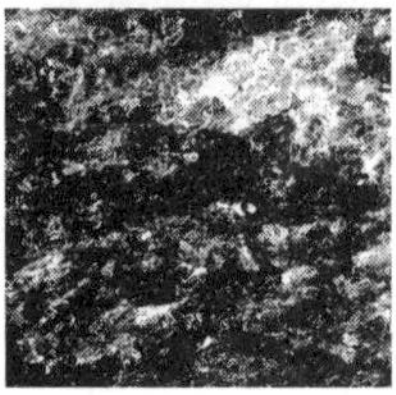		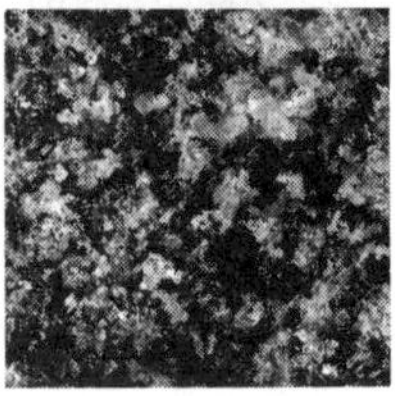

<표 5-3> 구들장 표면성상

2) 실험 방법

본 연구에서는 구들장의 물리적 특성을 분석하기 위하여 밀도 및 흡수율을 측정하였다. 구들장의 밀도 및 흡수율은 KS F 2503 굵은 골재의 밀도 및 흡수율 시험 방법에 준하여 측정하였다. 이를 위하여 구들장을 50×50×50mm로 절단하여 시험체로 제작하였다. 구들장의 화학적 특성을 분석하기 위하여 0.08mm 이하의 분말로 만들어 XRF 분석을 실시하였다.

구들장의 압축 강도 및 휨 강도 시험은 KS L ISO679 시멘트의 강도 시험 방법에 준하여 측정하였다. 이를 위하여 구들장을 400×400×1,600mm로 절단하였으며 휨 강도 측정 후 파단된 시험체로 압축 강도 시험을 실시하였다(<사진 5-1> 참조).

구들장의 열전도도는 <사진 5-2>와 같이 Laser Flash 방법으로 측정하였다. Laser flash는 열확산율을 측정하는 장비로, 디스크 모양(대략, 지름 1inch, 두께 2-3mm)으로 성형을 한 암석 시료의 한쪽 면에 강한 에너지 펄스를 가하고 시료의 반대편에서 적외선 센서가 온도의 변화를 감지하여 열확산율을 측정한다. 열확산율(α)과 더불어 암석의 비열(C_p)과 밀도(ρ)를 따로 측정하면 다음과 같은 식(1)에 의해 구들장의 열전도도(λ)를 계산할 수 있다(<사진 5-2> 참조).

$\lambda = \alpha \rho C_p$ ----------------식(1)

여기서, λ:열 전도도, α:열확산율, ρ:(밀도), C_p:(비열)

(a) 휨 강도 (b) 압축 강도

<사진 5-1> 압축 강도 및 휨 강도 시험

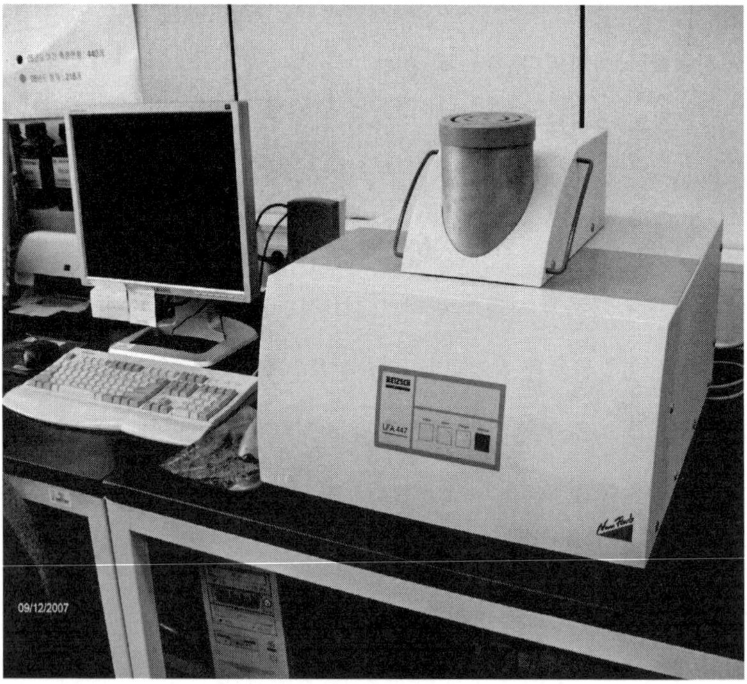

<사진 5-2> 열확산율 시험(Laser Flash)

2. 실험 결과 및 고찰

1) 물리·화학적 특성 비교

암석 종류에 따른 구들장의 밀도 및 흡수율 측정 결과를 <표 5-4> 및 <그림 5-1>에 나타내었다. 본 연구에서의 구들장 평균 표건 밀도는 옥천판석 2,874g/cm^3, 보성맥반석 2,420g/cm^3, 베트남화산석 2,473g/cm^{3}으로 나타났다. 평균 절건 밀도는 옥천판석 2,872g/cm^3, 보성맥반석 2,316g/cm^3, 베트남화산석 2,422g/cm^{3}으로 나타났다. 또한 평균 흡수율은 옥천판석 0.06%, 보성맥반석 4.49%, 베트남화산암 2.12%로 나타났다. 옥천판석은 밀도가 가장 높고 흡수율이 매우 낮은 것으로 나타났으며 맥반석은 화산암과 밀도는 유사하지만 흡수율이 4.48%로 상대적으로 매우 높은 것으로 나타났다. 보성맥반석은 외관상으로도 표면이 거칠고 기공이 다량 관찰되는데, 이러한 형태 덕분에 흡수율이 상대적으로 높은 것으로 판단되며 무게 대비 강도가 가장 높아 구들장으로 사용되기에도 비교적 우수하다는 결론을 맺을 수 있다.

암석 종류에 따른 구들장의 화학 조성을 <표 5-5>에 나타내었다. 구들장의 화학 조성은 대부분 SiO_2, Al_2O_3, K_2O, MgO, Fe_2O_3로 구성되어 있으며, SiO_2가 가장 높다. 또한 열전도율에 비례하는 SiO2 함량은 보성맥반석이 가장 높고 옥천판석 및 화산석이 유사한 수준을 보이고 있다. 그리고 보온성에 비례하는 MgO 함량은 화산석이 가장 높고 맥반석이 가장 낮으며. 특히 보성맥반석은 열전도율에 비례하는 SiO_2 함량이 가장 높고, 보온성에 비례하는 MgO 함량이 가장 낮은 것으로 나타나 구들장으로 사용되었을 때 황토를 마감하게 되므로 구들 밑의 화기를 가장 빨리 흡수하였다가 상부 황토를 통하여 방바닥난방으로 발열하기에 유리한 성분으로 조성된 것을 알 수 있다(<표 5-4> 참조).

	표건밀도(g/cm³)		절건밀도(g/cm³)		흡수율(%)	
	횟수	평균	횟수	평균	횟수	평균
옥천판석(점판암)	2,895	2,874	2,895	2,872	0.02	0.06
	2,890		2,888		0.04	
	2,876		2,873		0.09	
	2,835		2,833		0.09	
맥반석(응회암)	2,430	2,420	2,337	2,316	3.98	4.49
	2,434		2,339		4.04	
	2,418		2,301		5.05	
	2,430		2,328		4.39	
화산석(현무암)	2,492	2,473	2,453	2,422	1.59	2.12
	2,488		2,450		1.55	
	2,458		2,398		2.52	
	2,454		2,386		2.85	

<표 5-4> 밀도 및 흡수율 측정 결과

Type	화학 조성(wt.%)							
	SiO_2	Al_2O_3	Fe_2O_3	CaO	MgO	SO_3	Na_2O	K_2O
옥천판석	50.2	29.4	7.8	0.2	1.1	0.0	0.4	9.6
보성맥반석	**69.2**	15.6	3.9	2.0	**0.7**	0.0	3.0	4.7
화산석	49.9	18.9	11.9	9.1	3.3	0.0	3.4	1.0

<표 5-5> 구들장의 화학 조성

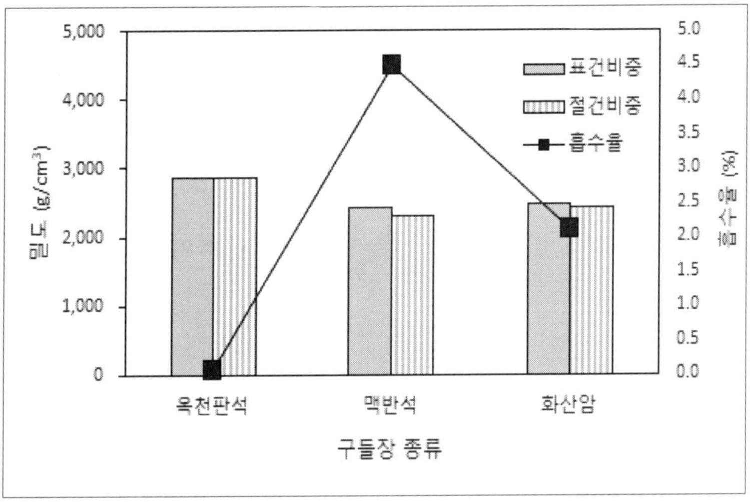

<그림 5-1> 비중 및 흡수율

2) 역학적 특성 비교

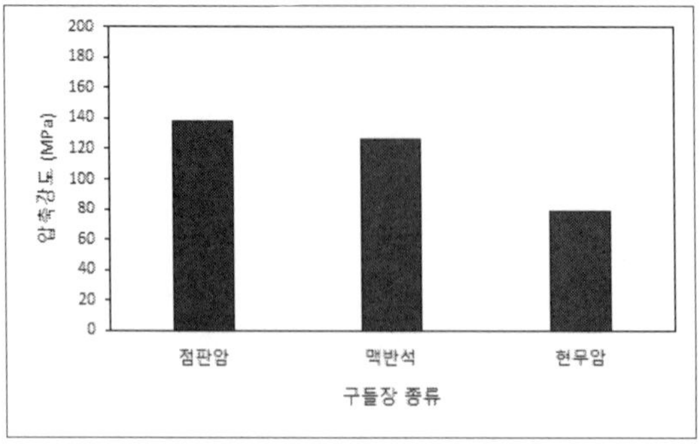

<그림 5-2> 압축 강도

암석 종류에 따른 구들장의 압축 강도 측정 결과를 <그림 5-2>에 나타내었다. 본 연구에서의 구들장 압축 강도는 79~138 MPa를 나타내었다. 옥천판석 구들장의 압축 강도는 가장 높은 138MPa를 나타낸 반면 화산암 구들장은 가장 낮은 79MPa를 나타내었다.

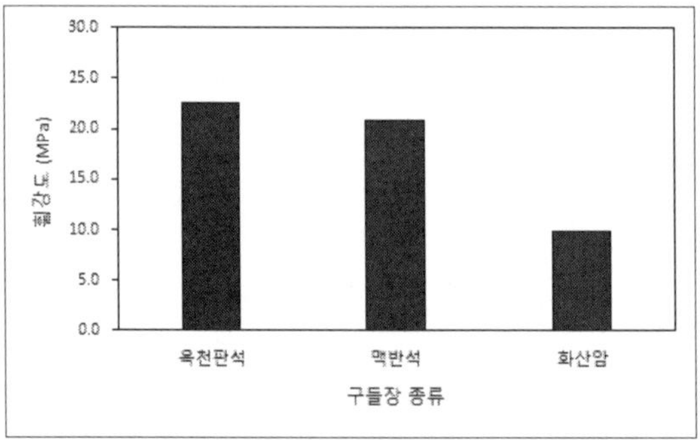

<그림 5-3> 휨 강도

암석 종류에 따른 구들장의 휨 강도 측정 결과를 <그림 5-3>에 나타내었다. 본 연구에서의 구들장 휨 강도는 9.8~22.6 MPa를 나타내었다. 옥천판석 구들장의 휨 강도는 가장 높은 22.6MPa를 나타낸 반면 화산암 구들장은 가장 낮은 9.8MPa를 나타내었다.

암석 종류에 따른 구들장의 압축 강도와 흡수율의 관계를 <그림 5-4>에 나타내었다. 일반적으로 압축 강도가 높을수록 흡수율 낮아지는 경향을 나타내고 있다. 옥천판석의 경우 압축 강도가 가장 높고 흡수율이 가장 낮게 나타나고 있다. 맥반석의 경우 흡수율은 4.49%로서 가장 높게 나타났지만 압축 강도는 가장 높게 나타난 옥천판석과 비교하여 약 10% 낮은 것으로 나타났다.

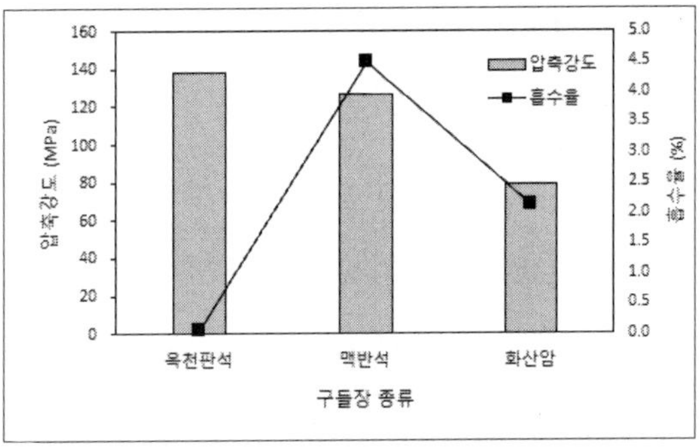

<그림 5-4> 압축 강도와 흡수율

이상과 같이 맥반석 구들장은 옥천판석과 화산암 구들장과 비교하여 밀도가 낮고 흡수율이 높게 나타난 반면 압축 강도 및 휨 강도와 같은 역학적 특성이 우수한 것으로 나타나 구들장의 용도로서 가장 적합한 것으로 판단된다.

3) 열역학적 특성 비교

암석 종류에 따른 구들장의 열전도도 측정 결과를 <그림 5-5>에 나타내었다. 본 연구에서의 구들장 열전도도는 옥천판석 3.12W/m-K, 맥반석 2.43W/m-K, 화산암 2.69W/m-K로서 옥천판석이 가장 높고, 맥반석이 가장 낮은 것으로 나타났다. 특히 맥반석은 밀도가 작고 흡수율이 높게 나타난 반면 압축 강도 및 휨 강도의 역학적 특성이 우수하고 열전도도가 가장 낮게 나타나고 있어 구들장의 용도로서 우수한 특성을 가지고 있는 것으로 판단된다.

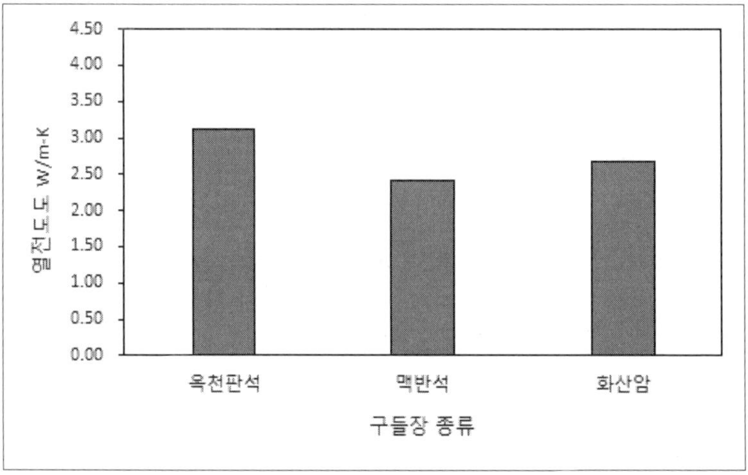

<그림 5-5> 열전도도

3. 소결: 보성 오봉산 구들장의 우수 특성

보성 오봉산 구들장과 우리나라에서 아직까지 사용하고 있는 타 지역 구들장인 충청도 점판암인 옥천판석, 그리고 최근 신축 건물에서 구들장 자재로 가장 많이 쓰이고 있는 수입산 화산암인 현무암 구들장 등 3종의 암석 종류에 따른 물리적 특성, 역학적 특성, 열적 특성에 관한 기초 성능을 물리적 실험을 통하여 비교하였다. 그 결과는 다음과 같다.

1) 충청 지역 옥천판석은 밀도가 가장 높고 흡수율이 매우 낮은 것으로 나타났으며 맥반석은 화산암과 밀도는 유사하지만 흡수율이 4.48%로 상대적으로 매우 높은 것으로 나타났다.
2) 옥천판석 구들장의 압축 강도는 115~148MPa를 나타내었으며, 보성맥반석 응회암 구들장의 압축 강도는 가장 높은 148MPa를 나타낸 반면 화산암인 현무암 구들장은 가장 낮은 115MPa를 나타내었다.
3) 구들장 열전도도는 옥천판석이 3.12W/m-K, 보성맥반석 구들장

이 2.43W/m-K, 수입산 화산암인 현무암 구들장은 2.69W/m-K로서 옥천판석이 가장 높고, 보성맥반석 구들장이 가장 낮은 것으로 나타났다.

결론적으로, 일명 '맥반석'으로 불리는 보성 오봉산응회암 구들장은 밀도가 낮고 흡수율이 높으며 무게 또한 가볍지만, 압축 강도 및 휨 강도는 무게에 비해 가장 강해 구들 작업 시 작업성이 뛰어나다. 또한 열전도도가 가장 낮게 나타나고 있다는 점에서 방바닥의 열을 오래 간직할 수 있는 특성을 확인할 수 있으며, 이를 종합할 때 오봉산응회암은 구들장으로서 가장 우수한 특성을 가지고 있는 것으로 조사되었다.

제6장

보존, 활용 계획과 전문가 자문 및 의견 수렴

채석지 보존을 통한 문화유산의 가치 구현과 활용

역사·문화적 자원의 중요성이 증대하면서 각 지역 특유의 환경을 지역 개발에 활용함은 물론, 이를 국가·지역의 문화 관련 상품으로 개발하여 경쟁력을 갖춘 문화유산으로 육성하려는 노력이 필요하다.

구체적으로는 지명도가 높은 문화유산, 전통민속축제 및 대형 관광 문화축제 등을 연계하여 관광 상품으로 개발할 필요성이 있다. 기존의 타 지역 역사 유적 활용 실태를 보면 유적의 성격과는 전혀 다른 이질적인 프로그램들로 활용하고 있어 여러 문제가 발생했다. 따라서 오봉산 구들장 채석지는 유적의 성격 및 특성 등을 감안해 이질적이지 않은 활용 프로그램으로 꾸며 다른 지역의 활용 내용과는 차별화한다.

활용의 방향은 체험교육 프로그램, 주변 유적과의 연계 방안, 홍보 방안 등으로 나눠볼 수 있다. 그러한 사안의 실행을 위해서는 물론 기본 인프라가 구축되어야 한다.

1. 기반시설 계획

1) 인포메이션 센터 건립

탐방객이 채석지 경내에 진입하기 전 오봉산 구들장 채석지에 대한 전반적인 정보를 얻을 수 있도록 인포메이션 센터를 건립한다.

· 건물의 기능상 인포메이션 센터는 오봉산의 질서를 훼손하지 않도록 하단부에 배치한다(현 등산로 좌측 옛 구들장 하치장).

· 화장실을 설치하여 이용객의 편의를 도모한다.

· 양식은 경관에 부합되도록 민도리 양식, 팔작 및 맞배지붕의 전통 목조 건축물로 계획한다.

<이미지 컷 1>
서울 종로 작은 쉼터 갤러리

<이미지 컷 2>
서울 종로 한옥 홍보관

· 전반적으로 전통적인 오봉산 경관에 어울리도록 디자인한다.

2)주차장 조성

· 주차장 계획은 오봉산 입구의 교통 혼잡을 줄이는 것을 목적으로 하며, 오봉산 성격에 맞도록 산 진입로 초입부에 집약적으로 배치하도록 한다(현 저수지 댐 하단 주차장 정비).

· 일반 이용객 및 탐방객이 주차장을 이용하는 것을 원칙으로 한다.

· 대형 버스가 주차할 수 있도록 충분한 공간을 확보하도록 한다.

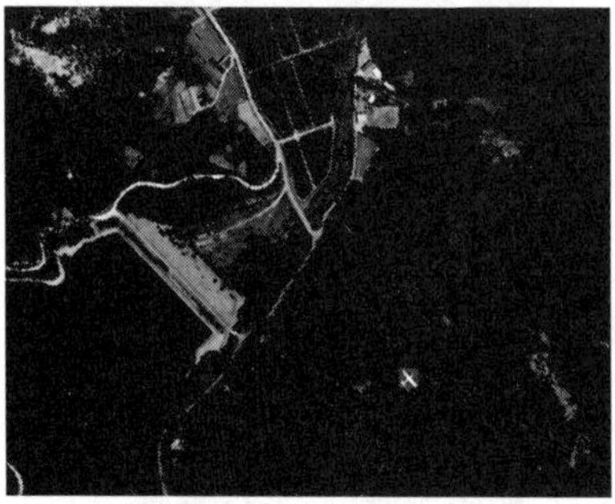

<이미지 컷 3> 주차장 예정지 - 중앙 저수지 댐 하단

3) 안내판 설치

안내 및 정보 전달의 목적으로 설치되는 안내판은 방문객의 편리를 도모할 수 있도록 각각의 용도별로 분리하여 설치한다.

전체 안내판, 구간별 탐방로 안내판, 이정표 등을 용도에 맞도록 적절한 곳에 배치할 수 있도록 하고 안내판은 통일감이 있어야 하므로 전문 디자인회사에 제작을 의뢰하거나 문화재 입간판의 양식에 준하여 제작하며 설명하고자 하는 내용을 쉽게 이해할 수 있도록 한다.

<이미지 컷 4>
구간별 탐방로

<이미지 컷 5>
이정표

<이미지 컷 6>
전체 안내판

2. 활용 콘텐츠 개발

1) 관광객 및 주민 초청 행사 개최

오봉산 구들장 음악회

<이미지 컷 7> 영암 도갑사 산사 음악회

'산사 음악회'는 수년 전부터 새로운 사찰 문화로 자리 잡고 있으며 해를 거듭할수록 이에 대한 관심과 참여도 증가하고 있다. 성원이 잇따

르자 최근에는 각 사찰마다 독특한 산사 음악회를 마련해 방문객들을 모으는 경우 역시 늘어나는 추세다. 특히 산사 음악회의 특징은 사찰에서 진행하는 행사임에도 굳이 불교만을 강조하지 않는다는 점이다.

오봉산은 수려한 경관과 산세를 지니고 있고 하단부에 소규모 또는 중규모의 음악회 등 행사를 개최할 수 있는 평지를 보유하고 있으며, 특히 신평 저수지가 있어 그 매력이 배가된다.

검고 딱딱한 돌을 문화로 연계하는 데 음악회를 활용하는 것이다.

오봉산 먹거리 개발

오봉산 주변의 음식과 더불어 봄나물과 봄꽃 등을 재료로 한 부침개 등 건강하면서도 보기 좋은 음식을 마련해, 방문객들이 단순히 '몸에 좋은 먹을거리'를 넘어 '정갈한 음식'을 체험할 수 있도록 한다.

<이미지 컷 8>
반찬

<이미지 컷 9>
식판

또한 계절별 대표 음식도 마련하여 체험 및 관광객들에게 먹거리 흥미를 느끼게 한다. 오봉산 먹거리를 보성군의 대표 식문화 브랜드로 육성한다.

2) 체험 프로그램 개발

채석지 현장 체험 프로그램

오늘날 관광 활동은 자연 속에서 휴식을 즐기며 지역의 문화를 접하고 이를 체험하는 형태로 전환되고 있으며, 생태 관광의 도입으로 도심을 벗어난 지역에서 관광 활동을 즐기려는 수요가 점차 증가하고 있다.

발굴 현장의 참여 프로그램은 한국의 경우 아직 활성화되어 있지 않지만 미국 등 외국의 경우 자원자들의 발굴 참여 수요가 높고, 따라서 이를 위한 다양한 운영 프로그램이 적극적으로 개발되고 있다.

발굴 참여 프로그램의 마련은 참여 대상자의 계층별, 수준별로 다양한 프로그램의 개발이 요구된다. 초등학생, 중고등학생, 대학생 및 인턴, 그리고 일반인을 대상으로 하는 연령별 프로그램의 운영 또는 가족 단위 참가자 프로그램의 운영과 같이 대상별 수준에 맞는 발굴 참여 내용의 설정 및 참여 정도를 구분하여 운영한다.

또한 참여 기간의 구분을 통해 1일 참여 프로그램, 1박 2일 참여 프로그램 또는 방학 프로그램 등을 나누어 운영한다.

전체 탐방로의 경우는 주요 거점이 되는 대표 장소에 계획한다. 각 주요 유구를 설명하는 안내판의 경우, 사전 지식이 없는 관람자가 원형에 대해 쉽게 알 수 있도록 기술함으로써 유구에 대한 관람자의 이해도를 높이는 데 활용해야 한다. 주요 조망 지점 관련 안내 시설의 경우, 각 지점에서 보이는 전망에 대한 간략한 설명과 거리, 높이 등을 기입하도록 계획해야 한다. 각 지점으로의 안내를 위한 방향 표시 시설을 계획함으로써 이용의 편의를 도모한다.

발굴 체험 교육 프로그램의 운영과 더불어 방문객 투어 프로그램의 운영도 개발하여 운영한다. 주변에 정비될 탐방로를 따라 관광객들이 접근하여 직접 채석지 및 운반로와 그 구조물을 관찰할 수 있게 설계한다.

* 운반로(우마차길) 체험 코스 개발/총연장 8.5㎞ 중 2.7㎞

오봉산 주차장 ~ 독립가옥 ~ 기남골 편백숲 ~ 기남골 정상(해발 320m) ~ 등산로 ~ 먹뱅이골 정상 ~ 칼바위 최고 조망점 ~ 먹뱅이골 시작점 ~ 해평호수 데크길 ~ 오봉산 주차장

* 쉼터 및 휴식 공간 조성

- 쉼터 공간 조성: 4개소(계단식 산림 훼손 복구지, 편백숲 등)
- 전망 공간 조성: 2개소(최고 조망점)
- 추진 방법: 구들장을 이용하여 최대한 친자연적으로 시공

학교 연계 체험 교육 프로그램

최근 학교에서 많이 실시하고 있는 현장 체험 학습의 장소로서 오봉산 구들장을 활용한다. 이는 단순한 구들장 채석지 체험장을 넘어 한민족 주거문화의 결정체인 온돌문화, 더 나아가 한옥 체험의 장으로 활용되어야 한다. 역사 및 문화에 대한 새로운 인식과 문화유산 보존의 중요성을 교육시킴으로써 학교 역사 교육의 취지에도 잘 부합되므로 보성군 관내 학교에 적극 권장할 수 있는 프로그램이다.

<이미지 컷 10>
숲속 탐방로

<이미지 컷 11>
숲 해설

3. 지속적 홍보 콘텐츠 개발

1) 홈페이지 개설

보성군 홈페이지에 보성 오봉산 구들장 코너를 마련한다. 향후 이 일대가 활성화되면 전용 홈페이지를 개설하여 국내 및 해외에 적극적으로 알린다.

2) 영상 매체 구축

최첨단 장비를 이용한 영상 매체를 제작하여 쉽고 빠르게 오봉산 구들장 문화를 홍보한다. 그간 KBS, YTN 등 각종 언론에서 방송한 것도 체계적으로 정리하여 영상 매체 제작에 활용한다.

3) 홍보 책자 발간

간편하고 쉽게 이해할 수 있는 작은 책자와 홍보물을 발간한다. 더 나아가 학술적 자료로서 보성군 학술총서를 매년 지속적으로 발간한다. 우선 건축문화 관련으로는 ‘한옥과 오봉산 구들장’, ‘보성 광주 이씨 고택’, ‘벌교 근대의 향수’ 등이 있다. 특히 보성 강골, 예동, 당촌에 위치한 광주 이씨 가옥은 형성 과정과 양식이 매우 흥미롭고 독특하다. 벌교의 근대 유산도 보성의 또 다른 매력이 있다.

<이미지 컷 12>
터미널 TV

<이미지 컷 13>
홈페이지 및 SNS

<이미지 컷 14>
안내 책자

<이미지 컷 15>
상징 포스터

4. 구들장 역사관 및 체험 시설(천년 구들장 힐링파크) 조성

구들장은 한국 문화의 마지막 단계로 이해하고 받아져야 한다. 즉 5,000년 역사의 한민족은 '한옥'이라는 우리 고유의 주거 문화를 탄생시켰고 거기에 '온돌방'이라는 보편적 가치와 탁월성을 지닌 문화를 정착시켰다. 세계 어느 나라도 온돌 구조의 난방을 채택하거나 보편화시키지 못했다.

전남 보성 오봉산 구들장 산지는 우리나라 국가무형문화재 135호로 지정(2018년)된 온돌문화의 핵심 자재인 구들장 채석장으로, 현재 남아 있는 구들장 산지 중 규모가 가장 크고 그 유적이 비교적 잘 보존되어 있다.

따라서 한옥과 온돌방을 체험할 수 있는 체험관(숙박)을 건립한다. 체험을 통해 우리 민족의 난방 문화를 직접 이해할 수 있는 시간을 갖게 하고, 또한 이러한 체험 프로그램들을 활용해 온돌문화를 적극적으로 홍보한다.

아울러 오봉산 구들장 전시관도 함께 건립하여 한국 구들문화의 메카로 자리하게 한다, 전시관에는 채석지의 역사는 물론 당시 사용한 채석 도구, 우마차와 소 모형 등을 전시한다. 아울러 한국 온돌에 관련된 문헌, 사진, 유물 등을 수집하여 전시한다.

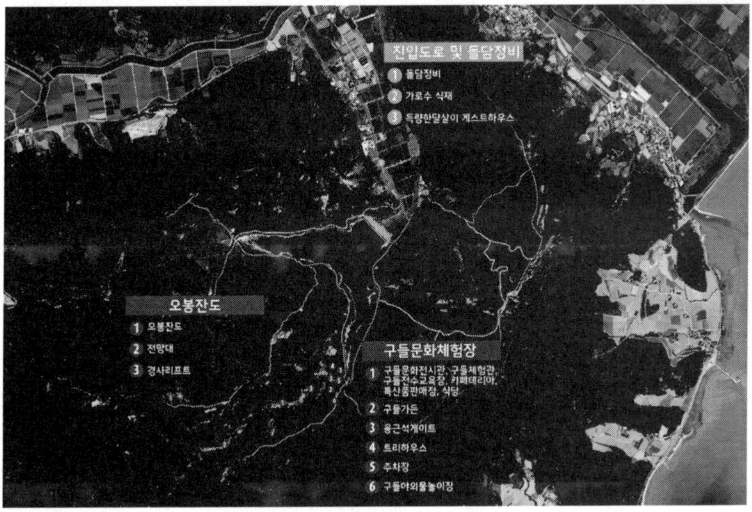

기본 구상도
제공: 보성군

근대기 구들장 공사
제공: 김정동

GCAH, The United Methodist Church.구들공과 시공.
제공: 서만철

<이미지 컷 16> 아궁이 불 때기

<이미지 컷 17> 해남 윤선도 유물 전시관

<이미지 컷 18> 전시

<이미지 컷 19> 전시

5. 구들장 채석지 및 운반로 유지 보수 및 기념탑 보존

- 채석지 및 운반로는 지속적으로 유지 보수한다.
- 유지 보수는 원칙적으로 원형 보존하는 방향으로 한다.
- 보수는 과거 채석 작업에 참여한 마을 주민의 고증을 거쳐 진행한다.
- 현재 오봉산 정상부 21곳에 조성된 총 76개 기념 돌탑이 있다. 2000년경에 채석에 참여했던 마을 후손들이 쌓은 석탑도 역사 및 기념적 가치가 있으므로 지속적으로 보존 관리한다.

<채석지 운반로 석축>

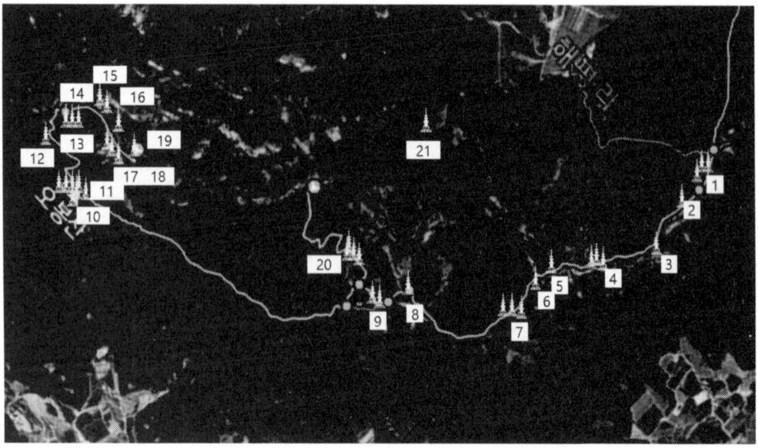

<오봉산 일원 기념 돌탑 위치도>

<돌탑>

6. 전문가 자문과 의견 수렴

1) 전문가 자문

박창규 전남도립대학교 교수(관광학 박사)

■ 오봉산 구들문화의 명소화 필요성

- 오봉산 구들장은 전국 구들장의 70% 차지, 전국적 명성
- 1980년대 초까지 오봉산 구들장은 전국적으로 판매가 되었으며, 그 품질이 우수하여 전국 구들장의 70% 정도를 차지함
- 오봉산 방장돌이 좋다는 소문이 전국으로 퍼지면서 서울 부산 등지에서 주문이 쇄도하고, 마을 주민들은 그 물량을 공급하기 위해 지게를 지고 오봉산을 오르내리며 채석에 나섰다고 함
- 일제강점기에 전라선이 놓이면서 열차는 득량면 소재지까지 들어 왔고, 득량역에서 주로 가져간 화물이 구들장 방장돌이었다고 함
- 아직도 등산로를 따라 널찍한 돌을 흔하게 볼 수 있으며 판석

으로 만든 돌탑이 자연 풍광과 어울려 절경을 자아냄

■ 한국형 온돌 기술의 비교 우위 관광 자원화

- 우리의 온돌문화를 세계에 알리고, 온돌 종주국의 위상을 정립하고자 온돌 세계문화유산 등록을 추진 중에 있음
- 온돌 방장돌의 전국적인 주산지였던 오봉산 일원을 한국 온돌문화의 메카로 육성하여 보성의 매력과 가치를 높임
- 보성 녹차를 잇는 새로운 지역 문화 브랜드 '오봉산 구들문화'를 육성하여 황토구들 테마 관광 시설, 체험 공간 조성 필요

■ 오봉산 구들문화 힐링파크 조성 필요

- 오봉산 온돌문화의 체험·전시·교육 공간 및 경관 시설 등으로 '오봉산 구들문화 힐링파크'를 조성하고, 오봉산 종합 개발 사업과 연계하여 사업 성과 극대화
- 구들 체험장, 구들문화 전시관, 황토 구들 숙박 시설, 황토 구들 캠핑장 조성 등
- 구들문화 힐링파크는 산림 테마정원과 연계하여 웰니스 자원 요소(치유, 체험, 건강 등)가 포함된 남해안 테마 관광 시설 구상 필요

■ 오봉산 지역 역사성 및 이야기의 스토리텔링화

- 방장돌 우마차 트레킹 코스에 이야기를 담아 스토리텔링 테마

길로 구축하고, 널돌을 활용한 다양한 조형물 설치로 오봉산 이야기 시각화 및 지역 자원화

- 오봉산 생태 탐방로(총 길이 9.2Km) + 강골마을 + 득량역 추억의 거리 구간 + 이순신 조선 수군 재건로 등의 내륙 관광 코스, 율포 해양 관광 단지-비봉 공룡 공원 구간의 해안 관광 코스 등을 연계하여 테마 관광 코스 개발

■ 구들문화 체험 프로그램 개발 및 운영 필요

- 보성 명소 연계 관광 상품 개발: 경관(녹차밭), 먹거리(녹돈, 꼬막), 체험(녹차 체험, 오봉산 트레킹), 숙박(오봉산 구들문화 힐링파크) 등이 연계된 프로그램 개발
- S-Train 남도 해양 관광 열차와 연계한 여행 상품 개발
- 오봉산 구들문화 웰빙 밥상 개발
- 구들장, 돌담, 오봉산 트레킹 등을 활용한 구들문화 축제 기획
- 구들문화 전문 인력(생태 해설사, 구들문화 체험 지도사) 육성

김종헌 배재대 교수(전 도꼬모모 회장)

온돌문화가 우리나라 무형문화재로 지정되어 있음에도 불구하고, 온돌문화에 대한 이렇다 할 연구 기관이나 연구 성과는 아직 미비하다. 이러한 상황을 개선하기 위해서는 온돌을 지속적으로 연구하고 토

론하는 일이 필요하다. 보성군 오봉산 구들장 채석지는 사라져가는 전통 온돌문화를 연구하는 데 있어 중요한 자산이다. 온돌 기술뿐만 아니라 온돌을 채석할 수 있는 생산지에 대한 연구는 지금까지 거의 이루어지지 않았고, 언급조차 없었다. 특히 이번 토론에서는 생산지에 대한 연구만 다룬 것이 아니라, 채석이 이루어진 후 구들장 돌이 보성의 득량역을 통해 전국으로 보급 확산되었다는 점을 들어 온돌 구들장의 근대기 물류 시스템까지 연계해 논의했는데 이는 매우 고무적인 일이라고 생각한다. 철도 간이역이 지닌 또 다 른 역할을 확인할 수 있게 되어 철도 역사 연구자인 저로서는 이번 토론에서 큰 흥미를 느낄 수 있었다. 이와 함께 현재 발굴된 채석지 유적을 잘 보존하고 활용하는 계획이 시급하다.

이번 국제학술대회를 통해서 온돌문화에 관한 발표와 토론을 해외 학자들과 함께 진행할 수 있었던 것은 큰 성과이다. 향후 오봉산 구들장 산지 이외에 다른 나라나 다른 지방의 구들장 채석장에 대한 발굴과 보전 비교 연구가 지속되어 우리나라 온돌문화가 세계문화유산으로 등재되기를 기대한다.

리신호 충북대 명예교수(국제온돌학회 명예회장)

오봉산 구들장 산지는 우리나라에 거의 유일하게 온전히 남아 있는 귀중한 문화재로서 보전의 필요성이 분명하다. 그리고 오봉산 구들장을 온돌 시공에 활용할 방안을 연구해서 현대식 난방에도 구들장을 이용할 수 있도록 해야 한다.

그러나 현재 구들장에는 현무암 계열의 수입산 돌이 사용되고 있다. 구들장 보전도 중요하지만, 구들장의 성질 분석을 철저히 하여 사용 가능성을 먼저 연구하고, 사용할 수 있도록 구들장을 생산하는 것이 바람직하다.

문화재 지정과 보전이 1차적으로 중요한 문제이지만, 제언의 첫 부분에서 언급되었듯이 계속적으로 활용을 해야 그 가치를 발휘할 수 있고, 세계문화유산 등재에도 유리하게 작용할 것이다.

구들장의 돌 종류는 지역마다 달라서 전국적으로 여러 가지 돌이 사용되었다. 그래서 오봉산 구들장 채석지뿐만 아니라 각 지역의 구들장을 조사하여 구들장으로 활용 가능한 돌의 종류를 과학적으로 밝혀 활용할 수 있도록 해야 한다. 그리고 오봉산 구들장 채석지를 조속히 국가등록문화재로 등록하고 구들장 박물관을 건립하여 적극 홍보하는 것도 검토해야 한다.

정연상 국립안동대 교수(문화재청 근대분과 전문위원)

최근 우리의 삶의 방식은 여러 부분에서 많은 변화가 있다. 예로 바닥의 요에서 침대로, 좌식에서 입식으로, 저층에서 고층화로, 현대화된 문명의 혜택을 누리면서 삶의 문화가 바뀌고 있다. 이와 같은 변화된 삶의 방식에 따라 건물도 점진적으로 바뀌고 있다. 분명히 변하는 것도 있지만, 변하지 않는 것도 있다. 이런 변화의 흐름 속에 변하지 않는 것 중 하나가 온돌 난방 방식의 주 생활문화다. 온돌이 정확히 언제부터 우리 삶의 문화에 보편적인 요소로 등장했는지는 알 수 없지만, 우리는 아직도 바닥을 데우고 잠을 자는 것을 불변의 진리처럼 생각하고 있다. 따라서 주 생활문화 또는 민속문화의 과점에서 범위를 확장하여 정리할 필요가 있다고 판단된다. 즉, 온돌을 만드는 것도 중요하지만 온돌을 통해 우리는 무엇을 하는지에 대한 접근도 필요하다고 판단된다.

온돌의 기원을 되짚어보면, 아마도 모닥불을 지피면서 시작한 것이 방의 일부분을 따뜻하게 하기 위한 부분 온돌로 변화하고, 다음에 방 전체를 데우기 위해 지금과 같은 구들 방식으로 변했다. 이때 난방 연료는 과거 동물의 배설물과 나무에서 오늘날 연탄으로, 기름으로, 가스 등으로의 변화를 통해 우리 주거문화 및 공간, 건물 형태까지 변화시키고 있다. 일련의 과정을 통해 한 시대, 한 지역, 한 민족, 한 국가의 전통문화가 형성되어, 또 다른 이웃 문화와 차별화된 그들만의 독특한 전통문화를 만들어 낸다. 온돌의 과학적 원리에 대한 정량적 검증이 필요하다고 판단되며, 더 나아가 보성 오봉산 구들의 재료적 성분 및 성능의 우수성, 비교 분석이 필요하다고 판단된다.

오늘, 우리가 온돌과 구들을 살펴보는 것은 우리 모두가 온돌을 놓고 살자는 것은 분명히 아니다. 온돌에 담긴 지혜를 배우자는 것이다. 현재 전문가가 아닌 이상 채석장을 통해 우리는 구들의 모습을 유추할 수 없다. 그 장소가 가지고 있는 장소성을 끌어내어 활용할 수 있는 실증적인 활용 계획을 수립하여 시민들의 적극적 참여를 유도하면서 온돌 박물관 구들방 체험관등을 건립하여 직접 만들기나 생활 체험 등 관련 제언이 필요하다고 판단된다.

송석기 군산대 교수(문화재청 근대분과 전문위원)

오봉산 구들장 산지의 사용 기간이 1940년대에서 1980년대까지도 밝혀졌으나 좀 더 세부적으로 구들장 산지의 시기별 변화 과정이 정리될 필요가 있을 것으로 판단됨.

오봉산 구들장 산지에서 채취된 구들장이 주로 활용된 시기가 60~70년대라고 할 때 이 시기에는 전통적인 온돌과는 다소 구별되는 근대적 온돌이 사용되었을 것으로 판단되어 전통 온돌과는 구별되는 근대적 특성이 밝혀질 필요가 있음.

등록문화재로 등록하기 위해서는 등록하기 위한 대상물 및 영역을 보다 세부적으로 특정할 필요가 있음.

국내 기타 구들장 산지와 대비되는 오봉산 구들장 산지의 특성이 좀 더 명확하게 부각될 필요가 있음.

이광복 문화재기능인협회 이사장(문화재청 전문위원)

계곡과 급경사의 불리한 환경에서 우마차가 다닐 수 있는 운반로를 건립하는 데 필요한 공간을 마련할 수 있도록, 도로 축조 석축 기술을 이용하여 길고 높은 석축을 쌓고 길고 높은 운반로를 조성한 점이 돋보인다. 보성 오봉산 구들장 운반로에서 확인된 기술은 기초 부분에 대한 안정을 기하였고 석축을 층층이 들여쌓아 올린 모습이다. 특히 바위의 요철에 따라 자연스럽게 직선 도로를 형성하도록 수평의 각을 잡아주면서 각 단의 면을 수평으로 일정하도록 만든 점에서 그 정교한 치석은 당시 발달된 민간 석축 기술의 모습을 잘 보여주고 있다. 이처럼 정성을 기울여 안정되게 잘 쌓은 도로 축대의 예는 참으로 흔치 않다. 특히 오래전의 모습을 나름대로 현재까지도 잘 유지하고 있음 또한 그 가치가 크다 할 것이다.

이러한 여러 가지 상황을 고려하면 오봉산 구들장 채석지는 일제강점기 말 우리나라 근대화에서 현대사회로 이어주는 시기를 잘 보여주고 있어 시기적으로 가치가 있고, 자연 지형을 잘 이용한 도로의 축성 기술을 보여주고 있다. 특히, 길고 높으며 정교한 석축의 구축 방법을 보여주고 있어, 장인의 기술이 돋보이는 문화재적 가치가 높다고 판단된다.

서정호 성결대학교 교수(국제온돌학회 세계문화유산등재 위원장)

오봉산 구들장 채석지 또는 채석장과 운반로의 문화재 등록은 온돌문화가 세계문화유산으로 등재되도록 함에 지대한 영향이 있을 것으로 보고 적극 동의하지만 문화재 등록 중 유형문화재인지, 기념물일지 등의 타겟을 잘 설정하여 등록을 주진함이 좋을 것으로 사료되는 바, 향후 계속적으로 유적을 보다 깊이 조사하여 좁은 범위에서부터 넓은 범위에까지 단계적으로 문화재 등재가 되도록 추진 필요.

2) 의견 수렴

발전비전
미래유산이자 공동자산으로서 오봉산 구들장 채석지의
가치공유를 통한
지속해서 작동하는 국가근대문화유산 보전 육성체계구축
기본원칙
지역공동체
전통기술 · 문화
토지이용 · 경관
생태계서비스
다원적 활용
구들장 채석지 지원
공동체 육성지원
전통기술(노하우)
보존.육성
지역고유의
정체성.장소성 구현
환경친화적
전통기술의 육성
도.농교류
확대와 지원
영세.고령 세대의
판매활동 지원
지역 전통문화의
발굴.전승
자연적.역사적
경관 자원 보전
생태계서비스
모니터링 강화
국가근대문화유산
여행문화 지원

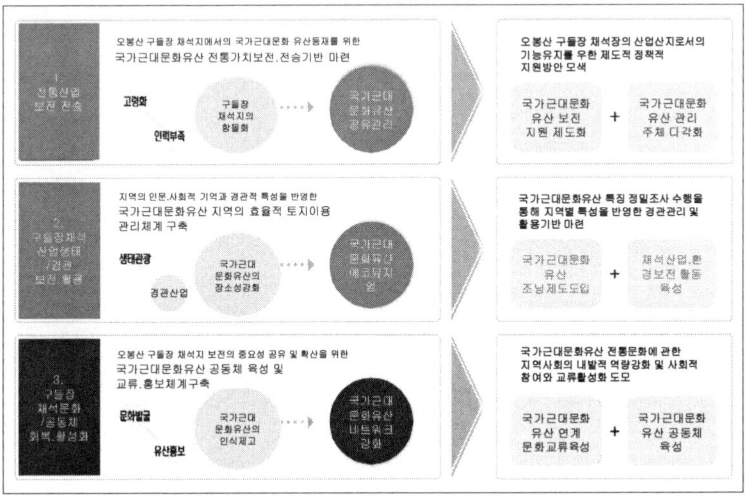
1.
전통산업
보전 전승
오봉산 구들장 채석지에서의 국가근대문화 유산등재를 위한
국가근대문화유산 전통가치보전.전승기반 마련
고령화
인력부족
구들장
채석지의
황폐화
국가근대
문화유산
공유관리
오봉산 구들장 채석장의 산업산지로서의
기능유지를 우한 제도적 정책적
지원방안 모색
국가근대문화
유산 보전
지원 제도화
+
국가근대문화
유산 관리
주체 다각화
2.
구들장채석
산업생태
/경관
보전.활용
지역의 인문.사회적 기억과 경관적 특성을 반영한
국가근대문화유산 지역의 효율적 토지이용
관리체계 구축
생태관광
경관산업
국가근대
문화유산의
장소성강화
국가근대
문화유산
에코뮤지
엄
국가근대문화유산 특징 정밀조사 수행을
통해 지역별 특성을 반영한 경관관리 및
활용기반 마련
국가근대문화
유산
조닝제도도입
+
채석산업.환
경보전 활동
육성
3.
구들장
채석문화
/공동체
회복.활성화
오봉산 구들장 채석지 보전의 중요성 공유 및 확산을 위한
국가근대문화유산 공동체 육성 및
교류.홍보체계구축
문화발굴
유산홍보
국가근대
문화유산의
인식제고
국가근대
문화유산
네트워크
강화
국가근대문화유산 전통문화에 관한
지역사회의 내발적 역량강화 및 사회적
참여와 교류활성화 도모
국가근대문화
유산 연계
문화교류육성
+
국가근대문화
유산 공동체
육성

부 록

1. 사진 자료
- 오봉산 구들장 채석지 사진 화보

오봉산 채석지 원경

오봉산과 해평저수지 원경

채석지 원경

채석지 원경

채석지 근경

채석지 근경

채석지 및 운반로 근경

채석지 근경

채석지 모습

채석지 운반로 전경

채석지 운반로 상세 모습

채석지 하부 계단식 석축 전경

기념 돌탑/정상부

기념 돌탑

오봉산 기념 돌탑과 해평 저수지 주변 전경

2. 도구 및 유물 조사 자료

유물조사표 - 2021. 8. 사단법인 국제온돌학회

<table>
<tr><th>일련
번호</th><th>용도</th><th>명칭</th><th colspan="3">특징</th></tr>
<tr><td rowspan="3">1</td><td rowspan="3">운반용</td><td>구루마
(우마차)</td><td colspan="3">돌의 채석 후 소를 이용하여 운반하기 위한 것으로 평소에는 농사용으로 사용하였으나 채석장에서는 돌을 운반하기 위해 사용했다. 돌을 운반할 때 완충을 위한 멍석이 깔려 있고 경사지를 안전하게 내려올 수 있도록 브레이크가 설치되어 있다.</td></tr>
<tr><td>사이즈(mm)</td><td>무게(kg)</td><td>재질</td><td>기증자</td></tr>
<tr><td>1350*3500</td><td>-</td><td>나무, 쇠, 고무</td><td>선OO</td></tr>
</table>

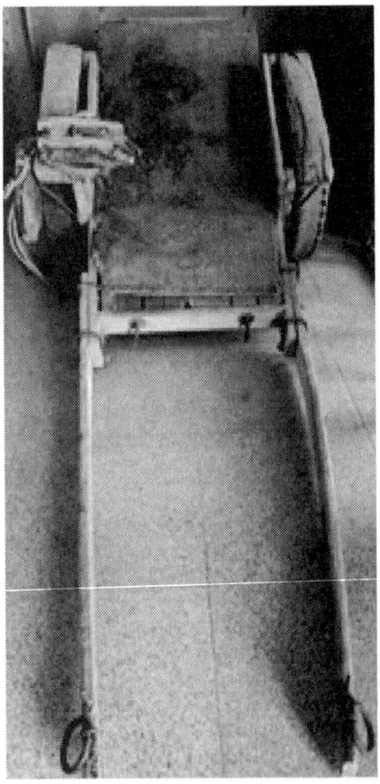

일련 번호	용도	명칭	특징		
2	운반용	구루마 멍석	채석 후 돌을 우마차에 실을 때 우마차의 바닥 면을 보호하고 운반 시 충격을 완화시키기 위해 짚으로 멍석을 만들어 설치하였다.		
		사이즈(mm)	무게(kg)	재질	기증자
		880*1900	-	짚	선○○

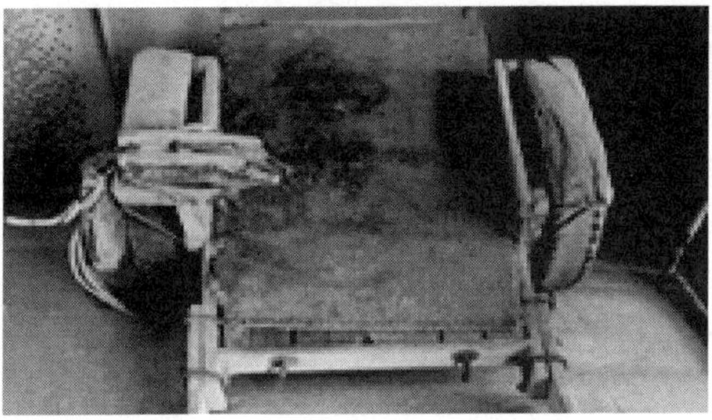

일련 번호	용도	명칭	특징		
3	운반용	멍에	소나 나귀 등의 목에 얹어 쟁기나 수레를 연결시켜 끌 수 있도록 만든 목제		
		사이즈(mm)	무게(kg)	재질	기증자
		200*350	-	나무, 쇠	이○○

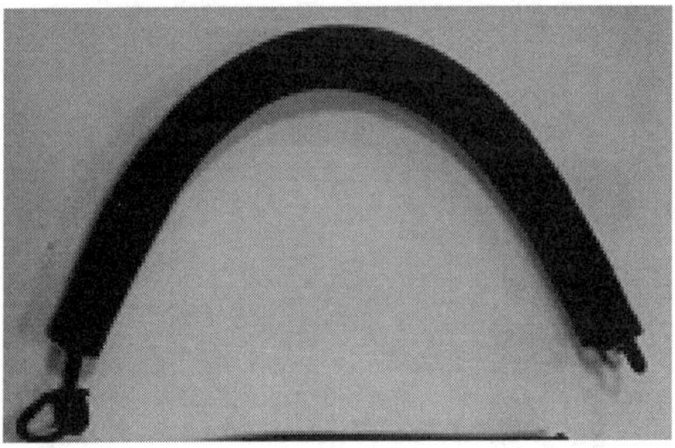

일련번호	용도	명칭	특징			
4	운반용	멍에	소나 나귀 등의 목에 얹어 쟁기나 수레를 연결시켜 끌 수 있도록 만든 목제			
		사이즈(mm)	무게(kg)	재질	기증자	
		700*2200	-	나무, 짚	선○○	

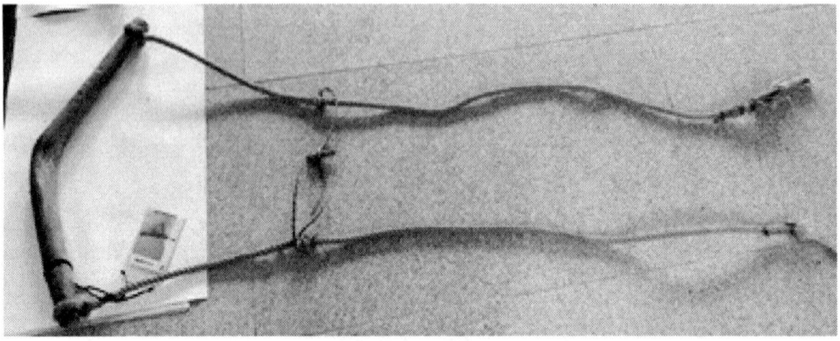

일련번호	용도	명칭	특징			
5	운반용	멍에	소나 나귀 등의 목에 얹어 쟁기나 수레를 연결시켜 끌 수 있도록 만든 목제			
		사이즈(mm)	무게(kg)	재질	기증자	
		700*2200	-	나무, 짚		

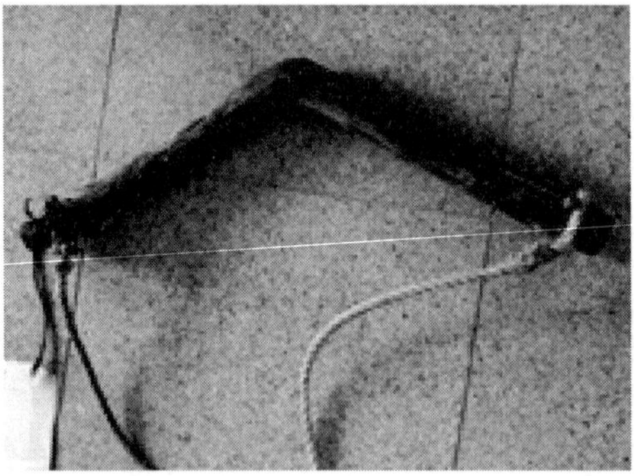

<table>
<tr><th>일련
번호</th><th>용도</th><th>명칭</th><th colspan="3">특징</th></tr>
<tr><td rowspan="3">6</td><td rowspan="3">운반용</td><td>멍에</td><td colspan="3">소나 나귀 등의 목에 얹어 쟁기나 수레를 연결시켜 끌 수 있도록 만든 목제 도구로 이 유물의 경우 소를 보호하기 위해 스펀지로 보호 장치를 만든 것이 특징이다.</td></tr>
<tr><td>사이즈(mm)</td><td>무게(kg)</td><td>재질</td><td>기증자</td></tr>
<tr><td>830*1200</td><td>-</td><td>나무, 쇠,
천, 스펀지</td><td>선○○</td></tr>
</table>

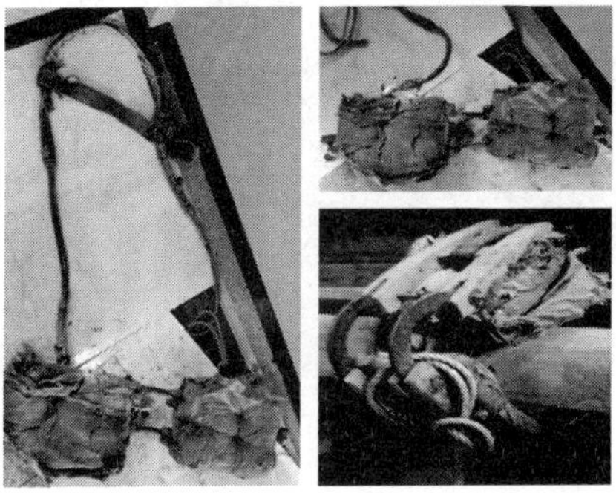

<table>
<tr><th>일련
번호</th><th>용도</th><th>명칭</th><th colspan="3">특징</th></tr>
<tr><td rowspan="3">7</td><td rowspan="3">운반용</td><td>멍에</td><td colspan="3">소나 나귀 등의 목에 얹어 쟁기나 수레를 연결시켜 끌 수 있도록 만든 목제</td></tr>
<tr><td>사이즈(mm)</td><td>무게(kg)</td><td>재질</td><td>기증자</td></tr>
<tr><td>700*400</td><td>-</td><td>나무</td><td>최○○</td></tr>
</table>

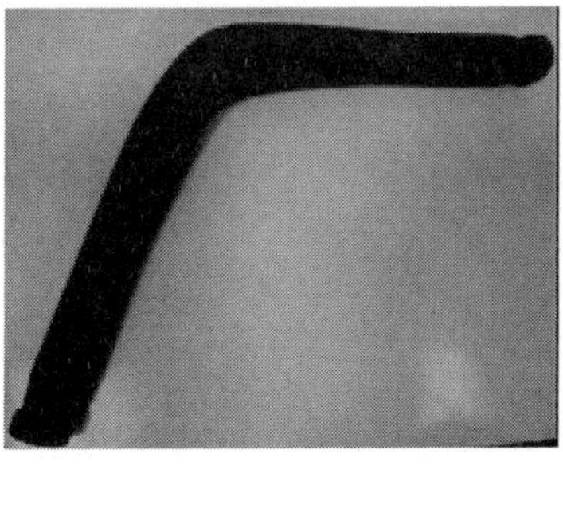

일련번호	용도	명칭	특징		
8	운반용	멍에	소나 나귀 등의 목에 얹어 쟁기나 수레를 연결시켜 끌 수 있도록 만든 목제		
		사이즈(mm)	무게(kg)	재질	기증자
		800*1000	3.52	쇠, 천, 나무	선○○

일련번호	용도	명칭	특징		
9	운반용	멍에	소나 나귀 등의 목에 얹어 쟁기나 수레를 연결시켜 끌 수 있도록 만든 목제		
		사이즈(mm)	무게(kg)	재질	기증자
		790*1300	1.79	나무, 쇠, 짚	선○○

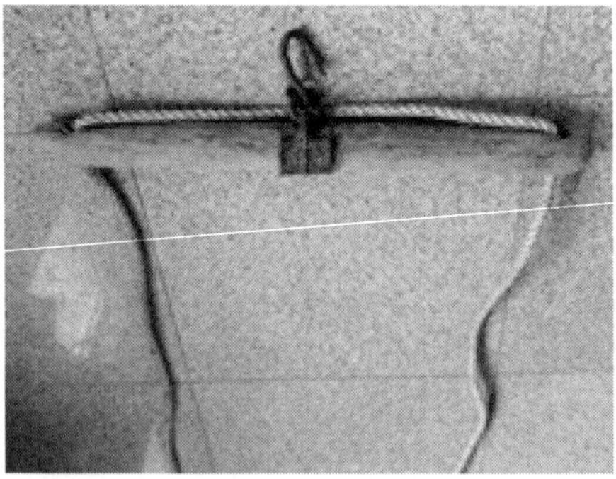

일련 번호	용도	명칭	특징		
10	운반용	멍에	소나 나귀 등의 목에 얹어 쟁기나 수레를 연결시켜 끌 수 있도록 만든 목제		
		사이즈(mm)	무게(kg)	재질	기증자
		350*180	0.31	나무, 쇠	양○○

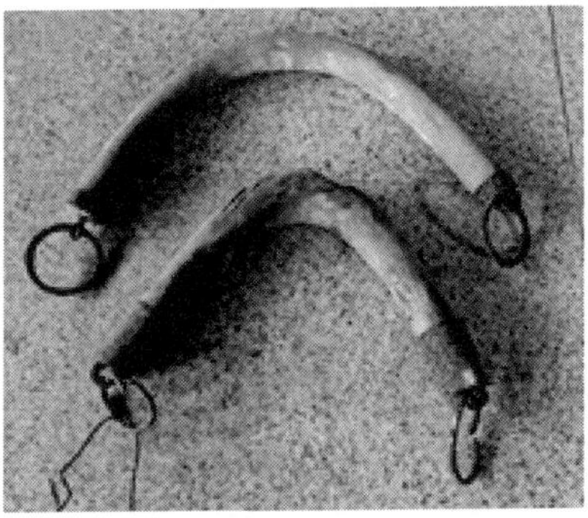

일련 번호	용도	명칭	특징		
11	운반용	멍에	소나 나귀 등의 목에 얹어 쟁기나 수레를 연결시켜 끌 수 있도록 만든 목제		
		사이즈(mm)	무게(kg)	재질	기증자
		270*180	0.29	나무, 쇠	양○○

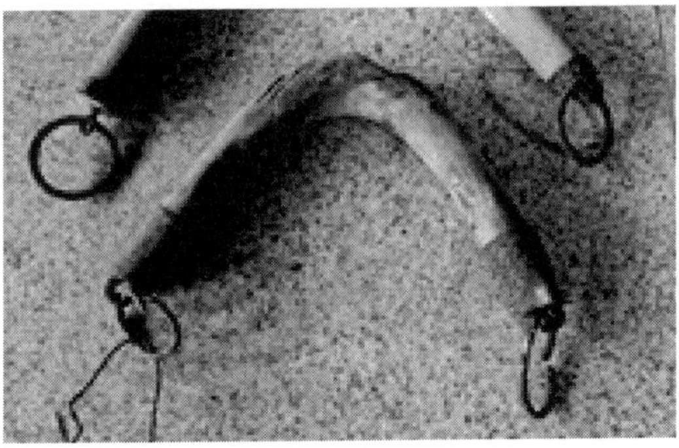

일련번호	용도	명칭	특징		
12	운반용	멍에	소나 나귀 등의 목에 얹어 쟁기나 수레를 연결시켜 끌 수 있도록 만든 목제		
		사이즈(mm)	무게(kg)	재질	기증자
		830*Φ70	0.29	나무, 짚	양○○

일련번호	용도	명칭	특징		
13	운반용	멍에	소나 나귀 등의 목에 얹어 쟁기나 수레를 연결시켜 끌 수 있도록 만든 목제		
		사이즈(mm)	무게(kg)	재질	기증자
		770*220	-	나무, 쇠	양○○

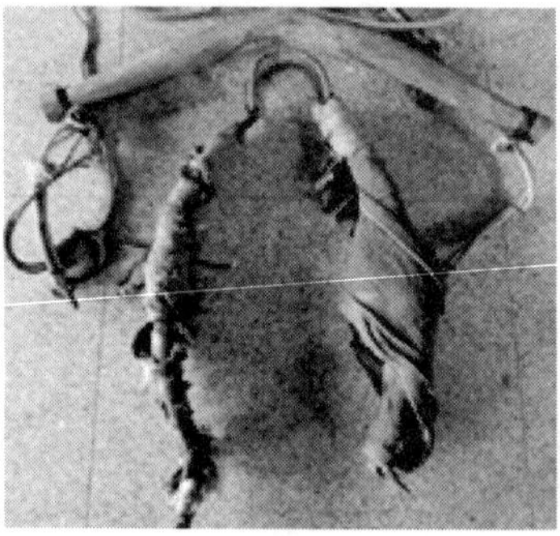

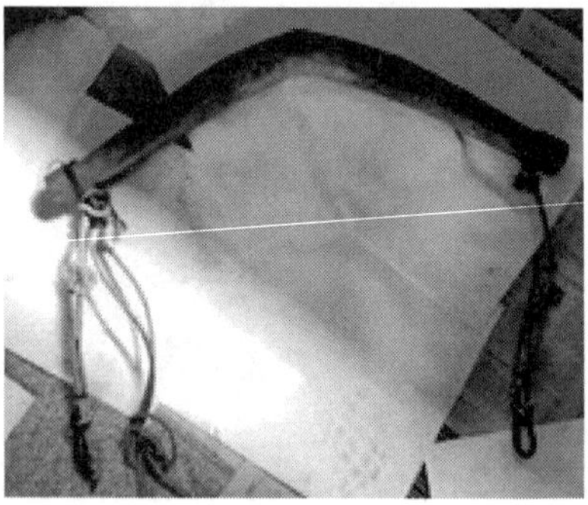

일련번호	용도	명칭	특징		
14	운반용	멍에	소나 나귀 등의 목에 얹어 쟁기나 수레를 연결시켜 끌 수 있도록 만든 목제		
		사이즈(mm)	무게(kg)	재질	기증자
		650*600	-	나무, 쇠, 천	양OO

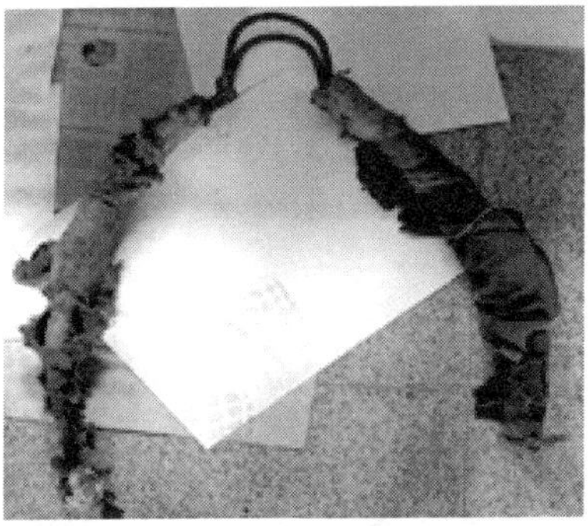

일련번호	용도	명칭	특징		
15	운반용	소굴레	말이나 소의 고삐에 걸쳐 얽은 줄. 가축을 제어하는 데 사용되는 도구		
		사이즈(mm)	무게(kg)	재질	기증자
		230*240Φ 60(종)	0.36	알미늄, 플라스틱, 쇠	양OO

<table>
<tr><th>일련
번호</th><th>용도</th><th>명칭</th><th colspan="3">특징</th></tr>
<tr><td rowspan="3">16</td><td rowspan="3">운반용</td><td>소굴레</td><td colspan="4">말이나 소의 고삐에 걸쳐 얽은 줄. 가축을 제어하는 데 사용되는 도구</td></tr>
<tr><td>사이즈(mm)</td><td>무게(kg)</td><td>재질</td><td>기증자</td></tr>
<tr><td>300*220Φ
60(종)</td><td>0.36</td><td>나무, 쇠</td><td>양○○</td></tr>
</table>

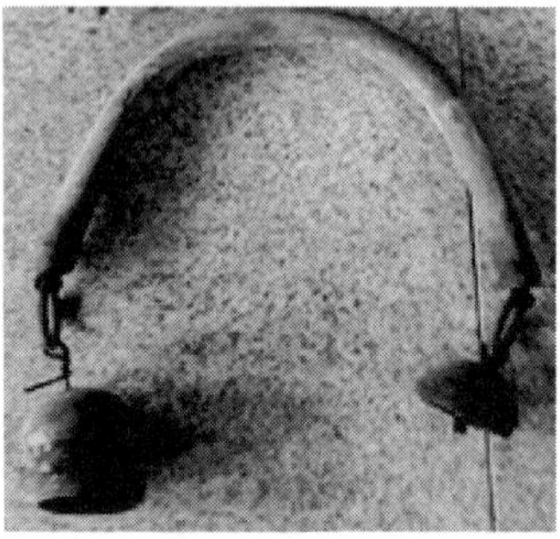

<table>
<tr><th>일련
번호</th><th>용도</th><th>명칭</th><th colspan="3">특징</th></tr>
<tr><td rowspan="3">17</td><td rowspan="3">운반용</td><td>종</td><td colspan="4">소굴레에 매달아 소의 움직임에 따라 소리가 나게 하였다.</td></tr>
<tr><td>사이즈(mm)</td><td>무게(kg)</td><td>재질</td><td>기증자</td></tr>
<tr><td>-</td><td>-</td><td>주물</td><td>-</td></tr>
</table>

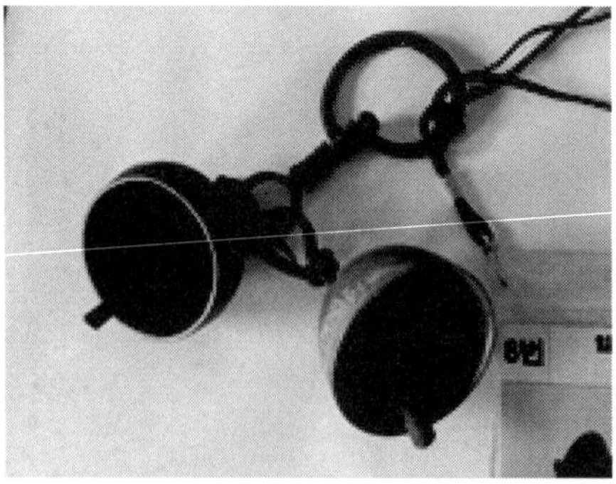

일련 번호	용도	명칭	특징		
18	운반용	소 코뚜레	소의 코청을 꿰뚫어 끼는 나무 고리. 좀 자란 송아지 때부터 고삐를 매는 데 쓴다. 나무로 만든 것이 많으나 후에는 쇠로도 만들었던 것으로 보인다.		
		사이즈(mm)	무게(kg)	재질	기증자
		①230*240 ②230*260 ③250*210 ④220*240	-	①나무 ②나무 ③나무 ④쇠	이○○

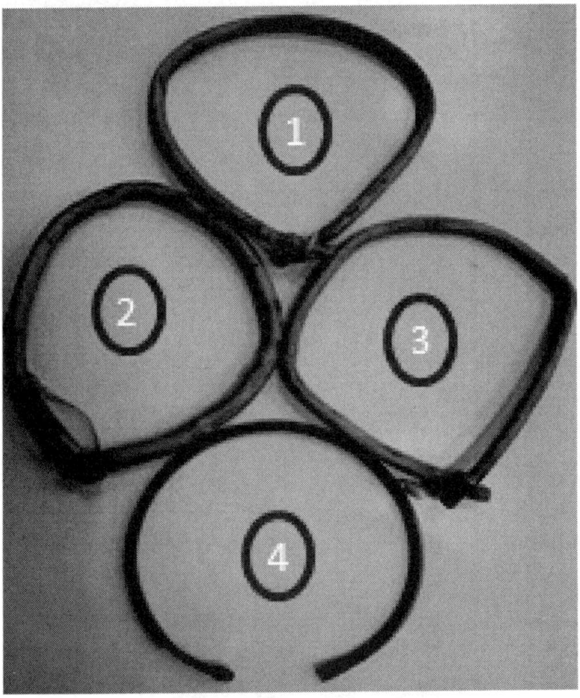

일련번호	용도	명칭	특징		
19	운반용	소짚신	소의 발에 짚으로 엮어 신겼던 짚신으로 돌이 많은 해당 지역에서 소의 발을 보호하기 위해 사용했다.		
		사이즈(mm)	무게(kg)	재질	기증자
		-	-	짚	-

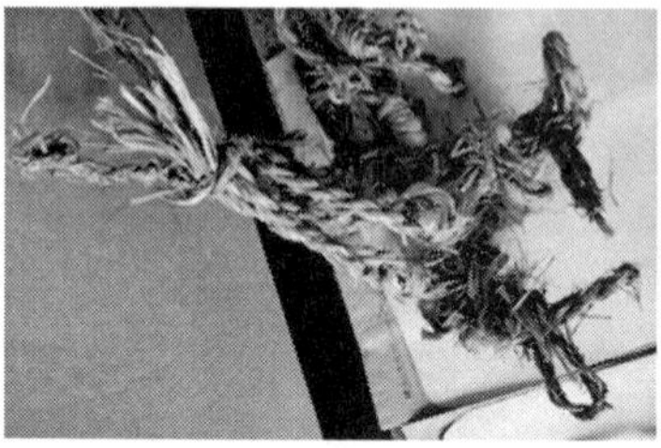

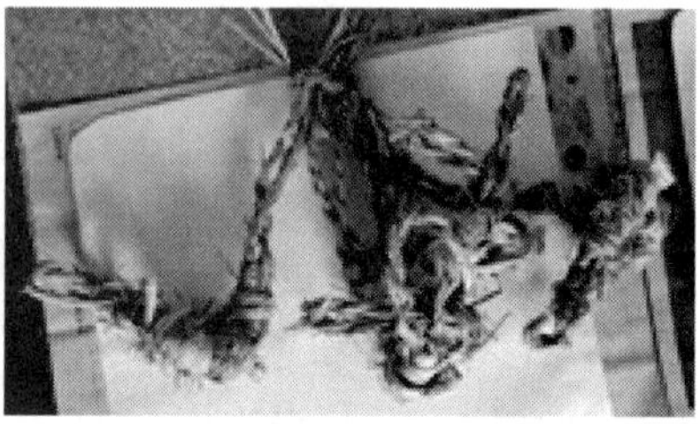

일련번호	용도	명칭	특징		
20	운반용	정	돌에 구멍을 뚫거나 돌을 쪼아서 다듬는, 쇠로 만든 연장. 원뿔형이나 사각형으로 끝이 뾰족하다. 여러 가지 사이즈가 있다.		
		사이즈(mm)	무게(kg)	재질	기증자
		①30*280 ②35*285 ③30*210 ④30*230	-	쇠	이○○

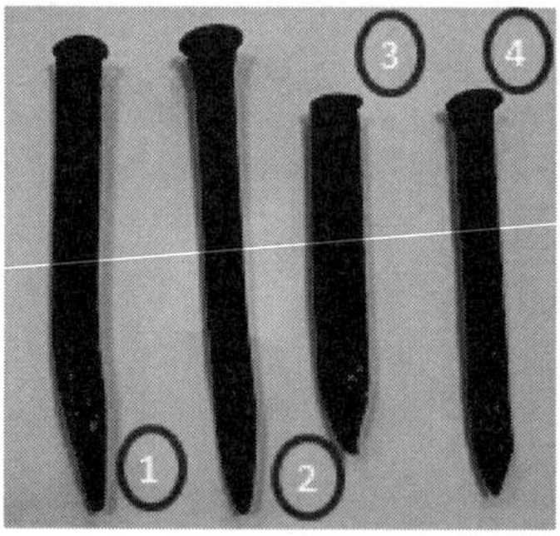

일련 번호	용도	명칭	특징		
21	채석용	망치 (소형 망치)	단단한 물건이나 불에 달군 쇠를 두드리는 데 쓰는, 쇠로 만든 연장. 돌을 채석할 때 정의 머리를 때려 돌을 쪼개는 데 사용되었다.		
		사이즈(mm)	무게(kg)	재질	기증자
		300*100 *Φ45	-	철, 나무	이○○

일련번호	용도	명칭	특징		
22	채석용	망치 (소형 망치)	단단한 물건이나 불에 달군 쇠를 두드리는 데 쓰는, 쇠로 만든 연장. 돌을 채석할 때 정의 머리를 때려 돌을 쪼개는 데 사용되었다.		
		사이즈(mm)	무게(kg)	재질	기증자
		170*300	-	철, 나무	임OO

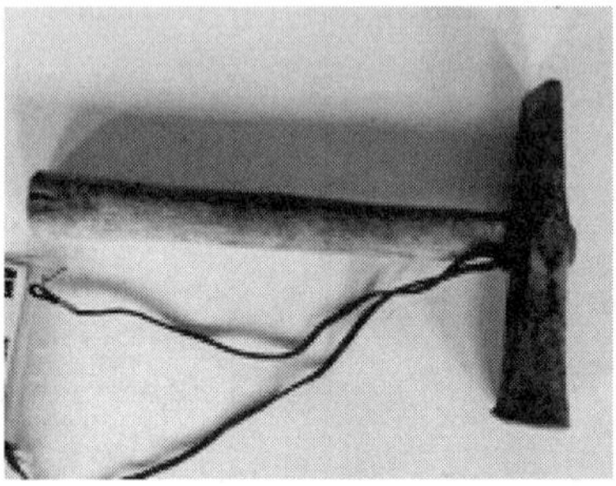
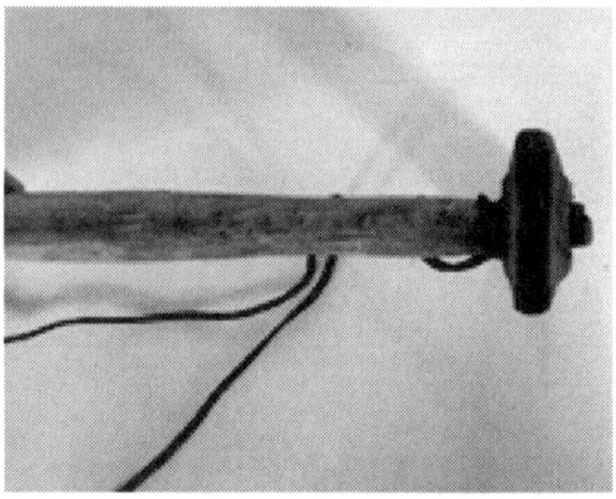

일련번호	용도	명칭	특징		
23	채석용	오함마 (대형 망치) 일본어: 大ハンマー	기다란 손잡이 끝에 금속 덩어리가 달린 도구이다. 보통 망치보다 더 큰 힘을 가할 수 있으며, 그 면적 전체에 힘을 분산 전달한다. 한 점에 힘을 집중 전달하는 한손 망치와는 설계와 용도가 전혀 다르다. 채석 시 큰 사이즈의 바위에 정을 박아 넣을 때 사용되었다.		
		사이즈(mm)	무게(kg)	재질	기증자
		170*300	-	철, 나무	임OO

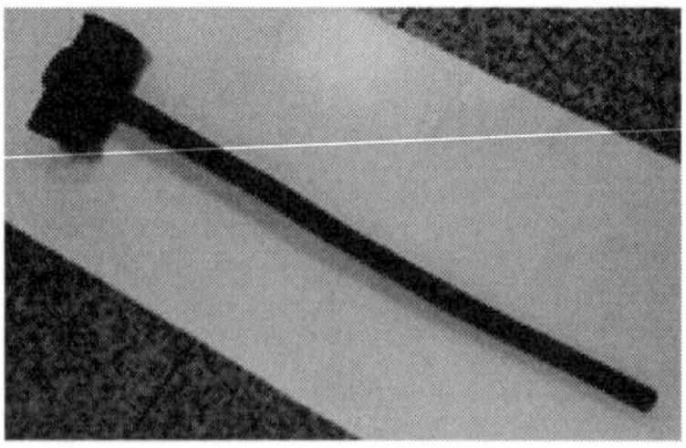

일련번호	용도	명칭	특징		
24	채석용	데꼬	쇠로 만들어진 막대로 길이가 약 1미터(좌우)이며 무거운 물건을 들어올리는 지렛대 역할을 하는 도구이다. 채석장에서는 쪼개어진 돌을 들어올릴 때 사용하였다.		
		사이즈(mm)	무게(kg)	재질	기증자
		149	-	철	이○○

일련번호	용도	명칭	특징		
25	기타 농작용	틀	-		
		사이즈(mm)	무게(kg)	재질	기증자
		-	-	나무	-

일련 번호	용도	명칭	특징		
26	기타 농작용	쟁기	소나 말, 기계 등의 힘을 이용해 논밭을 가는 데 사용하는 농기구로, 땅을 갈아엎어 잡초를 제거하고 토양을 다공성으로 만든다.		
		사이즈(mm)	무게(kg)	재질	기증자
		1150*1800	-	나무, 쇠	선○○

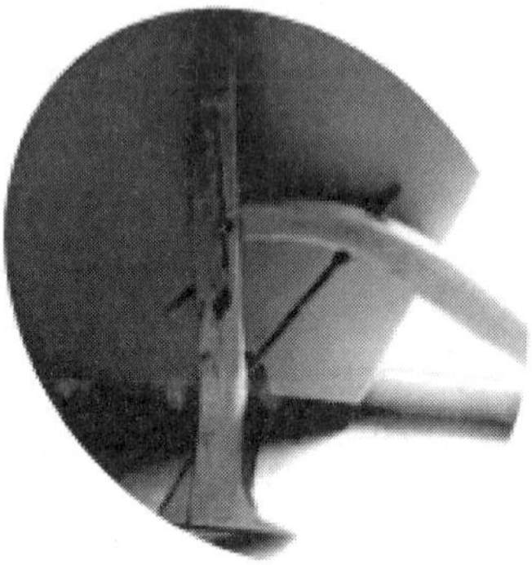

일련 번호	용도	명칭	특징		
27	기타 농작용	쟁기	소나 말, 기계 등의 힘을 이용해 논밭을 가는 데 사용하는 농기구로, 땅을 갈아엎어 잡초를 제거하고 토양을 다공성으로 만든다.		
		사이즈(mm)	무게(kg)	재질	기증자
		2000*1200	-	나무, 쇠	양○○

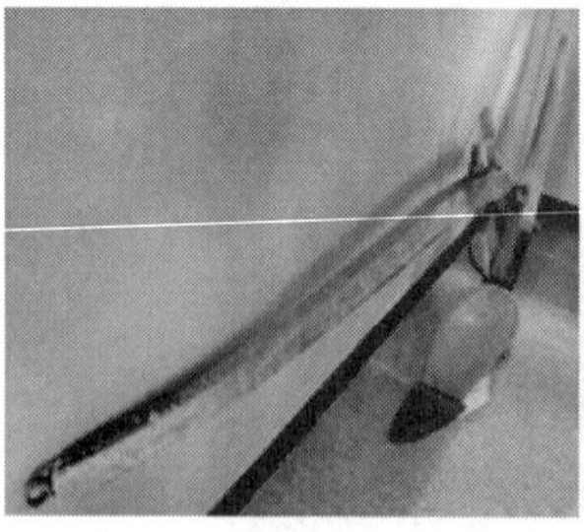

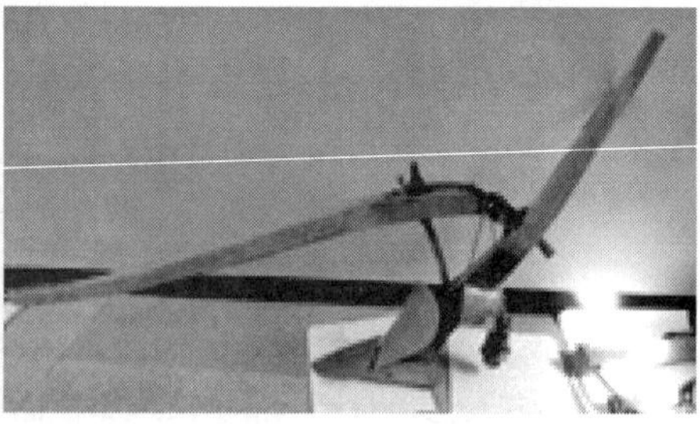

일련 번호	용도	명칭	특징		
28	기타 농작용	쟁기	소나 말, 기계 등의 힘을 이용해 논밭을 가는 데 사용하는 농기구로, 땅을 갈아엎어 잡초를 제거하고 토양을 다공성으로 만든다.		
		사이즈(mm)	무게(kg)	재질	기증자
		1300*1850	-	나무	-

일련 번호	용도	명칭	특징		
29	기타 농작용	지게	짐을 얹어 사람이 지고 다니게 만든 기구. 한국의 대표적인 운반 기구 중 하나.		
		사이즈(mm)	무게(kg)	재질	기증자
		1240*550	4.7	나무, 천	선○○

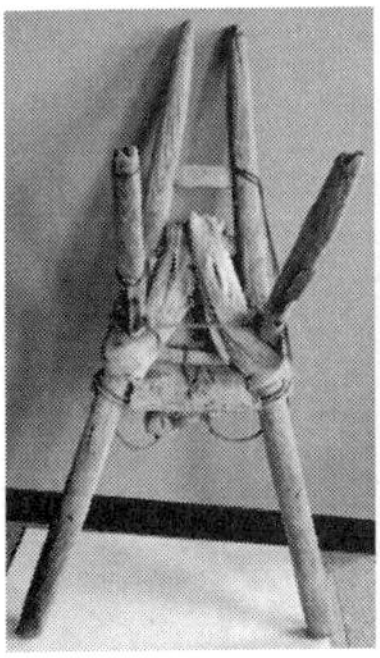

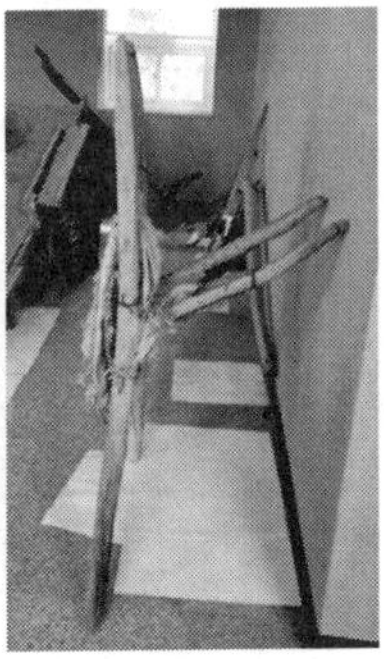

일련번호	용도	명칭	특징		
30	기타 농작용	○○○	-		
		사이즈(mm)	무게(kg)	재질	기증자
		600*285	-	나무, 쇠	-

일련번호	용도	명칭	특징		
31	기타 농작용	○○○	-		
		사이즈(mm)	무게(kg)	재질	기증자
		600*285	-	나무	-

일련번호	용도	명칭	특징		
32	기타 농작용	절구공이	곡식을 빻거나 찧는 데 쓰는 나무. 찧을 곡식을 나무나 돌의 속을 절구에 넣고 나무나 돌 막대기 등으로 찧어서 가루를 내는데 이때 사용하는 나무나 돌 막대기.		
		사이즈(mm)	무게(kg)	재질	기증자
		900*100	-	나무	-

3.인터뷰 녹취 자료
- 보성 오봉산 구들장 사람들

인터뷰 녹취록 - 2021.7 사단법인 국제온돌학회

1) 인터뷰 목록 및 개요

구분	이름	지역	1930'						1940'										1950'										1960'										1970'										1980'															
		나이(현재)	35	36	37	38	39	40	41	42	43	44	45	46	47	48	49	50	51	52	53	54	55	56	57	58	59	60	61	62	63	64	65	66	67	68	69	70	71	72	73	74	75	76	77	78	79	80	81	82	83	84	85	86	87	88	89	90	'16	'17	'18	'19	'20	'21
직접경험자	오OO	해평기남																																					아버님 희신시간																									
		63																								출생	2	3	4	5	6	7	8	9	10	11	12	13	14	15	16	17	18	19	20	21	22	23	24	25	26	27	28	29	30	31	32	58	59	60	61	62	63
	이OO	해평기남																																																												
		82						출생	2	3	4	5	6	7	8	9	10	11	12	13	14	15	16	17	18	19	20	21	22	23	24	25	26	27	28	29	30	31	32	33	34	35	36	37	38	39	40	41	42	43	44	45	46	47	48	49	50	51	77	78	79	80	81	82
	정OO	도촌																																																											
		87	출생	2	3	4	5	6	7	8	9	10	11	12	13	14	15	16	17	18	19	20	21	22	23	24	25	26	27	28	29	30	31	32	33	34	35	36	37	38	39	40	41	42	43	44	45	46	47	48	49	50	51	52	53	54	55	56	82	83	84	85	86	87
	이OO	도촌																																																											
		72															출생	2	3	4	5	6	7	8	9	10	11	12	13	14	15	16	17	18	19	20	21	22	23	24	25	26	27	28	29	30	31	32	33	34	35	36	37	38	39	40	41	67	68	69	70	71	72
	임OO	도촌																																																											
		86		출생	2	3	4	5	6	7	8	9	10	11	12	13	14	15	16	17	18	19	20	21	22	23	24	25	26	27	28	29	30	31	32	33	34	35	36	37	38	39	40	41	42	43	44	45	46	47	48	49	50	51	52	53	54	55	81	82	83	84	85	86
	임OO	도촌																																																											
		76												출생	2	3	4	5	6	7	8	9	10	11	12	13	14	15	16	17	18	19	20	21	22	23	24	25	26	27	28	29	30	31	32	33	34	35	36	37	38	39	40	41	42	43	44	45	71	72	73	74	75	76
	양OO	도촌																																																											
		80								출생	2	3	4	5	6	7	8	9	10	11	12	13	14	15	16	17	18	19	20	21	22	23	24	25	26	27	28	29	30	31	32	33	34	35	36	37	38	39	40	41	42	43	44	45	46	47	48	49	75	76	77	78	79	80
	황OO	도촌																																																											
		85			출생	2	3	4	5	6	7	8	9	10	11	12	13	14	15	16	17	18	19	20	21	22	23	24	25	26	27	28	29	30	31	32	33	34	35	36	37	38	39	40	41	42	43	44	45	46	47	48	49	50	51	52	53	54	80	81	82	83	84	85
	이OO	보성																																																											
		73														출생	2	3	4	5	6	7	8	9	10	11	12	13	14	15	16	17	18	19	20	21	22	23	24	25	26	27	28	29	30	31	32	33	34	35	36	37	38	39	40	41	42	68	69	70	71	72	73
	전OO	오봉																아버님 희신시간																																												
		74													출생	2	3	4	5	6	7	8	9	10	11	12	13	14	15	16	17	18	19	20	21	22	23	24	25	26	27	28	29	30	31	32	33	34	35	36	37	38	39	40	41	42	43	69	70	71	72	73	74
	이OO	오봉																																																											
		80								출생	2	3	4	5	6	7	8	9	10	11	12	13	14	15	16	17	18	19	20	21	22	23	24	25	26	27	28	29	30	31	32	33	34	35	36	37	38	39	40	41	42	43	44	45	46	47	48	49	75	76	77	78	79	80
	한OO	월평																																																											
		77											출생	2	3	4	5	6	7	8	9	10	11	12	13	14	15	16	17	18	19	20	21	22	23	24	25	26	27	28	29	30	31	32	33	34	35	36	37	38	39	40	41	42	43	44	45	46	72	73	74	75	76	77
	박OO	기남																																																											
		80								출생	2	3	4	5	6	7	8	9	10	11	12	13	14	15	16	17	18	19	20	21	22	23	24	25	26	27	28	29	30	31	32	33	34	35	36	37	38	39	40	41	42	43	44	45	46	47	48	49	75	76	77	78	79	80
	위OO	월평																																																											
		84				출생	2	3	4	5	6	7	8	9	10	11	12	13	14	15	16	17	18	19	20	21	22	23	24	25	26	27	28	29	30	31	32	33	34	35	36	37	38	39	40	41	42	43	44	45	46	47	48	49	50	51	52	53	79	80	81	82	83	84
간접경험자	김OO	해평기남																													아버님(김OO)하신시기																															
		58																													출생	2	3	4	5	6	7	8	9	10	11	12	13	14	15	16	17	18	19	20	21	22	23	24	25	26	27	53	54	55	56	57	58
	윤OO	오봉																																																											
		59																												출생	2	3	4	5	6	7	8	9	10	11	12	13	14	15	16	17	18	19	20	21	22	23	24	25	26	27	28	54	55	56	57	58	59
	이OO	도촌				출생	2	3	4	5	6	7	8	9	아버님(이OO)하신시기																																														
		52																																		1	2	3	4	5	6	7	8	9	10	11	12	13	14	15	16	17	18	19	20	21	47	48	49	50	51	52
	임OO	도촌																														아버님하신시기																														
		67																				출생	2	3	4	5	6	7	8	9	10	11	12	13	14	15	16	17	18	19	20	21	22	23	24	25	26	27	28	29	30	31	32	33	34	35	36	62	63	64	65	66	67

2) 인터뷰 질문지

[인터뷰 질문지]-일반
ㅇ연세는?
ㅇ언제부터 득량에 살았는지?
ㅇ과거 오봉산에서 구들장 채취했다는 거 아시는지?
ㅇ구들장 채취 등에 직접 참여하셨는지? 참여하셨다면 어떤 분야?
ㅇ언제부터 구들장 일을 시작했는지? 얼마나 하셨는지?
-구들장 일을 하실 당시 나이는?
-그만두고 난 뒤 하신 일은?
-가족 중에 함께 했던 사람은?
-하루 몇 시부터 일과를 시작했나요? 몇 시까지?
-채석 당시 하루 일과를 말씀해 주세요
ㅇ구들장을 많이 채취할 때는 하루 생산량이 어느 정도 되었나?
ㅇ한곳에서 구들장 채석한 기간이 얼마나 되었는지?
-한곳에 투입된 인원은?(하루)
ㅇ채석 사업에 참여하지 않은 마을 가구도 있었는가?
-비율은 얼마나 되는가?
-그들의 생업은 무엇이었는가?
ㅇ오봉산 구들장이 왜 좋은 구들장인지? 좋은 구들장의 기준은?
-당시 구들장 한 장의 가격을 기억하시는가?
ㅇ일반적인 구들장 크기는?
-상품과 하품의 차이는? 크기? 두께? 평활한 정도?
ㅇ구들장 채취에 참여한 분들은 주로 어느 마을 분들인지?
-성업 중이던 시기에 외지에서 채석으로 돈을 벌려는 사람들이 유입되었는가?
-있었다면 몇 명 정도?
-주로 어느 지역에서 왔는가?
-그들과의 다툼은 없었는가?
ㅇ구들장 채취 장소(채굴장) 아시는지? 현존하는 곳이 있는지?
-당시 채석장은 누구의 소유였는가?
-채석 허가 과정은?
ㅇ구들장 만드는 과정을 공정별로 정리
-채취 과정, 다듬는 과정, 운반 과정, 타 지역으로 운반 과정 등
-작업은 몇 명 정도 함께 하였는가?
ㅇ작업하고 받은 일당은 얼마였는지? 어떤 기준으로 받았는지?
-공동 작업이었는가? 역할(채취, 운반, 상하차 등)에 따라 따로 돈을 받았는가?
-이익에 대해 어떻게 분배를 했는가?
-어떤 역할이 가장 돈을 많이 받았는가?
-당시 채석으로 받은 수익을 농사 수익과 비교한다면?
ㅇ여성들도 참여를 했었나? 있었다면 주로 어떠한 역할을 했나?

ㅇ우마차 길(돌 석축길) 만드는 과정
-석축을 쌓는 일도 별도로 돈을 받고 작업을 한 것인가?
-석축을 쌓는 별도의 기술자가 있었는가?
ㅇ우마차는 어떤 형태였는지?
-돌 운반을 위해 일부러 만든 것인가? 원래 농사용으로 사용하던 것인가?
ㅇ우마차에 실을 수 있는 양은?
-우마차의 하루 왕복 횟수는? 1회 왕복 평균 소요 시간은 어떻게 되나?
-우마차는 누구의 소유였는가?
-우마차 대신 사용한 운반 도구가 있었는가? 소 외의 다른 짐승이나 손수레 같은 것을 사용했나?
-당시 소 한 마리의 가치는?
ㅇ소 짚신 신게 한 이유 및 소 짚신에 대해서
-농사용 소와 채석에 사용하던 소는 어떻게 달랐는가?
ㅇ구들장이 타 지역 어디로 많이 판매되었는지?
-가장 멀리 어디까지 팔려갔다고 들었는가?
ㅇ사고가 많이 났을 것 같은데, 빈도가 어느 정도 됐는지?
-어떤 작업에서 가장 사고가 많이 났었는가?
-대형 사고(사망 사고)도 있었는가?
ㅇ구들장 뜨는 기구는 어떤 것이 있는지?
-정, 지렛대, 갯놈(큰 망치), 작은 망치(다듬을 때), 함마
-개인의 안전 보호 장비 같은 것은 어떤 것을 사용했나?(장갑, 신발, 모자 등)
ㅇ구들장으로 지어진 현존하는 집은?
ㅇ구들장 채취 사업이 사라진 이유? 사라진 시기?
-혹시 구들장 돌이 고갈되었나?
-채취 사업이 사라진 후 생계는 무엇으로 유지하였나?
-성업 중이던 시기와 이후의 인구의 증감은?
-채석이 중단된 후 오봉산에 대한 조치가 있었는가?(조림 등)
-있었다면 누구의 주도로 했는가?
ㅇ산 위에서의 점식 식사는 어떻게 해결하였는가?
ㅇ사진 자료 등이 있는지?
ㅇ당시 사용하던 도구 등이 있는지?
ㅇ기억나는 사건이나 일화가 있으신지?

[인터뷰 질문지]-통운
ㅇ연세는?
ㅇ당시 어디에 사셨는지요?
ㅇ과거 오봉산에서 구들장 채취했다는 거 아시는지?
ㅇ구들장 채취 등에 직접 참여하셨는지? 하셨다면 어떤 분야?
ㅇ언제부터 관련된 일을 시작했는지? 얼마나 하셨는지?
-당시 하루 일과를 말씀해 주세요

-당시 통운과 관련된 조직은?
-통운회사의 규모와 특징은?
-득량에 통운과 관련한 업무를 하는 사람은 몇 명이나?
-기억나는 동료가 있다면 누구?
○구들장이 하루 운반된 양을 알수 있나?
-운송량을 가늠해 볼 수 있는 기준은 무엇인가?
-증거가 될 만한 자료를 갖고 있는가?
-증거가 될 만한 자료를 찾을 수 있는 곳은?
○운송과정을 설명해 주십시오
-운송 과정 중에 투입된 인원은?(하루)
-운송 과정 중에 투입된 인원의 역할 분담은?
-주로 어떤 분들이 운송 과정에서 일을 하였는가?
○구들장이 타 지역 어디로 많이 판매되었는지?
-외지로 팔려나가는 과정을 아시는 대로 서술
-누가 주로 사갔는가?
-가장 멀리 어디까지 팔려갔다고 들었는가?
-판매량을 가늠할 수 있는 방법은?
○오봉산 구들장이 왜 좋다고 들었는가?
-통운 과정에서 구들장의 품질에 대한 평가를 하는가?
-하였다면 어떤 방법으로 하였는가?
○구들장 채석장에 대한 기억이나 참관한 적이 있는가?
-채석 과정에 관여했던 적이 있는가?
○오봉산 구들장이 사양길에 들어선 시기와 이유를 기억하시는지?
○사진 자료 등이 있는지?
○당시 사용하던 도구 등이 있는지?
○기억나는 사건이나 일화가 있으신지?

■ 녹취 일자: 2021년 4월 2일 13:30
■ 녹취 장소: 보성군수실
■ 참석자: 김○○ 군수, 문화재계장, 홍보계장

군수: 나에게 구들장 사업에 대한 인터뷰를 하겠다면, 객관적인 이야기를 조금 해줄게요. 언제까지 구들장 사업을 했는가? 제 기억으로는 제가 중학교 2학년 때 사업이 딱 끝난 것 같아요.

계장: 군수님이 중2셨을 때면?

군수: 1978년도나 1979년도쯤.

계장: 그리고 이제 군수님의 아버님께서 구들장 사업을 시작하신 건 대략 언제쯤인가요?

군수: 아버지가 옛날부터 구들장 사업을 크게 하시긴 했는데, 언제부터 시작했는지까지는 내가 잘 모르겠어요. 확실한 건, 그때 내가 철들었을 무렵부터는 구들장 사업이 사양길로 접어들고 있었어요.

계장: 네, 그럼 군수님과 아버님 연세 차이는 몇 살 정도인가요?

군수: 아버지 연세가 어떻게 되었다냐... 지금 98세나 96세 현재 그렇겠는데.

계장: 아버님께서 지금 98세시면 군수님하고는 한 30세 정도 차이가 나시니, 그때 군수님 나이가 15세 정도니까 그 전에 이미 일하고 계셨겠네요.

군수: 그러니까, 아마 내가 태어나기 전부터 아버지가 구들장 일을 했던 것 같아요. 이걸 구들장 산업이라고 표현하자면, 어른들 말을 들어보면 내가 태어나기 한 10년 전, 그때가 한창 구들장 산업이 잘될 때였어요.

계장: 그럼 군수님이 64년생이시니까, 54년도 정도에 구들장 산업이 번성했다는 거죠?

군수: 네, 내가 듣기로는 그래요. 그리고 내가 태어난 뒤에, 내가 한 다섯에서 여섯 살 되었을 쯤 언제라고는 모르겠지만 연탄 보일러가 처음 등장하고 사양길로 접어들기 시작한 것 같아요.

군수: 내가 한 열다섯 살, 여섯 살쯤에는 완전히 사양길로 접어들었고, 조금씩 조금씩 이제.. 연탄 보일러가 아마, 그 자리를 차지한 것 같아요

계장: 그러면 70여 년 정도에나 그때부터 (구들장 사업이) 점점 없어지기 시작했다고 보면 되겠네요. 다른 분들도 보통 70년 정도에, 80년 조금 지나서도 했다고는 하는데 그건 사업이라기보다는 거의 소소하게 했던..

계장: 그럼 1970년 정도 들어서 (구들장 사업이) 점점 축소되기 시작했다고 보면 되겠네요. 다른 분들도 보통 구들장 사업이 진행된 게 70년 정도까지였다고 하셨고. 간혹 80년 조금 지나서도 사업하는 현장이 있었다고는 하는데, 그건 사업이라고 할 정도로 거창하지는 않고 그냥 소소하게?

군수: 80년대 지나서까지 구들장 사업을 한 현장은 도촌리에 있는 이○○ 씨 석산밖에 없을걸?

계장: 거기가 가장 오래 구들장 산업을 했던 곳인가 봐요. 다른 분들 인터뷰 내용을 들어보면, 어디가 처음 구들장 사업을 시작했고 또 어디가 중간쯤 참여했고 이런 흐름이 대략적으로 나오더라고요. 대체적으로 지금 현재 단독 주택 그쪽에서 먼저 시작을 했다고들 하시는데, 어디가 제일 나중까지 했다, 이런 정보는 별로 없는 것 같고, 그냥 한쪽

사업이 잘되다 보니까 자기 구들장 산지가 있는 곳에서는 다 했다는 게 일반적인 이야기인 것 같아요. 그리고 군수님 같은 경우에는, 군수님이 직접 구들장 채취를 하신 건 아니고 군수님의 아버님께서 사업하시는 걸 옆에서 보시며 간접 체험을 하신 거지요?

군수: 그렇죠. 학교 가는 날에는 못 따라 갔지만, 그래도 어릴 때 아버지 쫓아다니고 그랬으니까. 내 기억에 아버지가 무당을 자주 불렀어요. 보통 구들장 채취 현장이 있으면 그쪽에 산에서 주어진 도로가 있을 거 아니에요? 그럼 보시다시피 바위 위에 길을 낸다든지 해서 주 도로에서 구들장 현장을 따라 간선 도로로 길을 내요. 그런데 그 길 내는 작업 자체가 위험하기도 하고, 산도 또 명산이란 말이요. 향토적으로 표현하자면 그런 산에 길을 내는 건 산을 깨는 일이라. 그러니까 산신을 달래고 안전을 기원하는 차원에서 무당을 모셔다 제를 지내는데, 내가 그런 현장에 막걸리를 들고 따라다니고 했던 기억이 있는 거죠. 그래서 나는 길들을 기억하죠, 여기저기 길들을.

계장: 그 길이 지금 어찌보면 채석지나 운반로와 연결이 되는 거라고 생각하는데.

군수: 그렇지요. 초등학교 한 3~5학년 정도 때는 주말이면, 이때까지는 어쩌다가 한 번씩은 주말에 특별한 일 없으면 아버지가 산에 계시고 하니까 산에 놀러 올라가고, 그래서 어느 산 계곡에는 구지뽕이 많고 어느 산 계곡에는 잼피나무가 많고 어느 산 계곡에는 다래나무가 많고 하는 것을 제가 알죠.

계장: 그럼 현존하는 채석지는 어디어디가 있나요?

군수: 지금 우리가 문화유산 등록을 하려고 하는 단독주택 뒤편 코스가 일단 하나고, 또 단독 가옥 좌우측으로 현장이 두 군데 있어요. 거기 가서 보면 길도 두 군데가 나있잖아요? 그다음에, 저 반대편으로 칼바위 옆쪽, 우리가 이제 막 도로 내려고 하는 데.

계장: 칼바위 쪽으로 올라가다 보면 왼쪽, 그 인근이요.

군수: 그렇죠. 그리고 칼바위도 또 현장 중 하나고. 그 다음으로 용추골, 용추골 좌측, 용추골 건너편에 있는 편백나무 숲. 옹골이라는 기남마을 입구에도 채석장이 하나 있었고, 포새미라고 하는 도촌 석산 있잖아요? 그 바로 옆에도 현장이 하나 있었어요. 현재의 도촌 석산도 그때 현장이었고, 도촌 안에는 정○○ 씨가 사업했던 석산이 하나 있었고, 또 그 안에 이○○ 씨라고 어제 오셨던 그분의 형님이 하셨던 현장도 있고. 거기서 반대로 돌면 비봉 안골 석산이 있었죠.

계장: 그때 당시 채석지별로 사업을 하셨던 분들 혹시 기억나시는 대로 알려주시겠어요?

군수: 그러니까 옹골은 김○○ 씨라는 양반이 (구들장 사업을) 했어. 장흥 양반이라 그랬거든.

계장: 아, (그분은) 그 동네에 안 사셨어요?

군수: (살기는) 그 동네에 사셨지, 월평에.

계장: 그리고 단독 가옥 뒤쪽(구들장 채석 현장)은 누가 하셨을까요?

군수: 한○○ 씨인가..? 아니 거긴 한○○ 씨가 아니라 뭔 송○○인가 뭔가 하는 사람이 하다가 이사를 갔어요, 벌교에서 슈퍼를 하다가 부영슈퍼인가? 시장통 옆에 있는 슈퍼를 하다가 이사를 갔는데 그 분 찾을 수 있으면 찾을 수 있을 거예요. 한○○! 한○○ 씨! 그 양반도 장흥 양반이라 그래요. 한○○ 씨. 그분 우리 집 뒤에 살았어요. 그분도 사업을 크게 하셨지.

계장: 그분은 어디서 (구들장 채석 사업을) 하셨어요?

군수: 그 양반 용추골 쪽이었던 것 같아. 용추폭포 밑 쪽으로. 그 폭포가 옛날에는 더 깊었는데 지금은 낮아졌다고 하잖아요? 그게, 옛날 어르신들 말씀으로는 '○○가 폭포를 떠

버려서 낮아졌다.'라고 그러셨거든요. 그래서 아마 그 양반은 용추골 그쪽에서 채석을 하셨지 싶어.

계장: 네. 저희도 (현장에) 가봤을 때 거기가 방빼(구들장) 뜬 흔적이 남아 있더라구요, 저희가 거기를 일단 촬영을 해왔는데 거기를 한○○ 씨가 하셨고, 그다음에 옹골은?

군수: 옹골은 김○○ 씨.

계장: 포새미는요?

군수: 포새미는 우리 아버지, 칼바위도 우리 아버지, 안골도 우리 아버지(가 채석하셨던 현장).

계장: 그럼 거의 다 나오신 거 같은데요? 정○○ 씨, 김○○ 씨, 이○○ 씨, 그리고 (군수님) 아버님. 성함이?

군수: 김 ○자 ○자야(김○○).

계장: 네, 이제 저희가 (인터뷰를 다니면서) 구들장을 최초 언제 떴냐 여쭤보고는 있는데 많이 돌아가셔서(직접 확인이 어렵고) 유추해 보건대 1930년대에 득량역이 생기면서 많이 외부로 나갔다고 하는 것이 그전에 아마도 (최초로 구들장이 채석이 시작된 것은) 1900년도 정도에 되었을 거다,라고 말씀을 많이 하시거든요? 군수님도 그렇게 생각하십니까?

군수: 나는 모르겠어요, 거기까지는.

계장: 그러면 구들장(채석)을 가장 먼저 시작했던 곳은 잘 모르실까요?

군수: 그렇지. (그런 것까지는 내가 알기 어렵지). 나는 생각나는 게, 어쩌다가 아버님이 (구들장)사업을 하시고 그러니까 심부름으로 산에까지 간 적이 많아. 간식 같은 것을 가지고 올라간다든지, 이런 적도 있었지만 기억에 남는 게, 다이너마이트로 돌을 깨는 경우들이 많다고. 왜냐하면 돌의 껍질에 있는 구들층을, 저번에도 이야기했지만 조그마한 돌 쪽이 있다고. 여기에다가 돌 한 층을 가져다가 쐐기를 박아(조금 올리고). 돌이 살짝 일어나면 더 큰 쐐기를 박고 그 다음에 정을 박고 그다음에 구들을 떠낸단 말이에요?

계장: (그러니까 구들장 층에) 점점 틈을 (크게 벌려) 만들어서요?

군수: 그렇지! 근데 이 껍데기 한 껍데기 벗겨지고 두 껍데기 벗겨지고 세 껍데기 벗겨지면 밑에는 우리 등산할 때 보이는 층들이 있잖아요? 이 층들은 정 같은 걸로 안 제껴져요. 그럼 가운데 정으로 구멍을 뚫어서 다이너마이트 떡(폭약)을 넣는 거지. 떡이라 그러더라구요? 그걸 발파를 하면 바위가 퍽! 하고 올랐다 내려앉는단 말이에요? 그러면 그 층이 (깨져버리는 게 아니고) 다시 딱 살아나요. 돌이 깨져 버리는 게 아니라 돌이 들썩 (움직이게) 해가지고 (다시 내려)앉기 때문에 캐기가 쉽지. 그런데 그 화약을 경찰서에서 엄청 가져와요. 이렇게 푸대(자루) 같은 걸로 몇 푸대를 가져와. 한 푸대, 두 푸대씩. 그래서 인제 실험을 하는 거야. 냇가 같은 데, 아니면 밭에서 실험을 해. 떡(다이너마이트 폭약)하고 뭐하고 놔두고 전기선 얇은 거 파란색하고 빨간 거를 오십 미터 백 미터 늘여(놓고), 그래가지고 트랜지스터라디오 건전지 이만씩 했잖아요. 그걸 플러스 마이너스 연결하면 펑! 터지고 펑 터지고 그래요. 그럼 그걸 가지고 산에 올라가서 그런 돌들을 깰 때, 그러니까 이제 석공들이 정으로 그 돌을 깨 내는 거야. 그러면 몇 평이다, 그러면 한군데서만 뻥하면 안 된다고. 여기서 한군데 저기 한군데 이런 식으로. 그때 어른들이 어딜 보고 안다(아느냐고 물으면) 그러면 돌 눈을 보고 안다고 그러더라고.

계장: 네, 저희는 모르지만 (숙달되신)그분들은 보이는(게 있었나봐요)?

군수: 네, (아마도) 결이 보이겠지요, 거기를 구멍으로 뚫고 나면 그 구멍을 솔잎으로 메워. 솔잎 끝부분 있잖아요? 거길 잘라서 구멍을 탁 막아. 그리고 다른 구멍을 파. 이물질 못

들어가게. 또 다른 구멍을 정으로 파(뚫고) 그리고 (솔잎으로) 막아. 몇 군데를 한 번에 (작업을)해서 펑 하(고 터트리)더라고.

계장: 근데 그러면 그 구멍마다 다이너마이트 떡(폭약)을 연결했을까요?

군수: 떡을 심(어두)고, 전기선을 구멍마다 연결해서(폭발시킨 거지).

계장: 아 구멍마다(연결)해서 (한 번에)펑 터트리고?

군수: 네. 그때도 다이너마이트로 하시더라구요.

계장: 그때 당시는 그것도 (돌을 캐내려고 발파하는 작업이) 어떻게 보면 (다이너 마이트 폭약 때문에) 굉장히 비싸고, (폭약 관리도) 허술했겠네요.

군수: 아니 그런 건 경찰서에서 다 (알아서 처리)했는데, 나는 그걸(폭약을) 가지고 뭘하는 걸 봤냐면 동네 큰 보에 가서 모래삽에 담아 가지고 물에 던지니까 뻥하고 고기가 전부 하얗게 뜨는 거야. (그런 거)알아?

계장: 그거는 최근에 남자 분들이 무용담으로 그렇게 했다, 물고기가 기절해있다. 그렇게는 들어봤습니다.

군수: 들어봤어? 우리 동네 뒤에 큰 보가 있어. 세면보라고. 세멘트로 막아서 세면보야. 그 밑에 물이 많은데 거기에 그 떡(폭약)하고, 모래하고 해야지 던져질 거 아니에요? 물속에 빠질 거 아니에요, 그때는 전기선으로 하지 않고 심지(를 쓰는데). 영화에서 보면 치이익 들어가는 심지 있잖아요? 그걸 물에 던지면 그대로 타면서 (물속으로) 들어가버리데?

계장: 물에 들어가면 안 탈 텐데?

군수: 괜찮은 거 같더라고 그때 기억에? (그렇게 '다이너마이트 떡'이 폭발하고 나면) 고기가 하얗게 떠버렸어. 옛날에 고기 많았잖아. 꽝 하니까 놀래가지고 기절한 거지.

계장: 그리고 아버님은 주로 어떤 분야 사업만 (집중적으로) 하신 건지 아니면 직접 하시는 것은 (따로) 없었는지?

군수: 사업도 하셨지만, 직접 운반 같은 것도 하고 그랬거든요. 그러니까 우리 고모집 형제들, 예를 들어서 동네 청년들, 이런 분들이 집에 와서 구루마를 끌었어. 소달구지를. 고모집 형제들 두 분, 또 이장님들 친척들 와가지고, 그런데 이제 소도 그랬지만 우리 아버지는 제주도에서 말을 사다가 말을 길들여 가지고 말로 채석장 밑에 집하장 있잖아요? 제1 주차창? 여기서 역전까지 옮기고 어디까지 옮기는데 옛날에는 소로 했다는데 아버지는 직접 말을 제주도에서 사오셔서 말을 길들여서 하시는데 말이 굉장히 빠르다고 하더라고.

계장: 아 그러면 산에서 내려올 때 우마차길에서는 소로 (구들장을 운반)하고, 평지에서는 말이 (구들장을) 옮기고?

군수: 그렇죠. 산에서는 소가 (일)하고 소가 (산에서) 내려놓은 걸 평지에서는 말이 (운반)하고. 그 말은 그때 장흥으로 들어왔다 어쩔 땐 완도로 들어왔다. 그렇게 들었어요.

계장: 말로 (구들장 운반)한 거는 그러면 아버님만 그렇게 (말로 구들장을 운반) 하시고 다른 분들은 제가 듣기로는 정확한 년도는 모르겠지만 집하를 해놓으면 거기서 전국 각지에서 와가지고 다 소(로 운반하거)나, (화물차) 용달로 가져간 사람도 있고 역이 생기면서 역을 통해서 전국으로 퍼졌다. 그런데 여기까지는 우마차로 가기도 하고 용달로 갔다. 그렇게 들었거든요. (군수님)아버님은 말로도 (구들장 운반을)하셨군요.

군수: 그러니까 대부분 집하장에서 역까지 가는 것은 소달구지가 했어. 집하장에서 보성으로 간다든지 집하장에서 광주로 벌교로 화순으로 간다든지 그럴 때는 용달차로 가겠

지만 수지가 안 맞잖아. 집하장에서 어떻게 역까지 차로 수지를 맞추겠어요, 못 맞춰, 기차가 안 다니는데 화순이라던지 이런 데는 갈수 있겠지만 가까운 데는 못 맞춰요, 대부분 집하장에서 역까지는 우마차가 (운반)했지.

계장: 네, 그럼 우마차 관련해서(질문 드릴게요?) 우마차가 산 위에서 (구들장을) 싣고 내려오는 모습을 보셨을까요?

군수: (봤죠.) 그 소들은 길들이는 방식부터 농사짓는 소와는 달라요.

계장: 처음부터 (소 자체는) 똑같은 소인데도?

군수: 사람도 똑같은 사람이지만 역도 선수 키울 때는 역도 훈련으로 키우고, 축구 선수는 축구, 농구 선수는 농구 훈련을 시키잖아요? 이것도 마찬가지예요. 이 소를 가지고 쟁기를 해라. 그럼 쟁기질을 물론 할 수는 있겠지만 이 소는 사가지고 올 때부터 우마차를 하려고 대부분의 사람들이 하거든요. 물론 이 소가 밭도 잘 갑니다. 그러니까 산길도 잘 타겠지요. 그러니까 이 소를 길들일 때 보면 이 타이어에다가 줄을 매달아서 소 몸에 채웁니다. 줄을 달아가지고, 또 타이어 위에 큰 돌멩이를 얹어요. 그걸 소가 신작로에서 끌고 다녀. 그렇게 훈련을 시키는 거예요.

계장: 앞에서는 소 고삐를 잡고요?

군수: 그렇죠, 소 길들일 때는 다 그렇게 하는 거 아니에요? 앞에서 잡고, 소가 튀면 큰일 나니까 끌고 다니죠. 그리고 이 소가 훈련이 되었을 때 소달구지를 채워서 훈련을 시키고 그 다음에 빈 소달구지로 그 산을 올라가보죠. 빈 소달구지로 내려와 보죠. 이 훈련 과정은 산에를 올라가고 내려올 때 처음에는 소 주인이 소 위에(타고)서 코뚜레를 같이 잡습니다. 이 좁은 산비탈에 소가 살짝 길을 빗겨가 버리면 소가 넘어지는 게 아니라 소달구지가 넘어져 버리기 때문에 소까지 같이 넘어져 버리죠. 그래서 앞에서 주인이 채석장 길 가운데로 소를 안내를 계속 하면서 가는 거죠. 그러면 옛날에 자동차 뒤에 조수가 있듯이 이 소달구지 뒤에서 브레이크를 잡아주는 조수가 따로 있었어요. 급경사에서는 우리가 1단 기어를 넣죠. 조금 더 풀어진 데서 2단 기어를 넣죠. 좀 더 풀어진 곳에서 3단 기어를 넣잖아요? 똑같은 원리라고 보면 돼요. 비탈길에서는 브레이크를 1단으로 세게 잡아주고 조금 약한 데서는 2단, 3단으로 잡아주고, 브레이크 잡는 사람이 이걸 잘 못 잡아주면 소 주인한테 욕 엄청 뒤지게 얻어먹고. 그러니까 대부분 조수잖아요? 욕 얻어먹고 하는 것도 봤어. 그런데 이 뒤에서 브레이크 잡아주는 사람이 잘 못 잡아버리면 소가 굉장히 힘들죠. 1단으로 가야할 때 2단으로 가버리면 소가 어떻게 되겠어요? 3단으로 가야할 때 1단으로 가버리면 얼마나 힘들겠어요, 자기 힘으로 끌어야 하는데, 길은 내리막이지, 짐은 실어놨지, 그럼 (구들장 짐 무게 때문에) 힘이 다 쏠릴 거 아니에요. 그러면 브레이크 잡아주는 사람이 지금으로 치면 운전자처럼 기어를 잘 넣어줘야 하는데, 지금으로 치면 기어죠.

계장: 참 과학적이네요, 뒤에 브레이크를 잡아줌으로 인해서 소가 그 일정한 무게를 느끼면서 걸어갔다고 보면 되겠네요.

군수: 그렇죠! 그러니까 내리막길에서 소는 소달구지하고 구들장을 싣고 소가 끄는 게 아니라 소 어깨에 채워진 짐을 찬 조끼 같은 거 있잖아요. 이 힘으로 버티고 가는 거예요. 소 앞다리하고 뒷다리 사이에 어깨에 구루마(달구지)하고 연결된. 이걸로 버티고 가는 거지 끄는 게 아니에요. 끄는 게 아니라 이 소는 내려 갈때는 이걸로 버티고 간다고요. 올라올 때는 몸으로 끌고 올라오고. 그렇죠.

계장: 어찌보면 소 코뚜레 잡는 사람, 소, 브레이크 잡는 사람이 환상의 호흡이 돼야 원활하게 갔을 거 같네요.

군수: 그렇죠. 이게 잘못되면 소가 식은땀 축축축 흐르죠. 소가 안 그래도 힘든데 소 몸에서 김이 펄펄 날 정도로.

계장: 그러면 소가 하루에 얼마 정도(일했나요)?

군수: 그건 잘 모르겠네요.

계장: 저희가 듣기로는 소 신(발)이 따로 있다고 들었어요. 소한테 짚신을 신겼다고요. 그 (소가 신던) 짚신에 대해서 알려주시겠어요?

군수: 소 짚신에 대해선 나보다 어르신들이 더 잘 알겠지만, 소 짚신이 저번에 이○○ 어르신이 짚신을 하나 만들어 놨잖아요? 그것하고 똑같은 형식인데 그것보다 열 배는 짱짱해야 합니다. 짱짱해야 돼. 그리고 소 신에다가 그리고 소 무게가 얼마예요. 사람도 짚신을 신으면 하루면 떨어지는데, 소는 몇 톤 되는 돌을 싣고 그걸 버티고 오려면 어디 가서 나이롱을 주우면 그것도 넣고 헝겊이 있으면 헝겊도 넣고 짚이 버글어지지 않게 야무지게 짠단 말이에요. 소 신이 사람이 신는 짚신보다 몇 배는 야물어야지(더 튼튼해야지).

계장: 네, 저도 봤는데 앞이 뭉툭하니 어찌 보면 소 발이 내리막에서 버텨줄 수 있는 등산화 앞이 뭉툭하듯이 그렇게 되어 있더라구요.

군수: 네, 맞습니다. 앞이 조금 높아야죠. 그런데 몇 번 신으면 그것도 금방 해져서, 그 뭉툭한 부분이 다 반듯하게 펴져요. 아무튼 소 신발이 정말 중요했기 때문에, 소달구지 가지고 계신 분들의 노고가 이만저만이 아니지. 짚신을 계속 마련해야 하니까.

계장: 그러면, 아까 어르신께서 농사짓는 소하고 우리 구들장 채석 운반하는 소하고는 길들이는 방식부터가 다르다고 하셨잖아요. 이 소들은 쓰임새에 따라 처음 사올 때부터 다른 점이 있나요?

군수: 아니, 처음 사올 때는 똑같은 소죠.

계장: 똑같은 소인데 이제 어떻게 쓰느냐에 따라 다른 방식으로 훈련시키는 건가요?

군수: 네. 물론 채석을 하다가도 논 일이 있으면 논에 가서 또 일 시키고 그러면 되는 거예요. 하지만 논 가는 일보다 채석장 일이 몇 배는 힘들기 때문에 특별히 훈련을 더 시키는 거죠.

계장: 다음으로 넘어가서, 오봉산 구들장 채석과 관련한 질문을 하겠습니다. 현재 기남마을, 월평마을, 도촌. 여기 말고 사업에 같이 참여했던 마을 아시나요?

군수: 조양마을.

계장: 거의 다 그쪽 동네네요?

군수: 네, 아무래도 그렇죠. 조양마을에서는 석공하고 소달구지, 해평도 석공, 소달구지(인부들이 많았지요).

계장: 마을마다 다 다릅니까?

군수: 다 똑같아요. 기남(지역)도 석공 소달구지 도촌 1, 2구도(석공, 소달구지 운반일을 했고) 용호동 석장 대하 이 동네 사람들이 주로 했지, 주로. 역전 사람들도 (일을) 했고..

계장: 그 사업이 돈이 됐으니까. 그럼 대부분 농사를 지으면서 구들장 사업에도 참여하신 건가요?

군수: 농사를 지으면서 했지.

계장: 그럼 (구들장 채석을) 사시사철 한 건 아니고요?
군수: (그것도) 사시사철 했지.
계장: 그러면 농사도 짓고, 사시사철 (구들장) 채석도 하고?
군수: 그랬겠지. 그랬으니까 그 사람들이 돈을 많이 벌었지. 예전에 우리 아버지가 하셨던 말씀이 있어. 사업을 해서 돈을 아무리 많이 벌어도 그걸 혼자 갖지는 못한다. 윗돌 빼서 아랫돌 막고, 아랫돌 빼서 윗돌 막는 게 사업이다. 돈 많이 번다고 다 자기 것 되냐. 아, 이것과 관련된 이야기가 하나 있는데, 아버지께서 돈을 많이 벌 때 보름에 한 번씩 돼지를 잡았대요. 그것을 인부들 모아다 같이 먹이고 '간조'를 해줬는데, 그럴 때면 내가 거기 끼어서 돼지를 한 점씩 들고 가서 먹고 오고 그랬다더라고요.
계장: '간조'(勘定, かんじょう: 계산, 셈, 금전 출납의 계산 등을 뜻하는 일본어)라는 게 어떤 뜻입니까?
군수: 일본말이겠지? 일본말인데, 한국말로 하면 아마 중간 정산쯤 되겠지. 월급 주는 건데, 한 번씩 회식도 하면서.
계장: 그러면 월급도 주고, 그동안 고생했다고 격려하는 차원에서 회식도 시켜주고 그러셨던 것 같네요. 말 나온 김에 이제 아버님 관련해서 좀 여쭐게요. 그 시절에 서울 다녀오시면 돈 주머니 차고 이렇게... 그냥 돈 주머니 차고 오시고 그러셨나요?
군수: 그러니까 제주도에서 말 사가지고 오시면 검은 가방에다가 그 당시에 낑깡이라고 그러더라고, 지금으로 말하면 이만씩한 귤 있죠? 그 귤을 가방에 한가득 사가지고 오셔서 줬던 기억이 있고. 옛날에는 서울을 갔다 오시고 그러면은 돈을 허리에다가 차고 오시더라고. 전대가 아니라 책보 같은. 잠바 같은 게 있잖아요 지금 롱파카 같은 거. 그걸 풀면 돈이 안에서 잔뜩 나와.
계장: (아버님께서) 서울에 다녀오시면?
군수: 아니, 광주 다녀오신 후다.
계장: 아, 일단 외지에 다녀오시면 그러셨다는 거지요? 그럼 거기 가서 구들장 돌을 팔고 오셨다는 말씀이시겠네요.
군수: 네, 주로 광주에 많이 다녀오셨고, 돈 받고 또 한잔 걸치고 오시고 그랬지.
계장: 돈이 어떻게 보면 흔하니까 계속 이렇게 벌릴 거 같은 그런 생각에 더 많이 쓰시고 그렇게 하셨을 수도 있을 것 같습니다. 그리고 (다시 구들장 이야기로 좀 돌아가볼까요?) 혹시 구들장을 싣고 내려올 때 혹시 사고나 이런 것은 나지 않았는지...
군수: 이제 소가 숙달이 되면 브레이크 잡는 보조는 빠져. 그리고 소 주인하고 소 둘이서 구들장을 싣고 오는 거예요. 그때는 소 고삐가 길어. 뒤에서 주인이 브레이크를 잡으면서 앞을 보면서 이리 땡겨 주고 저리 땡겨 주고 하면서 오는데 대부분의 소가 중앙을 걸어가요. 그러니까 사고가 나는 경우가 없죠. 호흡이 딱딱 맞고 이제 자기가 갈 길 아니까. 그런데 옛날에는 이런 건 봤네요. 소가 구들장을 두 칸 세 칸 이렇게 산에서 싣고가 아니라 밑에 하역장에서 역으로 갈 때 대부분 기남 앞으로 갔지만 하천 길도 있었거든요? 거기서 제방을 타고 올라가는 길이 있는데 소가 지치니까 못 올라가고 그러니까 뒤에서 몇 명이 미니까 소가 무릎을 확 꿇어버리더라고. 거기서 소가 무릎이 확 나갔던. 그걸 내가 본 적도 있어요. 소가 못 차고 나가니까 뒤에서 사람들을 몇 명을 모아서 구루마(달구지)를 확 미니까 소가 무릎을 팍 꿇는데, 내가 그걸 본 적이 있네.
계장: (소도) 이제 힘에 부치니까 도저히 나갈 수가 없어서 주저앉은 거군요.
군수: 다행히 소 뼈는 웬만해가지고는 안 다쳐요.

계장: 제가 생각하기에는, 구들장 운반에 소를 이용한 것은 소의 성격 때문인 것도 있겠지만, 일단 신체적인 조건이 어느 정도 맞았기 때문인 것 같네요.

군수: 소가 아니면 그 고된 일을 하겠어요.

계장: 그리고 우마차 길 관련해서 하나 더 여쭤볼게요. 우마차 길 중에 돌로 만드는 석축 길이 있잖아요. 그게 폭이 한 2미터가 넘을 것 같은 길이 정상까지 나 있던데, 혹시 그거 만드는 장면을 보신 적 있으실까요?

군수: 길을 만들 때 나는 어떻게 만드는지는 모르는데 고사를 지낼 때는 가봤어요. 고사 지낼 때.

계장: 그러니까 대부분 보면 산신령한테 사고 나지 않게 해주라, 이런 걸 항상 했네요. 그러면 우마차 길에서 몇 명이 한 조가 되고 그건 잘 모르시겠네요?

군수: 몰라요.

계장: 그러면 우마차는 소하고 달구지는 한 사람 거였죠?

군수: 당연하지.

계장: 그렇죠, 그때는 소가 지금보다 훨씬 비쌌으니까. 당시에 집집마다 우마차가 있었나요?

군수: 농사짓는 집은 거의 다 있었지. 지금 자가용 있듯이.

계장: 구들장 채석 작업을 공정별로 나누면 돌 찾기, 찾은 돌 발파하기, 돌 뜨기, 돌 운반하기, 전표 끊기, 뭐 이렇게 다양하게 세분화가 되어 있는데요. 그럼 이 공정을 담당하시는 분들은 각자 분야별로 전문화가 되어 있었나요? 아니면 딱히 경계 없이 돌 찾는 인부가 발파도 하고, 전표도 끊고 하는 식으로 이 일 저 일 돌아가며 했나요?

군수: 그때 전표를 끊는다고 했다는 것은 초등학교 이상 나왔으니까 전표를 끊었겠지. 그런데 그 당시에 초등학교 나온 사람들이 그다지 많지 않았어. 그렇잖아요? 그러니까 한정되어 있었겠죠. 몇 명으로.

계장: 그러면 돌 뜨는 사람은 거의 돌 뜨는 일만 하고?

군수: 그렇죠, 구들장 뜨는 사람은 뜨기만 하는 거예요. 운반하는 사람은 운반만 하는 거예요.

계장: 각자 노동 영역과 역할이 다 달랐다는 것으로 정리가 되네요. 그럼 어떤 일이 돈이 가장 잘 벌렸는지도 아시나요?

군수: 사장이 가장 많이 벌었겠지.

계장: 그때 당시에 농사 수익보다는 더 좋았으니까 이 험한 데를 갔겠지요? 여자들은 없었죠? 여성분들.

군수: 기남마을 쪽에는 있었을 수도 있겠는데, 대부분은 남자들이 다녔어.

계장: 그런 데는 신성하다 해서 없었을 거 같은데 군수님은 못 보셨죠?

군수: 나는 못 봤지, 대부분은 남자들이 했어. 내가 집이.. 월평마을에서 태어나서 기남마을에서 살았어.

계장: 거기가 거기 같은데...

군수: 그러니까 그 동네가 그 동네야. 처음에 방앗간을 하다가, 무슨 조합이니 뭐니가 생기면서 거기가 망했대요.

계장: (군수님) 아버님께서요?

군수: 네. 그래서 방앗간 다음에 구들장 사업을 하면서 돈을 한참 벌다가, 연탄 보일러가 나

오면서 망하게 됐지. 그 후로 또 남은 돈 가지고 바다에서 피조개 사업도 하셨는데, 막 차 탄 꼴이 돼서 망하고.

계장: 군수님 혹시 그때 당시에 구들장 한 칸이 몇 자고, (그런 것들 좀)아시나요?

군수: 몰라. 그런데 아까 들으니까 방빼라는 말을 쓰던데, 그 말은 또 어떻게 알아?

계장: 그러니까 어르신들이 방빼를 뜨러 간다고 어렴풋이 들었던 거 같아요. 방빼가 구들장을 말씀하시는 거잖아요? 방빼를 뜨는 거에 대에서 왜 뜬다고 하는지 아세요?

군수: 조금 전에 말했던 것처럼 돌에 층이 있잖아요. 그 층에서 돌을 그냥 꺼내는 게 아니라 떠내야 돼요. 지금 돌탑 쌓아진 자리들 있죠. 그게 산림조합에서 쌓은 10여 개 빼면 다 구들장 떴던 자리예요. 그게 어른들이 말씀하시기를, 구들장을 채취하기 위해 산을 훼손했으니 탑을 쌓아 공을 드려야 한다고들 그러셨어요. 돌을 채취하다 보면, 그냥 밭에서 납작한 돌을 적당히 골라내도 되는 곳도 있지만 대부분은 아까처럼 석층이 있단 말이에요. 그럼 한 칸, 두 칸, 다섯 칸, 일 미터, 이렇게 파다가 밑쪽이 잘 안 깨지잖아요? 그때 발파를 해서 흔들어 놓은 다음 그걸 떠야 돼요. 그러니까 결국 뜬다는 게 뭐냐면, 조그마한 정을 가져다 돌 틈에 대고 망치질을 하는 거예요. 그럼 정이 박히면서 틈이 조금 열릴 거 아니에요?

계장: 정 끝은 네모지면서 얇은데... 두께가 살짝 있는 그거 말씀하시죠? 네모져가지고?

군수: 연장? 연장은 이만한데... 돌 틈을 깨서 정을 박고 나면 돌이 살짝 열려. 그럼 더 큰 쐐기를 박아서 더 열리게 하고, 이런 식으로 작업하는 걸 뜬다고 해.

계장: 아, 그렇게 돌에 틈을 만들어 가면서 뜬다? 캐는 게 아니고?

군수: 네.

계장: 돌 자체가 오봉산(의 돌)은 이렇게 화약을 터트려서 들썩이게 하지 않더라도 기본적인 돌 구조라고 해야 하나요? 돌 자체가 이렇게 층이 나 있다고 하시더라구요.

군수: 그렇죠. 그러니까 이제 우리가 지구가 오봉산을 지구라고 (가정해)봐. 지구껍데기가 흙이 좀 쌓여 있잖아요. 흙을 걷어내. 그럼 돌 층이 나올 거 아니에요. 그럼 석질에 따라서 여러 가지 층이 있을 거 아니에요. 뭐 화강암 무슨 암 무슨 암 해서. 그런데 여기에는 돌 층이 나오는 쪽이 거의 자세히 보면 1m 정도도 있고 넘는 데도 있고 그렇잖아요. 그걸 옛날에 캤다는 거예요. 이것을 이렇게만 캔 게 아니라 이렇게도 캤다고. 그럼 가서 돌탑 쌓는 데를 자세히 봐요. 왜냐면 여기는 아주 좋은 질의 돌이 층층이 쌓여있기 때문에 땅을 파내서도 캤다고. 여기 봐보세요. 그런 현장들이 돌탑 쌓아 놓는 데 많이 있다고. 그런 쌓여있는 돌만 걷어 온 게 아니라 밑으로 파고 들어가서 캔 현장들이 많아요.

계장: 저는 이런 걸 봤어요. 돌이 반쪽이 있는데, 뭔가 자로 대고 자른 것처럼 직각으로 반을 딱 잘라서 밑쪽은 캐고 위쪽은 아직 안 캔 것 같은 상태요.

군수: 오봉산에는 그런 층들이 많이 있어요. 그게 왜 그러는지까지는 저는 잘 모르겠네요.

계장: 그런 돌 생김새를 보면 아, 원래 이 돌 구조가 방빼 뜨기에 좋은 구조였구나 싶더라고요. (그럼 다음 질문으로 넘어가서), 이제 집하 장소는 단독 주택 뒤쪽하고 그다음이 우리 칼바위 올라는 그쪽 집하장이 있었죠?

군수: 모든 장소에는 집하장이 있어요. 지금 옹골이라는 데는, 옹골이라는 집하장은 지금 기남마을 들어가다 보면 축사가 지어졌더만. 거기가 반반한 자리였는데 거기가 집하장이었어요. (지금은) 포새미라고 부르는 자리는 석산 옆에 가다보면 폐가가 돼버렸는데

예전에 정○○ 씨가 거기 살았었거든요.

계장: 길 건너 오른쪽 부분이요?

군수: 네, 가다 보면 득량에 도촌리 가다 보면 옛날에 폐가가 하나가 있어요. 거기가 집하장이었어요. 지금 현재 석산 있는, 돌 깨고 있는 그 석산 바로 밑에 조그만한...... 거기가 좀 평평한 데가 있었는데 거기가 예전 집하장 자리예요.

계장: 대부분 (채취하는 현장) 밑에 쪽에는 (집하장이) 당연히 있어야겠네요.

군수: (그렇지) 쌓아야지. 다 밑에 있지 여기만 있는 게 아니라. 그런데 칼바위 안쪽, 그러니까 용추골하고, 그 안쪽에는 두 군데에 집하장이었지. 좀 전에 말한 단독 가옥. 거기가 집하장이야. 옛날에, (바닥이) 반반해서 집을 지은 거야. 그 다음에 칼바위 위에 주차장이 있지. 거기가 옛날에 반반했어. 거기가 주차장 자리야. 당시 돌 쌓아두었던 (집하장) 자리.

계장: (어르신께서)그때 쌓는 방법은 작은 돌을 넣고 삼각형으로 세운다고 하셨잖아요. 그러니까 삼각기둥(꼴)이죠?

군수: 그렇죠.

계장: 그렇게 세웠는데 그게 한 칸씩 하는 게 여덟 자씩 해서 세웠다고 들었는데.

군수: 방 한 칸(의 분량)을 세울 수도 있고 두 칸(의 분량)을 세울 수도 있겠죠. 양에 따라서, 한 칸도 세울 수 있고 두 칸도 세울 수 있고.

계장: 아 그 기준이 따로 없었습니까?

군수: 자세한 내용은 (당시 일하셨던) 어른들한테 물어보셔야 할 것같아요.

계장: 네. 어떻게 보면 작은 돌은 안쪽에 넣고 그 지지대로 해서 작은 돌부터 해서 삼각형으로 (무너지지 않게 쌓는다).

군수: 얼마나 과학적이야, 희한하게. 겨울에 추우면 바람이 이쪽에서 불면 방돌 뒤에가 (반대쪽의 햇빛으로) 따뜻하게 데워져 있잖아요. 뒤에 가서 딱 앉아있으면..

계장: 돌탑 관련해서 계속 여쭤볼게요. 일부 훼손된 것도 좀 있고 하지만, 현재 돌탑이 한 76개 정도 쌓여 있는 것으로 알고 있어요. 그 돌탑을 쌓게 된 계기가 무엇인지, 언제부터 돌탑을 쌓아야겠다고 생각하셨는지 그 과정을 좀 알려주세요.

군수: 그러니까 이게 70여 개 라는데 이게 조금 안 맞고, 개인들이 지나가면서 쌓는 돌탑까지 해서 그럴 수 있겠죠, 내가 쌓은 것은 오십 개 정도인가? 규모 있게 쌓은 거는. 그 다음에 산림조합으로 발주를 해서 용추계곡 쪽에 몇 개를 쌓은 것으로 알고 있고. 이것과 관련해서 내가 득량면 면장님에게 '내가 몇 년도부터 예산을 지원했는지 알아봐 주십시오.'하고 부탁했더니, 오늘 아침에 '2000년 초에 시작한 것으로 기억됩니다.'라고 이야기를 하더라고요. 그때면 칼바위에 등산로도 제대로 나있지 않았을 때예요.

계장: 군수님 초임이 몇 년도시죠?

군수: 1998년. 그것에 대해 있는 그대로를 이야기하자면, 우선 칼바위에서부터 시작해요. 칼바위를 개발했으면 좋겠다는 생각이 드는데, 뭘 어떻게 개발할지 잘 모르겠더라고요. 그래서 등산을 하고 내려오는 길에 아내에게 의견을 구했어요. 그때 대화하면서 생각난 게 돌탑이에요. 우리 부모님 세대에 저 명산들을 다 깨놓았으니, 그 시절에 작업했던 자리에 돌탑을 쌓아서 불공을 드리면 참 좋겠다, 이렇게 된 거죠. 그래서 당시 마을 이장이었던 이○○ 씨를 찾아 뵙고, 오봉산에 돌탑을 좀 쌓았으면 좋겠는데 우리 가까운 마을에서 작업을 같이 해줄 사람이 있을까요? 하고 물었더니, 옛날에 이 현장에서 석공으로 일하셨던 분들이 지금은 돌탑 쌓는 기술자가 되어 있으니 아주 잘 된

일이다, 하시더라고. 그렇게 두 분 정도에게 연락을 하기로 하고, 잡부들은 또 어떻게 하느냐 했더니 동네 주민들 모시고 가서 쌓으면 될 것이라고 하데요. 처음엔 그렇게 시작이 되어서 하나씩 쌓은 게 점점 늘어난 거죠. 현재 우리가 오봉산 구들장 채석지의 문화유산 등재를 위해서 도로를 내고 있는 곳을 제외하면, 대부분 돌탑이 있는 현장들이 예전에 돌을 깼던 자리예요. 즉 방돌을 캤던 자리라고. 돌탑 쌓을 때 와주신 어른들이 예전에 구들장 현장에서 일을 했던 분들이라 얼마나 다행이에요? 그분들은 돌을 만질 줄 알잖아요. 우리가 평범한 군청 직원들 데리고 가서 '돌을 예쁘게 쌓으십시오.' 하면 쌓을 수 있겠어요? 나도 한번 시도해봤는데 잘 안 되더라고요.

계장: 지금 돌탑이 쌓인 형태를 보면, 돌과 돌이 서로 지탱하면서 넘어지지 않고 버티고 있는 것 자체가 신기할 정도입니다.

군수: 그러니까 구들장 사업 당시에 현장 작업을 했던 분들이라고 하면, 결국 절벽 같은 바위에 돌을 쌓아 소달구지가 다닐 수 있게 길을 내는 그런 대단한 기술을 가졌던 사람들 아니겠어요? 그분들에게 돌탑 쌓는 것 정도야 일도 아니지. 그런데, 그것도 이십 년도 더 지난 이야기라 아마 그 기술자분들은 지금 돌아가셨겠지.

계장: 다년간 돌 쌓는 기술을 체득해오신 분들이라 그렇게 튼튼한 돌탑을 쌓으실 수 있었던 거군요. 산 정상이면 바람이 상당히 많이 부는 바람 단지잖아요. 태풍도 수없이 왔다 갔을 텐데 그 거대한 돌탑이 쓰러지지 않고 견디는 것 자체가 신기하다고 그러시더라구요.

군수: 그러니까 거기에 돌탑의 가진 의의가 이런 것이라고 생각해요. 그냥 칼바위처럼 우뚝 솟아 있다고 해서 돌탑이라고 하지 않잖아요. 우리 한 사람 한 사람 하나씩 하나씩 돌을 올려서 쌓았기 때문에 돌탑이라고 그러잖아요. 그러니까 우리가 정말로 한꺼번에 한 것도 아니고 동네 주민들하고 옛날에 석공 어르신들하고 우리하고 힘을 합쳐서 하나하나 쌓아 올려갔다는 거죠. 여기에 큰 의미가 있다고 나는 생각을 합니다.

계장: 그리고 또, 탑에 쓰인 돌에서도 의미를 찾아볼 수 있을 것 같아요. 이게 사람이 쓰기 알맞은 부분은 떼어다 구들장이라는 쓰임새를 주고, 그렇게 가공된 돌들은 지금 다 좋은 데 가서 자기 용도 대로 쓰임을 다 하고 있는데 돌탑에 쓰인 것은 그때 다 깎이고 남은 돌, 버려진 돌들이잖아요.

군수: 그렇죠, 선조들이 구들장을 팔러 나가기 위해서 잔돌들을 깨 낸 (남은) 조각들이에요.

계장: 네, 뜻이 참 좋은 것 같습니다. 그런 돌들을 가져다 탑을 쌓음으로써 새 쓰임을 만들어줬다는 게 상당히 의미가 있는 행동이라고 생각합니다. 아, 참 아까 말씀하신 그 구들장 기둥 관련해서는 정, 지렛대, 갯넘(?), 작은 망치, 함마 뭐 이런걸 했네요.

군수: 그러니까 여기. 쐐기 박는 거, 조그만 거.

계장: 그런데 그거는 새마을 농기구? 그분한테 한 번..

군수: 만들어 주라면 만들어 주지.

계장: 한번 봐보겠습니다. 어르신들 공적을 받아서.

군수: 쐐기돌이 많이 있거든.

계장: 자, 이제 저희가 여쭤볼 것은 거의 다 여쭤본 것 같아요. 혹시 다른 일화나 사건 같은 것 기억나시면 또 말씀해주세요.

군수: 나중에 생각나면 그렇게 하겠습니다.

계장: 네, 차근차근 해주시면 됩니다. 감사합니다.

■ **녹취 일자: 2021년 3월 23일 9:10~10:10**
■ **녹취 장소: 이ㅇㅇ씨 자택**
■ **채록자: 국제온돌학회 송ㅇㅇ**

질문자: 인터뷰 시작하겠습니다. 이○○ 선생님 맞으시지요?
이○○: 네, 맞습니다.
질문자: 지금 연세가 어떻게 되시나요?
이○○: 40년생, 올해로 82세입니다.
질문자: 선생님께서는 줄곧 득량에 사셨나요?
이○○: 득량에서 태어나 지금까지 살고 있습니다.
질문자: 그럼 거주도, 지금 사시는 집에서 어릴 때부터 쭉 사셨던 건가요?
이○○: 그건 아니고, 보통 우리는 마을 위 아래를 나눠서 상촌, 하촌 그렇게 표현하는데, 어릴 때는 윗마을에 살다가 요리 이사를 했지요.
질문자: 이 지역은 옛날부터 '득량'이라는 이름으로 불렸나요?
이ㅈㅈ: 그랬죠. 얻을 득得 자에 양식 량粮 자. 이 지역 간척지 보면 들이 넓어서 주로 벼 수확을 많이 하니까 득량이라는 이름이 지어진 것 같아요.
질문자: 간척 사업은 일본 사람들이 와서 한 거죠?
이○○: 네, 그랬죠.
질문자: 그러면 (선생님께서는) 오봉산에서 구들장 채취하시는 일을 하셨지요?
이○○: 네.
질문자: 그러면 선생님은 몇 살 때부터 그 일을 하셨어요?
이○○: 한 마흔 살쯤 되어서부터 했을 겁니다. 1980년대 들어서.
질문자: 아, 1980년대에 하셨어요? 그럼 그 전에는 어떤 일을 하셨나요?
이○○: 구들장 채취하기 전에는, 산에서 채취한 구들장을 출하할 때 우마차로 그것들을 실어내는 일을 했지.
질문자: 구들장 채석 현장에서 운반 일을 도우셨던 거군요. 그 일을 시작하신 건 몇 살쯤인가요?
이○○: 그건 정확하게는 기억이 안 나는데, 아마 마흔 살 못 돼서부터 했을 거예요. 한 서른 일고, 여덟 살 무렵?
질문자: 그러면 그보다 더 전에는 농사를 지으셨나요? 농사일을 하시다가, 서른 넘으신 후에 구들장 일이 돈이 좀 된다 이런 이야기를 좀 들으시고 직종을 바꾸신 건가요?
이○○: 그때는, 비단 우리 가족뿐 아니라 민생이 전반적으로 어려울 때였어요. 이제 논에서 농사를 지어도, 수작업으로 일일이 심어다 거두는 방식이니까 지금과 비교하면 수확이 별로지. 그러다 보니 대부분의 가정들이 생활고를 겪었어요. 그러니까 산에서 구들장 채취하는 인부도 많고, 우마차로 실어 나르는 출하 작업을 하는 인부도 많고. 민생을 구들장 일에 의존하다시피 하는 사람이 꽤 여럿 됐지.
질문자: 정리하면, 선생님께서는 대략 서른 살 정도를 기점으로 해서 그 전에는 주로 농사일을 하셨고, 그 후에는 구들장 채석 현장에서 운반하는 일을 조금씩 하시다가, 마흔 살 넘으셨을 무렵부터 직접 채취도 하시게 된 건가요?

이○○: 네. 그쯤부터 허가를 취득해서 1, 2년 정도 구들장 채취도 했어요.
질문자: 그것도 허가를 받아야 작업할 수 있는 건가요?
이○○: 보성 군청 산림과에 정식으로 신청을 해서 현지 답사도 거치고, 허가 과정을 밟아야 해요. 그렇지 않으면 불법으로 산을 헐어버리는 일이 생기니까, 그런 일을 방지하기 위해서 허가 제도가 있는 거지.
질문자: 그럼 산 자체는 누구 산이에요?
이○○: 본인 산이 아닌 산에서 한 데는 산주한테 임대료를 주고 계약을 해 가지고 하고, 자기산에서 한 사람도 있고.
질문자: 그러면 선생님 같은 경우는 선생님 산이셨어요?
이○○: 아뇨.
질문자: 그러면 선생님이 그거를 하겠다고 신청을 직접한 거예요?
이○○: 면에다가.
질문자: 그럼 면에다가 신청하시고 면에다 신청을 하고 선생님 혼자서는 못하시니까 직원을 사실 거 아녜요? 일하는 사람들을 사실 거 아니에요? 일하는 사람들을?
이○○: 일하는 사람들은 그때 당시 작업한 사람은 선불을 줘요. 내가 토석 채취해서 그 한 칸이라고 보통 방 8자, 방 한 칸을 깔 수 있는 방돌을 한 칸이라고 하는데 그때는 생활이 그렇게 여유롭지 못하고 살기가 어려운 때라 미리 선불을 몇십만 원씩, 몇만 원 씩이라도 갖다 땡겨 쓰고 산에 가서 작업을 해요. 원칙은 산에서 채취해서.
질문자: 팔아서 돈이 돼야지 나눠줘야 되는 거잖아요?
이○○: 원칙은 그래야 되는 게 원칙인데 비단 나뿐만 아니라 다른 업자들이 다 선불을 줘. 그래야 작업 인부들이 와서 일하지, 그렇지 않으면 안 오고 그러니까.
질문자: 그럼 구들장 채석 작업이 이루어졌던 산들은 누구 산이에요?
이○○: 산마다 다 다른데, 자기 산에서 작업을 한 사람도 있고, 본인 산이 아닌 데서 작업을 한 사람도 있고. 남의 산에서 채취를 하는 경우에는 산주에게 임대료를 주고 계약을 했지.
질문자: 선생님 같은 경우에는 작업하신 곳이 선생님 소유의 산인가요?
이○○: 아니요. 일 년에 얼마, 이렇게 협의를 해서 세를 주고 작업했어요.
질문자: 그럼 임대료를 얼마 내겠다 협의를 해서, 이 자리에서 내가 구들장 채석을 하겠다 하고 군청에 가서 신고를 하나요?
이○○: 일단 면에 허가를 신청하고 나면, 그 내용을 취합해서 군에 상신해요. 그 뒤에 최종적으로 군수님 결재가 내려와야 작업을 할 수 있는 거지.
질문자: 그럼 채취 허가를 취득하신 게 몇 년도쯤인가요?
이○○: 아마 80 몇 년도일 것 같은데. 요즘엔 컴퓨터가 있으니까 면에 가서 알아보면 아마 정확한 날짜가 나올 거예요.
질문자: 그럼 대략적으로는, 80년대 초반? 중반?
이○○: 아마 80년대 초반일 겁니다.
질문자: 80년대 초반. 그럼 선생님이 40대쯤 되어서 사장님이 되신 거네요.
이○○: 에이, 같이 작업하는 사람들끼리 무슨 사장이 따로 있나.
질문자: 선생님께서 주로 인부도 고용하시고, 채취한 구들장 팔아서 임금도 지불하시고 하셨으면 사장님 맞죠. 그때 같이 작업하는 사람들은 총 몇 분 정도나 되셨어요?

이○○: 정확히 헤아리지는 못하겠는데, 산에서 돌 뜨는 사람은 보통 7~8명 되었지. 그리고 출하하는 인부는, 굳이 말 안 해도 본인들이 다른 마을에서까지 와. 우마차 가진 사람들이 우리 마을에서도 오고, 인근 마을에서도 오고 그랬어요.

질문자: 그러면 만약 득량 어느 작업장에서 하루치 일을 한다, 이렇게 가정하면 돌 뜨시는 분들이 한 7~8분 정도 오시고, 또 이제 채취한 돌을 실어 나르는 분들 계실 거 아니에요? 그런 분들은 몇 분 정도씩 일을 하실까요?

이○○: 7~8명의 인부가 돌을 떠서 어느 정도 물량이 모인다고 해도, 우마차는 한 번에 많이 오갈 수가 없어요. 그리고 그때 구들장 사업하던 사람들이 득량면에서만 대여섯 명 정도 될 거예요. 그러니까 출하 작업 하는 인부들은 보통 오늘은 이 산으로, 내일은 저 산으로 하는 식이지. 한 번에 채취하는 양이 그렇게 많은 것도 아니기 때문에, 우마차 인부들은 계속 한 사람 산으로만 다니지 않아요. 당시 출하 과정을 좀 설명하자면, 먼저 구들장 돌이 쌓이면 그것을 우마차에 실어서 득량역에 모아 놓고, 그렇게 모인 물량이 열차 칸 하나를 채울 정도가 되어야 광주로 운송하고 했어요. 사업 진행이 어느 정도 진행되고 나서는 채취한 돌이 다량으로 나오지 않으니까, 역까지 옮기는 대신 산 바로 밑에 출하를 한 뒤에 15톤 트럭 같은 것으로 실어다 날랐지.

질문자: 구들장 사업을 마흔 살쯤 시작하셨다고 말씀하셨는데, 그걸 언제까지 하셨어요?

이○○: 남의 산에서 운반하는 작업 같은 것 말고 내가 직접 사업을 한 것은, 한 1~2년밖에 안 될 것 같아요. 그때 오봉산 칼바위 쪽에 작업 허가를 받고 얼마 안 돼서 자연보호 정책이 시작됐어요. 그것 때문에 채취 허가가 취소되어서 더는 작업을 할 수 없었어요.

질문자: 그럼 자연보호 정책이 시행된 후부터 아무도 구들장 사업을 할 수 없게 된 건가요?

이○○: 아무도라고는 못 하겠지만, 구들장 자재 채취라는 게 결국 어느 정도는 산을 허무는 일이니까 작업 허가를 받기 상당히 까다로워졌죠.

질문자: 그럼 선생님께서는 80년도 중반쯤부터 구들장 사업을 그만두셨겠네요? 구들장 사업을 할 당시와 농사를 지으실 때 수입은 어떻게 달랐나요?

이○○: 보통 농사만 하거나 구들장 일만 하는 게 아니고, 두 개를 병행했어요. 농사도 크게 짓는 게 아니니까 그것만으로는 생활을 유지하는 게 어려웠기 때문에, 대부분의 주민들이 산에서 구들장 작업이 있으면 거기 가서 돌을 뜨거나 출하를 하고, 농사철에는 농사를 짓고, 이런 식으로 두 가지를 같이 했지.

질문자: 당시 득량면 거주 가구는 몇 가구쯤 되었을까요?

이○○: 그때 우리 마을만 해도 80가구가 넘었습니다.

질문자: 그중에서 구들장 채석을 하시는 분들은 몇 분 정도나 되셨나요?

이○○: 구들장 일 하시는 분들이 꽤 많았지요. 한 열 명 넘나?

질문자: 그러면 전체 80여 가구 중에서 운반이나 채석, 이런 구들장 사업 관련된 일로 생계를 유지한 가구가 얼마나 되었나요?

이○○: 남자가 있는 집들은 거의 다 구들장 일을 했지.

질문자: 그럼 다음 질문으로 넘어가서, 1980년대 들어서도 구들장 돌이 있으면 잘 팔렸나요? 그때만 해도 구들장 놓는 집이 많이 줄어들었을 것 같은데요.

이○○: 그때는 아직 구들장 판로가 좋았죠.

질문자: 80년대에요? 80년대면 한창 아파트 건설하고 그럴 때여서 구들장 놓는 집이 별로

없었을 것 같은데요?

이○○: 80년대면 지금으로부터 한 40년 전이잖아요? 그때 득량에서 구들장 돌을 내놓으면 광주로 운송되어 갔으니까 주로 광주에서 팔렸겠지. 그 시절에는 아직 여기서도 판로가 좋았어요.

질문자: 80년대면 서울은 이제 아파트 지을 때거든요.

이○○: 구들장 방돌이 서울까지는 아마 안 갔을 거요. 주로 전라도 지역이나 광주광역시, 이런 데서 소모가 됐지.

질문자: 그러면 한참 구들장 사업이 잘 될 때는 외지에서 사람들이 찾아오기도 했나요?

이○○: 그렇지. 외지에서 이곳으로 오기도 하고, 반대로 이 근방에서 사업을 좀 오래 하다 보니까 출하 가능한 방돌이 점점 줄어들어서 우리가 광주까지 가 보기도 하고 그랬어요.

질문자: 가보신다는 것은 타지에도 구들장 방돌을 채석할 만한 장소가 있는지 살펴보러 다니신 거예요?

이○○: 그렇지. 그때 보니까 담양에서도 구들장 사업을 하데요.

질문자: 당시 외지에서 사람들이 오기도 했다고 하셨는데, 제일 멀리서 오신 것 기억하시는 거 있으세요?

이○○: 일단 득량면 내에서는 거리상 좀 멀다고 해도 다들 한번씩 찾아 왔지요.

질문자: 벌교나 순천, 그런 데서도 사람들이 왔나요?

이○○: 그렇게 먼 곳에서 오지는 않았고요. 주로 예당이나 득량면에서 왔어요.

질문자: 대개 다른 읍면에서 오신 거군요? 알겠습니다. 그럼 다음으로, 채취 작업에 대해서 여쭐게요. 작업하는 돌산이 하나 있다 치면, 거기서 어떻게 방돌을 채취하나요? 돌을 폭파시키나요? 아니면 정을 대고 두드려서 깨요?

이○○: 그게 일반인들은 육안으로 봐서 판단을 못해요. 보통 채석 작업에 숙련된 사람들은, 현장을 살핀 뒤에 흙에 안 묻힌 돌 있지요? 그걸 '난돌'이라고 하는데, 그 난돌 상태를 봐서 방돌이 나오겠다, 아니다 위치를 잡아요. 어느 위치에서 채석을 할 것인지 결정이 됐으면 그 근방 지하 땅을 전부 걷어내거든요? 그 안에서 돌이 나옵니다. 보통 하루, 이틀 정도는 흙 파는 작업을 하고 돌이 보이기 시작하면 그때부터 채석 작업이 시작되는 거예요. 그 돌들을 자꾸 떠내고 나면, 나중에는 충분한 양의 구들장이 나오지 않게 될 거 아니에요? 그럴 때는 발파를 했어요. 발포용 남포(다이너마이트)를 사서 폭파 허가를 받은 다음에, 돌에 구멍을 뚫고 그 안에 남포를 넣어 터뜨렸지.

질문자: 그렇게 발파한 후에 돌이 나오면 누군가는 그 돌을 한 칸씩 떠내고요?

이○○: 그렇지. 다 본인들 작업장 내에서만. 보통 각자 작업장이 있기 때문에 다른 사람들이 작업해놓은 데 끼어들고 이러지는 못했어요. 내가 이 주위 흙도 걷어내고 자리 다져놨으면, 거기 돌 뜨는 건 내가 하는 거지. 다른 사람은 못 하지.

질문자: 돌을 떠서 근처에 쌓아두면 이제 우마차가 와서 운반을 하는 건가요?

이○○: 네. 우마차에 실어서 내려가지요.

질문자: 구들장 돌을 우마차에 싣는 일은 우마차 주인이 했나요?

이○○: 네. 구마차 주인이 실었지요.

질문자: 우마차 주인이 돌을 실은 후에 산을 내려가면, 그다음에는 그 돌들을 가지고 역까지 쭉 가는 거예요?

질문자: 그렇죠. 득량역에 가서 돌을 내리는 것도 우마차 주인이 해요.

질문자: 역까지 가서 돌을 내려놓는 일까지 했어요. 그럼 그 자리에서 누군가 그 돌을 사나요?

이○○: 득량역에서 작업하는 상차가 있고, 열차에도 인부가 한 대여섯 명 있어. 산에서 채석한 돌들을 가져다 주면, 역에 있는 인부들이 그걸 열차에 상차하지.

질문자: 그러면 선생님께서는, 그러니까 구들장 일하시는 분들은 돈을 언제 받으시는 거예요?

이○○: 돈은 채취하는 사람이 사업주, 즉 허가를 내가지고 방돌 뜨는 사람한테 일부 선불을 땡겨다 쓰는 경우도 있고 작업을 해 갖고 돈을 찾아 쓰는 사람도 있고.. 간조를 한다고 하지.

질문자: 최종적으로는 채석한 돌을 누군가에게 팔 거 아니에요?

이○○: 그런 것은 업주가 하지. 우리 같은 인부들은 보통 산에서 그 아래 집하장까지 운반만 하고.

질문자: 그럼 사장은 여기저기서 모은 돌을 외지에 판매하는 역할을 한 거예요?

이○○: 당시에 우마차가 한 번 날라내는 돌의 양을 두 칸이라고 해. 그러니까 우마차 달구지를 다섯 번 꽉 채워다 옮기면 그게 열 칸이지. 보통 화물차에 싣기 좋게 열 칸씩을 한 무더기로 쌓아두니까, 다섯 무더기를 실었으면 쉰 칸, 열 무더기를 실었으면 백 칸. 이렇게 작업하는 인부들이 알 수 있지.

질문자: 우마차에다가 한 번에 싣는 게 얼마 정도(였나요?)

이○○: 8자방 두 칸 정도.

질문자: 8자방에 두 칸 쓰는 것을 우마차 하나가 실은 거예요? 그러면 나오는 돌도 대충 사이즈가 요만해야 한다 정해져 있었겠네요?

이○○: (그래도) 사 방 한 자 이하는 못 써. 너무 잔 (30cm이하의) 것은...

질문자: 최하 적은 것이 사 방 한 자, 한 자(30cm*30cm)는 돼야 되고요? 그럼 더 크면요?

이○○: 클수록 좋죠. 크면 클수록.

질문자: 더 크면 더 큰 만큼 돈을 더 쳐줘요?

이○○: 방돌은 10장이 들어가면 굵은 놈은 너덧 장만 들어가니까 좋다고 봐야지.

질문자: 그럼 두께는요?

이○○: 두께는 얇을수록 좋지. 싣고 내려올 때는 중량도 가벼워야 좋은데, 두꺼우면 싣는 양도 제대로 못 싣고 무겁지만은 얇으면 사용하는 사람은 쫌 조금 두꺼운 것이 좋다고 봐야지.

질문자: 두꺼운 것이 좋은 거 아녜요?

이○○: 얇은 것은 수명이 길게 가들 못한다고 봐야지. 불을 먹으니까(약하지).

질문자: 그러면 그때 일하실 때 아주머니들도 일하시고 그랬어요?

이○○: 아주머니들은 산에서 일 안했어.

질문자: 그런 일은 안 하시고?

이○○: 남자들만 했어.

질문자: 근데 제가 산에 올라가 보니까 우마차들이 갔던 길들이 있더라구요? 그길은 한 사람이 놓은건가요? 한 팀이 놓은 건가요? 예를 들어 이게 선생님 산이다? 그럼 선생님 인부들이 다 놓은 거죠?

이○○: 그라지. 인부를 사 가지고 낸 거지.
질문자: 작업을 하기 위해서 한 번 산에 올라가시면 하루 종일 그곳에 계시는 거잖아요. 식사는 어떻게들 하셨나요?
이○○: 도시락을 싸 가지고 올라가지.
질문자: 보통 아침 몇 시쯤 올라가셨어요?
이○○: 출근 시간처럼 딱 정해져 있는 건 아니고 자유로웠어. 보통 오전 8시경이면 다들 왔지.
질문자: 그럼 오전 8시쯤 모여서 일을 시작해서, 몇 시까지 작업을 하셨나요?
이○○: 오후 늦게까지 작업하는 사람들도 있고, 도시락을 안 가지고 왔다 하면 그냥 오전에만 일하고 하산하는 사람도 있고. 일하는 사람 자유야.
질문자: 우마차 주인은 하루에 몇 번이나 왔다 갔나요?
이○○: 하루에 두어 번이나 오가지, 자주는 못 해요. 소가 힘들어 하기 때문에.
질문자: 산에서부터 역까지 실어 나르는 것을 한 번이라고 치면, 하루에 몇 번 정도?
이○○: 역까지 갈 때는 하루에 한 번 정도나 나르지. 산 아래까지 출하하는 경우에나 오전, 오후 총 두 번씩 나르고.
질문자: 달구지를 끄는 소가 따로 있고, 농사짓는 소가 따로 있고 그렇지는 않았나요?
이○○: 우마차 끄는 소가 주로 농사까지 병합해서 하는데, 반대로 이 근방 해평에 들어오는 소들은 우마차 일을 못 해. 농사는 어지간한 소는 다 지을 수 있는데 산에는 아무 소나 다 올라갈 수 있는 게 아니거든. 그래서 소를 사면 몇 번 산을 태워 보고, 잘 오르지 못하면 다른 소로 교체하고 그랬어.
질문자: 그러면 우마차 끄는 일을 맡는 소는 주로 어떤 소인가요? 뚱뚱한 소는 산을 오르기 힘든가?
이○○: 뚱뚱하고 마르고, 그런 체격 같은 것은 산 오르는 것과 크게 상관이 없는 것 같고. 체구는 작아도 산을 잘 오르는 소가 있고, 안 올라가겠다고 고집을 부리면서 버티는 소가 있어.
질문자: 소 말고 다른 가축을 이용하는 경우는 없었나요? 말이라든지 당나귀 같은?
이○○: 없었어. 오로지 소뿐이었어.
질문자: 이제 또 달구지로 넘어가서, 이제 소 구루마 뒤에 마차가 달려있잖아요. 그건 평소에 농자 지을 때 쓰던 마차를 그대로 사용하는 건가요, 아니면 구들장 운반용으로 특별히 제작을 하는 건가요?
이○○: 따로 제작을 했지. 평지에서 사용하기 위해 만든 마차를 산에서 쓰게 되면, 내려올 때 바퀴가 이리저리 헛돌기 때문에 제대로 끌 수가 없어요. 보통 바퀴 안에 베어링이 들어 있어서 평지에서도 끌면 자유자재로 돌아가잖아요? 근데 산은 오르막, 내리막이 있으니까 하산할 때 그 바퀴로 가면 어떻게 되겠어? 그랑께 브레이크 같은 것들을 쇠로 다 맞추어가지고, 바퀴가 마음대로 못 구르게 만들어 놔요. 그러다가 농번기가 되면 그 브레이크 작업 해놓은 것을 다시 풀어서 농사용으로 쓰는 거지.
질문자: 그럼 농번기 때는 농사일로 바쁘니까 우마차 운반 일을 거의 못 하셨겠네요?
이○○: 그렇지. 농사철에는 구들장 일까지 못 하지.
질문자: 그리고 겨울에도 또 추워서 작업을 못하실 거 아니에요? 그때는 농사일은 좀 한가하겠지만.

이○○: 맞아요. 날이 너무 추우면 인부들도 제대로 작업을 못 해요. 그리고 돌 캐는 일이잖소. 위치도 산 중턱이고, 또 돌이 많은 석산이니까 그게 말 그대로 냉돌 아닙니까. 그래서 겨울에는 작업을 거의 못 한다고 봐야지.

질문자: 그럼 주로 일하시는 때는?

이○○: 주로 봄가을.

질문자: 봄가을엔 농사일로 한창 바쁘지 않나요?

이○○: 그렇긴 해도 대개 작업을 그때 많이 잡지.

질문자: 그리고 저희가 얘기도 듣고, 또 자료 수집도 하면서 보니까 당시에 우마차 끄는 소에게 짚신을 신겼다고 하더라고요? 이 점이 꽤 특이한 것 같아요. 원래 평지를 다니는 소들에게는 짚신을 안 신기잖아요?

이○○: 이 지역은 평지에도 돌이 많기 때문에 벼를 실으러 간다든지, 그런 작업을 할 때도 소에게 짚신을 신겨.

질문자: 아, 그러면 이 지역에서는 원래도 소에게 짚신을 신겼던 거예요?

이○○: 그렇지. 다른 지역 소는 이런 거 못 신지.

질문자: 짚신은 어디에, 어떤 식으로 신기나요?

이○○: 소 발에 신기는데, 짚신을 이렇게 묶어 소 발에 신기는 거지.

질문자: 현재는 소 짚신을 삼으실 수 있는 분이 선생님밖에 안 계신가요?

이○○: 글쎄, 그건 내가 잘 모르지. 다른 사람도 할 수 있는지, 없는지.

질문자: 지금 짚신 삼으시는 방법은 선생님이 직접 연구하신 건가요?

이○○: 옛날에 어른들한테 배웠지.

질문자: 어르신께서는 옛날에 이 지역 어른들에게 배우셨고. 이게 다른 지역에는 없는 건가요?

이○○: 없지. 그게 다 이 동네 지형이 특수해서 보완하느라 만들어진 거니까.

질문자: 소에게 짚신 한 켤레를 신기면, 소가 몇 번이나 산을 오르내릴 수 있어요? 그러니까, 짚신 하나를 얼마나 쓸 수 있나요?

이○○: 보통 산에 한 번 올라갔다 내려오면 그걸로 끝이에요. 여기가 죄 돌밭이라 짚신이 금방 해져서 떨어져요.

질문자: 옛날에 작업장까지 우마차 길을 (구들장 뜨고 남은 돌로) 닦아놓을 때 그 길도 다 돌을 얹어서 쌓았을 거 아니에요?

이○○: 아니, 석축쌓기를 하지.

질문자: 보니까 엄청 잘 쌓아져 있더라고요.

이○○: 따로 있는 건 아니고, 거기서 구들장 일하던 인부들이 쌓았어. 그때는 지금처럼 소형 포클레인 같은 장비가 없었으니까, 하나하나 사람이 힘들게 일했지.

질문자: 작업장까지 올라가는 길 초입에 보면 계단들이 있던데, 그건 뭔가요?

이○○: 거기 잘 살피면 방돌 뜨던 층이 보이지 않던가? 제일 끝 쪽에? 산에서 작업을 하다 보면 위에서부터 허물어진 잔해들이 내려오니까, 사방 사업하는 식으로 조치를 한 거예요.

질문자: 굉장히 좁게 나 있는 계단이던데, 그게 뭐 따로 용도가 있는 것은 아니고요?

이○○: 그런 건 아니고, 원래 토석 채취 허가를 내고 폐업을 하면 산원대 복원을 하게 돼있어요.

질문자: 제가 보기엔 굉장히 정성을 들여 쌓아놓은 것 같은 계단이라 무슨 행사 같은 걸 하셨나 했어요.

이○○: 그냥 산 허물어지지 말라고 사방 사업을 한 거예요.

질문자: 그러면 구들장 사업을 그만두게 된 80년대 이후에 선생님께서는 뭘 하셨어요?

이○○: 그때는 딱히 하는 일 없이 놀았어. 내 인생의 역사를 더듬어 보면, 고된 일은 일대로 했는데 계속 어렵고, 그렇다 보니 내 소유의 땅이라고는 한 마지기도 없고. 그러니까 농사도 따로 못 지었지.

질문자: 산 위에서 근무하시다 보면 사고가 나는 일도 있었을 것 같아요.

이○○: 사고도 나고, 다치는 사람도 나오고 그러지.

질문자: 주로 어디서 어떤 작업을 하다가 사고가 나나요?

이○○: 사람 다치는 것은 보통 채석 작업을 하다가 다치기도 하고. 구들장 일이라는 게 결국 돌에 정을 대고 망치로 두드리고 하는 일이 태반이니까 그 작업을 하다가 다치지. 그래도 발파하는 일로는 사고가 안 났어. 그건 각별히 더 조심하니까. 우마차 같은 것도 종종 어디 헛디뎌서 구른다거나 해서 난리가 났지만, 누가 다치긴 해도 다행히 인사 사고는 없었어.

질문자: 아, 사망 사고는 없었어요?

이○○: 네, 그런 일은 없었어요. 좀 다치기야 했겠지만.

질문자: 말씀하시는 걸 들어 보면 구들장 뜨는 작업을 하실 때 보통 쓰신 도구들이 망치, 정, 이런 단순한 연장들인데 기계 같은 것은 없었나요?

이○○: 구들장 층에 정을 박을 때 쓰는 큰 망치하고, 방돌 조각 만들 때 정이랑 같이 쓰는 작은 망치하고. 그냥 그 정도가 다였지, 그 시절에는.

질문자: 그런 시절이었으면 아마 작업화도 별로 좋은 게 없었을 것 같은데요.

이○○: 그렇지. 그냥 고무신 신고 하는 거지.

질문자: 그럼 안전모 같은 것도 따로 없고요?

이○○: 모자 같은 것은 있는 사람은 썼겠지만 가진 사람이 드물지.

질문자: 작업할 때 장갑은 어떤 걸 쓰셨어요?

이○○: 생활이 어려운데 장갑이라고 마음대로 썼으려고? 장갑 같은 것도 다 귀했지.

질문자: 그럼 맨손으로도 작업하셨어요?

이○○: 맨손으로도 했지, 해야지.

질문자: 현재 이 마을에 아직도 구들장이 설치된 집들이 있나요?

이○○: 있지. 가옥 방식을 바꿔도 구들장 바닥 다 그대로 놔두고, 그 위에다 미장을 했으니까 구들장은 남아 있지. 이 집 아래채에도 구들장이 있고, 그, 마을 동암떡집에도 있겠다. 여기 아래채는 아직도 구들장으로 불을 때.

질문자: 아직도요? 이 집이 그러면 구들장 사업이 한창일 때 지은 집인가요? 이 집 지은 지 몇 년이나 되었어요?

이○○: 오십 년도 넘었을걸. 오십 년이 뭐야, 그보다도 한참 더 되었지.

질문자: 지금 지은 지 70~80년씩 된 오래된 집들은 문화재로 지정받을 수도 있거든요. 그러면 당시에 같이 일하셨던 분들 중에 아직도 이 마을에 살고 계신 분들이 있나요?

이○○: 저 아래 임○○라는 분이 하나 사시는데, 지금은 거동이 좀 불편하세요. 그 사람이 그 시절에 방돌도 뜨고 그런 인부였는데.

질문자: 그러면 80년대 중반쯤 자연보호 정책이 시작됐다고 하셨잖아요. 그래서 채석 작업을 못 하게 됐을 때는 사람들이 많이 떠났겠네요?

이○○: 굳이 다른 데로 떠나는 집은 많지 않았고, 그냥 작업을 못하게 돼서 실직하게들 된 거지.

질문자: 그것 때문에 면에 인구가 확 줄거나 하지는 않았나요?

이○○: 그러지는 않았어.

질문자: 작업 막 끝냈을 당시에는 이 산이 허허벌판이었다고 하더라고요. 그러면 그 이후에 나무를 심기 시작하신 건가요?

이○○: 그렇지. 당시엔 여기가 전부 민둥산인 데다가, 방돌을 뜨고 나면 다 허물어져 뻘겋게 아래 흙 층이 다 드러나서 보기가 흉했어. 그래서 조림(造林)이라든지, 아까 말한 계단 만들기 같은 사방 사업을 하라는 지시가 있었지.

질문자: 다음 질문으로 넘어가서, 선생님께서는 여기 줄곧 사셨다고 하셨지요? 그러면 초등학교 다닐 때라든지, 그런 어린 시절부터 계속 이 오봉산에서 구들장 채석 작업이 이루어지는 걸 보셨나요?

이○○: 그때도 봤지. 산에 직접 가보지는 않아도, 거기서 어떤 작업을 하는지는 알았지.

질문자: 그리고 돌 두 칸이 우마차 하나에 실린다고 하셨잖아요. 그럼 이 우마차 하나 분량, 그러니까 돌 두 칸은 가격으로 치면 시세가 얼마나 되었나요?

이○○: 그 돌 한 칸 가격이 어느 정도나 됐는지는 정확히 모르겠네.

질문자: 쌀 한 가마니 값 정도 된다든지?

이○○: 그렇게 쳐주지도 않고, 돼봐야 몇 되 값이나 됐겠지.

질문자: 그럼 보통은 하루에 쌀 몇 되도 못 버신 거네?

이○○: 그것도 다 운이 있어요. 자리를 잘 잡아서 방돌을 하루에 몇 칸씩 뜨는 사람이 있고, 한 칸도 못 뜨는 사람이 있고. 우마차야 다 떠낸 돌을 실어내는 거니까 고정적으로 할 수 있겠지만, 채석 작업을 하는 사람들은 자리를 어떻게 잡느냐에 따라서 아예 못 뜨는 날도 있고, 여남은 칸씩 뜨는 날도 있고 해서 수입이 일정하지 않아.

질문자: 우마차로 운반 작업 하시는 분들은 한 번 오르내리면 얼마 정도씩 받으셨어요?

이○○: 잘은 모르겠네요. 그때 아마 몇천 원 정도 했을 건데.

질문자: 작업 현장에서 일의 분배는 어떻게 되었나요? 운반하는 사람은 운반만 하고, 돌 뜨는 사람은 돌만 뜨고?

이○○: 돌 뜨는 사람들은 보통 따로 있어.

질문자: 그런 분들이 돈은 제일 많이 버시겠지요?

이○○: 그게 아까 말한 운에 달린 거야. 좋은 자리 잡아서 돌을 잘 캔 사람들은 돈을 벌고, 못 쓸 자리 잡아서 헛일만 들입다 하고 얻는 게 없으면 한 입 건사하기도 힘들고 그런 거지. 터를 못 잡으면 며칠이고 공치는 수도 있어.

질문자: 당시에 작업하셨던 산은, 지금도 주인이 다 따로 있나요?

이○○: 다 산주가 있지. 계곡마다 주인이 다 따로 있지.

질문자: 혹시 옛날에, 어르신께서 구들장 작업하실 때 찍으셨던 사진이나 그런 건 없으세요?

이○○: 옛날 것은 거의 정리하고 버리고 해서 지금은 아마 남은 게 없을 것 같은데.

질문자: 사진 같은 것이 다 증거고 기록이라서 중요하거든요. 혹시 방돌 싣고, 돌 쌓고 그런

작업 하실 때 찍어두신 거 하나도 안 남았나요?

이○○: 지금 어디 생각나는 건 없고, 혹시 찾아서 나오면 잘 보관해 둘게요. 다음에 마을 회의 있으면 동네 사람들한테도 좀 물어보고. 아마 당시에 일하던 정 같은 거 하나는 나오겠네.

질문자: 다른 분들은 코뚜레 같은 것도 찾으면 주시고 그러셨어요.

이○○: 그런 연장들, 장비들은 지금 거의 다 면에 있어.

질문자: 그 망치라고 하시는 건 특수한 망치는 아니죠? 그냥 옛날에 작업할 때 쓰던 소위 '오함마' 같은 거죠?

이○○: '오함마'도 있고, '데꼬'(てこ, 쇠지렛대)도 있고. '데꼬'는 우리집 뒷마당에도 하나 있는 것 같은데.

질문자: 참, 어르신. 예전에 이 오봉산에서 채석된 돌이 다른 지역 돌보다 특별히 좋다거나, 이런 이야기 들으신 적 있으세요?

이○○: 많이 들었지. 우리 지역에서 나는 돌이 품질이 월등히 좋고, 돌 두께도 너무 두껍지 않은데 단단하기는 충분히 단단하고, 아주 야물었다고. 그러니까 여기가 구들장 사업 판로가 제일 좋았지.

■ **녹취 일자: 2021년 3월 21일 11:30~12:50**
■ **녹취 장소: 황○○ 씨 자택**
■ **채록자: 국제온돌학회 송○○**

질문자: 안녕하세요, 인터뷰 시작하겠습니다. 먼저 성함 한 번 확인할게요. 황○○ 선생님 맞으신가요?

황○○: 네, 제가 황○○입니다.

질문자: 선생님께서는 현재 연세가 어떻게 되세요?

황○○: 호적 나이로는 84세.

질문자: 아, 실제 나이와 호적 나이가 좀 다르세요? 그럼 실제로는 몇 살이신 거예요?

황○○: 85세, 37년생.

질문자: 37년생이시면 일제강점기 때 태어나셨겠네요.

황○○: 그렇지.

질문자: 그럼 한국전쟁 때는 몇 살이셨어요? 한 열 몇 살? 중학교 때쯤 되셨나?

황○○: 아마 그쯤 됐겠지.

질문자: 어르신께서는 득량에 오래 사셨나요?

황○○: 평생 여기서만 살았어. 이 집에서 태어나고, 이 집에서 크고.

질문자: 어디 다른 외지에는 나가 사신 적 없으시고요?

황○○: 일 하느라 나가는 경우는 있어도, 사는 건 쭉 여기서 살았어요.

질문자: 지금은 농사를 지으시나요?

황○○: 농사를 짓긴 짓는데, 내가 나이가 많으니 크게 하는 것은 아니고, 그냥 이 집 식구들 먹을 식량 정도로만 작게 해.

질문자: 어르신, 이 마을 근방에서 옛날에 구들장 채석이랑 방돌 뜨기 같은 일 했었던 것 아시죠?

황○○: 알지. 그때 다들 청방산에서 일을 했지.

질문자: 그래요? 그럼 선생님은 그때 어떤 일 하셨어요?

황○○: 그때 방돌도 뜨고 (화약 터뜨리는) 남포꾼도 했고. 남포란 것은 뭐냐면, 돌에 구멍을 뚫어 갖고 발포(발파)하는 건데, 그라면 돌이 딱 엉겨붙은 것이 쩨금쩨금 떨어지고 그 틈만 쪼개져 살살 구들장 돌을 들춰내주지. 난 그런 일을 많이 했어. 남포꾼으로 돌아댕기면서.

질문자: 어디 산에서 (구들장 캐는 것이) 안 된다고 부르면 거기 가서 해주고 이쪽 산에서 안 된다고 하면 거기 가서 해주고 그러신 거예요?

황○○: 처음에는 내가 스스로 다니면서 자연으로 파서 한두 길 흙도 파고 그 속에서 (구들장을) 빼내고 얇게 된 데는 얇은 데서 빼내고 그렇게 했어요. 그것도 하고 내가 요런 거 저런 거 기술이 좋으니까 남포 (폭파하는 도구인) 쇠를 연장을 내가 만들어요.

질문자: 아~ 직접?

황○○: 직접 만들어, 쇠를. 긴 거를 집게 입을 만들어서 망치로 한 사람은 때리고 한 사람은 잡고 두세 개 구멍을 뚫어. 그러면 물을 붓듯이 뚫고 치고 메도 제대로 치고, 한 사람이 계속 치기도 하고 그래서 거기다 화약을 넣어서 튀어주고 그랬어요

질문자: 당시에 돌에 구멍을 뚫을 때는 어떻게 하셨어요? 요즘처럼 기계가 있지는 않았을 텐데.

황○○: 그 쇠 긴 것을 두 자, 석 자, 넉 자, 다섯 자 긴 것을 갖고 다님시롱 입을 요렇게 집에서 대장간에 하듯이, 집에서 입을 이렇게 이렇게 만들갖고 뾰족하게 만들어.

질문자: 그럼 그 뾰족하고 긴 쇠를 돌 틈에 집어넣는 건가요?

황○○: 그놈이 들어가서 막 쳐내면 그놈이 안 나오거든요? 그놈이 돌면서 그놈이 양쪽에 날개를 조끔 맨드러 갖고 빵빵 돌려서 이놈을 망치로 두드려서 들돌리고 들돌리고 자꾸 돌리면 동글동글 (구들장 바위) 속으로 들어가.

질문자: 속으로 들어가는 거예요?

황○○: 그놈이 안 빠져버려, 그놈이 한없이 파고 들어가버려, (그럼) 거기다 빼내고 남포 약을 넣어 발파를 시키고.

질문자: 남포 약이라고 말씀하셨는데, 그게 가루인가요?

황○○: 남포 약이?

질문자: 네. 남포 약이 어떻게 생긴 거예요?

황○○: 가루가 아니고, 보통 떡이라고 부르는 거 있어. 한 뼘쯤 되는 길이로 생겼어.

질문자: 그걸 떡이라고 해요? 물렁물렁해서 그런가?

황○○: 물렁물렁하니 그것이...

질문자: 어떻게, 고무나 엿처럼요?

황○○: 떡국처럼 생겼는데 가보시로 만으로 생겼어요. 색깔이 가래떡 같이 생겼다고 해야 하나. 그래갖고 거기다가 화약 머시기 남포 약이고 화약이 있고 화약이 있는디 그것이 말하자면 성냥 뒤집어 놓은 것처럼 요정도밖에 안 돼. 그놈을 거다 속에다 넣고 구멍에 따라 약을 많이 적게 약을 많이 넣고 튀어서 튀어주면 돈 받고.

질문자: 보통 채석할 때 발파하는 돌은 어느 정도 크기나 되나요? 엄청 큰 바위인가요?

황○○: 엄청 큰 바위일 때도 있고, 아니면 땅속에 있는 돌일 때도 있고. 보통은 큰 바위를 발파하지. 너무 큰 바위는 위에서 뚫을 수가 없으니까...

질문자: 그런 건 옆에서 뚫나요?

황○○: 밑에서 요렇게 옆으로 요놈을 둘이서 한 사람은 잡고 한 사람은 돌리고 그러케서 한 바퀴를~ 면에서도 나왔을 때 그런 얘기 해줬는디, 청방산이 있어요 저 안에. 그 바위가 꼭 사람 모자 쓴 거처럼 생긴 바위가 있는디 집채띠기 만해요. 그 바위를 옆으로만 뚫어서 그놈을 넘겼어요.

질문자: 이 주위에 청방산이라는 데가 있고, 또 오봉산이라는 데가 있잖아요. 오봉산은 득량 역전에서 바라보면 기남을 들어가면서 요산 오봉산은 득량 역전에서 있는 산.

황○○: 그렇지. 득량역전에서 바라보면, 기남으로 들어가면서 보이는 득량 역전에 있는 게 오봉산.

질문자: 청방산은 오봉산과는 좀 다른 산인가요?

황○○: 오봉산은 득량 역전에서 보면 요쪽으로 있는 산이 저기서 산이 봉오리가 여기서 내려와서 똥또가니가 되고 여기서 내려와서 똥도가니가 되고 한 몰랑게 여기서 내려와서 동도가니가 되고 그렇게 다섯 개 봉오리가 있어요. 그래서 오봉산이라고 그래요. 그리고 청방산이라고, 오봉산이라고 행정상으로는 여기를 보고 행정상으로 칼바위있고 용뚱버있고 그래요. 기남이라는 데서 올라가면 저수지 있잖아요. 거기서 그리 올라가면 옛날 소풍도 다니고 모두 그런 데요. 용뚱벙 있고 그리 칼바위가 산 모롱이에 산이 요렇게 있단 말이요. 칼바위는 여기서 요렇게 바위가 있어. 기남 가면서 득량서 보면 뵈는데 예당서 보면, 괴상하니 생겼어. 그것보고 칼바위라 하고 용뚱벙은 그전에 소풍도 가고 그러면 물이 좋았거든요, 저기서 졸졸 내려와서 그 안도 산이 요렇게 생겨갖고 이 물이 한 방울 떨어져 똑똑 졸졸 내려오거든요. 바위 떨어지는 데가 돌이 요만한 놈이 큰놈이 있어 갖고 거기다 팍팍 떨어져 갖고 있어요. 소풍 가면 놀이한다고 숨겨놓고 장난하는 거, 그런 적도 있었고. 그래갖고 방돌 뜨는디 그놈을 뜨기만 뜬 것이 아니라 실어내는 사람이 있어요.

질문자: 네, 알아요.

황○○: 당시에 정○○ 씨라는 분이 이 근방 작업을 책임지는 업자, 그러니까 산주였어요. 그 사람이 구들장 사업을 하면서 채석하는 인부, 운반하는 인부를 다 고용하는 거지요. 그래서 인부들이 방돌을 뜨면 거기 서사라고 있어요.

질문자: 서사요?

황○○: 예, 서사라고, 업자 밑에 하나 있어요. 책임자 같은 사람이에요.

질문자: 아, 감독 같은 분인가요?

황○○: 감독 관리하는 사람이 있어. 전표 끊어주고. 그것은 어떻게 하냐면은 전표 끊어주고 한 것은 뜬 사람이 얼마 떴다 하는 것이 나와. 여기서 머시기 하면은 또 지금 저 청방산을 안인디요. 요것이 말하자면 여기서 요렇게 청방산이라고 하는디 요리는 금강골이라고 저리 회춘으로 넘어가고 여기서 요리 넘어가면 객사로 넘어가고 요리 가면 요룡고라고 산고랑이고 그란디 요 산을 요런 데서 돌을 만들어내고 방돌을 요런 데서 막 해. 그래갖고는 이 올라간 길이 우마차가 올라 다녀요. 지금은 경운기 농촌에 있는 경운기 안 있소. 경운기가 가는 것이 아니라 소로 실어내요. 그러면 여기서 부터가 청방산이거든요. 여기까지 가는 데 한 시간이 걸려요.

질문자: 거기는 어디예요? 여기가 어디예요?

황○○: 요기 우리 부락(득량).

질문자: 여기서 여기 가는 데 한 시간?(득량에서 청방산)

황○○: 우마차가 가는데, 소 발에다 짚으로 만든 신을 신겨 갖고 여기서 우마차를 길 따라 간단 말이요. 여기서 여기를 가는디가 한 시간 걸려요. 여기서 우마차가 산이 앞산 저런 산마냥 생겼는디 여기서 우마차를 끌고 이렇게 해서 여기 집이 한 가구가 그전에 있었는디, 그 집에서 쉬어도 가고 술도 쪼금 팔기도 하고 일하는 사람들이 와서 먹기도 하고 가정집인디 그렇게 했어. 그래갖고 청방산을 들어가면 방돌을 여기다 뜨나 두면은 여기다 뜨고 여기다 뜨고 사람들이 요렇게 뜨잖아요. 그러면 우마차 길을 이렇게 해서 요렇게 해서 지그재그로 해서 만들고 요리도 가고 요리도 가고 요리는 여기로 가고 우마차가 댕기는디 산이 요렇게 생겼어. 급해요. 소가 바로 내려 올 수가 없어. 그런 데를 길을 내갖고 우마차 여기서는 구루마라고 보통 하거든요. 수레, 수레. 우마차 바퀴 두 개 달린 거. 거기다가 싣고 사람이 소를 끌고 그 산을 올라가요 그 산을 올라가믄 이제 올라갈 때는 사람이 빈 구루마로 산을 올라가요. 빈 구루마를, 우마차를 싣고 올라가면 소도 죽을라 해. 올라가는 것도 빈 것도 끌고 가기가 외로워요. 그러면 한없이 장소까지 가갔고 빈 구루마는 그래서 거기서 돌려 갖고 거기서 방돌을 싣거든요. 실고 내려올 때는 사람이 버티지도 못하고 뒤에 구루마 뒤에다 발통에다가 차 브레키마냥 뒤에서 돌리는 것이 있어. 나무를 대갖고 바퀴 쇠에 다 걸어서 뒤에서 돌리면 댕겨서 팽팽하게 되잖아요. 요놈을 돌려. 산에서 내려오면 나무하고 쇠하고 닿는 소리가 삐삐 소리를 내요. 그 산에서도 구루마가 요렇게 되었는디, 길이 요렇게 되었는데 일일이 굽어서 틀어서 조정을 해 갖고 너무 급한디는 더 잠그고 수월한 데는 풀어주고 그렇게 해서.

질문자: 그것도 다 기술이 필요하겠네요?

황○○: 그것이 기술이지 보통이 아니여. 그것이 넘어진 구루마도 있어요. 잘못해갖고.

질문자: 소도 죽고 그랬다고 하더라구요?

황○○: 그런 저기가 있고 기남에서는 용추골 쪽으로 나와요. 오봉산 칼바위 쪽에 거기서도 나왔어. 여기서는 방돌 싣고 거기서 나오거든요. 아침에 밤중에 가는 사람들이 있어 실러, 밤에도 가서 실어, 깜깜한 밤에.

질문자: 당시에 전깃불도 없었을 텐데, 깜깜한 밤중에는 작업 위치를 어떻게 찾아요?

황○○: 먹고 살랑께. 아침에 가자면 여기서 올라가면 청뱅이까지 집에서 나서서 이 마을서 가고 이 마을서도 가고 모두 가거든요. 여기를 가면은 여기서 여기서 가다가 쉬기도 하고 올라가는디 산을 한 시간을 걸어서 구루마를 사람이 타고만 가요. 소가 무척 영리해요, 말도 못 해. 딱 그 자리에서 서요. 그래갖고 몰고 다니면서 이리저리 산을 올라타고 내리고 거기서 싣고 여기로 내려오면 삐삐하거든요, 그러면 여기 오면 아침밥 먹을 때 여길 나와요.

질문자: 밤에 가서 밤새 싣는 거예요?

황○○: 그랑께 한 두 시 되면, 세 시 되면. 여름이면 더우니까 일찍 나가고, 그래갖고 아침밥 먹을 때 아침밥 하러 가는 사람 보게 여기 나온다고 싣고, 그러면 요놈을 싣고 득량 역전으로 가요. 득량 역전에 가갖고 득량 역전에서 짐 맡은 사람이 있고 돌 푸는 장소가 있어 역전 철도역 내에. 철도역 부근에다, 역전 부근에다 짐 싣고 푸고 하는 근처에 기차 짐차를 거기다 길에다 대놓으면 거기다가 와루바시 직원들이 있어. 갖고 돈 벌라고 거기다 다 실어요. 실어 갖고 거기서 실어서 그것이 각 처로 들어가제. 옛날 사람들이 그만큼 머리가 좋았어요. 그것을 해먹고 살고, 그것을 놔서 방을 놔서 따습게 잔다는 것이 참 보통 머리가 아니에요. 옛날 한 사람들이 그래서 그렇게 역전에다 했는디 그 뒤로는 역전에도 못 나가고 여기서 요리해서 요렇게 역전을 갔는디 그 뒤로는 방돌을 역전에서 못 받으고 이쪽 도로가에 요게 마성 앞에 도로가에 쟁였어요. 몇 자에 몇 자 8자에 10장 높이 10칸 20칸. 열 칸이 쟁여지게 네모지게 딱 해서 평수로 전표를 끊어서 돈 받아 먹고 여러 사람이 가면 한테당 퍼놓고 너는 얼마 두 칸씩 칸 반씩 돈을 받아먹고, 그때 돈으로는 쌀 한 가마니에 6, 7만 원 했는가. 하여튼 한 칸 뜨는 데 돈이 싸기도 싸요.

질문자: 그럼 방돌을 몇 칸이나 떠야 살을 한 가마니 사요?

황○○: 그게 옛날 것이라 영 시름시름 합디다. 먼저 여기도 그런 얘기가 돌아갔고 정○○ 씨, 정○○ 씨 아들이 있었는디 거기도 관리를 했거든요 나중에. 그분이 이만저만 해서 전화가 왔드만요. 그때 쌀 한 가마니 한 7만 원 정도. 5, 6, 7만 원 했는디. 쌀 한 되 그때....

질문자: 방 한 칸을 뜨면 한 되를 사는 거예요?

황○○: 한 되는 더 되지요. 한 되는 더되고 하여튼 닷 되 정도 벌이가 돼.

질문자: 한 칸뜨면 닷 되 정도? 그러면 만약 한 두 칸을 떴다, 하루에 두 칸을 뜰 수 있어요? 아니면 바빠요? 하루에 뜨는 양이 얼마나 돼요?

황○○: 그것이 고정이 없어.

질문자: 고정이 없지만 평균 어느 정도 떠야 하루 일당을 했다고 할 수 있어요?

황○○: 한 칸 반 정도, 두 칸 정도 뜨면 잘 번 것이고 그렇게 하지.

질문자: 선생님은 몇 살 때부터 구들장 일을 하셨어요?

황○○: 아주 어려서부터 했어요.

질문자: 몇 살 정도?

황○○: 하여튼 15살 넘어서 나무하고 그런 짓거리하고 못살 때.

질문자: 아마 처음부터 바로 돌을 뜨지는 못하셨을 것 같은데, 어떤 일부터 시작하셨어요?

황○○: 그럭저럭 하다가...

질문자: 흙 파는 거, 도와주는 거 하다가 조금 배워가지고 돌 뜨는 거 하다가? 남포 위주로만 그렇게 하신 거예요?

황○○: 내가 그랑께 이 근방에서는 기술자였제. 남포고 방돌이고 잘 한다고 했어. 그래갖고 남포 그랑께 서른아홉 살부터는 석공으로 들어갔어. 석공으로. 왜냐면 돌 쌓는 거. 산에 가서 돌 깨는 거 석공으로 석산 일을 내가 했어.

질문자: 구루마 길을 만들 때 보면 돌을 막 쌓아서 하잖아요? 그런 일도 하셨어요?

황○○: 그런 길도 업자가 맡아서 해줘.

질문자: 업자가 맡아서 하는데 돌 쌓는 기술이 있어야 하잖아요?

황○○: 길도 잡부 데꼬 업자가 길을 내줘, 산을.

질문자: 그럼 그런 돌 쌓는 거는 안 하시고?

황○○: 그런 것은 잡부들이 하죠.

질문자: 아.. 그런거는 잡부들이 하고?

황○○: 큰일 내가 서른다섯 정도 돼서 돌 쌓는 거 그만두고 석공일을 해서 석산에, 그래서 작업을 하는디 요것 벌어 먹고는 못 살겠드만. 그래서 독(돌)을 깨서 한 개당 얼마씩 받아먹는 거를 했어. 그때 하루 노임이 그때 6천 원, 8천 원 그랬거든요. 그것을 깨면 한 뎅이 얼마 그러니까 하루에 내가 첫날에 가서 70뎅이를 깨부렸어. 그랬더니 사람들이 놀래부러. 그런 뒤로 100뎅이도 깨고 150뎅이도 깨고 해갖고 석산에 일하러 댕겼지. 내가 할 말은 아닌디 고수, 고수.

질문자: 거기는 방돌 하는 데는 아니잖아요?

황○○: 거기는 방돌은 아녀.

질문자: 그 돌은 어디다가 쓰는 돌이에요?

황○○: 그 돌은 방찬마고 선산 일을 하고 새마을 사업 하는 데다. 옛날에는 새마을 사업 하는 데 그런 데로 많이 나가고 예당도 간척지 하는데, 그래서 39에 그만두고 쌓는 기술로 또 나갔어. 아니다 52에. 52에 쌓는 기술로 나갔는데 그것을 하다 본께 기술이 늘어갖고 모정리 방파제 어디 저 방조제 바닷가에 그런 거도 맡아서 하고 이것저것 책임을 다 했어 내가. 인부들 데리고 다니면서.

질문자: 그러면 39살까지는 방돌 뜨는 일을 하셨고? 39 이후에는 석공으로 해서 그 뒤로는 방돌은 안하시고 다른 돌 관련된 일을 하시고?

황○○: 석공으로 나가고 그 뒤로는 방돌을 안 했지.

질문자: 그때는 방돌을 안 했어요? 왜 안 하게 됐어요?
황○○: 워낙 많이 나가니까 판로가 안 되거든. 그리고 보일러 터져서 나왔제.
질문자: 그러니까 찾는 사람이 없어지네요? 나라에서 그만하라고 한 건 아니고?
황○○: 그래갖고 자연적으로 사라졌제. 그건 아니고. 허가만 난 산이 있어갖고 가서 거기만 건들면 나와. 잘 만나면 많이 나오고 못 건들면 헛고생하고.
질문자: 그러면 잘 뜨는 사람은 얇게 뜨는 거예요? 아니면 평평하게 뜨는 거예요? 크게 뜨는 거예요? 기술이 좋다는 것은 어떤 거예요?
황○○: 기술이 좋다는 것은 방돌이 돌이 베인 놈도 방돌이 돼갖고 있고 속에를 흙을 파서 헤치고 보면 그럼 방돌이 지적지적 보이게끔 정을 질러갖고 그놈을 떠들쳐서 방돌을 인나치면 방만 한 것도 일어나고 더 큰뎅이도 인나고 조금만 것도 일어나고 그렇게 인나거든요. 그놈을 두드려 깨서 이 정도까지 만들어. 그래서 어디가 안 좋은 데 있으면 다듬어서 그놈을 옆에 내놔두면 우마차가 와서, 우마차 싣는 사람이 있어. 그 사람들이 돈 벌려고 와요. 그래갖고 싣고 내려가요.
질문자: 우마차로 운반하는 사람이 돈을 더 많이 벌어요? 돌 뜨는 사람이 많이 벌어요? 아니면 남포하는 사람이 많이 벌어요?
황○○: 그것은 하기메체. 우마차도 소가 좋은 소는 더 많이 싣고 그랑께 우마차가 소가 좋고 길이 좋은 데서는 그 돌이 나오면 두 칸까지 싣고 댕기고, 그러지 않으면 보통이 한 칸 반 싣고. 산에서 밤에는 올라가서 더듬어서 실어요 구루마에다가.
질문자: 그때는 불도 없었을 거 아니에요?
황○○: 무슨 불? 전기 같은 건 필요 없었어.
질문자: 불이 없으면 어떻게 알고요?
황○○: 어디가 있다면 그 장소를 밤에 찾아 올라가.
질문자: 밤에 깜깜한데 어떻게 찾아 올라가요?
황○○: 소가 가자면 가자는 대로 댕겨요. 늘 댕겨싸니까 목적지를 알제. 소만 먹고 이리 가자, 이리 가자 하면 소만 데꼬 잡아댕겨 올라가면 거기 가서, 밤에 가서 캄캄한 밤에 우마차를 대놓고는 거기서 실어갖고 브레키 조정해서 싣고 거기서 내려와요.
질문자: 그럼 밤새 한 번밖에 못 내려오겠네요?
황○○: 저녁 때 밤에 올라가서 아침에 내려오면 두 번 가요. 두 번.
질문자: 어떻게요? 밤에 올라가서 아침에 한 번 내려오고, 다시 오후에 또 올라가나요?
황○○: 오후 한두 시 되면 올라가서 싣고 내려와서 퍼놓고, 해 넘어가면 들어오든지 밤에 들어오든지.
질문자: 그러면 운반 작업이 하루에 총 한 번 있는 거예요, 두 번 있는 거예요?
황○○: 하루 두 번.
질문자: 이번에는 방돌에 대해서 좀 여쭤볼게요. 방돌을 얇게 뜨는 게 좋은 거예요? 두껍게 뜨는 게 좋은 거예요? 크게 뜨는 게 좋은 거예요?
황○○: 그것은 인자 그건 두께가 한 5센티 4센치 5센치 요 정도 되제? 하면 부러지기도 하고 맨드는 대로 나와요. 똑같이 나오잖아? 한번 이렇게 방망이로 들썩 인나면 두드려 깨서 작게 만들어야지. 크면 못 실어.
질문자: 아, 너무 크면 싣기 힘드니까 적당한 크기가 따로 있는 거군요?
황○○: 그렇죠. 어느 정도 싣기 좋은 크기로 다듬어 두면 우마차가 싣고 내려가지요. 현장

에서 돌이 잘 나올 때는 우리 같은 인부들이 산에서 자기도 했어요.
질문자: 산에서 어떻게 주무셨어요? 텐트 치고?
황○○: 산에서 바우(바위) 밑에서(잤어요).
질문자: 우마차에 싣기 좋게 다듬은 돌은 크기가 어느 정도 되는지 설명해주실 수 있나요?
황○○: 한 자가 30cm 정도 되니까, 크기가 1미터면 30센티거덩, 세 자. 석 잔디. 넉 자도 만들기도 하고 두 자도 만들기도 하고. 거기서 버쓰러지면 그러니까 1m 전후인 셈이지요. 좀 작게 만들 때는 두 자짜리도 있는데, 일단 방돌로 쓸 만한 크기로만 나오면 가져다 썼다고 봐야지, 정량이 딱 정해진 것은 아니었어요.
질문자: 세 자 정도 되면 구루마(우마차 달구지)에 싣기엔 좀 크지 않나요?
황○○: 그래도 실어. 차에다 가운데도 싣고는 (돌과 돌 사이) 새를 다른 거로 박아.
질문자: 아, 방돌을 다 비슷한 크기로만 모아서 싣는 게 아니라 큰 것도 싣고, 작은 것도 싣고 했나요?
황○○: 그렇죠. 그랑께 방 한 칸에 말하자면 방 한 칸을 논다 하면 방에다 놓는다면 구들장을 놓는다면 여기다 놓는다면 여기서는 큰 놈을 놔야 하고 여기는 작은 거. 고임돌도 있거던. 방돌 놓으면 고임돌이 불가는 속에 있어 갖고 요놈 위에다 요놈 걸치고 요놈 위에다 조놈 걸치고 그렇게 하니 크고 작고가 상관없어 그거이, 되면 되는 대로 이만한 놈도 있고 이만한 놈도 있고, 그것이 한 칸이면 이렇게 큰 놈이 한둬 장씩 들어가야 말하자면 구색이 맞거던. 그렇게 해서 우마차에 싣고 내려와.
질문자: 청방산이나 오봉산에서 나오는 돌이 다른 지역에서 나오는 돌보다 좋다고 정평이나 있던데요. 이게 왜 좋다는 건지 아시나요?
황○○: 다른 지역에는 그랑께 엣날 조물주가 사람 만들듯이 하는 식으로 이 지역에서만 나오는 돌이 있어요.
질문자: 그게 어떤 돌이에요?
황○○: 방돌, 방에다 까는 돌. 당연히 방돌이지요.
질문자: 그럼 청방산이나 오봉산 방돌은 단단해서 좋은 거예요? 아니면 불에 오래 견뎌서 좋은 거예요?
황○○: 구들장을 놓는다는 게, 방돌을 깔고 흙으로 덮어서 방을 만드는 거거든요. 옛날에는 아파트도 없었으니까, 다 그런 식으로 집을 짓고 나무로 불 때면서 살았지. 집 한 채면 방돌이 한 여덟 칸 들어가요. 근데 불을 때면 방돌이 달궈질 거 아니에요. 그렇게 열을 받으면 돌이 터지기도 하거든요? 오봉산 돌은 터지는 일이 없어서 좋은 돌이라고들 했어요.
질문자: 한 칸이라고 하면 보통 가로, 세로 3미터짜리를 말씀하시는 건가요?
황○○: 3메타, 3메타. 아니, 8자 2.4m짜리지.
질문자: 한 쪽이 얼마?
황○○: 가로, 세로 8자(씩).
질문자: 가로 몇 자 세로 몇 자하면 네모진 거 아니에요? 두께는요?
황○○: 돌 두께가 높이 5센치, 밑에 여기놓는 돌은 조금 더 해서 4센치, 3센치 되는놈도 있고 방돌이 이것이 자연으로 딱 맹글어져 나왔어 산에가, 딴 디를 가면 이 근방에는 방돌 깨진 것이 와글와글 하거든요. 그런 것이 머시기 사기공장에 가면 깨분 거처럼 안 좋은 거 깨분 거처럼 깨진 것은 와글와글 있어. 그중에 좋은 놈만 추려내서 만들

고 그래요. 여기서 나이 묵고 한 사람들이 많았어, (젊은이는) 없고. 그때는 어려운 세상이잖아요. 방돌에다 의지하고 업자가 두서넛이 있었어. 업자가 산주가, 그 사람들이 돈을 대주고 가서 계산하고 전표 끊어 돈 타묵고, 그렇게 하고 밥 싸갖고 가서, 지금이니 그렇지 옛날에는 지게 아니면 못 살았거든요, 우리나라가.

질문자: 당시에 현장에서 일하시는 여성분도 계셨나요?

황○○: 있었죠. 다들 생활이 어려웠으니까 일할 수 있으면 여자들도 일했죠.

질문자: 그러면 여성분들은 주로 어떤 일을 하셨어요?

황○○: 안 좋은 돌을 골라서 솎아내고, 추려내는 일을 주로들 했지. 그런 것들은 쳐내야 멀쩡한 돌만 실을 수 있거든. 기억나는 일이 있는데, 한번은 흙이 무너져서 아주머니 한 분이 반쯤 파묻힌 적도 있어. 흙이 쌓이니까 사람이 숨을 제대로 못 쉬더라고. 그래서 옆에서 달려들어 가지고 흙을 파내서 사람을 빼낸 적도 있어.

질문자: 쓸 수 있는 돌, 못 쓰는 돌, 이런 것들을 골라내고 나면 이제 못 쓰는 돌, 못 나가는 돌은 어떻게 처리하나요? 그냥 버렸나요?

황○○: 그냥 산에다 버려버리지. 흙으로 덮어 놓기도 하고, 그냥 그대로 어디 던져놔서 땅에 뒹굴기도 하고. 작업하는 산에 보면 아예 돌만 잔뜩 널려있는 데가 있거든. 깔린 게 다 돌이니까 잘 건드리기만 해도 방돌을 많이 얻을 수 있어. 돌만 있는 데가 있거던 돌만. 그러면 그 돌을 잘 건들면 겁나게 나와 버려요. 방돌이 어찌 그렇게 맨들어져 요렇게 있는지 몰라.

질문자: 옛날에 쓰시던 남포를 지금도 팔아요? 살 수 있어요? 어디 가면 살 수 있어요?

황○○: 남포는 위법이라나서, 위험물이라나서 위험해서 화약물 못 팔게 되었어요. 그전에는 무법천지였지.

질문자: 그럼 당시에는 남포를 어디서 사셨어요?

황○○: 업자가 구해다 줘요.

질문자: 아, 사업주가 직접 구해오는 거예요?

황○○: 그렇죠. 위험한 물건이니까 아무나 사고, 아무나 가지고 다닐 순 없지. 일하는 데 좀 넉넉히 필요하다 싶으면 업자한테 그렇게 말을 해요. 그럼 많이 구해다 주니까, 남포군이 그것을 가지고 다니면서 발파 작업이 필요할 때 쓰는 거지.

질문자: 혹시 그 당시에 사용하시던 연장 같은 것 지금도 가지고 계신 거 있나요?

황○○: 있긴 있을 것 같은데, 대부분은 다 버렸어요.

질문자: 어떤 연장을 가지고 계세요?

황○○: 그럭저럭 정 뚜드려 박은 거. 정도 한 둬 갠가 있는디 머시기 큰 망치 요만한 거 있거든요. 자리 잡아 박고 정 뚜드려 박은 거 한 개 있고, 데꼬라고 기다만 거. 그러고는 다 없어져 부렀어.

질문자: 남포할 때 쓰셨던 연장은요?

황○○: 그건 고물이라 이제 없어졌지.

질문자: 환경보호 정책이 시작되면서부터 나라에서 구들장 채석 사업을 거의 중단시켰다고 하셨는데, 그때 이후로 구들장 일하시던 분들은 무슨 일들을 하셨어요?

황○○: 각자 다른 일 찾아 갔지요. 농사를 짓는다든지.

질문자: 농사짓는 사람들도 있고, 아예 지역을 떠나신 분들도 있고요?

황○○: 그렇지. 이 지역에서 떠나기도 했고, 지금 와서는 거의 돌아들 가셨고. 박○○, 정○

○, 선○○, 주○○이. 그 사람들이 기술자였어. 그 전에 나하고 동업하고 한 사람. 그 사람들이 잘 했어. 나하고 동업했던 분들이 일들을 참 잘하셨는데.

질문자: 그때 동업자 분들은 지금은 다 돌아가신 거예요?

황○○: 그 뒤로 끄트머리 얼마 안 돼서 해제가 되듯이 그 사람들이 올라와 있구만.

질문자: 그래도 저희 입장에서는, 꼭 구들장 기술자가 아니어도 그 사업 현장을 오랫동안 봐 오신 분들의 증언이 중요하거든요. 본인한테 구들장 일 관련한 기술이 있다, 없다보다는 어릴 적부터 구들장 사업을 봐 왔고, 어떤 기억이 있다, 이런 걸 증언해주실 만한 분이 더 안 계실까요?

황○○: 이 지역은, 구들장 사업 사장되고 난 후에 남은 사람들은 주로 나무를 해서 팔아다 먹고 살았어. 여기서 십 리, 이십 리 나무가 많았어. 거기서 나무 비어서 장작을 패, 불 때는 장작을 팬 거지.

질문자: 그 당시 기차역 이름은 뭐였어요?

황○○: 그냥 득량역이죠. 예당역도 있는데, 예당은 정확히 말하면 득량 안에 들어와 있는 리 단위 마을이에요. 보성역 득량역, 예당역, 조성역, 벌교역, 순천, 그렇게 나가지, 기차역이. 거기서 여수나 부산으로도 또 가고.

질문자: (여기 득량역에서) 돌을 실으면 광주 쪽으로 갔겠네요?

황○○: 돌이 실렸다 하면 각 처로 다 가죠. 어디 한 곳으로만 가는 것이 아니고.

질문자: 다 가요? 벌교로도 가고, 여수나 순천으로도 가고?

황○○: 벌교뿐만 아니라, 우리나라 오만 데 다 갔어요. 방돌 나오는 데가 여기뿐이었거든.

질문자: 당시에 방돌이 어디까지 팔려나갔다더라, 이런 이야기 들으신 거 있으세요?

황○○: 그렇게 자세히는 모르지. 어디 외국으로도 안 빠져나갔는지. 내가 알기로 우리나라 안은 어디든 다 갔어요.

질문자: 그런데 오봉산에서 채취되는 구들장 돌이 우리나라 전역에 보급될 만큼의 양이 안 되지 않나요?

황○○: 그런데 딴 데서 나왔다는 소식은 못들었어. 나중에 석산 일을 다녀봤는데, 금산이나 벌교 제석산 하튼 그런 데 가보고 했는디 그런 돌하고는 틀려요, 여기 돌이. 그 돌은 구멍을 뚫어 발파를 하면 팍 쪼개 불고 그런데, 여기 돌은 떡 포개져 있는 거처럼 들썩 들어져 버리는 그런 성질이 있어요. 이 지역에만 그것이... 여기 조금만 가면 회개가 있어. 회촌으로 가는 회개. 회촌으로 한 발짝만 요리 득량하고 경계선 요쪽은 돌이 틀리고, 요쪽은 방돌 산이고 그쪽은 뭉텅이 산이여. 거기 돌은 둥글둥글하니 크게 나와 갖고 뭉텅이로 가로세로가 없는 돌이여. 대를 쪼개면 쪼개지듯 하는 돌이 여기고, 거기는 뭉치로 돼서 가로세로가 없어, 독이. 메가 있다고 하거든요? 돌이 메기 있다. 그러면 가로세로 이것이 없는 돌이 요리가 기고. 여기서 오봉산으로 따지면, 회촌서 득량서 회촌으로 가면 요리는 돌이 틀리고 저리는 돌이 틀려요. 저기는 뭉칫돌로 나와불고 돌 요만한 것마나 있어도 둥글둥글하고 속에는 덩치가 크겠죠. 둥글둥글 나오고 여기는 조각조각 나와.

질문자: 아, 그것을 직접 보셨어요? 다른 지역과 오봉산 지역의 돌이 다른 것을?

황○○: 그럼요. 직접 봤는데 돌이 달라요. 이 독(돌)은 더 강하고 뭉칫 돌은 더 강해, 이 독(돌)은 메가 있어 갖고 벌어져요, (그래서) 겨울이 되면 큰 독(돌)도 갖다 놓으면 금이 짝짝 가요. 메가 있어 갖고, 메라는 것이 떡살처럼 떡돌게 마냥 있어갖고.

질문자: 구들장 놓을 때는 밑에 고임돌이라는 것을 쓰잖아요. 그건 오봉산에서 안 나갔나요?

황○○: 고임돌은 따로 나가진 않았어요.

질문자: 고임돌은 여기서 채석이 안 됐나요?

황○○: 고임돌은 꼭 특별한 돌이어야 하는 게 아니니까, 각 처에서 채석한 돌을 썼을 거예요. 방돌은 오봉산에서 나온 것이어야 제격이니 여기서 채석되어 나간 거고요.

질문자: 다른 지역에서 나온 돌로 구들장을 까는 것과 오봉산에서 나온 돌로 구들장을 까는 것이 어떻게 달랐나요? 어느 하나의 열기가 더 오래 지속된다거나, 그런 차이가 있었나요?

황○○: 그런 것까지는 잘 모르겠는데, 이 지역에서 나온 돌이 방돌로는 최고라고 명성이 자자했어요. 사람이 사는 데 방만큼 중요한 게 없잖아요? 그 방에 까는 돌이니 다들 기왕이면 좋은 것을 쓰려고 했을 텐데, 그게 오봉산 방돌이었다고.

질문자: 지금도 오봉산에서 방돌이 채취되나요? 지금도 산에 가면 캘 수 있어요?

황○○: 돌이야 지금도 있죠.

질문자: 네, 감사합니다.

■ **녹취 일자: 2021년 3월 23일 15:00~16:00**
■ **녹취 장소: 임○○ 씨 자택**
■ **채록자: 국제온돌학회 송○○**

질문자: 성함 한 번 확인하겠습니다. 임○○ 선생님 맞으시죠?

임○○: 예, 임○○입니다.

질문자: 선생님께서는 지금 연세가 어떻게 되세요?

임○○: 올해로 76살 됐습니다.

질문자: 제가 지금까지 여러 어르신들 만나 뵙고 이야기 나누었는데, 다 여든이 넘으셨거든요. 선생님께서는 다른 분들보다 구들장 일을 일찍 시작하셨나봐요. 혹시 언제부터 구들장 채석 일을 하셨나요?

임○○: 한 16살쯤 되어서였나. 당시에 우리집 형편이 안 좋아서, 내가 초등학교 다닐 때 집에서 도시락도 못 싸줄 정도였어요.

질문자: 선생님께서 16살이셨을 때면 대략 60년 전쯤이었네요?

임○○: 예. 그렇게 옛날이니까 국민학교도 제대로 졸업을 못 했지요. 남의 집에 밥 먹을 거 없응께 학교도 포기하고 남의 집에 깔 비어다 주고 밥 얻어먹고, 이라고 살았네.

질문자: 선생님께서 처음 구들장 일을 시작하셨을 때가 그럼 1960년 정도겠네요. 당시에 구들장 채석하는 일 하자고 누가 제안을 해주셨나요?

임○○: 이 근방 사람들은 대부분 구들장 일을 하러 다녔어요. 그거 말고는 먹고살 만한 일이 없었으니까, 나도 따라다니면서 접한 거지요.

질문자: 먼저 일 시작하시는 분들 따라다니면서 배우셨다는 거군요. 처음에는 어떤 일을 하셨나요?

임○○: 처음에는 우마차를 끌었어요. 그런데 여기서 득량역까지 하루 두 번은 구들장 돌을 실어 날라야 하는데, 남의 것만 싣고 다니면 돈을 별로 못 벌어요. 그래서 우마차 끌고 남의 돌 실어다 두 번씩 역전을 오가느니, 차라리 내가 구들 뜨는 법을 직접 배워서 나 혼자 한 량 채석하고 한 번 실어 나르는 것이 낫겠다 싶었지. 그래서 돌 뜨는 법을 배웠어요.

질문자: 그럼 어르신께서 직접 방돌을 채석해서 옆에 쌓아뒀다가, 한 량이 차면 운반도 하신 거예요?

임○○: 예. 현장 근처에 우마차를 끌고 와서 소는 쉬게 두고, 그동안 내가 직접 방돌을 떠다 달구지에 실었지. 보통 한 량에 두 칸씩.

질문자: 듣기로는 하루 종일 일해도 방돌 두 칸 뜨기가 어렵다고 하던데요?

임○○: 어렵죠. 채석하는 자리를 잘 잡아서 돌이 잘 나오면 일찍 떠서 운반할 수 있지만, 자리가 영 아니면 남이 뜬 돌을 실어서 날라야 했죠. 그래도 그런 식으로 일을 하면, 내가 채석을 못 해도 남이 채석한 것을 운반할 수 있으니까 사정이 좀 낫지요.

질문자: 우마차를 끄는 일은 기본적으로 소가 있어야 할 수 있는 거잖아요?

임○○: 그렇죠. 소를 끌고 다니는 일이죠.

질문자: 그럼 어르신께서는 당시에 본인 소유의 소를 가지고 계셨던 거예요?

임○○: 예, 제 소가 있었죠.

질문자: 그럼 채석과 운반을 동시에 하셨고, 또 어떤 일을 해보셨나요?
임○○: 그렇게 하다가 안 되어갖고 계속 넘의 집 살았어, 21살 때까지.
질문자: 선생님께서는 구들장 채석이나 운반 일을 몇 년이나 하셨나요?
임○○: 한 4, 5년 정도 했지요.
질문자: 한 스무 살 때까지 하셨겠네요?
임○○: 내 말 들어봐. 우리 집 할 때 내가 1년하고 넘의 집을 살아. 먹을게 없응께 넘의 집 가서도 그 구루마를 갖고 다니면서 일을 했어.
질문자: 남의 집에 더부살이 하신 거예요? 그럼 그때 일해서 버신 돈은 선생님 개인 벌이가 되는 거예요, 아니면 주인 것이 되는 거예요?
임○○: 그건 주인 몫이지요. 나는 인자 1년 넘의 집 살면 1년에 쌀로 반 가마니, 한 가마니 준다든지. 나는 그걸 타묵제. 일은 그 집 거만 계속했지. 그래가지고 초등학교도 못 나오고, 21살 때까지 남의 집을 살다가 엄니도 45에 일찍 돌아가셔부렀어. 참, 그 달구지는 어떻게 했지.
질문자: 아, 농업 박물관에 가져다 놓은 소달구지가 선생님 것인가요?
임○○: 아니 그런 식으로 쓰던 게 있다고.
질문자: 혹시 선생님께서는 방돌을 제일 처음 캐기 시작한 곳이 어딘지 아세요?
임○○: 그게 처음 시작될 때도 이 골짜기에서들 방돌을 캤지.
질문자: 저희는 구들장 사업, 그러니까 채석이라든지 운반이라든지 전부 포괄해서 이런 구들장 일들과 관련된 사료를 수집하고 있는 거거든요. 그래서 혹시 제일 처음으로 채석이 시작된 것이 언제인지, 또 어디에서 채석이 시작되었는지 같은 것을 증언해주실 수 있나 하고 여쭤봤어요. 어르신께서 구들장 현장에서 일하셨을 때는 이미 윗세대분들이 사업을 쭉 이어오고 계셨던 거잖아요? 그러니까 그 윗세대로 올라가면 어느 분이 먼저 시작했는지 아실까요?
임○○: 어느 분이 아니라 다 인자 넘의 식구들이지만은 우리 아버지가 옛날에 방돌을 시작했어. 아버지가 산에서 방돌을 뜨셨어요. 그래서 나는 아버지께 그 기술을 배웠고.
질문자: 어르신 아버님은, 만약 아직 살아계신다고 하면 연세가 어떻게 되시지요?
임○○: 살아 계셨으면 오래 107세 되셨지.
질문자: 아버님께서 구들장 일을 몇 년이나 하셨는지는 잘 모르시죠? 몇 살 때부터 그 일을 하셨는지?
임○○: 그건 확실히 기억해 내가 25 먹어 결혼했어. 25 먹어 결혼한 뒤로 내가 아버지 따라다니며 방장을 떴어. 그때만 해도 아부지가 살아계시고 아부지가 64에 돌아가셨는데 아부지한테 배웠지, 넘한테는.
질문자: 선친께서 몇 살 때부터 이 일을 했다더라 이렇게 들으신 거 없나요? 내가 몇 살 때부터 방돌 뜨기 시작했다 이렇게 들으신 거 있어요?
임○○: 그러니까 내가 25살에 결혼했다 했제.. 결혼하기 전부터 아부지가 방장을 떴어. 아부지는 방돌 시작할 때도 나 결혼하기 전부터 했어. 내가 결혼하기 안에 한 25살에 결혼했으니 20살 묵을 때나 그때쯤 아버지가 그 일을 하고 계셨어, 산에서. 내가 25살에 결혼을 했어. 결혼한 뒤로 아부지가 했지. 그래서 내가 따라다니면서 했지.
질문자: 혹시 그때 당시 그 아버님은 몇 세쯤 되셨는지 기억하시나요? 어르신과 아버님이 몇 살 차이예요?

임○○: 34살 차이.
질문자: 그럼 어르신의 아버님께서는 쉰 말에서 환갑이 다 되어서까지 방돌을 뜨셨다는 거지요?
임○○: 그렇지. 환갑 쇠시고 돌아가셨고. 엄니는 45살에 돌아가셔 불고 혼자 고생 많이 하셨어.
질문자: 이번에는 어르신이 작업하실 때 상황을 좀 여쭤볼게요. 산에 일하러 올라가실 때 연장을 가지고 가셨겠지요? 뭐 정 몇 개, 망치 몇 개 이런 식으로?
임○○: 그것은 가지고 다니는 게 아니라 가져다 놓고 써요. 산중이라 누가 가져갈 일도 없긴 하지만, 어디 도구 주인만 알아볼 만한 자리에 적당히 묻어놓고 사용했죠. 연장이 무거우니까 그걸 매번 짊어지고 산을 오르내릴 수가 없어요.
질문자: 하지만 오늘은 여기서 하고 내일은 저 산 가서 할 수도 있잖아요?
임○○: 산에다 놓아 두고 이동할 때나 챙기면 되지요. 연장을 한두 가지 쓰는 것도 아닌데, 그걸 언제 지고 다니겠어요? 집에는 안 갖고 와.
질문자: 한 현장에서 채석을 하면 연장을 몇 가지 정도나 쓰셨어요?
임○○: 몇 가지라고 할 것도 없고, 정은 많으면 많을수록 좋아요. 쓰다보면 부러질 수도 있거든요. 긴 것은 부러지면 다시 다듬어서 작게 만들어 쓰기도 했고요. 방돌이라는 게, 층이 잘 나눠져 있기 때문에 그 부분에 정을 대고 망치로 딱딱 두드리면 신기하게 한 칸이 떠지거든요? 그렇게 한 장 떠내고 나면 그것을 또 다듬을 때 쓰는 얇은 정이 따로 있고요.
질문자: 연장 같은 것은 직접 연구를 해서 어느 정도 크기 되는 게 필요하겠다, 싶으면 대장간에 그렇게 맞춰달라고 주문을 하신 건가요? 아니면 기성품으로 판매되는 것을 적당히 구입하신 건가요?
임○○: 대장장이들도 근처에서 어떤 작업들을 하는지, 그리고 그 작업에 어떤 연장들이 필요한지 물정을 대강 헤아리고 있으니까 알아서 방돌 뜨는 사이즈에 맞는 연장을 만들어서 팔아요. 대신 아까 쓰다가 부러진 건 고쳐서 쓰기도 한댔잖아요? 그런 것은 대장간에 가져가 봐야 욕만 얻어 먹지 수리를 해주진 않아서, 개인적으로들 다듬어 썼지요.
질문자: 수리를 할 때는 직접들 하신 거예요?
임○○: 예. 아예 없어졌거나, 쓸 만한 게 하나도 없거나 하면 대장간에서 구매를 하고요.
질문자: 그 대장간은 득량역 근처에 있었나요?
임○○: 득량 농협 앞에 있었죠. 지금은 없어졌고.
질문자: 지금 우리 있는 위치에서 제일 가까운 대장간은 어디쯤에 있었나요?
임○○: 가까운 데가 그 득량역에 있던 대장간이에요. 거기 아니면 보성으로 가야 있지.
질문자: 그 시절에 대장간은 돈을 꽤 잘 벌었겠네요.
임○○: 그렇지. 꼭 구들장 사업 같은 것만 있었나? 농사를 짓고 나무를 하는 데도 다 낫이나 도끼, 칼 같은 연장을 써야 했으니까 그런 기술 가진 사람들이 돈을 잘 벌었지요.
질문자: 혹시 득량역에 있던 대장간이 없어진 것은 언제쯤인가요? 구들장 사업이 쇠퇴하면서 대장간도 없어진 거예요?
임○○: 꽤 오래 됐죠. 득량에서 대장장이 하시던 분들은 두 내외가 다 돌아가셔서 이제 안 계시고, 그때 대장간에서 팔던 물건들을 지금은 철물점에서 다 팔지.

■ 녹취 일자: 2021년 4월 2일 오전 10시30분
■ 녹취 장소: 득량면 강골마을
■ 채록자: 국제온돌학회 김준봉 교수(이하 김 교수)

김 교수: 인터뷰를 시작하겠습니다. 인터뷰를 하시는 선생님의 성함과 생년을 간단히 말씀해 주세요.

이○○: 이○○이라고 합니다. 1950년생입니다.

김 교수: 먼저, 인터뷰에 응해주셔서 감사합니다. 첫 번째 질문을 드릴게요. 선생님께서는 득량에 언제부터 사셨는지요?

이○○: 태어나면서부터 득량에 살다가, 26살 때 취직하면서 객지로 나갔습니다. 그전까지는 쭉 득량에서 살면서 구들장을 채취나 운반일을 많이 경험했고요.

김 교수: 선생님께서 직접 구들장 채취에 참여하셨던 건가요? 구체적으로 어떤 분야에서 일을 하셨나요?

이○○: 채취하는 일도 좀 했고, 운반하는 일도 해봤고, 거기에 총무 역할도 좀 지냈습니다.

김 교수: 총무라고 하면 구들장 채취 작업을 진행하는 회사에 소속되셨던 건가요?

이○○: 예. 저희 형님께서 당시 사장이셔서 제가 형님 회사에서 총무 일을 맡았지요.

김 교수: 형님분께서는 현재 살아계신가요?

이○○: 지금은 고인이 되셨습니다.

김 교수: 아, 그러셨군요. 그러면 선생님께서 구들장 일을 처음 하시던 때는 언제쯤인가요?

이○○: 제가 잘 기억이 안 날 정도로 어릴 때였어요. 한 5~6세 정도 되었나? 아직 어려서 학교에도 안 다닐 때였어요. 그 후로 시간이 좀 지나서 학교에 다니게 되었고.

김 교수: 아주 어렸을 때부터요? 그때 무슨 일을 하셨어요?

이○○: 그때는, 정확히 얘기하면 제가 일을 한 게 아니라 본 거죠.

김 교수: 선생님 말씀을 정리하자면, 가족 중에서 형님이 구들장 사업을 하시는 사장님이셨고, 그래서 선생님께서 어린 시절에 구들장 일을 가까이서 보셨다, 이렇게 되겠군요? 다른 가족분들 중에서도 구들장 일을 하신 분이 있나요?

이○○: 저희 중형께서 생산을 전문으로 하셨습니다.

김 교수: 그럼 산에서 채취하는 일을 주로 하셨다는 거군요.

이○○: 네, 주로 산에서 채석을 많이 했죠.

김 교수: 그러면 어렸을 때는 구들장 일을 가까이서 보시고, 이후에 본격적으로, 그러니까 직업적으로 구들장 사업에 참여하시게 된 것은 몇 세쯤 되셨을 때인가요?

이○○: 제가 초등학교 졸업하고서부터 바로요.

김 교수: 당시에 작업을 시작하면, 아침 일과는 몇 시에 시작해서 몇 시까지 진행됐나요?

이○○: 보통 새벽 같이 일어나서, 아직 날도 안 밝은 컴컴한 때에 구들 운반하는 우마차를 가지고 산에 올라 한 차례 실어 나른 후에 아침을 먹었고요. 낮에는 너무 더우니까 그 시간은 피해서 일해요. 그리고 한 오후 두세 시쯤 되면 한 번 더 운반을 하고. 그러니까 작업하는 데서부터 집하장까지 운반하는 일을 하루에 두 번 해요. 생산일 하는 형님을 따라갈 때는 아침 일찍, 새벽 시간에 밥을 먹고 산에 올라가 하루 종일 돌을 캤고요.

김 교수: 그러면 돌을 캐실 때는 하루에 보통 얼마나 캐셨어요? 그러니까, 생산량이 어떻게 되었죠?

이○○: 자리가 좋은 날은 20~30칸씩도 캘 수가 있고요.

김 교수: 20~30칸씩이요. 한 칸이라고 하심은 4방 8자를 기준으로 하는 게 맞나요?

이○○: 예. 그런데 항상 그렇게 캘 수 있는 것은 아니고, 자리를 잘못 잡은 날은 하나도 못 캐기도 하지요.

김 교수: 자리를 잘 잡는 게 중요하군요. 보통 자리를 잡으면 그곳에서 얼마나 작업을 하나요? 제일 길게 작업하신 건 며칠 정도?

이○○: 자리를 한 번 잡으면 2~3일씩 일하는 경우도 있겠지만, 길면 몇 개월이나 1년 넘게 작업하기도 하고 그랬지요. 그렇게 오래, 많이 일할 수 있을 때 자리를 잘 잡았다고 해요.

김 교수: 다음으로, 마을에서 구들장에 참여하는 가구 비율이 어느 정도였는지 아시나요?

이○○: 제가 생각하기에는 한 80~90%의 가구는 구들장 일에 동참했던 것 같습니다. 당시에 특별한 돈벌이가 없었으니까, 거의 모든 가구가 구들장 일로 생계를 해결했지요.

김 교수: 그러면 마을 주민의 80~90%가 구들장 사업에 참여를 했다? 그게 일 년 내내 지속적으로들 참여하신 건가요? 아니면, 예를 들어 겨울에는 쉬었다든지?

이○○: 농사를 짓는 분들은 농번기 철이 되면 바쁘니까 못 하시고, 농사 규모가 작은 집들은 거의 일 년 내내 구들장 일을 했다고 봐야죠.

김 교수: 당시 마을 인원이 얼마나 되었는지 대략적으로나마 기억이 나시나요?

이○○: 영우동이라는 부락이 있는데 거기가 70호. 석장이라는 부락은 한 50호. 대야촌이라는 동네는 한 30호. 학동이라는 동네가 있는데 거기도 한 30호 됩니다.

김 교수: 정리하면 전체 주민의 한 8~90%가 구들장 일을 하시고, 그중에서 농사를 좀 크게 지으시는 분들은 농사철이 아닐 때만 참여를 하시고?

이○○: 가구 전체가 참여를 한다고 보는 것은 좀 어렵고요. 보통은 가장이 가서 일을 하니까, 한 가구에 열 명이 있으면 그 안에서 두세 사람이 참여한다고 생각해야지요. 그래도 구들장 사업이 한창일 때는 사람이 북적북적했어요.

김 교수: 그럼 북적북적하다고 느끼셨던 그 시기에는 대략 몇 분 정도나 구들장 일을 하셨을까요?

이○○: 최고로 많을 때는 한 백여 명 좀 안 되었겠나 싶습니다. 구들장 일이라는 게 채석도 있고, 운반도 있고 다 분야가 나뉘니까 전체 참여하는 인원은 그 정도는 되지 않았을까요?

김 교수: 저희가 조사를 좀 해 보니까 구들장을 캘 때 겉에 흘러내린 돌을 주워서 캐기도 하고, 도구를 써서 떠내기도 하고, 화약을 써서 발파하기도 하고 방법이 여러 가지 있더라고요. 주로 어떤 방법이 많이 쓰였나요?

이○○: 그 세 가지 방법이 다 고루 쓰입니다. 현장 돌에 따라서 돌짬이 있으면 굳이 발파는 안 해도 되었고요. 그 돌짬이라는 것은, 그 사이에 정을 대놓고 치면 똑 떨어져 나와요. 그 떨어져 나온 조각들을 모아서 구들을 만듭니다.

김 교수: 저희가 오봉산 구들장이 유명하다는 이야기를 많이 들었는데, 그건 돌 성분이 좋아서인가요? 아니면 모양이 좋아서인가요?

이○○: 오봉산 구들장이 유일하게 돌이 달궈져도 튀지를 않아요. 이게 땅속에서 나와서 그런지 몰라도, 성능이 좋다고 인기가 아주 어마어마하게 좋았습니다. 땅 위로 드러나 있는 돌들도 있는데, 땅속에 있는 것을 캐는 게 주로 성능이 더 좋다고 합디다.

김 교수: 당시에 구들장의 가격 책정은 어떻게 되었을까요? 이게, 칸 수를 기준으로 해서 여덟 자 짜리를 한 칸으로 세서 값을 매겼나요? 아니면 돌 한 장을 기준으로 삼아서 장당으로 값을 매겼나요?

이○○: 보통은 칸이 기준이지요. 한 칸을 생산하는 데 얼마, 한 칸을 운반하는 데 얼마, 두 칸을 실어 나르는 데 얼마, 이런 식으로요.

김 교수: 혹시 구체적인 가격도 기억하시나요?

이○○: 어릴 때 가격을 기준으로 하면, 한 칸 캐는 데 150원 정도. 운반은 한 100원 정도.

김 교수: 하루 작업량은 보통 어느 정도나 되나요? 몇 칸 정도를 캤고, 몇 칸 정도 운반했다, 이런 식으로?

이○○: 고정된 양은 따로 없어요.

김 교수: 그럼 작업량이 많았던 날을 기준으로 하면 하루에 몇 칸까지 해보셨어요?

이○○: 운반은 뭐, 많이 할 때는 무한정 했지. 평균적으로 보자면 하루에 4칸 정도는 운반이 되어야 하거든. 그러니까 한 번에 2칸을 싣고 2번 운반하는 거지요. 청방산에서 득량역까지 가는 데 한나절이 걸려요. 돈으로 따지면 하루 수입은 대략 2백 몇십 원 정도 나오는 거지요. 생산하는 사람들은 돌이 얼마나 나오느냐에 따라 수입이 많고, 적고가 갈리고요.

김 교수: 값을 매길 때는 보통 구들장 칸 수로 계산한다고 하셨는데, 이 한 칸의 품질에 따라서도 가격 차이가 좀 있었나요?

이○○: 품질에 따른 차이는 없었습니다. 돌의 질이 좋든, 나쁘든 간에 가격은 똑같아요.

김 교수: 그럼 구들장의 크기가 한 자 내지는 두 자 내지는 세 자. 세 자 세 자. 두 자 두자 이렇게 봤을 때 대충 크기를 얼마짜리로?

이○○: 이 칸을 한 바리를 채취를 했을 때 말이 앞장이라고 해요. 앞장을 큰 거를 하나놓고 그 뒤에다 넓은 거 큰 거 섞어 가지고 한 칸을 채우는 거지요. 큰 것도 있고 작은 것도 있고.

김 교수: 그럼 제일 큰 것은?

이○○: 제일 큰 것은 한 세 자, 네 자 되는 것도 있어요.

김 교수: 전체 가로, 세로 크기가요?

이○○: 예. 그런데 그렇게 큰 것은 좀 드물지요.

김 교수: 혹시 채석하는 돌의 두께는 어느 정도나 되었나요?

이○○: 두께는 5~6센티 되는 얇은 것도 있고, 때에 따라서 그보다 더 두꺼운 것도 있고. 연탄 불로 할 때는 좀 얇은 거가 들어가고 장작으로 할 때는 좀 두꺼운 거로 들어가고. 그것도 얇 은 것도 있고 두꺼운 것도 있고 질이 여러 가지가 있습니다.

김 교수: 구들장 사업이 한창 성업일 때에는 마을 주민 80% 이상이 참여를 할 정도였다고 말씀해주셨는데요. 인원이 모자랄 때는 다른 곳에서도 일손이 오고 그랬나요? 왔다면 주로 어느 지역에서들 오셨나요?

이○○: 같은 면 내에 호롱동이라는 동네가 있어요. 거기서 와서 참석하신 분도 있고, 해평리에서부터 오시는 분들도 있고, 득량면 소재지에서 온 사람들도 있습니다.

김 교수: 외지에서 인부들이 오면, 기존에 계속 작업을 하시던 분들과 다툼이나 분쟁이 생기

지는 않았나요?

이○○: 아이고, 온다고 하면 환영을 하죠. 작업해야 하는 범위가 어마어마하게 넓으니까 같이 일을 하러 멀리서들 왔다고 하면 환영을 해요. 그분들이 온다고 해서 작업에 방해가 되는 것도 아니니까요.

김 교수: 그럼 돌 뜨는 일은 아무나 그냥 와서 할 수 있는 일이었나요? 미리 허가를 받는다거나, 산주에게 돈을 내고 채석을 한다거나 그런 것은 없고요?

이○○: 산에서 채석 작업을 하겠습니다, 하는 것 자체는 사장님이 허가를 내놓는 것이고, 현장 가서 일하는 사람은 따로 무슨 신청을 한다든지, 허가를 받는다든지 하는 것은 없었어요. 허가된 땅에 가서 돌을 캐다가 채석한 건에 대한 인건비만 받으면 되는 거지요.

김 교수: 제가 아까 여쭤봤을 때 방돌을 캐면 한 칸에 150원, 그것을 운반하면 두 칸에 100원 이런 식으로 임금이 주어졌다고 하셨는데요. 인부들이 받는 돈 말고, 구들장 돌이 소비자에게 팔릴 때는 얼마씩에 팔렸는지 혹시 아시나요?

이○○: 7~8백 원 정도요. 그것도 파는 일을 하는 쪽은 또 따로 있어요. 보통 그 판매하는 분이 오셔서, 채석되어 나온 돌들을 차로 싣고 가서 소비자에게 판매를 했는데.

김 교수: 구들장을 팔 때는 어디에서 팔았나요?

이○○: 보통 현장으로들 옵니다.

김 교수: 현장이라고 하시면 산 밑으로도 오고 그랬다는 건가요?

이○○: 구들을 운반하는 목적지요.

김 교수: 목적지가 정확하게 어디인가요?

이○○: 맨 처음에는 득량역 광장으로 왔고, 다음부터는 산과 가까운 곳에 트럭이 와서 대량으로 실어 날랐지요. 그보다 더 옛날에는 우마차를 끌고 득량역까지 운반했는데, 시간이 지나면서 이것저것 발달되는 게 있다 보니까 차가 직접 산 아래까지 들어왔어요. 그때부터는 화물차로 운반을 많이 했습니다.

김 교수: 혹시 최초로 방돌을 뜬 자리가 어디인지 그런 것 기억하시나요?

이○○: 내가 알기로는 청방산에서 맨 처음에 발견을 했고요.

김 교수: 청방산 금강골요?

이○○: 예. 그리고 절터라는 곳이 있고, 요런골이라는 곳이 있고. 이렇게 이름이 희한한 곳들이 있어요. 이런 데로 점차 확장이 되어가지고 오봉산에서 구들장 돌이 많이 생산됐지요.

김 교수: 정리 한 번 하자면, 처음 채취가 시작된 곳은 아까 말씀하신 청방산 금강골이고요. 다음 질문을 드릴게요. 선생님께서 구들장 채취하시던 옛날 기억을 되짚어서 과정을 한번 말씀해주시겠어요? 돌을 채취할 때 어떻게 채취하고 다듬는 것은 또 어떻게 다듬는지, 운반은 어떻게 하는지, 이런 과정들을 쭉 한 번 말씀해 주세요.

이○○: 처음 채취를 할 때는 '데꼬(てこ, 쇠지렛대)'라는 연장이 있어요. 그것을 가지고 땅속을 뚫어다가 울려봅니다. 그러면 구들인지 아닌지를 알 수 있어요.

김 교수: 울린다는 것은, 땅속을 두드려 보는 건가요?

이○○: 예, '데꼬'로 찔러보면 거기서 울리는 소리를 듣고 이게 구들장인지 아닌지 판단을 할 수 있습니다. 그래서 구들장이면 그것을 캐서 내놓고, 운반자가 와서 실어 가지요. 크게 나온 돌은 정과 망치를 써서 다듬어요. 그리고 아까도 말했지만, '돌짬'이라고 하는 것이 있는데, 그게 없는 경우에는 망치로 딱 두드려요. 그럼 돌짬이 나옵니다. 그 짬에 정을 대고 치면 돌이 쫙 갈라지면서 방돌이 두 개, 세 개씩 나뉘어져요.

김 교수: 하루에 돈 많이 버실 때는 얼마까지 벌어보셨어요?

이○○: 수입은 뭐, 대중이 없죠. 못 버는 날은 못 벌고, 많이 버는 날은 많이 벌고.

김 교수: 못 버는 날이라고 하면?

이○○: 아예 공치는 거죠, 뭐.

김 교수: 반대로 많이 버는 날에는요?

이○○: 지금은 하도 오래돼서 가물가물한데, 한 이천 원 정도 벌지 않았겠습니까.

김 교수: 그 당시 이천 원이면 지금 시세로 대략 얼마쯤 하는지 계산이 가능하실까요?

이○○: 한 이백만 원 가까이 될 겁니다.

김 교수: 이백만 원이요? 돈 많이 버셨겠네요.

이○○: 정확히 이백만 원이나 될는지는 잘 모르겠네요. 일단 그때 당시 이천 원.

김 교수: 그럼 주로 어떤 일을 하시는 분들이 돈을 가장 많이 버셨어요?

이○○: 사장님이 제일 잘 벌고요. 그 밑에 있는 사람들은, 일을 하기에 따라서 잘 버는 사람도 있고 못 버는 사람도 있고 해서 평균을 어떻게 내야 할지 잘 모르겠네요. 유별나게 일을 잘 하는 사람들도 있으니까.

김 교수: 그런 분들은 매일 2~3천 원씩 벌어 가시고 그랬겠네요.

이○○: 그것도 꾸준히 그렇게 버는 분들은 거의 없어요. 잘 버는 때도 있고, 못 버는 때도 있고.

김 교수: 일반적으로 봤을 때 농사 수입과 구들장 수입을 비교한다면 어느 쪽이 나았나요?

이○○: 구들장 수입이 더 낫죠.

김 교수: 구체적으로 비교하자면 배 정도는 차이가 났나요?

이○○: 농사는 짓는 집들마다 규모가 다 다르기 때문에 비교하기가 좀 어려운데.

김 교수: 구들장 작업 같은 것은 전부 남성분들만 하셨나요? 아니면 여성분들도 참여를 하셨나요?

이○○: 여성분들도 소수는 참여를 하셨어요. 보통 부부인 경우에 하나가 가서 거들어주기도 하고.

김 교수: 여성분들은 보통 거들어 주시는 정도로만?

이○○: 그, 작업 중에 보통 '버럭'이라고 부르는 게 있어요. 땅을 캐는 걸 갖다가 그렇게 부르는데, 여성 분들 한 두셋 정도가 그 작업에 참여를 했습니다.

김 교수: '버럭'이라는 말은 처음 듣는데, 자세히 설명을 부탁드려도 될까요?

이○○: 땅속에 있는 돌을 찾기 위해서 땅을 파헤치는 것을 '버럭'이라고 합니다.

김 교수: 이번에는 우마차에 대한 질문을 좀 드릴게요. 우마차가 산을 오르내리려면 길이 따로 있어야 할 텐데, 그 길은 누가 만들었나요?

이○○: 그건 산에서 총무를 맡고 있는 사람이 주도해서 만듭니다. 보통 현장, 그러니까 산에서 생산하는 데에도 총무가 있는데, 그 사람이 사람을 몇 데리고 길을 만들어요. 아니면 또 생산자가 직접 길을 만들기도 해요.

김 교수: 석축 길 만드는 기술자는 따로 있었나요? 아니면 방돌 캐시는 분들이 석축 일도 하셨나요?

이○○: 그거는 기술자가 따로 필요하지는 않고, 아무 일반인이라도 보면 할 수 있어요.

김 교수: 운반에 쓰이던 우마차는 원래 농사지을 때 쓰던 건가요, 아니면 구들장 용도로 특별히 만든 건가요?

이○○: 만들기는 구들장 전용으로 만드는데, 농사지을 때도 많이 활용합니다. 그러니까 겸용으로 쓰는 셈이죠. 구들장을 실어 나르기도 하고, 농사할 때도 이용을 하고.

김 교수: 우마차는 하루에 몇 회 정도 작업장에서부터 집하장까지 왕복했나요?

이○○: 구들 실어 나르는 것은 하루에 2회.

김 교수: 총 소요 시간은 반나절 정도 되고요?

이○○: 예. 옛날이라 시간을 제대로 보면서 일한 것은 아니지만 보통 반나절 정도 일합니다. 그리고 나중에 화물차가 산 가까이 드나들기 시작하면서부터는 한 나절에 두 바리, 세 바리씩도 옮기고.

김 교수: 운반에 사용되던 우마차는 누구 소유였나요?

이○○: 각자 개인 것을 사용하죠.

김 교수: 아, 운반 작업 하시는 분들 개인 소유인 거군요. 본인 우마차로 운반을 하고, 운반비를 받는 식으로?

이○○: 예, 맞습니다.

김 교수: 운반비를 계산할 때에는 산에서 집하장까지 내려오는 것 한 번, 산에서 내려와 득량역까지 가는 것 한 번 이런 식으로 따로 쳤나요? 아니면 다 통틀어서 하루치, 이런 식으로 계산했나요?

이○○: 따로 쳤지요. 똑같이 산에서 출발해도 득량역까지 갈 때는 운반비가 조금 더 비싸고, 화물차까지 갈 때는 좀 싸고. 이렇게 차이가 나요.

김 교수: 우마차를 끌던 소는요? 그게 일반 농사짓던 소인가요, 아니면 특별히 교육한 다른 소인가요?

이○○: 특별히 교육할 것은 없고, 농사를 짓다 보면 소가 길이 들 거 아니에요. 그렇게 잘 길들여진 소를 데리고 산에 반복적으로 오르면 나중에는 알아서 길을 따라 잘 걷게 됩니다.

김 교수: 저희가 조사하기로는 우마차에 브레이크도 있었다고 들었어요. 우마차를 끄는 건 소밖에 없었나요? 말이라든지, 사람이 직접 끄는 경우는 없었고요?

이○○: 우마차는 소 전용이지, 사람이 끌고 다닐 수가 없어요. 브레이크 같은 경우에는, 보통 화물 싣는 부분에 채워서 소가 산을 내려올 때 버틸 수 있게끔 합니다.

김 교수: 우마차를 끄는 소가 특별히 더 비싸고 그렇지는 않았나요?

이○○: 훈련이 된 소를 더 비싸게 사고 팔고 하는 경우는 없었고요. 소가 튼튼하고 체격이 좋으면 가격이 더 나가고, 너무 마르거나 작은 놈들은 덜 나가고 그런 거지요.

김 교수: 그럼 특별히 농사짓는 소와 우마차 끄는 소가 나뉘어져 있는 건 아니군요.

이○○: 네, 소 자체는 같아요. 일을 하면서 각자 필요한 방식으로 길들여지는 거지.

김 교수: 당시에 소에게 신발도 따로 신겼다고 들었는데, 이유가 있나요?

이○○: 오봉산에는 자갈이 많기 때문에 소를 맨발로 돌아다니게 하면 소 발 사이에 돌이 낀다든지 해서 다칠 수가 있어요. 그런데 짚신을 신겨 놓으면 발이 보호되니까 일 년을 일해도 끄떡없지요.

김 교수: 채석한 구들장 자재가 많이 모이면 타지로 팔려 갔다고 하셨는데, 혹시 가장 멀리까지 팔렸을 때는 어느 지역으로 갔는지 아시나요? 화물차든, 기차든.

이○○: 주로 광주로 많이 팔려 갔고요. 그다음으로 송정리, 여수, 순천, 광양으로들 많이 가서 그곳 업자들이 다시 전국으로 유통하고, 그랬던 것 같습니다.

김 교수: 혹시 부산이나 서울, 강원도 같이 먼 곳으로도 팔려 갔을까요?

이○○: 강원도나 부산으로 팔려가는 경우는 간혹 가다 있었어요. 서울은 없는 것 같네요. 보통 광주나 여수 사시는 분들이 독점하다시피 했던 거죠. 자기들이 장사를 해야 하니까요.

김 교수: 그것도 다 상품이니까 그런 일도 있었겠네요. 다음으로 넘어가서, 구들장 작업이라는 게 아무래도 채석도 그렇고 운반도 그렇고 꽤 위험한 작업이잖아요? 채취한 돌 자체도 나르기에 꽤 무거웠을 테고, 운반에 쓰이는 소도 다루기 쉽지 않았으니 안전 사고도 있었을 것 같은데요. 혹시 기억나시는 사고가 있나요?

이○○: 청방산을 괜히 명산이라고 부르는 게 아니에요. 거기서 사람이나 소가 크게 다쳐서 죽거나 하는 일이 없었어요. 조그마한 사고들은 있었는데, 예를 들면 브레이크가 망가지면서 우마차가 넘어진다거나, 그래서 소 발이 부러진 경우가 있었어요. 사람도 조금씩은 다치는 일이 있었지만, 누군가 죽을 정도로 큰 사고는 없었지요.

김 교수: 아까 어르신께서 말씀하시기를, 구들장을 뜰 때 '데꼬'를 썼다고 하셨거든요. 이 '데꼬'라는 건 정확히 뭔가요? 아마 '빠루' 종류일 것 같은데?

이○○: 큰 빠루. 요즘에는 '빠루'라고들 많이 하는 것 같은데, 쇠로 만든 지렛대 같은 거죠, 그게.

김 교수: '데꼬' 말고 또 다른 도구는 어떤 것이 쓰였을까요?

이○○: '오함마'도 썼고, 작은 망치, 큰 망치, 그리고 정. 다듬는 용도로 쓰는 정도 있고.

김 교수: 요즘에는 작업 현장에서 안전모도 쓰고, 안전화도 신고 해서 신체를 보호하는데, 당시에는 복장이 어땠나요?

이○○: 그 당시에는 안전 같은 것을 크게 신경 쓸 수도 없었고요. 그냥 고무신 신고, 다 떨어진 면장갑 기우고 덧대서 끼고 그런 식으로 일했지요.

김 교수: 당시에 득량면에서 구들장으로 지어진 집을 보신 적 있으세요?

이○○: 많이 봤죠.

김 교수: 선생님께서 구들장을 아주 어린 시절부터 접하셨다고 하셨잖아요? 본격적으로 작업하신 것은 초등학교 졸업하신 이후셨고요. 그때부터 몇 살까지 구들장 작업을 하셨나요?

이○○: 군 복무 하는 동안은 못 했고, 군대 제대한 후에 1~2년 있다가 직장을 찾아서 객지로 나갔어요. 그럼 아마 26살까지 구들장 일을 했다고 봐야죠.

김 교수: 선생님이 26세셨던 시절에도 구들장 사업들이 활발했었나요?

이○○: 당시에는 아직 꽤 활발했습니다. 저희 형님도 아직 일하고 계셨고요.

김 교수: 그 이후에는 아마 객지에 나가서 자세히 모르시겠지요? 그래도 소식은 들으셨을 것 같은데, 혹시 구들장 방돌 뜨는 작업들이 대략 언제쯤까지 진행되다가 언제쯤 중단됐다, 이런 내용 아시는 것 있으실까요?

이○○: 그게 어느 날 갑자기 딱 그만하게 된 건 아니고요. 연탄 보일러가 보급되면서부터 점차 구들장 소비가 줄어들기 시작했지요. 제가 기억하기로는, 한 90년대까지는 구들장 사업이 있었어요.

김 교수: 90년대까지요?

이○○: 대신 그때 가서는 많은 양이 팔린 건 아니고. 그래도 한옥 같은 데서는 소수라도 구들장을 찾았기 때문에, 그 수요에 맞춰서 계속 채석이 되었죠. 형님이 하셨던 일이니까 제가 잘 알고 있어요.

김 교수: 방돌 캐내는 작업을 하다 보면 아무래도 산이 좀 망가질 것 같은데, 그 작업을 하기 위해 허가 받는 절차라든지 나중에 복원하는 절차 같은 것에 대해 아시는 게 있나요?

이○○: 예. 일단 처음에 산에서 작업을 하기 전에 이곳에서 구들장 채석을 하겠습니다, 하고 허가를 받는 과정이 있고요. 거기서 생산을 하다 보면 여기저기 파헤쳐져 있을 거 아니에요? 생산 허가 기간이 끝나면 그것을 복구해야 해요. 파놓은 구덩이들을 다시 막고, 나무도 좀 심고 해서 보완을 하는 거죠. 그 복구를 마치고 군청에서 점검까지 하고 나면 사업이 다 끝나는 거예요.

김 교수: 아, 복원할 때는 주로 나무를 심었군요.

이○○: 군데군데 나무를 심어두면, 세월이 흐르면서 지대가 좀 올라가고 하니까 파헤쳐졌던 게 거의 표나지 않을 정도로 복구가 돼요.

김 교수: 혹시 사방 공사 할 때도 이런 식으로 진행이 되었나요? 나무도 심고, 축대도 쌓고?

이○○: 예. 같은 방식으로 하죠. 구덩이 파놓은 데는 흙도 채우고, 나무도 심고. 최종적으로 군청에서 이만하면 됐다, 하면 마무리가 됩니다. 보통 구들장 채석 허가를 받을 때 공탁금을 걸어두는데, 복원까지 완전히 끝나고 나면 그것을 수령할 수 있어요.

김 교수: 허가를 받을 때 공탁금을 걸어요?

이○○: 예. 그리고 복구까지 끝낸 후에 다시 찾아요.

김 교수: 복원 작업을 하는 인부들은 구들장 채석을 하던 인부들과 같은 사람인가요? 아니면 다른 사람인가요?

이○○: 구들 캐던 사람도 있고, 아닌 사람도 있지요. 사장이 고용한 인부들을 데리고 복원 작업을 하는 것인데, 그거야 아무나 할 수 있는 일이기 때문에 꼭 구들 일을 하던 사람들만 고용되지는 않았어요.

김 교수: 구들장 생산은 산에서 이루어지잖아요? 아침이야 댁에서들 드시고 올라갔을 것이고, 점심 식사는 어떻게들 해결하셨어요?

이○○: 도시락을 싸가지고 가죠. 추울 때는 솜 같은 것으로 도시락 통을 싸서 보온을 하고, 현장에서 물을 따로 데워 쓰기도 하고요.

김 교수: 현장에서 물을 데워 썼다면, 어떻게 모닥불 같은 것을 피우셨던 건가요?

이○○: 구들장 현장은 죄다 돌이라 불이 안 나니까, 잔가지들 모아다 불을 피워놓고 거기에 솥을 올려 물을 끓였죠.

김 교수: 인부들이 많으면 화장실도 필요했을 것이고, 쉬기 위한 장소도 필요했을 텐데 그런 편의 시설 같은 것도 있었나요? 움막이라든지?

이○○: 그런 것은 각자 개인이 알아서들 했는데, 보통 작업하는 범위가 넓다 보니까 한 곳에만 만드는 것은 아니고, 자신들이 일하는 곳 주변에다가 지어두죠.

김 교수: 농막이나 원두막처럼요?

이○○: 그렇게 좋게 만들 수 있는 것은 아니고요. 그냥 나뭇가지로 적당히 햇빛 정도만 차단할 수 있게 만들었어요. 화장실은 특별하게 있진 않고, 산이 워낙 넓고 또 옛날이었으니까 그냥 아무데서나 볼일을 보았지요.

김 교수: 이제 다시 운반에 대한 질문으로 돌아가 볼게요. 아까 구들장 운반을 주로 우마차로 하다가, 나중에는 트럭이나 화물차가 싣고 역으로 이동했다고 하셨는데, 이 당시 현장 상황에 대해서 자세히 기억나시는 것이 있나요?

이○○: 현장에서 채석을 하고 집하장에 가져다 쌓아 놓으면, 화물차가 와서 싣고 갔지요.

김 교수: 한 량에 구들장 돌을 몇 칸 정도나 실었나요?

이○○: 한 50~60칸 정도.

김 교수: 화물차 한 량에 구들장 5~60칸 정도? 그럼 화물차는 몇 칸 정도씩 붙어 다녔나요?

이○○: 보통 하나 차면 하나 가고, 다른 하나 차면 하나 가고 그래요. 실어나를 것이 많을 때는 두 칸씩 가져가기도 하고.

김 교수: 그럼 평소 화물차가 상시 대기하고 있는 것이 아니라, 구들장을 모아놓고 있다가 화물차가 오면 그때 실었다는 이야기시죠?

이○○: 화물차를 대기해놔요. 그러니까, 열차 화물칸을 말하는 거지, 이게. 그 대기시켜놓은 화물칸에 구들을 실어 놓으면 열차가 와서 화물칸을 달고 가는 거죠. 그럼 이제 광주 같은 목적지까지 열차가 운반하고요.

김 교수: 여러 사람들이 구들장 방돌을 떠서 갖다 놓고 나면, 거기서 거래는 어떤 식으로 이루어지는 건가요?

이○○: 전표가 있어요. 보통 작업장에 서기가 하나씩 있는데, 그 사람이 전표를 작성해요. 생산자 누가 몇 칸을 채석했다, 오늘 몇 칸을 운반했다, 이런 것들을 적어서 생산자, 운반자, 서기 것 하나씩, 총 세 장의 전표를 써서 각자 가지고 있어. 그 전표를 통해서 임금을 정산 받는 건데, 아무 때나 막 되는 것은 아니고, 돈이 필요하면 개인적으로 '간조'를 하기도 하고, 명절쯤 되면 언제 정산을 해주겠다, 이렇게 진행하는 데도 있고.

김 교수: 정리하자면 전표 세 장을 작성해서 돌 캐는 사람 한 장, 운반하는 사람 한 장 나눠주고, 서기는 확인용으로 하나 또 보관하는 거네요? 인부들은 그 전표 개수와 내용으로 '간조'를 받는 거고?

이○○: 예를 들어 우마차로 한 번 실어 나르고 하잖아요? 예를 들어 구들장 두 칸을 싣고 온다고 쳐요. 그럼 서기가 그것을 또 측정합니다. 그렇게 두 칸이 된다, 안 된다 확인해서 두 칸보다 모자라면 재발급을 받아야 해요.

김 교수: 측정은 산 밑에서 하나요? 아니면 역까지 운반한 뒤에 하나요?

이○○: 역, 그러니까 목적지에 와서 하지요. 대나무로 만들어 놓은 자가 있어요. 그것을 딱 두고, 사방팔방을 여덟 자로 깔아놓으면 그게 한 칸.

김 교수: 어르신 말씀을 들어보면 판매 관련한 부분은 사장이 전체적으로 통솔하는 것 같던데, 역 주변에서 어떻게 시장 같은 것도 형성되고 그랬나요? 거기서 방돌을 팔면 누군가 찾아와서 사는 식으로?

이○○: 시장이라고 할 만큼 거창한 것은 아니고요. 개인적으로 역에 와서 사가는 분들도 더러는 있었습니다. 주로 업자들이 가져갔어요. 미리 예약도 하고요.

김 교수: 일종의 도매식 판매가 주를 이루었군요.

이○○: 그렇죠. 일부, 소매식 판매는 처음에만 조금 있었고.

김 교수: 화물차가 오기 전에는 방돌을 어떻게 쌓아놓았나요?

이○○: 한, 20칸 정도를 한 번에 모아놓기도 하고.

김 교수: 20칸을 한 번에 모아서 어떻게, 그냥 수북하게 쌓아두나요?
이○○: 그렇기도 하고, 또 사 방 여덟 자로 차곡차곡 열 개씩 맞추어 놓기도 하고.
김 교수: 그렇게 쌓아두면 그게 한 열 칸은 되겠네요?
이○○: 예, 그쯤 되지요. 위로 두께가 한 일 미터 정도 되겠네.
김 교수: 열 칸을 맞추어 쌓기도 하고, 물량이 많을 때는 수북하게 스무 칸씩 쌓기도 하고. 제일 많이 쌓였을 때는 몇 칸이나 쌓여 있었나요?
이○○: 한 100칸도 넘게 쌓였죠.
김 교수: 역 앞 광장에요?
이○○: 예, 광장에 열 칸씩, 열 칸씩 쌓아서 100칸도 넘고, 그러는 거지요. 중간 상인이 미처 못 가져갈 때가 있으니까, 물량이 밀리면 그렇게도 쌓이지요.
김 교수: 물량들은 다 득량역에 모였나요? 득량역 말고도 역이 두 개 더 있는 것으로 아는데, 그곳하고는 연관이 없나요?
이○○: 거기하고는 전혀 연관이 없어요. 득량역에서 독점으로 진행했어요.
김 교수: 그럼 통운 사장님이 구들장 사업 사장님과 같은 분이신 거예요? 그분께서 산림 허가도 받으셨나요?
이○○: 예.
김 교수: 구들장 사업 하시는 분들, 그러니까 사장이 여럿 있었나요? 아니면 어르신 형님 한 분이셨나요?
이○○: 아, 다른 지역에도 있었죠. 해평이라는 곳에도 한 두어 명 있었고, 청방산 같은 경우에는 독점을 했었고. 거기도 처음에는 두 분이 했는데, 나중에 형님께서 다 인수를 하면서 독점하게 됐어요.
김 교수: 나머지 두 회사는 모두 해평 쪽이었나요? 그곳 사장님들은 득량 주민분이 아니셨나요?
이○○: 그분들도 득량 사람이에요. 해평리에 둘, 청방산에 하나, 이렇게 셋. 이외에는 없었고요.
김 교수: 제가 해평리 저수지 옆 몇 곳을 가 보기는 했거든요. 당시 해평 상황은 어땠는지 기억하시는 대로 설명을 부탁드릴게요.
이○○: 거기도 구들을 캐느라 산 여기저기가 많이 허물어져 있었죠. 뭐 특별한 게 있지는 않았고, 산 굽이굽이 구들장 우마차 길 좀 나 있고, 그 정도예요.
김 교수: 제가 가서 봤을 때 길, 그러니까 아마 작업장으로 올라가는 길이었겠지요? 그것이 한 다섯 군데 정도는 보일 것 같던데, 그거 말고도 더 있었나요?
이○○: 예, 더 있었어요. 그런데 이제 시간이 꽤 오래 지났으니까 이곳저곳 복원되어 없어졌겠지요. 목적지가 하나 있다고 하면, 거기로 올라가는 길이 보통 하나가 아니고 왼쪽에서 가는 길도 있고, 오른쪽에서 가는 길도 있고, 올라가는 길 중간에도 또 다른 채석지가 있고, 이런 식일 거 아니에요? 그러다 보니 길이 여러 갈래로 많았어요.
김 교수: 다음은 청방산에 대한 설명을 들을 수 있을까요?
이○○: 그곳도 워낙 범위가 크다 보니까 구들 채석되는 곳도 여기저기에 있었어요.
김 교수: 당시에 해평과 청방 중 어느 쪽에서 먼저 구들 채석을 시작했다든지, 어느 쪽에서 작업이 더 많았다든지 하는 것 기억하시는 게 있나요?
이○○: 사업 시작은 해평 쪽에서 먼저 했다고 알고 있고요. 구들 품질은 청방산 것이 좋다

고 다들 알아줬어요.

김 교수: 청방산 구들 품질이 좋은 이유가 뭔가요?

이○○: 구들에 쓰는 돌은 땅속에서 나오는 것이 좋다더라고요. 그런데 청방산에서는 주로 땅속에 있는 돌을 떠다 쓰잖아요. 그래서 해평에서 나오는 돌과 비교하면 청방산에서 나온 돌의 품질이 더 좋다데요. 인기가 아주 많았습니다.

김 교수: 두 지역 다 비슷한 시기에 사업을 중단했나요?

이○○: 양쪽이 거의 동시에 없어졌지요. 연탄 보일러, 호스 보일러 같은 것들이 생산되고 유통되면서 구들장이 사장된 거니까요.

김 교수: 어르신의 형님께서 통운도 하시고, 산 허가도 직접 받으시고 하셨댔지요? 판매는 득량에서 직접 하는 것이 아니고, 광주나 이런 데에서 됐고요.

이○○: 보통 중간 상인들이 득량으로 와요.

김 교수: 와서 그것들을 사서 다른 지역으로 가져가서 거기서 또 판매를 하고?

이○○: 예. 중간 상인들이 와서 구들을 사 가지고, 현지에서 가져가 소매를 하는 거지요.

김 교수: 현지 소매와 관련해서 당시 상황이 어땠는지 아시는 것이 있으신가요?

이○○: 그 부분은 제가 잘 모르겠어요. 제가 소매 하는 데까지 가보지는 않았기 때문에. 아마 저희 형님께서는 가 보셨겠지만요.

김 교수: 그 사장이셨던 형님께서는 돈을 제일 잘 버실 때 얼마 정도 버셨는지 혹시 아시나요? 당시에 구들장이 얼마나 잘 팔렸는지 같은 것이요.

이○○: 얼마라고 수입이 딱 정해진 것은 없고요. 대신 제가 기억하기로, 장롱 안에 천 원짜리 뭉치가 많이 있었어요.

김 교수: 천 원짜리 뭉치요?

이○○: 예. 지금 백만 원짜리 묶음 있잖아요. 그것처럼 묶인 천 원짜리 다발이 농 안에 항상 있었고, 하나 살짝 빼도 모를 정도로 많았어요.

김 교수: 농에 돈이 그냥 쌓여 있었어요?

이○○: 옛날이었으니까. 그때는 돈이 있으면 주로 장롱에 넣어뒀다가 필요할 때 가져다 썼지요. 저는 마음대로 만질 수 없는 돈이었지만.

김 교수: 아까 전표 이야기를 잠깐 해주셨잖아요? 전표가 한 장 나오면 똑같은 것을 세 부 작성해서 생산하는 사람, 운반하는 사람, 서기 이렇게 세 사람이 각자 가지고 있는다고요. 그럼 나중에 총무에게 쌓이는 전표가 아주 많았겠어요.

이○○: 그건 인쇄를 해놔요. 인쇄를 해서 가져다 놓고, 일하다 떨어지면 또 인쇄를 하고. 제가 총무 역할을 하기도 했는데, 전표를 끊어주면서 '이건 두 칸이 안 된다. 그냥 1.5칸으로 인정하고 전표 받겠느냐, 아니면 몇 칸인지 정확히 확인을 해보겠느냐' 이런 식으로 업무가 진행됐지요.

김 교수: 아, 아까 말씀하셨던 검수요.

이○○: 그렇죠. 어떤 사람은 충분한 양이 아닌데 자기가 많이 했다고 이야기하고 그래요. 그러면 측정할 수 있게 깔아보는 거지요. 그걸 계속 하다보니까 나중에는 슬쩍 보면 이건 1.8부, 이건 1.7부, 이렇게 딱 알겠더라고요.

김 교수: 구들장을 직접 놓아보신 적은 없으세요?

이○○: 직접 놔 보지는 않았는데, 하는 것을 보기는 했어요. 아까 김 교수님이 구들 놓으시는 걸 보니까 옛날에 옆에서 보던 기억이 나네요.

김 교수: 감사합니다.

김 교수: 성함이 어떻게 되세요?

정○○: 정○○입니다.

김 교수: 아까 사장님의 처남. 그러면 그 매형이였네요.

정○○: 아니요. 제가 매제.

김 교수: 선생님은 구들장 사업이 성황이던 시기에 대해 기억 나시는 게 있으세요?

정○○: 내가 그때만 해도 28에 선을 보러 왔어요. 그때 선을 보러 왔는데, 나는 인제 방돌 사업을 하는지도 몰랐지요. 아니 그런데 역전에 가서 보면 맨 방돌이여, 집이나 어디나 가도. 그래서 제가 문의를 해봤죠. 중간에 처남이 한 분 계셔요. '형님, 이것이 어디서 생산이 돼요?' 하니 바로 이녁 산에서 생산이 된다고 해요. 그래서 '한번 가 봅시다' 하고 가보니까요, 수도 없어요. 사람이 산에 엎드려서 캐느라고. 그것을 딱 보니깐 이것이 산이다 머이다 파 가지고 이렇게 모슬 모슬 깔아요. 행주짝에 싸가지고 길을 맨들어, 그러면 자유로 생겨부러, 길이. 그놈을 쌓으니깐. 그래가지고 하나라도 더 캘라고 애를 써요. 보니깐 그래서 나도 한번 캐봅시다. 아까 그 철장이라는 것을 이렇게 질러 가지고 옆으로 뜯으니깐 떡 시루처럼 막 인나요. 그러면 인자 차근차근 덜어낸 거예요. 근데 자연으로 생긴 거 같아요.

김 교수: 그때 돈을, 일당을 얼마나 받으셨어요?

정○○: 아, 나야 공식적으로 일을 한 것은 아니니까 일당을 받거나 그러지는 않았죠. 그냥 처갓집이라 한 번 와서 체험 삼아 해본 것에 불과하지. 그냥 현장을 좀 본 기억이 전부예요.

김 교수: 오봉산에서 뜨는 방돌이 수도 없이 많았을 때 일꾼은 얼마나 있었나요? 수백 명씩 일하기도 했나요?

정○○: 겁나게 많았죠. 무슨 도떼기시장처럼 사람들이 여기저기서 들락날락하는데, 달구지를 끌고 온 사람도 있고, 거기에 방돌을 싣고 내려가는 사람도 있고. 그걸 보고 내가 '나도 여기 와서 돈을 벌면 안 될까?' 이런 생각까지 했다니까요.

김 교수: 그 안에 무슨 식당 같은 것도 있고 그랬나요? 주막이라든지?

정○○: 주막이 있었지요.

김 교수: 몇 개나 있었나요?

정○○: 몇 개라고는 모르겠고, 중간중간 있었어요.

이○○: 한 다섯 군데쯤 거쳐갔던 것 같네요.

김 교수: 아무래도 일하다 보면 다들 힘드시니까 들러서 막걸리도 한잔하시고?

이○○: 그리고 소 머릿고기를 삶아서 국물을 내다가 거기에 막걸리 한잔 걸치기도 하고, 사장님이 돼지 머리를 삶아서 국을 끓여 나눠주기도 하고.

정○○: 그때 말씀을 들어보니, 처남 되시는 양반이 일주일에 한 마리씩 돼지를 잡았어요.

김 교수: 일주일에 돼지 한 마리씩이요?

이○○: 그 정도까지는 아니고. 그래도 고용한 인부들이 현장에서 돈을 벌어다 주는 거잖아요? 그분들이 힘들게 일하시니까 대접하는 차원에서 막걸리도 한잔씩 돌리고, 그런 거지요. 몸 쓰는 일이라 땀을 많이 흘리니까 수건도 한 장씩 나눠주고, 뭐 그렇게 챙기고 했어요.

김 교수: 말씀들을 정리하자면, 기본적으로는 다 사장이 있고 그 밑에 고용된 인부들로 구성된 것 같네요? 고용주 아래서 노동한 것은 전표를 끊어서 임금으로 정산 받고요. 이렇게 업주 밑에 고용되는 방식 말고, 개인적으로 일하시는 분들은 따로 없었나요?

정○○: 개인적으로 일하는 경우는 없고, 일단 사장을 거쳐야 했어요.

이○○: 소수는 있었어요, 개인적으로 일하는 사람들도.

정○○: 이녁이 쓸라고. 그것도 다 사장한테 말을 하고 파간 거지요.

김 교수: 아, 개인이 채석하는 경우에도 사장, 즉 산주에게 말은 하고요? 어차피 작업 허가 자체는 났으니까?

이○○: 근데 구들장 돌이라는 게 다 대량으로 나가는 것이니까, 중간 상인들이 거의 독점하다시피 하지요.

김 교수: 그럼 개인적으로 채석을 하는 경우, 그러니까 소매 같은 것은 없다?

이○○: 있기는 있는데, 아주 적었다. 소수였다.

정○○: 멀리서 화물차를 가져 와서 네 칸을 실어요. 차에다 실어가지고 그 사람이 선별을 하면 일당을 훨씬 더 얻는 게 있죠.

김 교수: 전체 판매를 도매식으로 하듯이, 중간 도매상 같은 역할을 하시는 분들도 있었을 것 같은데요. 득량 주민분들 중에는 그런 일 하시는 분들이 별로 없었나요?

이○○: 득량 사람들 중에는 별로 없었던 것 같아요. 타지에서 온 사람들이 차에 구들장을 실어다 현지에 가서 소매로 판 거지. 여기에서는 다 도매로 팔았지요.

정○○: 저도 우리 처갓집이 구들장 사업을 하니까 당시에 홍보를 좀 했어요. 그때 제 홍보를 듣고 자기도 한 번 도매 사업을 해 보겠다고 달려들어 우리 처남한테 소개도 해주고 한 사람이 둘 있었는데, 그 사람들이 갖다가 맡긴 데가 있습니다.

김 교수: 그러면 구들장이 가장 멀리 팔린 경우라든지, 그 중간 상인들이 찾아온 지역 중에 가장 먼 곳은 어디가 있을까요? 광주나 부산, 여수, 이런 곳들까지 오봉산 구들장이 나갔나요?

정○○: 지방 쪽으로는 꽤 갔지요.

김 교수: 서울까지는 안 갔나요?

정○○: 서울까지 갔는가는 잘 모르겠네요. 주로 촌으로 많이 갔어요.

김 교수: 촌으로 많이 갔군요. 예, 알겠습니다. 긴 시간 동안 고생 많으셨습니다.

■ **녹취 일자: 2021년 3월 21일 13:00~14:30**
■ **녹취 장소: 도촌리 마을회관**
■ **채록자: 국제온돌학회 송○○**

정○○: 원조가 여 밑에 있어요. 제일 시발 방돌 뜬 자리가. 시발초가 여 밑에 있어요. 거기서 죄 개발을 해서 다 뜯어보니까 방돌이 살 사람은 더 많고 모지라니까 개발을 해봤죠. 개발을 해보니 이 안에 우리 산이 어마어마하게 커요. 거기서 인부가 방돌 뜨고 사람이 한 7, 80명 떴을 거요. 거기서.

질문자: 그 저기 아버님 산에서 일하시던 분만 한 7, 80명?

정○○: 그담에 이 아래 해평서 이자 오봉산 용추, 거기서 개발 해 갖고 떴어요. 그러니까 오봉산 칼바위가 있거든요. 칼바위 옆에서 떠부니 군에서 가만이 있겄소. 허가 중단을 해부렀제, 면 산을 갖다가.

질문자: 면 산이에요?

정○○: 면 산이고 칼바위 용추폭포 전국에서 다 그리 왔는디... 그제는 그걸 안 했지만.

질문자: 거 안에 계곡이 멋있나봐요.

정○○: 계곡이 좋죠. 폭포는 물이 적어도 그대로 떨어지고 개울도 좋고 칼바위 딱 있고. 그래갖고 요리 집중해서 개발을 해갖고 막 떠냈죠. 방돌 전부 다 화순부터서 광주, 목포, 서울. 서울은 몰라도 경기도까지 갔어요.

질문자: 그거는 얘기를 들어서 아시는 거죠? 보거나 직접 배달을 했다거나 그러신 건 없으시고?

정○○: 여기 들어와서 방돌이 나온다 그러니까 여기를 왔죠. 경기도에서 왔어. 경기도에서 들어와서 인자 방돌이 나온다고 그러니까 왔죠.

질문자: 경기도에서도 와요?

정○○: 경기도에서 사러 왔죠. 경상도에서도 오고.

질문자: 아~ 사러?

정○○: 그리 빼고. 여기 사람들이 참 방돌 때문에 밥을 먹고 살았죠. 여가 건평 천수답이었어요. 내 방돌 사업하고 먹고살고, 저수지를 막고 그래갖고 이 마을이 부자돼부렀지. 방돌 매일 우마차로 저가 안 있든가요? 우마차 안 있든가요? 주유소 옆에? 두 행비도 한 사람 세 행비도 한 사람 새벽밥 먹고 와서 실어내요. 역전 광장이 차불면 고개에서 여기 산동에 들어오신 데 그 위에까지 다 퍼나르고. 거 위에서 실어가고.

질문자: 거기서 실어가는데 기차가 하루에 몇 번 실어가요? 실어 나가는 게 하루 몇 번?

정○○: 하루에 80칸 화물이 있고...

질문자: 80칸? 기차 한 량 한 량이 80칸?

정○○: 50톤, 80톤이 안 있소, 화물차가. 한 칸짜리. 50톤은 50칸, 30톤은 30칸 화물차로도 실어 가고.

질문자: 방돌 한 칸짜리 80칸을 실어 나갔다고?

정○○: 그렇지.. 50칸은 50칸 30칸은 30칸 그렇게 실어가고 화물차로도 실어가고, 자연 방돌 없어지고 보일러가 나와부니까 이제 필요 없죠.

질문자: 그게 대충 여기 나름대로 먼저 끊긴 산도 있고 나중 끊긴 산도 있지만 선생님이 하

셨던 그 산은 몇 년도에 최종 문을 닫으신 거예요?
정○○: 50년 돼버렸어. 50년이 넘어.
질문자: 1970년도 정도에? 그때 아버님이 업자로 하셨잖아요? 그럼 선생님은 그때 당시 연세가 어떻게 되셨어요?
정○○: 나는 그러니까 25.
질문자: 그때 그럼 같이 일을 하셨어요? 아니면 구경만?
정○○: 거기서 일은 않고 산에 가 서무가 하나 있어요, 서무. 서무 감독이 하나 있고 여기저기 댕기면서 방돌이 좋다 나쁘다 그래갖고 쓸어 보내요. 나는 여기서 이제 하차를 받았제.
질문자: 선생님은 산에는 안 가셨지만 여기 밑에서 받아가지고 그걸 누구한테 넘기셨어요?
정○○: 광주 업자들.
질문자: 광주 업자들한테? 그러면 따로따로 광주에서 사러 오는 사람, 경기도에서 사러 오시는 사람한테 직접 넘기신거네요? 이렇게?
정○○: 아, 그렇지.
질문자: 그러면 들으신 거 중에 제일 멀리 어디까지 사러 온 사람이 있어요?
정○○: 사러온 사람? 그랑께 서울까지는 안 갔고 경기도야. 우리는 몰라요.
질문자: 경기도 정도까지?
정○○: 그때는 주소를 알았을지 몰라도 경기도, 경상도.
질문자: 그 사람들이 주로 집 짓는 사람들이 왔겠네요?
정○○: 업자들이지. 업자들이 여기서 실어 가 갖고.
질문자: 그 사람들이 또 집 짓는 사람들한테 팔아먹고? 선생님 지금 연세가 어떻게 되세요?
정○○: 87이요.
질문자: 그런데 이렇게 정정하세요? 그러면 아버님은 살아계시면 몇 살 정도 되셨어요?
정○○: 아버님 살아계시면 125세.
질문자: 그러면 아버님은 그럼 몇 년 정도 하시다가?
정○○: 그러니까 우리가 방돌을요, 30년 동안 했어요.
질문자: 방돌로 30년 동안? 그러면 일제강점기 때는, 6.25 때는 안 하시고 그 이후로 하신 거네요?
정○○: 안 했죠. 방돌 6.25 후에 나왔제. 그전에는 요 밑에서, 거기가 원조야. 거기서 시월에 겨울에 방 놓을라고 사러와요. 광주서 그러면 인자 거기서 사가고.
질문자: 그때가 언제? 최초 언제부터 시작한 게 언제쯤이에요?
정○○: 우리보다 한 5년 앞서서 시작했어.
질문자: 젤 처음 시작한 사람이 5년 먼저 시작했으면?
정○○: 세 명 내지 네 명 있었겄죠.
질문자: 1970년도에 문을 닫았다 치면, 30년 동안 하셨으면 1940년에 시작하신 거잖아요?
정○○: 글쵸.
질문자: 1940년이면 해방 전에 시작하거나 해방 전에 시작했다?
정○○: 응. 해방 전에 시작했어요, 석산.
질문자: 오다 보이는 거기? 지금은 거기서 뭐하는 거예요?
정○○: 돌 깨죠.

질문자: 지금은? 예전에는 방돌을 하다가 지금은 돌 깨서 잔돌을 파는 거죠?
정○○: 면석, 요렇게 맥반석도 나오고 그래요.
질문자: 맥반석도 나오고 잔돌도 해서 파는 거죠? 그러면 문 닫고 방돌 캐는데 문 닫고 그 이후에는 무슨 일을 하셨어요?
정○○: 이후에는 놀았죠, 정미소 했어요, 정미소. 큰 집에서 정미소를 갖고 있어갖고. 거기서 인부들 전부 주죠. 쌀로. 쌀이 귀한 때이고 방금도 말했다시피 천수답이라 물이 없어요. 그래갖고 쌀로 전부 간조를 해줬죠. 봉급을 줬지.
질문자: 외지에서 돌을 사러 왔어요? 그 사람들이 돌을 사가면 얼마에 파셨어요?
정○○: 우리가 4천 원.
질문자: 얼마에 4천 원? 한 칸에 4천 원?
정○○: 한 칸에. 한 칸이 사방 7자여. 8자짜리도 있고 7자짜리도 있고. 평균 8자로 봐야지.
질문자: 4천 원이면 쌀로 치면 쌀이 몇 되 정도 됐어요?
정○○: 쌀 한 말 값은 되지요.
질문자: 거기 방돌 뜨셨던 분들은 한 두 칸하면 하면 쌀 두 서너되 받으셨다고 하거든요. 그러면 그걸 운반해서 최종적으로 팔 때는 한 말값 정도 받으셨다?
정○○: 그렇지.
질문자: 우마에서 실어내렸다고 하더라구요. 우마에 실어내린 사람은 한 구루마 싣고 내려오면 얼마 주셨어요?
정○○: 한 칸, 칸 반, 두 칸도 싣고 그래요 그러면 하루에 한 칸에 5천 원 줬지. 하루에 두 칸 실으면 만 원.
질문자: 그럼 엄청 많이 주신거잖아요?
정○○: 아이고, 무스와요 무수와.
질문자: 그러면 선생님은 팔 때는?
정○○: 아... 2천 원, 2천 원.
질문자: 2천 원이면 쌀 몇 되 정도 되는 거예요?
정○○: 너 되, 쌀 닷 되.
질문자: 닷 되? 운반하는 사람이 돈을 많이 받았겠네요?
정○○: 그라죠.
질문자: 운반하는 사람이 제일 힘든 거예요?
정○○: 그러지 젤 힘들지.
질문자: 캐는 사람이 아니구?
정○○: 가서 보면은 소하고 인부하고 이런 산모롱이를 올라가요, 몰랭이를. 그래도 사고 하나 없이 몇 년 동안 해먹었는디. 아침 새벽에 밥 먹고 끌고 올라가갖고 아침 아홉 시나 되면 내려와요. 저기 열 시에 도착이 되어요. 득량까지 가면 하루 두 행길을 못하고. 그래도 뭐 빵꾸나네 뭣하네.... 대단혀.
질문자: 그러면 한 칸에 8천 원에 파셨잖아요? 두 칸을 팔면 1만 6천 원, 두 칸을 가져오면 2천 원을 줬다고요? 2천 원 주고, 뜨는 사람한테는 얼마를 주신 거예요?
정○○: 뜨는 사람한테는 4천 원.
질문자: 두 칸 기준으로?
정○○: 한 칸에 얼마 2천원 줬든... 아 2천 원 줬것소. 두 칸이면 4천 원. 6천 원이 돈으로 나

가고, 우리가 2천원 묵고. 2천 원 더 묵을 때도 있고. 소매 일로 적게 화물차 갖고 오면 많이 받죠. 열차 차떼기로 나가면 싸고.

질문자: 많이 사가면 좀 싸게 주고 조금 사면 그랬죠?

정○○: 기업첸디. 기업체여. 광주 집 진 것이 전부 여기 돌 갖다 지었어. 심지어 방돌 놓는 밑에 굇돌까지... 방 놓으면 방에 괴잖아요? 그 돌까지 다 가져갔어요.

질문자: 여기서는 굄돌이 안 나왔다고 하던데요?

정○○: 굄돌이 왜 안 나와요? 하천에서 주워다 주지. 그거 따로 모아다가 팔고 따로 주문을 해요. 몇 개씩 20~30개씩 해놓고 주고.

질문자: 전화도 없이 어떻게 와요? 편지로 와요? 주문이?

정○○: 전화도 없고... 여기서 가져갈 때 말하고 가요. 그리고 우리 집에 취급소 전화가 있었어. 전화 글로도 하고. 갈 때 며칠 날 온다, 또 사람이 기차 타고 오고 화물차 타고 오고 가져간다고 온다고 하면 우리가 나가요. 인부가 있어요. 역전에서 상차 해주는 사람. 그 사람들이 항시, 우리는 밖에, 득량 역전에나 여기나 두 군데 항시 있지요. 방돌 받은 총무가 한나 있고, 내가 늘 왔다 갔다 하고.

질문자: 그때 당시 기업체잖아요? 이 동네에서는 좀 부자셨었겠어요?

정○○: 부자 보담도 산이... 뭐 그랬다고 봐야죠.

질문자: 내가 돈 안 들이고 내 산에서 파갖고 가져가니까 그게 다 돈이잖아요? 만약에 산이 없는 사람은 임대해서 했다고 하시더라고요?

정○○: 임대해서 했지. 우리도 처음에는 방돌이 없어가지고 방돌이 오봉 정○○ 씨가 뜨고. 제일 시발 할 때는 한○○씨가 했고. 해평 사는 사람. 한○○ 씨.

질문자: 한○○ 씨? 그럼 그분은 돌아가셨죠?

정○○: 네 돌아가셨어요. 그 냥반이 썼어요 인부 너덧 데꼬. 그래갖고 하다가 방돌 사러오는 사람은 많은데 방돌이 없거든요. 정○○라고 이 사람이 와갖고 우리 산에 와서 실험을 해본여. 시험을 해보니 방돌이 막 무진장 나와버려요. 그래서 한둬 달은 그냥 줬죠. 전세로 주라 그거여. 못 하겠다 그랬죠. 안 된다고, 땅을 팔으라고 하죠. 우리 아버지가 두 달 동안 공짜로 해먹었는데 내 땅 갖고 내가 한다는데 뭐라고 그래 하면서. 사람이 그 사람이 좀 안 좋아요. 할 수 없이 땅을 한 천 평 떼줬어요. 거기서 캐묵으라고. 한 2년 하다가 그 사람은 없어져불고, 단독으로만 우리가 여기서 했죠, 단독으로.

질문자: 이장님은 연세가 지금 어떻게 되세요?

임○○: 67센데 호적 나이로는 65세요.

질문자: 65세요? 근데 왜 이렇게 젊으세요?

정○○: 그랑께요. 서울서 여기가 고향이여요. 우리같이 노인들만 사는데 여기 부모님도 다 돌아가셔불고, 부모님 산 집을 철거해불고. 서울서 큰 사업하다가 오셔갖고 보성군에서 모범이잖아. 표창장도 있고.

질문자: 그러면 어렸을 때 방돌 뜨고 했던거 기억하세요?

임○○: 기억나죠. 학교 다닐 때 방학하면 와 가지고 겨울에 이 동네 구들장이 그전에는 여기가 천수답이었어요. 저수지가 없어갖고, 농사를 지면 물이 있어야 되는데 천수답이라 날씨가 가물어 버리면 농사를 못 지어요 물이 없어서... 보시다시피 여가 돌이 겁나 많습니다. 돌밭이에요. 비가 자주 내려줘야 농사가 되고 그라는데 비가 안 와

버리면 한해 곡식은 못 해먹을 정도로 그 정도가 되거든요. 저수지가 없어서 농사를 못 지니까 전부 객지로 다 나가버렸어요. 그리고 나간 후에 저수지가 생겨가지고, 지금은 농사를 제대로 짓고 또 기계화가 되고 그러니까 농사를 지어먹기 편하지.

질문자: 그러면 들어오신 지는?

임○○: 제가 6년, 7년전에 들어왔는데. 그전에는 농사도 못 지고 겨울에는 돈벌이 수단으로 최고였죠. 전부 다, 니나, 나나, 어르신들 전부 다, 마을분들이.

질문자: 선친께서도 돌 일을 하셨어요?

임○○: 그랬죠. 방학 때면 내려와서 소 구루마 끌고.

질문자: 그거 엄청 기술이 있어야 한다던데요?

임○○: 소를 이렇게 끌고, 끌고 내려왔어요. 내려놓고 이랴, 하면 지 알아서 졸졸졸졸 들어가요. 뒤에서 브레키만 조절하면. 자동차 브레키만 조절해주면 길 찾아 갖고 갈 만한 길로 지가 다 가는 거예요. 잘못 내려와불면 커브길이 많거든요. 잘못하면 넘어져갖고 소는 그래도 뻘떡 일어나요.

질문자: 구루마하고 같이 구를 거 아녜요?

임○○: 저 몰랭이서 여까지 떨어져 버렸어, 방돌 뜨는 사람이 본께, 구루마가 딱 넘어가면 네 발을 이렇게 버티더라네? 펄떡 넘어가고 펄떡 넘어가고.

질문자: 소 중에서도 잘하는 소가 있고 잘못하는 소가 있을 거 아녜요? 그럼 못하는 소는 그냥 농사짓고?

임○○: 아니 대부분 집집마다 소가 일꾼이에요. 일꾼 쟁기질하고 논에 모심을 때 평판 작업 다 하고 소가 옛날에는 소가 다했죠. 근데 겨울에는 구루마, 여기서는 구루마라고 하거든요? 그걸 채워갖고 구들장 지러 가는 거예요.

질문자: 구루마가 그거 용으로 따로 만든거죠?

임○○: 그렇죠. 브레이크도 있고, 뒤에서 브레키도 있고 앞에 돌 못넘어가게 이렇게 똥똥하게 해놔요. 해놓고 그 밑에는 멍석도 깔아놓고 그래요. 충격에 의해서 덜 망가지고... 딱 저거 그대로야.

질문자: 역 앞에 거랑 똑같애요?

임○○: 뒤에 브레이크만 없지. 브레이크. 생생하게 구루마가 있어요, 구루마 한 대가. 의뢰를 해서 마을에서 한 대 어르신이 기증하고 있는데, 보관하고 있는 창고가 있는데 오신다고 해서 거기 비밀번호를 알아놨거든요.

질문자: 내일 군에 가서 오늘은 녹음하고 내일은 그 물건들 사진 찍고 재고 그리고 또 해야 되거든요?

임○○: 거기에도 브레이크 다 달려있어요?

질문자: 달려있죠.

임○○: 아~ 그거 보면 되겠네. 타이어야, 타이어. 바퀴가.

질문자: 옛날에도 타이어 바퀴가 있었어요?

임○○: 그러니까 응용을 했지? 구들장을 실어나르면서 응용을 한 거예요. 왜 응용을 했냐면 저기 회전 교차로에 있는 우마차는 그거 가지고는 돌을 못 실어요. 왜 그러냐면 높은 데서 내려오면 브레이크가 없으면 내려올 수가 없죠. 옛날 타이어에다 자동차 안에 면이 요만큼 있어요. 바퀴쪽으로, 양쪽으로 나무로해서, 거기다가 참나무예요. 참나무로 해가지고 뒤에서 잡아 댕겨서 브레이크, 위에서 두 칸 세 칸씩 싣고 내려오면 삑삑 소리가 나요. 하루 종일 삑삑 소리가 나죠.

질문자: 예를 들어서 산에서 돌 뜨고 있으면 구루마 실으러 계속 오는 거예요? 우마차가?

임○○: 그라죠.

질문자: 산에 올라가는 길이 있으면 줄을 서서 올라가겠네요?

임○○: 그럼요. 줄을 서도 비끼는 데가 있어요. 도로 같이. 그라면 한 군데서 하나를 뜨는 것이 아니라 동서남북이가 서사가 보고 요리 온나, 저리 가거라, 요리 온나 그라죠. 그럼 쉬들 안 해요.

질문자: 그러면 실는 사람은 계속 싣고 가고?

임○○: 뜨는 사람은 계속 뜨고. 기술이 발달해갖고 벌우라고 우게 전부 우게 흙을 전부 벗겨내요. 돌을 요 정도 벗기면 위에 돌은 튀버려요. 그래서 벗겨버리고 속에 돌을 전부 캐내고, 종말에 가서는 발파를 했어요. 발파를 노미로 뚫어서, 요 정도 뚫어서 화약 요 정도 넣어서 발파를 하죠. 안이 울려 버릴 거 아뇨. 암잉 딱 울려부러. 꽁이로 긁어내 그럼. 요만한 연장으로, 납작납작.

질문자: 다 떨어져 버려요? 한번 폭파시키면?

임○○: 떡돌기만 해요. 첨에는 꽁이로 파내고 50, 30 뚫어갖고 발파를 해요. 그럼 꿍 울릴 거 아뇨. 다 떠져버리네? 갈라져버리네? 떡돌금 같이 딱 인나갖고 있어. 그날은 재수가 좋으면 일곱 칸도 떠버려요. 그때 한 칸에 얼마씩 줬소? 한 칸에 2천 원 줬을 거여. 그러면 소 구루마로 한 차 실으면 3칸 싣거든요, 많이 실으면.

정○○: 많이 못 실어. 한 칸, 두 칸. 칸 반, 두 칸.

임○○: 두 칸, 이렇게 두 칸도 빵빵해. ○○ 그 냥반은 두 칸 반씩 싣고, 그러다가 터지제. 얇은 놈은 더 싣고, 그전에 부락데기 그 소는 앞에서 뒤까지 빵빵하게 싣고.

정○○: 그래, 두 칸 반 싣는데 그러면 구루마가 위험해. 털컥하면 구루마가 못 이겨내. 탁하면 팍 나가고 팍 나가고.

질문자: 그러면 외지에서 돌 사러 오시는 분들은 여기 돌이 왜 좋다 하시던가요?

임○○: 여기 돌이 왜 좋냐. 튀들 안 해요, 불을 봐도.

정○○: 강도가 세.

질문자: 구들장으로 집을 지으면 몇십 년 지나면 다 들어내고 새로 놓고 새로 놓고 그러잖아요? 다른 돌이 한 30년 만에 한 번 갈아엎었다 하면 그 이상 더 오래가는 거예요?

임○○: 한 번 놓으면 더 이상 손 댈 데가 없죠.

질문자: 몇 년 쓴다고 보시는 거예요? 100년, 200년도 가는 거예요?

임○○: 그건 잘 몰라.

정○○: 옛날에는 초가집이었잖아요? 초가집 수명이 다할 때까지 가는 거예요.

질문자: 정기적으로 들어내갖고 재도 걷어내고 새로 했다고 그렇게 들었거든요?

정○○: 그거는 왜 그러냐면 아궁이에다 불을 때면 재가 쌓일 거 아니에요. 불이 안 타요. 그러면 굴뚝에서 연기가 뽑아내야 방이 골고루 뜨듯한데...

질문자: 돌은 문제가 없다?

정○○: 돌은 문제가 없죠. 여기서 불 안 때요. 아랫목이 두꺼운 놈이 올라가고 얇은 놈을 튀제..

질문자: 구들장 놓고 흙으로 덮잖아요? 그런데 튀는지 안 튀는지 어떻게 알아요?

임○○: 금이 가죠, 금이 가. 강도가 약한 것은 금이 가고, 벌써 장판을 깔아놓으면 빨갛게 돼서 알아요. 돌이 깨진가 안 깨졌는가. 아무래도 열이 올라올 거 아녜요.

질문자: 사러오는 사람은 여기 돌이 더 비싸도 여기 돌을 쓰는 거예요?

임○○: 비싸고 싸고가 없어요. 장흥서 일부 나왔는데...

질문자: 담양 이런 데서도 했다고 하더라구요?

임○○: 네 담양서도 나오고.

질문자: 그쪽 돌은 싸구려 돌?

임○○: 여기 돌은 강도가 세니까. 거기가 싸구려 돌이라는 뜻은 아니구, 그쪽보다도 여기 돌은 강도가 셌어요. 강도가 세서 이렇게 얇아도 그렇게 쉽게 깨지지가 않았어요

질문자: 그러면 그 이전에도 우리나라에 구들장은 다 놨었잖아요? 그전에는 여기서 돌이 안 나가고 다른 데서 쓰다가 말씀하신 대로 1930년도부터 나가기 시작한 거예요?

정○○: 80년도까지. 그전에는 방돌을 산에 가서 캐는디요. 캐는디 이렇게 두꺼워요. 두꺼운 놈으로 방을 놔요. 그래갖고 종말에는 석산 시조여. 방돌 형태가 이렇게 있드만. 아직도 돌아다니당 보면 있어요, 이렇게 두꺼운 것이. 그놈으로 방돌 놔요. 나무가 많고 막 그랑께 불을 많이 넣고 집 지으면 그런데 가서 주워다 놓고... 두꺼운 것이 오래 가지요. 그렇게 살다가 연탄 나오고. 나무 귀한게 얇은 것이 좋다, 개발돼갖고 장흥서 나왔는데 이렇게 커요. 근데 문짝만해요, 장흥서. 근데 튀어버려.

질문자: 갈라져버려요?

정○○: 하다가 그 사람 망해버렸어. 최○○ 씨 장흥으로 갔구만 돌아와부러. 여기 방돌이 좋다고 이름이 났지요.

임○○: 어마어마하게 나왔죠. 요게 가면 절골이나 해평 가면 요만한 건 안 실어내부러. 이분이 산주고. 그거 실어 오면 칸을 사방으로 해갖고... 몇 자였죠?

정○○: 7자, 8자. 요렇게 금을 그려놓고 여기다 깔아요. 한 칸 이빠이 차면 그거이 한 칸, 그래갖고 이 사람이 구루마가 오면 재고 그랬어요. 전표 끊어주고. 구루마가 실어 오면 칸 반 분명히 실어놓고 두 칸이라고 해요. 이게 참 미치겄지.

질문자: 그러니까 일종의 저울을 만들어 놓으셨구나?

정○○: 사각을 만들어 놓고 차례차례 쌓아서 거기다 재야지. 열 칸씩 재요. 그래야 팔아먹기도 좋지. 차가 오면 열칸 열칸. 방돌을 싣고 나올 때 죽네 사네 하고 나와요, 산을 보면. 그러면 인자 1.4 나온다 말요. 1.4 잡아주겄소, 하고 1.5 잡아주제. 나는 그러면 나는 어떻게 보충하냐. 그 자리는 두꺼운 놈을 놔부러요. 가에는 평평하게 맞차주고, 그렇게 채워주고.

질문자: 그러셨구나.

정○○: 장사가 그래요. 업자들이 한참 할 때 방돌을 싣고 나오는 걸 보면 무서워요.

질문자: 옛날에도 득량역이 그대로 득량역이었어요?

정○○: 그렇죠

질문자: 득량이 옛날에는 엄청 컸던 거예요?

정○○: 아니죠. 얻을 득, 식량 량 자를 써서, 이순신 장군이 식량을 가져갔다 해서 득량이라고 하죠.

질문자: 기차역이 있을 정도면 마을이 컸던 거 아니에요?

정○○: 득량이 컸죠.

질문자: 보성 버금가게 컸어요?

정○○: 보성이 더 컸고요.
임○○: 보성보다는 적었죠. 그래도 예당보다는 그래도 득량이 컸죠.
정○○: 예당은, 예당이 득량이고.
질문자: 옛날부터도 이름이 득량이었고?
정○○: 화물차, 화물열차로 돌을 실어 갔거든요.
질문자: 얘기를 듣긴 했어요.
정○○: 콘테이너 박스 있죠? 그런 화물차가 있어요. 꼭 콘테이너 박스처럼 생겼어.
질문자: 뚜껑은 없고?
정○○: 뚜껑 있죠.
임○○: 뚜껑이 있는 것도 있고, 없는 것도 있고.
정○○: 뚜껑이 있지. 뚜껑이 있는 거로 실어갔죠. 화순 가다가 차가 힘이 없으면 띠어불고. 뚜껑 없는 것은 돌라가부러.
질문자: 돌라간다는 것이 무슨 말이에요?
정○○: 훔쳐가부러.
질문자: 훔쳐간다고?
정○○: 그냥 막 도착, 어떻게든 와이로를 쓰더라고. 역전에 도착시킬라고 그래. 그때 어마어마했지.
질문자: 그때 혹시 일하시면서 찍어놓은 사진 없으세요?
정○○: 그때 뭐 사진기가 있나, 핸드폰이 있나.
질문자: 혹시 역전 앞에서 가족끼리 찍으셨거나, 산에서 일하실 때 기록하셨던 치부책 그런 거 없어요? 전표 끊어주시던 거 같은 거도 없어요?
정○○: 전표는 석 장, 내 한나 갖고 내...
질문자: 먹지 같은 거 밑에 대고 하신 거예요?
정○○: 아뇨. 전표는 이만해갖고...
질문자: 한 장짜리? 한 장짜리 세 개 써 가지고 찢어 너 주고 찢어서 너 주고 하나는 내가 갖고 이렇게? 그런 거 쓰시던 거 집에 어디 없어요?
정○○: 있으면 보물이죠. 문화원에서 물어보더라고.
질문자: 그런 게 되게 지금 중요하거든요.
정○○: 그런 게 역산디...
질문자: 그러면 안 하시게 된 이유가 뭐예요?
정○○: 인제 방돌이 안 나가붕께.
질문자: 찾는 사람이 없어서? 아니면 어디서 그만해라 군에서 그만해라 그런 거는 아니고?
정○○: 군에서 그런 거는 없지요. 인부들이, 이장 말한 거 같이 저수지가 막아져부니까 농사 맘대로 짓고 방돌이 옛날처럼 판매가 안 되고...
질문자: 산에 돌이 다 고갈돼서 문을 닫은 건 아니다?
정○○: 구들장이 고갈돼서 그만둔 거는 아니고, 만날 그냥 있어, 산은. 찾는 사람이 없으니까, 더 이상 판로가 잘 안 되니까. 지금은 화산석돌 그런 거로 구들장 돌을 쓰거든요? 지금은 황토방 하는 사람들이 가끔 구들장을 요리 사러 와요. 보일러 놈시롱 구들장 놓은 사람들이 보일러 놀 때 방돌이 나올 거 아녀.
질문자: 다시 쓸려고?

정○○: 그런 게 진짜지. 불 다 먹고. 그런 걸 사러 댕겨요.
질문자: 혹시 이 동네에 그때 구들장으로 놔줬던 방 집이 있어요?
정○○: 불 때는 집이 있어야 되는데...
질문자: 불은 안 때도 그냥 남겨놓은 집?
정○○: 없어요, 없어요.
질문자: 그러면 만약에 내가 산이 있어요? 돌을 아직 안 캤어요? 돌을 캐고 싶어요? 업자가 되고 싶어요? 그럼 어떤 과정을 해야 그걸 할 수 있는 거예요?
정○○: 지금은 서울 사람 산이 되어버렸어요.
질문자: 아니, 옛날에. 선생님 아버님이 산이 있어서 돌을 캐고 싶으면 어디다 신청을 해요? 허가를 받아요?
정○○: 허가는 신청을 해요. 군에다, 경찰서에다 두 군디다 해. 사고가 나면 경찰이 책임 아닙니까? 경찰서에 신고를 하고 군에다 허가를 내요. 안 그러면 불법이죠.
질문자: 그러면 예를 들어 100평을 내줘요, 100평을 캐라 이렇게 하는 거예요?
정○○: 100평을 내주면 100평에 사람이 얼마나 달려들겠어? 이게 할 소리는 아니지만, 경찰서 보안과장 우리 돈 많이 먹었구만. 화약도 날마다 5발 한다 그러면 5발 가지러 가고... 그렇게 해서 어떻게 하겄소. 돈 집어주면 해주고, 해주고.
질문자: 내 산이 있다고 해서 되는 게 아니라 가서 신고하고, 여기서만 해라 하면 거기서 하는데 더 하고 더 하고 하는 거죠?
정○○: 그러니까 군에서 답사를 나와요. 답사를 나오면 한 군데서만 하고, 다녀가면 뒤로 산 다 흩어지고. 같이 밥 먹자, 하면 모아서 밥도 먹고. 구루마 길이 여기서 방돌을 떠 놓으면 요리도 나고, 요리도 나고. 뜨는 데까지 들어가야 되니까, 우마차가.
질문자: 길이 하나만 있는 게 아니라 올라가다 여기로 가고, 저리로 가고 그랬겠어요?
정○○: 거미줄처럼 엮어져 있어요.
질문자: 지금 그럼 산은 팔고 다른 사람 이름이 됐겠네요?
정○○: 서울 사람한테 다 팔아버렸어. 한 필지도 없이.
질문자: 그때 산이 평수로는 몇 평 정도 되는 거예요?
정○○: 우리 산이요? 평수로는 말할 수 없어요. 몇만 평 돼부러요. 가서 보면 놀래부러요.
질문자: 그때 개인 소유 산으로는 제일 컸던 거예요? 돌 캐던 산으로는?
정○○: 젤 컸죠.
질문자: 나머지는?
정○○: 광주 사람 산도 있고. 연료 때문에, 나무 때문에. 임○○ 씨 산도 있고. 우리가 사서 회촌 사람들, 회촌 동중으로 판 산도 있고 그래요. 산 소유하고 있는 평수로는, 산 평수로는 득량면에서는 우리가 제일 많았을 거예요.
질문자: 그럼 쓰시던 인부들도 제일 많았겠네요?
정○○: 그랬죠.
질문자: 제일 많을 때는 몇 명 정도 데리고 있으셨어요?
정○○: 사람이 몇이라고는 모르겠고, 그 사람들이 일을 했다 하면 하루 50칸, 100칸 그렇게 나와부러요, 방돌이. 우리는 정미소 해갖고 쌀로 줘부러. 쌀로 주면 젤로 좋아라 하고.
질문자: 그러면 한창 돌 사업이 될 때 외지에서도 이걸로 돈 벌러 오는 사람도 있었어요?

정○○: 그런 사람은 없었어요.
질문자: 동네 사람들로만?
정○○: 여기 득량, 오봉 사람들. 이 아래 해평 사람들, 여기 도촌 사람들.
질문자: 그럼 이거 문 닫고 인구가 쑥 빠져나갔거나 그런 거는 없겠네요? 별로?
정○○: 그랬죠. 젊은 사람들이나 나갔을까. 젊은 사람들이 전답도 별로 없고 그러니까 그런 사람들이 다 빠져나갔죠. 난 산에 가서 답사하고 그라믄 산 구경을 시켜 줄라고 했드니 차후에 일이구만. 인자 좋아요, 산 구경하기가.
질문자: 그러면 여기 안 떠나시고 계속 여기서 사신 거예요?
정○○: 그랬지. 여기 이장은 서울 갔다가 돌아오고.
임○○: 방학 때면 와 갖고 용돈 벌이 해 갖고 학비도 벌어가고 그랬어요.
질문자: 방돌 안 하시던 분들은 주로 뭐 하셨어요?
정○○: 그거 안 해도 먹고 살 만한께 안 하제... 농사짓고. 돌 뜨는 것도 기술이 있어야 해요. 연장도 구입해야 되고. 겨울에도 눈이 펄펄 내려도 도시락 싸가지고 가서 하려면 얼마나 고생이 되었겠어요. ○○ 씨, 이 사람 잘해.
질문자: 잘 한다는 사람은 기준은 뭐예요? 돌을 잘 뜬다는 사람의 기준이?
정○○: 많이 캐니까 생산을 많이 하니까 기술이 좋다고 하는 거지.
질문자: 얇게 뜨는 거예요. 크게 뜨는 거예요?
정○○: 다른 사람은 두 칸을 뜨면 이 사람은 세 칸, 네 칸을 떠부러. 일을 수월하게 해부러.
임○○: 양을 많이 해부러요. 대부분 실으러 간 사람도 두껍게 뜨는 것은 안 실을려고 해요. 가벼워야 많이 싣죠. 얇은 거 실을라고, 저 사람은 이렇다, 저렇다.
질문자: 얇게 뜨는 사람 찾아 가는 거예요?
정○○: 그 사람은 인기가 좋아요. 가서들 나도 한 바리 주쇼, 나도 한 바리 주쇼 해요. 술도 받아다 주고 그랬어요. 생산자들한테 술 얻어먹고, 우마차 인부가 생산자 좋게 떠놓은 데로 가고. 나쁘게 뜨는 사람들은 술 받아줘야 그리 가. 막걸리 받아서 갖다주고 그랬어요. 말하자면 오찌(뇌물)야, 오찌. 없으면 하는 수 없이 그리 가요. 두껍게 뜨는 사람은 내 것 좀 실어주라고 사정사정하네, 실어가라고. 무거운께, 두껍게 서로 안 실를려고. 두껍게 뜨는 사람은 뜰지를 모르니까 정을 어디다 넣은 거를 몰라. 그러니까 그 사람은 항시 두껍게 나와.
임○○: 나는 그럼 그걸 섞어서 넣네. 얇게 일어나는 데가 있는디 두껍게 뜨는 사람은 계속 뚜껍게만 떠.
(중략)
질문자: 오늘 협조해주셔서 감사합니다.

■ 녹취 일자: 2021년 3월 23일 14:00~14:40
■ 녹취 장소: 골프협회 사무실
■ 채록자: 국제온돌학회 송○○

질문자: 안녕하세요, 선생님. 먼저 성함과 연세를 좀 말씀해주시겠어요?

이○○: 이○○, 48년생 일흔네 살입니다.

질문자: 저희는 지금 오봉산 구들장 채석지를 문화유산으로 추진하기 위해 복원이라든지, 기록 같은 것들을 하고 있습니다. 그래서 어르신께도 과거 구들장 사업 등에 관해 몇 가지 질문을 드릴 텐데요. 저희가 다른 어르신들도 여럿 만나 뵈었는데, 이○○ 선생님은 꽤 젊으신 축에 속하시네요. 다른 분들은 이미 여든을 넘기신 분들이 많으시더라고요. 우선 첫 번째 질문을 드리겠습니다. 선생님께서는 당시 어떤 일을 하셨나요?

이○○: 저는 보성 군청에서 근무를 했습니다.

질문자: 군청이라고 하시면, 당시에 산림과에 계셨던 건가요?

이○○: 예, 산림과 보호계에서 일했습니다.

질문자: 주로 담당하셨던 업무가 어떤 것들인지 알 수 있을까요?

이○○: 보통 주민 벌채 검사라든지... 당시에 소나무 벌채라든지 토석 채취 같은 것이 있으면 식수계에서 그것에 대한 허가를 내주고요. 저희는 일종의 관리 감독을 하는 거죠.

질문자: 그러니까 채석이나 벌채 같은 작업들을 주민들이 마음대로 못 하게끔?

이○○: 예. 주로 그런 일들을 담당했어요. 아무 나무나 벤다든지, 아무 돌이나 캔다든지 그런 일은 없어야 하니까요.

질문자: 그러면 보성 군청에서 몇 년부터 몇 년까지 근무하셨나요?

이○○: 1974년부터 1981년까지 근무했습니다.

질문자: 한 7~8년 정도 근무를 하셨네요? 군청에서 일하기 전에는 타지에 계셨나요?

이○○: 군대 제대한 후에 군청에 입사했어요. 81년도에는 사업을 하려고 나왔고요.

질문자: 아, 그러면 81년도 이후에는 공무원을 사임하시고 개인 사업을 차리신 거군요? 그럼 군청에서 일하실 당시에는, 채석 작업 같은 것들에 대한 허가 접수가 들어오면 그것을 검토해서 승인하고, 이런 일들을 하신 거지요?

이○○: 예, 그렇죠.

질문자: 당시에 선생님께서 작업 허가 내드렸던 분들 기억하시나요?

이○○: 아이고, 이게 오래된 일이라 기억이 가물가물하네요.

질문자: 허가 받아가신 분들이 많으셨나요?

이○○: 아니, 많지는 않아요. 그런데 토석 채취라는 게 도유림인가, 군유림인가 분류가 나뉘어요. 군유림이면 군에서 허가를 내주고, 도유림이면 도에서 허가를 내줘요. 물론 도유림이어도 감독은 보통 우리가 하지만요. 군유림은 물론 우리 소관이니까 우리가 단속하고요.

질문자: 산도 사유지인 경우가 많잖아요? 구들장 채석지들도 보면 사업주가 자신이 소유한 산에서 채취 사업을 시작하는 게 일반적이고요. 산주들이 생각하기에 내 산에서 가

공해 쓸 수 있는 돌이 나올 것 같다, 하면 채석 허가 신청을 하고 그럴 것 아니에요? 그런 것에 대한 허가도 관리하셨나요?

이○○: 그런 것도 저희 쪽에서 관리를 했죠. 산 전체가 사유지인 것도 아니고, 작업하는 곳이 사유지라고 해도 그곳에서 채석을 해도 된다, 아니다를 심사 받아서 허가를 얻어내야 사업을 할 수 있는 거거든요. 그 허가 조건에 부합해야 승인이 나는 거고요. 그때는 산림들이 죄다 민둥산이었어요, 민둥산. 그래서 그 시기쯤부터 해서 산림 녹화 사업이 시작된 거 아닙니까.

질문자: 그게 언제쯤인지 정확히 말씀해주시겠어요?

이○○: 그게 박정희 대통령 시절이니까, 70년대 초반쯤이죠? 그걸 다 울력으로 했어요. 노임을 주고 사람을 고용하고 이런 것이 아니라, 의무적으로 인력을 동원해서.

질문자: 아, 인근 주민들 소집해서 몇 시간씩 와서 의무적으로 참여하도록 한 건가요?

이○○: 예. 울력으로 조림 녹화 사업을 했지.

질문자: 당시에도 채석 작업은 계속 진행이 되었을 것 같은데요. 듣기로는 80년대까지 계속 현장에서 채석이 이루어졌다고 하시던데, 그럼 녹화 사업과 기간이 겹치네요?

이○○: 애당초 채석 작업이 계속 되니까 산림 훼손 문제가 생기고, 그래서 녹화 사업이 추진된 거 아니겠습니까. 그런데 조림을 하려고 새로 나무를 심어놓은 데도 다시 파내서 훼손시키고, 이런 일이 생기기도 했어요. 그래서 그때 채석 작업과 관련된 허가가 아주 엄격했다고.

질문자: 저희가 인터뷰를 하다 보니까, 용추폭포와 용추골 쪽 산들은 자연 보호 문제로 어느 순간부터 허가도 잘 나지 않고, 채석도 거의 중단됐는데 청방산 쪽에서는 80년대까지도 구들장 사업이 이어졌다고 하시더라고요.

이○○: 여기는, 아예 중단시킨 건 아니고 조건이 맞으면 허가를 내 줬어요.

질문자: 아, 환경 보호 해야 하니 이제 허가가 안 나온다, 이런 식으로 다 못하게 한 것은 아니고요?

이○○: 예. 그때도 조건에 맞춰 심사를 했어요.

질문자: 그러면 허가 심사에 있어서 가장 중요한 조건은 어떤 건가요?

이○○: 산의 경사도라든지 민가와의 거리 같은 것들. 예를 들어 산을 너무 깎아서 절벽이 되면 안 되니까 경사를 보는 것이고, 채석하다 보면 발파 작업 같은 것들이 있으니까 사고 위험 때문에 민가와의 거리를 보는 것이고.

질문자: 채석지에서 생산되는 돌의 질이 어떻다, 이런 것은 별 상관이 없었나 봐요?

이○○: 돌의 질도 보기는 하죠. 석산에서 아무 돌이나 막 캐가라고 허가를 내줄 수는 없잖아요. 견칫돌이라든지, 이런 쓸모가 있는 돌이 나와야 용도를 특정해서 허가를 내줄 수 있죠.

질문자: 허가라는 것이 영구한 것은 아니지요?

이○○: 몇 년 정도 허가 기간이 있지요. 그리고 그 후에 복구까지 약속을 받아요. 보통 복구비를 예치하게 만들고요. 사업이 잘 안 돼서 부도가 났네, 마네 하며 산만 헐어버리고 도망가면 어떻게 하겠어요? 예치금으로 저희가 직접 복구를 해야죠.

질문자: 예치비는 면적당으로 쳐서 받으시나요? 대충 얼마인지도 기억하시나요?

이○○: 그게 몇 년 전 일인데요. 40년이 지났는데, 이제는 기억 안 나지요.

질문자: 그럼 다음 질문으로 넘어가서, 선생님께서는 보성군에서 태어나고 성장하셨나요?

이○○: 예, 보성 출신입니다.

질문자: 그럼 학교도 여기서 다니셨고? 군대 다녀오신 후에 이곳에서 일하게 되신 거고요?

이○○: 맞습니다.

질문자: 그러면 선생님께서 군청에서 근무하시기 전에도 오봉산에서 구들장 사업이 계속 진행되고 있었겠네요. 혹시 군청 근무 시절 전에도 구들장 사업에 대해 잘 알고 계셨나요?

이○○: 어느 정도 이야기는 들었지요. 오봉산에서 보성 방돌이 나오면 그게 보성역에서 화물차로 실어 날라지니까 보게 되는 것들도 있고, 당시 집들도 다 방돌을 사용하고 했으니까요.

질문자: 그때도 계속 보성읍에 사셨나요?

이○○: 예.

질문자: 직접 방돌 뜨는 작업에 참여를 하시거나, 현장 구경을 하셨거나 이런 경험은 없으신가요?

이○○: 그런 것은 없고, 대신 군청에서 일할 때 산으로 단속은 나갔지요. 예를 들어 어느 정도만 채석을 해라, 이렇게 정해진 양이 있는데 합의된 정량보다 돌을 더 많이 캤다. 이건 결국 산을 더 많이 훼손시켰다는 거잖아요? 그러니까 단속을 해요.

질문자: 그럼 현장에 매일매일 나가셨나요?

이○○: 단속 같은 경우에는 한 달에 두 번 정도 나가요. 그 외에도 신고가 들어오면 출동하고요.

질문자: 신고라고 하시면 어떤 종류의 신고가 들어오는 건가요?

이○○: 뭐 어느 작업장이 허가 범위 내에서 했네, 안 했네 하는 것들이죠.

질문자: 그러면 남이 채석하는 것을 보고 저쪽은 정량보다 더 많이 채석한 것 같다, 이런 경우 같은 업자끼리도 서로서로 신고하는 일이 있었나요?

이○○: 예, 있었습니다.

질문자: 당시 일하셨던 동안 기억을 되짚어서, 평균적으로 한 달이면 허가 내주는 건수가 몇 건이다, 이런 것 생각나시는 거 없으신가요?

이○○: 그게 허가를 구들장 쪽에서만 신청하는 게 아니에요. 토석 채취도 종류가 여러 가지거든요. 예를 들어 석층 쌓는 돌을 캔다, 구들장용 방돌을 캔다 이런 게 다 용도에 따라서 신청이 따로 들어온다고. 제가 기억하기로는, 방돌 채취하는 곳은 오봉산 칼바위 쪽 현장밖에 없었어요. 그보다 더 밑쪽 같은 데서 석축용 돌이나 견칫돌 같은 것이 나오고요. 지금도 아주 큰 거 있더라고요. 거기서는 계속 경계석 같은 거 채취한다고 말은 들었습니다.

질문자: 그럼 군청 소속이셨으니까 이 근방 동네는 다 선생님 관할이셨나요?

이○○: 보성군 소속이니까 보성군 내는 다 관할이죠.

질문자: 저희가 인터뷰 하면서 듣기로는, 당시에 구들장 사업 주체라고 볼 수 있는 업자분들은 한 서너 분 정도밖에 안 된다고 하시더라고요?

이○○: 그랬지요.

질문자: 업자 수가 얼마 안 되는데, 그 소수의 업자들이 그 많은 돌들을 생산하고 판매한 거예요?

이○○: 채석하고, 운반하고 하는 현장 일은 다 인부를 동원해서 하는 거니까요. 사장이 어떻게 그걸 다 하겠습니까.

질문자: 그래도 여기 인구가 그렇게 많은 편은 아니었던 것 같은데요?

이○○: 현장별로 한 20~30명씩은 고용해서 작업을 해요. 타지에서 오는 경우도 있고요.

질문자: 그럼 마을 전반이 방돌로 생계를 운영하는 모습이었겠네요?

이○○: 그렇죠. 여기서 채석된 방돌들이 전국으로 다 팔려 나갔으니까요.

질문자: 들으시기로 어디까지, 얼마나 멀리 팔렸다던가요?

이○○: 서울, 부산 이런 데까지. 전국에 다 팔린 것으로 알고 있어요.

질문자: 서울까지도요?

이○○: 예. 화물차로 서울이고, 지방이고 다 실어 날랐죠.

질문자: 그럼 화물차로 방돌 운반하고, 이런 부분에 대해서는 군청에서 따로 관여하지는 않았던 거죠? 산에 대해서만 감독하고요?

이○○: 그렇죠. 우리야 신청 들어온 대로 조건 따져서 허가를 내주고, 허가 난 구역 면적 대로 일을 진행하고 있는지 감독을 하는 것이지, 방돌을 어떻게 캐는지 어디로 어떻게 운반하는지 같은 것은 사업자 측에서 알아서 하죠.

질문자: 예를 들면 군청에서 어느 산 어느 구역에서 얼마큼을 채석해도 좋다, 이렇게 허가를 내줬어요. 그런데 실제로는 신청한 내용보다 더 많은 돌을 캤다, 이러면 가서 작업을 중지시키나요?

이○○: 예. 중지시키고, 면허 취소하고, 훼손된 만큼 다시 복구하고.

질문자: 혹시 칼바위 올라가는 쪽에 옛날 우마차 길 다 복원한 거 소식 들으셨나요?

이○○: 예, 그쪽으로 등산을 종종 가요. 우마차 길 흔적이 지금도 남아있더라고요.

질문자: 다른 분들 증언에 의하면 채석 작업들을 하느라 산이 여기저기 허물어져서, 더 아래로 무너지지 말라고 사방 공사를 하라는 지시도 내려왔다는 것 같더라고요? 그래서 석축을 쌓는다든지, 이런 식으로 사방 공사를 했다던데.

이○○: 맞아요. 돌 쌓아서.

질문자: 그럼 산 어디 부분이 무너질 것 같으니까 거기에 석축을 쌓아라, 이런 지시도 군청에서 했나요?

이○○: 그런 것들은 우리가 아니고 구들장 사업자 측에서 해요. 인부를 동원해서 어디 길을 낸다든지, 어떻게 채석해서 어디로 나른다든지, 길 아래 계단을 만들고 석축을 쌓고 한다든지 이런 것들은 우리가 관여하는 부분이 아니에요. 저희야 허가를 내주고, 현장 가서 감독만 하죠.

질문자: 오봉산에서 채석이 많이 되었으니 당시에는 아마 헐린 데가 많았을 것 같은데, 지금은 산에 나무가 많잖아요. 그건 다 조림을 한 건가요?

이○○: 자연적으로, 아마. 현장에 가서 보셨어요?

질문자: 네.

이○○: 거기가 원체 독산이라 나무가 잘 자라는 환경은 아니에요. 그래서 조림을 따로 하지는 않은 것으로 알고 있고, 자연적으로 자생했을 거예요.

■ **녹취 일자: 2021년 3월 22일 19:50~21:00**
■ **녹취 장소: 이○○씨 자택**
■ **채록자: 국제온돌학회 송○○**

질문자: 안녕하세요, 선생님. 저희는 국제온돌학회에서 왔습니다. 현재 온돌문화를 세계 문화 유산으로 등록시키기 위해 관련 자료를 수집하고, 또 복원하는 일들을 하고 있어요. 우리 이○○ 선생님께서도 오봉산에서 이루어졌던 구들장 사업에 대해 잘 아시는 것 같아 인터뷰를 요청드렸습니다.

이○○: 예, 저희 아버님께서 아홉 살 때 구들장 일을 시작하셨다고 하셨습니다.

질문자: 아홉 살 때부터요? 선생님께서 지금 연세가 어떻게 되시죠?

이○○: 52살입니다. 70년생.

질문자: 선생님의 아버님께서는 연세가 어떻게 되세요?

이○○: 올해까지 살아계셨으면 84세 되시죠.

질문자: 그럼 몇 년생이신 거죠?

이○○: 고인이 되셨고 38년생이십니다.

질문자: 선생님의 아버님께서 구들장 사업을 아홉 살 때부터 하셨다고요. 그 이야기를 좀 더 자세히 들려주시겠어요?

이○○: 당시에는 생계가 어려우니까 아홉 살에 구들장 현장 일을 시작하셨다고 했어요. 그리고 나중 가서 구들 채취하는 주인이 우리 아버님과 그 형제분을 보고 너희들이 일을 한번 해봐라, 그렇게 제안을 해서 사업을 하시게 됐고요.

질문자: 그러면요 아버님이 38년생이시면 아홉 살 때 구들장 놓는 일을 하셨던 건가요?

이○○: 아뇨, 채석이요. 달구지 끌고 다니면서 돌 캐는 일.

질문자: 그럼 아버님께서 38년생이라고 하셨으니까, 아홉 살 때면 해방 후인 1947년 정도 되었겠네요. 그때부터 오봉산에서 구들장 사업이 있었다고 들으셨어요? 그 형제분들은 아버님보다 손위신가요?

이○○: 동생들이에요.

질문자: 그럼 더 어린 나이에 일들을 시작하셨겠네요?

이○○: 예. 저희 아버지께서 구들장 일을 하며 동생들 초등학교, 중학교 보내가면서 키우셨는데, 그것을 산 주인이 보고 '너희 형제들이 사업을 한번 해봐라.' 하고 저희 아버지한테 산을 주셨대요. 공식적으로 사업에 뛰어드신 것은 1970년대.

질문자: 1970년이요?

이○○: 예, 그때 석산 허가가 났어요.

질문자: 그럼 처음 일을 시작하신 시기에서부터 공식적으로 사업을 시작하기까지 20년 정도 차이가 나네요?

이○○: 그때는 그냥 일을 하신 거죠.

질문자: 따로 허가를 받지 않고요?

이○○: 다른 업자 밑에서 일을 한 것이죠. 그러니까 인부로 고용이 되어서.

질문자: 아, 쭉 채석 일을 하시긴 했지만 다른 업자에게 고용된 인부 입장에서 일을 하신 거다? 직접 사업 주체가 되신 게 아니고?

이○○: 예. 70년도부터는 저희 아버님께서 구들 사업을 시작하신 거고요. 그 전까지는 다른 사업자 밑에서 일을 하신 거예요.

질문자: 정리를 좀 하겠습니다. 아버님께서 처음 일하실 때에는 다른 업자에게 고용되는 방식으로 근로를 하셨는데, 그로부터 한 20여 년 지나 산을 소유하신 분께서 '네가 맡아서 사업을 해 봐라.' 하고 산을 내주셨기 때문에 그때부터는 사업자가 되셨다는 거지요? 혹시 지금 아버님의 형제분들은 살아계신가요?

이○○: 한 분은 돌아가셨고, 한 분은 울산에 계세요.

질문자: 그분들도 다 구들장 채석 일을 하셨어요?

이○○: 두 분 다 하셨죠. 둘째 작은아버지는 돌아가셨고, 셋째 작은아버지가 울산에 계세요.

질문자: 아버님께서 구들장 현장 인부로 일하실 때는 주로 어떤 작업 하셨는지 혹시 아시나요? 채석, 아니면 운반?

이○○: 전체적으로 다 하셨어요.

질문자: 전체적으로 다요? 운반을 하려면 소도 따로 가지고 있어야 했다던데?

이○○: 예, 달구지 끌고 다니면서 하셨대요. 그때 인부들이 100명씩 있고 그랬다데.

질문자: 언제요? 70년대 이후 아버님이 업자로 활동하실 때 인부들이 100명 정도 있었다는 말씀이신가요?

이○○: 한창 사업이 활성화되었을 때요. 도촌마을 쪽에서 사업이 번성했을 때 그 정도 규모가 됐답디다.

질문자: 도촌 쪽이면 청방산 쪽이요?

이○○: 예.

질문자: 기남마을 쪽 산이 아니라 청방산 쪽에서 사업을 하신 거예요?

이○○: 예. 당시에는 도촌이 리가 아니라 도촌면이었거든요. 그만큼 사람이 많고 일하시는 분들이 다 구들로 생계를 했고, 말 들어보면 가구 수도 굉장히 많았고 300가구 넘는 가구 수가 있었다고 하더라구요. 저는, 어렸을 때는 아버님이 구들을 캐면 거가 조그마한 막사가 있었어요. 집 같이 만들어놓은 것.

질문자: 산 밑에요?

이○○: 예. 거기서 밥도 해 먹고, 그랬던 추억이 있네요. 사는 집은 도촌에 있었고.

질문자: 거주하는 집은 도촌에 있으셨군요.

이○○: 예. 그러다가 산 아래 막사 가서 놀다 오고.

질문자: 혹시 선생님께서는 일을 직접 거들었다거나 하는 경험은 없으신가요?

이○○: 저는 어렸으니까 따로 거들지는 못 했고요. 그냥 아버지 따라갔다 같이 집에 오고 그랬던 게 전부죠.

질문자: 아버님께서는 혹시 언제 돌아가셨나요?

이○○: 제가 서른 살 때 돌아가셨어요.

질문자: 일찍 돌아가셨네요. 혹시 어떤 병환이 있으셨던 건가요?

이○○: 교통사고로 돌아가셨습니다.

질문자: 선생님께서 아버님이 하시던 사업을 이어받으셨다고 들었습니다.

이○○: 그때 구들을 80년대까지 했어요. 제일 마지막까지 채취를 해서 했는데, 그다음에 석산 허가를 냈죠. 그 구들 속돌을 캐는 작업 해가지고, 그 부분을 지금에는 저가 하면서 아버님 때 석산 허가하고, 돌아가시면서 대물림을 받아서 형제들이 또 했어요. 경제적으로 힘드니까, 아버님이 돌아가시니까 부채가 다가오더라구요. 석산이고 집이고 다 넘어가게 되는 형편에 다시 형제들이 먼저 집하고 살리자. 동생들이 객지에서 집으로 와가지고, 저하고 동생하고 다시 석산을 했어요.

질문자: 그러면 선생님이 큰 아드님인 거예요? 구들장 사업이 전체적으로 문 닫게 된 게 몇 년도 쯤인지는 모르세요?

이○○: 80년대요.

질문자: 정확히 아시나요?

이○○: 한 84년 정도.

질문자: 그때면 선생님께서 고등학생이셨을 쯤인가요?

이○○: 제가 88년도에 고등학교를 졸업했어요. 그때 석산 허가를 냈어요.

질문자: 석산 허가를 냈다는 것은 구들장 채석은 더 이상 하지 않는다는 것을 공식화하는 것으로 이해하면 될까요?

이○○: 예. 그 시기쯤 되어 우리나라 문화가 황토방 문화에서 보일러 문화로 바뀌기 시작했습니다. 그래서 구들장 소비가 없으니 사업을 못 하게 되었어요.

질문자: 더 이상 수요가 없었기 때문에요? 저희가 인터뷰 다니면서 듣기로는 그 시기에 나라에서 자연보호 정책을 펼치면서 채석 사업 같이 산림 훼손하는 일들을 중단하라고 시켰다는 이야기도 나오더라고요. 그런데 선생님이 아시기로는 그런 것은 아니고요?

이○○: 그런 것은 아니고, 더 이상 방돌에 대한 수요가 없으니까 자연스럽게 문들을 닫게 된 거예요.

질문자: 그리고 그 후에는 석산 허가를 내서 구들장 돌 말고 다른 돌을 채취하는 사업을 하셨다는 거고요? 선생님의 아버님께서 처음 산을 받아서 구들장 사업을 시작하시던 70년대에는 혹시 허가를 따로 안 받으셨나요?

이○○: 그때는 따로 허가 같은 절차가 없었습니다.

질문자: 그럼 그냥 산을 소유했으면 그곳에서 채석을 할 수 있었던 거예요?

이○○: 예. 했고요. 한 89년에서 91년도 사이쯤? 그때 따로 석산 허가를 내서, 그것이 통과된 후에 잡석 같은 것을 캐내다가 맥반석이라는 돌을 알리기 시작했습니다.

질문자: 듣기로는 청방산 쪽에서는 업자가 세 분 계셨다고 하시더라고요. 이○○ 어르신, 정○○ 어르신, 임○○ 어르신. 아, 총 네 분이네요. 정 모 씨라고 하던데.

이○○: 정○○ 씨요?

질문자: 아니요, 정○○ 씨는 정○○ 씨 아드님 말씀하시는 거죠? 그분 말고 정 씨라는 건 기억나는데 자세히는 또 모르겠다고 말씀해주신 분이 계세요. 선생님께서 아시기로는, 사업 규모가 가장 컸던 것은 이○○ 어르신이었나요?

이○○: 예. 그분이 제일 마지막까지도 구들장 사업을 하셨어요.

질문자: 선생님께서는 정○○ 어르신과 잘 아는 사이세요?

이○○: 예. 친구 아버님이셔서요.

질문자: 정○○ 씨는 전표 끊는 일 같은 것 다 직접 하셨다고 증언해주셨어요.

이○○: 사업자의 자식이니까 그런 일도 했겠지요.

질문자: 외지에서 구들장 방돌을 사러 오면 직접 팔기도 하고, 내보내고 하셨다더라고요.

이○○: 저희 아버지 같은 경우에는 형제들이 같이 사업을 하셨으니 장남인 저희 아버지가 외부에 파는 일을 주로 하시고, 둘째 작은아버지는 달구지 끌고 다니며 운반을 하시고, 셋째 작은아버지는 전표를 끊거나 관리하는 일을 하셨어요. 그때 아버지 말에 따르면 노임 계산할 때 100명 이상 몫의 삯을 치르고 그러셨다더라고요. 그 정도로 활발한 사업이었어요, 구들장 사업이. 그런데 시간이 지나며 점점 쇠진하게 되면서 인부로 일하시던 분들도 하나씩 타지로들 떠나시고, 업자들도 없어지고 했죠. 아버님이 제일 마지막까지 사업을 유지하면서 전국으로 구들 돌을 파셨대요.

질문자: 선생님께서 듣기로 당시에 구들장 방돌이 어디까지 팔려나갔다고 들으셨어요?

이○○: 전국적으로 다 나갔다고 들었어요. 서울로도 가고, 여수나 부산으로도 가고.

질문자: 서울까지도요.

이○○: 예. 지금 보성 구들을 보면, 저희 아버님이 생산했던 구들과 여기 용추골에서 생산하는 돌의 재질이 달라요. 저도 옛날 구들을 전시해놓은 게 있는데.

질문자: 선생님 댁에요? 그럼 선생님은 돌의 외관만 봐도 어디서 나온 돌인지 그런 정보들을 아실 수 있으세요?

이○○: 돌마다 질이 다 달라요.

질문자: 그러면 아버님 산에서 난 돌도 여기 있고 용추골에서 난 돌도 여기 있고?

이○○: 지금 석산에서 채취하는 돌도 재질이 다 달라요. 그런데 청방산에서 나온 구들장이 왜 제일 좋은 것이라고 하느냐 하면, 일단 다른 데서는 억지로 반듯하게 구색을 갖추게 만들어야만 방돌로 쓸 만한 돌이 되거든요? 그게 다 다듬고 깎아 만든 것이니 돌이 두꺼워요. 반면에, 저희 아버님 석산에서 나온 돌은 얇으면서도 질기고, 불에도 강해요. 돌도 큼직하게 나오고요. 그러니까 방돌 중에서는 최고로 쳤죠.

질문자: 혹시 선생님께서 석산 허가 내실 때 성분 조사 하신 거, 그 결과지 아직 가지고 계신가요?

이○○: 그 책자를 지금은 잃어버렸어요.

질문자: 성분 조사 결과지 원본이 없으신 거예요?

이○○: 석산 허가 신청을 하면 시추 작업을 하거든요? 정부에서 지정해주는 연구소에서 그 작업을 하는데, 아마 당시 시추를 맡아 했던 연구소에서 자료를 보관하고 있을 거예요. 도촌 석산에 성분 조사 했던 게 도촌 석산 허가를 내줄 때 150 미터를 구멍을 때려서 돌을 끄집어내요. 그래서 그걸로 성분 조사를 하니까 미네랄로 구성된 돌이고, 미네랄이 25,000가지 이상 함유됐다. 그 담에 이 돌은 인체에 무슨 작용을 한다. 정화 작용을 하고, 대장균을 24시간 안에 소멸시켜요, 저희 맥반석은. 다른 데는 똑같은 맥반석이어도 곰팡이를 만드는 돌이 있고, 세균을 정화하는 돌이 있고요. 다 틀립니다. 그래서 그런 거 하고 원적외선 몇 %가 방출되고 그런 자료까지 다 있거든요.

질문자: 그럼 선생님께서 그 자료를 다시 받을 수 있도록 어디 요청하실 수 없나요?

이○○: 글쎄, 아마 군에다가 할 수 있을지 모르겠네요. 석산 허가 절차를 담당하는 게 그쪽이니까, 제가 제출했던 서류들을 보관하고 있을 수도 있겠어요.

질문자: 석산 허가 신청을 하셨던 게 1990년대 말에서 2000년대 초반쯤이지요? 그때 신청자명은 어떻게 되는지 기억하시나요? 그냥 본인 성함으로 신청하셨어요?

이○○: 이○○ 도촌 석산.

질문자: 도촌 석산으로 신청을 하셨어요? 그럼 그 이름으로 제출했던 석산 허가 관련 서류

같은 것 남아있는지 요청을 해봐야 알 수 있겠네요? 허가를 내준 건 산림과인가요?

이○○: 네.

질문자: 그러면 이거를 요청을 해봐야겠네요? 그러면 저희 돌에 대해서 자료가... 산림과에서 허가를 해줬나요?

이○○: 예. 환경산림과에서 처리해줬습니다.

질문자: 제가 듣기로는 지금 경계석 채취하고 있다는 그 자리가 최초로 구들장을 채석했던 자리라고 하거든요. 혹시 이에 대해 들으신 것 있으신가요? 원래 그곳에서 방돌을 조금씩 채취해 외지로 팔다가, 성능이 아주 좋다고 소문이 나기 시작하니까 점점 큰 사업이 되었다고 하던데.

이○○: 그 얘기는 잘 모르겠네요. 제가 생각하기로는 돌의 재질상 금강골이나 그 안쪽 지역에서 먼저 채석하고, 이곳은 그 나중에 채석되었을 것 같은데요.

질문자: 저 속에서 했었지 이렇게 다 보이는 데서 하지는 않았을 것이다? 이 회사는 언제부터 저렇게 돌을 캤는지 어려서 기억이 나시나요?

이○○: 저 초등학교 초등학교 때도 있었어요. 다른 분이 했죠 다른 분이 했는데 초등학교 때도 있었어요. 구들을 채취하지는 않고 그냥 잡석, 구들돌은 아니고 석산을 내서 했던 부분이고요. 저가 고등학교 졸업하고 아버님이 허가를 내가지고, 거기 청방산 안쪽에 석산을 개발을 했고요. 그 전에는 구들을 떴고요. 구들은 층층으로 벗어지기 때문에 그것을 사람 인력으로 해서 망치로 쳐서 했던 부분이고.

질문자: 그러면 마지막까지 하셨으면, 마지막까지도 사람이 다 했어요? 아니면 기계를 대거나?

이○○: 기계로는 할 수가 없어요. 포클레인으로 할 수 있는 작업이 아니구요.

질문자: 뜨는 작업이라도 브레카(브레이커, 파쇄기)라든지 그런 걸로 안 했어요?

이○○: 사람 인력으로 전부.

질문자: 그때도 우마차로 끌어 내렸어요? 그때는 차가 올라가지 않았나?

이○○: 저희 아버님이 사업하실 때는 끝까지 달구지를 사용했어요.

질문자: 사업이 아예 끝날 때까지도요?

이○○: 예. 산길이라 차가 못 올라가요. 차가 못 올라가니까 구루마로 해서 구루마로 끌고 내려오고. 산길이다 보니 차가 못 올라가기 때문에 계속 달구지를 사용했어요. 넓은 공터에다 구루마로 싣고 와서, 저 어렸을 때 기억에 거기다 구루마로 싣고 와서 차곡차곡 쟁여요. 한 평 두 평 표시해서 쟁여놓거든요. 그런 추억. 그런 다음 기계가 차가 전국적으로 삼발이로 싣고 나갈 때 판매해서 나갈 때 삼발이까지는 봤습니다. 그거까지는 봤는데 대부분 추억은 구루마밖에는 없는 거 같습니다. 끝까지 구루마로 했다고 보시면 될 거 같습니다 제가 어릴 때는 현장 쪽에 가 보면 산에 지그재그로 난 우마차 길이 딱 보였어요. 그때는 나무가 별로 없었으니까.

질문자: 맞아요. 나무가 없었다고 하더라고요.

이○○: 그때는 불 때는 나무가 없으니까 거까지 가서 나무하고 어렸을 때 나무하러 다니고 그랬거든요. 그런 길은 지금도 있어요, 남아 있고. 보면은 그래도 나무 울창해도 형태는 그대로 남아 있어요. 훼손되지 않고 그대로 있고요. 석산 안에도 보면은 구들이 좋았기 때문에 그 자리는 그대로 남아 있어요.

■ [이○○] 전화 인터뷰

질문자: 안녕하세요, 이○○ 어르신 되시죠? 선생님께서 옛날에 구들장 현장에서 일하셨다고 들어 몇 가지 여쭤보려고 합니다. 혹시 선생님께서는 몇 살 때쯤부터 구들장 일을 하셨나요?

이○○: 그때가 한, 1967년쯤이 아닌가 싶은데요. 제가 한 열다섯, 열여섯 때 되었을 무렵이에요.

질문자: 당시에 주로 어떤 일을 하셨어요?

이○○: 저는 운반 일을 주로 했습니다.

질문자: 그럼 당시에 소를 가지고 계셨나요?

이○○: 예. 소도 있고, 소달구지도 가지고 있었지요.

질문자: 일을 하려면 남의 소를 빌려서 하는 게 아니라, 자기 소유의 소가 있어야 했던 거지요?

이○○: 예, 다 자가지요. 그것이 있어야 돈벌이를 할 수 있었어요.

질문자: 선생님께서 그 일을 한 1977년도까지 하셨다고 들었는데, 거의 십 년 이상 하신 거네요?

이○○: 예. 그 정도, 아니면 그 이상 했겠지요.

질문자: 혹시 선생님께서는 구들장 사업이 언제쯤부터 처음 시작되었는지 들으신 것 없으신가요?

이○○: 제가 아주 어릴 때, 한 아홉 살, 열 살 되었을 때부터 해평 쪽에서 채석이 있었어요. 청방산에서 채석이 된 것은 그보다 1, 2년쯤 뒤였던 것 같고요.

질문자: 청방산에서 구들장 사업이 시작된 것은 그러면 이○○ 어르신께서 사업 시작하실 때인가요?

이○○: 아니요, 그보다 먼저 사업한 분들이 계셨어요. 제일 처음 한 분은 성함이 잘 기억나지 않네. 그분이 하다가 도촌리 정○○ 씨가 하시게 되었고, 그다음엔 우리 형님 되시는 분께서 인수를 받으셨고.

질문자: 그럼 이○○ 어르신께서는 정○○ 어르신께 인수를 받으신 거예요?

이○○: 정확히는 산을 매매한 거죠.

질문자: 그 전에는 누가 사업을 하셨는지는 모르시고요?

이○○: 지금은 고인이 되신 분인데, 성함이 잘 생각이 안 나네요. 주위에 물어보면 아시는 분이 계실 것 같은데.

질문자: 다른 질문을 드릴게요. 당시에 우마차 끄는 소에게 짚신을 따로 신겼다고 들었습니다.

이○○: 그럼요. 그 신발을 안 신기면 소가 산에 못 다녀요.

질문자: 혹시 짚신 지금도 만드실 줄 아시나요?

이○○: 암요. 제가 그 일은 도사입니다.

■ **녹취 일자: 2021년 3월 21일 15:00~16:20**
■ **녹취 장소: 오○○씨 자택**
■ **채록자: 국제온돌학회 송○○**

질문자: 성함이 오○○ 선생님이시죠?
오○○: 네. 오○○.
질문자: 선생님 지금 연세가 어떻게 되세요? 엄청 젊으신데?
오○○: 저는 이제 63이요.
질문자: 그래요? 그러면 이쪽 구들장이 방돌 뜨고 뭐 하는 일을 직접 관계를 하셨어요?
오○○: 그렇죠. 방빼 뜨는 일은 제 아버님이 하셨고.
질문자: 아, 아버님이?
오○○: 나는 인자 그 거기서 소 구루마, 달구지 있잖아요. 옛날에 그걸 가지고 실어 날랐지, 산에서.
질문자: 직접?
오○○: 예 그렇죠. 내가 스무 살에서부터 스물한 살, 그 무렵에.
질문자: 그러면은 스무 살이었으면 뭐 80년도 초반?
오○○: 예 그렇죠. 그러기 전에 많이 했죠. 태어나기 전부터도 많이 했었을 거 같고.
질문자: 아버님이?
오○○: 예, 그렇죠. 인자 내가 실질적인 것은 똑같은 일이기 때문에 초창기에는 어느 시대부터 시작했나 하면 그것은 잘 모르겠지만, 내가 보고 듣고 하는 것은 그때 당시에 방빼가, 우리가 옛날에는 연탄 보일러 나오기 전까지는 구들장으로 많이 나가고 그랬어요. 그 시절에는. 근데 연탄 난로 나온 뒤로부터는 사양길로 접어 들다보니까 사업이 중단되는 것이죠. 우리 그때 당시에 내가 아마 스물여섯 정도나 여섯까지도 조금씩은 뜯었어요. 그 안에는 많이 했었고. 그로부터는 육 년 전부터 완전히 이렇게 안 해버리더라구요. 연탄 난로 나오다 보니까, 그때는. 그때부터는 제가 일하는 것은 불과 5년 그 정도 했죠.
질문자: 그럼 스무 살에 시작해서 스물다섯 여섯까지는 그 일을 하셨어요. 선친께서는 돌아가셨고. 선친께서는 직접 자기 산을 그렇게 하신 거예요?
오○○: 자기 산이 아니고, 예를 들어서 업자가 따로 있어요.
질문자: 업자가 따로 있고?
오○○: 그분들이 옛날에는 어려운 시절이었잖아요. 보리밥 시절이었기 때문에 그때 보면 너무 어렵다 보니까 그 사람들이 방돌을 떠보지 않겠냐는 식으로 해 갖고 와서 한 것이 직업이 된 거지, 어떻게 보면.
질문자: 그러면 아버님은 원래부터 이 마을에 사시던 분이세요?
오○○: 저가 여기서 인자, 내가 어렸을 때. 여기 7살 때 왔어요.
질문자: 아~ 다른 외지에서 사시다가 아버님이 이리로 들어오신 거예요?
오○○: 네.
질문자: 그럼 이사를 오신 이유는 그 돌 사업을 하기 위해서 오신 거예요? 다른 이유가 있나요?

오○○: 그런 사업을 하기 위해서 온 것이 아니고 그냥 여기가 좋다고 하니까 여기로 이사를 왔겄죠. 내 어렸을 때니까. 여기로 와서 차근차근하다가 보니까 인자 옛날에는 달구지를 옛날 방빼보다는 사약 가루로 돼가지고 옛날 견칫돌, 견치라고 있거든. 하천가에 돌 쌓는 거 그런 거를 주로 하다가 그 후로부터 방빼가 나오니 하고, 그 당시에. 내가 알기는 그렇게 알고 있어요.

질문자: 그러면 7살 때시면 여기에 오신 게 몇 년도 정도 될까요?

오○○: 글쎄요. 제가 지금 육십셋이니까 7살 때 계산해 봐요.

질문자: 한 63~4년도?

오○○: 그 정도 되겄네요.

질문자: 63~4년도 여기 들어오시고 그럼 그때 당시에는 아버님이 그 일을 안 하시다가 여기 사시면서 점점 그 일을 하게 되신 거죠?

오○○: 예, 그렇죠.

질문자: 제가 지금 만나본 분들에 의하면 80년대부터는 이거가 좀 안 하기 시작했다고, 문 닫기 시작했다고 말씀들 하시거든요?

오○○: 그 정도 되죠?

질문자: 그러면 그때 당시에 시작을 하신 거잖아요. 스무 살이면 그때 1980년대 되는 거 같은데요.

오○○: 그래요? 그니까 내가 그때 하는 것은 내가 딱 한 옛날에 그 저 방빼를 한 대를 싣고 가가지고, 옛날에 사각 텔레비, 흑백 텔레비. 그거 벌어서 흑백 텔레비를 샀잖아, 그 당시에.

질문자: 그러면 흑백 텔레비는 맞아요. 1980년대, 그때 70년대 80년대 맞는데 그때 인제 다른 사람들은 문 닫기 시작했는데 시작을 하셨다고 하니까?

오○○: 일부분은 문 닫기도 하고 일부분은 업자에 따라 계속할 수도 있고 그렇죠.

질문자: 그러면 아버님은 업자가 아니시고 업자 밑에서 인제 돌을 채취하시던 분이시고. 그리고 인제 스무 살 때부터 그거를 운반하시는 일을 하셨고. 소는 거기 선생님 거였고 그러면 평소에는 그걸로 농사지으시다가 그거 구루마 달아가지고 가지고 올라가서 운반하고 그렇게 한 거죠?

오○○: 그렇게 했죠.

질문자: 그거가 되게 어렵다고 하던데, 그게 브레이크 뭐 이렇게 하고 하는 게?

오○○: 힘들지요. 안 힘든 일이 어디 있겠어요. 힘들지요. 산에서 이렇게 지금이야 포클레인이 있으니까 길도 좋게 하지만 옛날에는 전부 사람 손으로 길을 내서 올라가고 그러잖아요. 위험한 일도 많고 구루마 끌고 내려오다 보면 짐도 차고. 보통 그게 한 1톤 반 이상 될 거예요, 아마. 소 구루마에 방빼를 실으면. 그런 무게를 싣고 내려오다 보면 브레이크가 안 들어서 굴러본 적도 있고. 그런 것도 두세 번 겪어봤고.

질문자: 그러면 저기 오다가 하나 만들어 놨잖아요. 저기 들어오는 입구에 양이 그 정도로 맞아요? 그거보다 훨씬 많아요?

오○○: 그 정도는 되죠. 저게 방장이 그게 예를 들어서 이렇게 큰 것도 필요하지만 작은 곳을 놓을 때는 작은 것도 필요하잖아요. 큰 것을 싣다 보면 엄청나게 많이 싣고, 작은 것을 싣다 보면 많은 양이 안 돼요. 그러니까 될 수 있으면 크게. 업자가 방빼를 뜨신 분은 방장이 큰 거를 이렇게 뜨다 보면 손해가 많아요.

질문자: 아, 그래요? 왜요?

오○○: 이게 양이 많잖아요. 예를 들어서 쪼그마한 것을 잘잘이 놓으면 구루마가 차곡차곡 해서 다 쟁이는데, 큰 것을 쟁기다 보면 우게까지 올라가요. 평수로 하기 때문에 위험하고, 사방 1m 80에 한 칸이거든요. 이렇게 한 칸을 하다 보면, 예를 들어서 5장이 한 칸이 되는데 자잘한 것은 몇 장이든 들어가게 되잖아요. 자잘한 것은 이렇게 안에 층층이 꼽아지면서 양이 적게 들어가고, 굵은 것은 양이 많이 나오죠. 칸 수가. 될 수 있으면 업자 입장에서는 큰 것이 나오는 게 좋고, 농가 이렇게 일반인들이 작업한 사람들은 될 수 있으면 이렇게 큰 게 필요치 않다. 많은 양을 그렇게 안 하니까. 될 수 있으면 업자들은 앞장을 큰 것을 많이 원하죠. 뜨는 사람은 또 그것이 아니고.

질문자: 예. 그러면 그만 드시게 된 이유는? 3년 하시다가 그만둔 이유는?

오○○: 그때 당시 3, 4년 하다가 사양길로 접어 들다 보니까 일이 없다 보니까 소비자들이 찾지 않다 보니까 그렇겠죠. 자연적으로 없어지더라고.

질문자: 그러면 선생님 그만두실 때까지 아버님도 계속 그 일을 같이 하셨던 거예요? 그런 다음에 같이 자연스럽게 그만두신 거예요? 그럼 그만두시고 어떤 일을 하셨어요?

오○○: 그만두고는 농사짓던 사람이라 농사지었죠.

질문자: 아, 농사지으시고?

오○○: 예, 별 거시기 없고.

질문자: 그럼 계속 여기서 사셨어요?

오○○: 예, 그렇죠. 지금까지 여기 살았죠. 어디 나가들 안 하고. 여기 석산 있잖아요. 아까 도촌서 내려왔다면서요. 여기보면은 석산이 원래 방돌 뜨는 곳이에요.

질문자: 그랬다고 하시더라고요. 거기 애초에 최초로 거기서 했다고 얘기하시더라고요?

오○○: 예. 거기서 인자 일하고 칼바위 오봉산 여기서 좀 하고 또 객산. 저기 객산이라고 아나 모르겠네. 객산 거기가서 한 일 년, 거기서 하고 먼 데까지 갔죠. 바닷가 저기 돌아가서 위까지 나가서 싣고. 일 많이 했죠. 그때 당시는 방빼가 거의 하루 일과니까.

질문자: 그럼 그때 당시 하루 일과가 어땠어요. 몇 시에 출발해서 몇 시에?

오○○: 밤에… 그때 새벽 4시 반에 저희들이 소 여물을 주고 그러면, 4시 반에 주면은 5시 반경에 올라가요. 왜냐면 소가 구루마를 끌고 올라가면 이런 길이잖아요. 소가 올라가면 사람들이 올라가면 다리가 이런 식으로 돼갖고 몸이 이렇게… 이런 길을 올라가는 길이 많고, 아침에 새벽같이 해야만 소가 이렇게… 겨울이라도 아침에 하는 것하고 오후 늦게 하는 것하고 틀리잖아요. 온도차가 있어가지고. 소가 하두 막 더워가지고, 소가 끌고 올라가다 보니까 그런 것 때문에 아침에 5시 반 그 정도 해서 시작을 하죠. 그러면 오전에.

질문자: 그러면 산에 올라가면 그러면 얼마다 한 시간 이상 걸릴 거 아니에요?

오○○: 그러죠. 한 시간 반 정도.

질문자: 한 시간 반 정도 올라가서 돌을 실으면, 한 차 싣는 데 얼마나 시간이 걸려요?

오○○: 돌이 한 차 싣는 데, 뜨는 사람이 옆에 있으면서 도와주면 한 삼십 분 정도 걸리고 인자 자기 혼자 막 이렇게 눕히면서 빼만 놔둔 자리 가서 저희들이 실으면 한 시간. 까딱 일부 이렇게 잘못 쟁여버리거나 하면 소가 깔끔하게 내려오면서 방빼가 떨어져 버리고 그래가지고 사고가 나는 것이 많아요.

질문자: 저쪽 소 그거 만들어 놓은 데 보면 그걸 이렇게 옆으로 쌓아놓았더라구요. 그렇게 쌓는 게 맞아요, 아니면 이렇게 차곡차곡 쌓는 게 맞아요?

오○○: 그렇게 쌓아야지. 이 구루마가 이렇게 있으면, 앞에 이렇게 통나무가 하나 있으면 거기다 이렇게 걸죠. 밑으로 안 빠져 내려오게. 그렇게 해서 쌓아서 내려와요. 힘들어요. 지금 이렇게 말을 하니까 그렇지, 그 무거운 돌을 들어 올리고 나르고 나이라도 젊으니까 그렇게 하지. 지금은 누가 하라고 해도 못 해요.

질문자: 그럼 그때 당시에는 우리 옷도 신발도 좋은 게 없었잖아요?

오○○: 옛날에는 뭐냐 하면, 검정 고무신 있잖아요. 검정 고무신이 최고죠. 그때 다른 신발 신고 다닌 적이 없죠. 운동화가 있어요, 뭐가 있어요.

질문자: 그러니까 그런 거 신고 막 산에 올라가서 그거 작업하고 그러면 신발도 금방 찢어지고 닳고 뭐 막 그랬을 거 아니에요?

오○○: 말하믄 잔소리지.

질문자: 그러면 다른 장갑이나 이런 거 뭐 끼고 하셨어요?

오○○: 목장갑은 인자 끼죠.

질문자: 목장갑은 있었고?

오○○: 목장갑은 있었는데 그게 인자 마르고 닿도록. 인자 떨어지면은 실로 꿰매가지고 쓰고 그런 시대죠.

질문자: 그러면 그때 혹시 사용하셨던 무슨 도구나 신발이나 장갑이나 이런 거 혹시 갖고 계신 거는 없으시죠?

오○○: 그런 건 없어요. 누가 저걸 생각이나 했겄어요?

질문자: 맞아요… 그러면 주로 운반하는 일을 하셨고, 돌을 뜨고 이런 일은 안 하셨고?

오○○: 그런 일은 인자 안 하고 저희들은 운반만 했죠. 운반만 하고, 옆에서 남포 같은 거 구경하고.

질문자: 그러면 30분 걸려서 싣고 내려와 역까지 가셨다면서요?

오○○: 아니요 그 역까지 가는 것은 거의 없죠.

질문자: 그때는 역까지는 안 가셨고 여기 중간에 내려서 화물차들이 와가지고 싣고 가고?

오○○: 예, 그렇죠. 산에서 여기서 바로 내리면은 밑에 하단부 제일 밑에 집하장이 있어요. 거기다가 인자 놓고 나머지는 인자 차가 와서 싣고 가죠.

질문자: 그러면 그렇게 하면 하루 몇 번 왔다 갔다 하셨어요?

오○○: 하루 4번요.

질문자: 거기를 할 때는 하루 4번 왔다 갔다 하셨구나. 역까지는 보통 하루 1번 왔다 갔다 했다고 하시더라고요?

오○○: 그래요? 그것은 잘 모르겠네. 옛날에는 득량역까지. 역이 있는데 어디까지 방빼를 했다고 하더라고. 그것은 저희는 잘 모르겠어요. 저희들이 한 것은 산에서 바로 내려와 갖다 쌓아 놓는 것까지.

질문자: 그러면 어떻게 한 번 왔다 갔다 할 때마다 돈을 쳐주는 거예요?

오○○: 그러죠. 한 번 왔다 갔다 하는데 그때 당시 내가 알기로는 1,500원인가 될 거 같애요.

질문자: 1,500원. 그때만 해도 70년대, 80년대면 비싼 돈은 아니었던 거 같은데요?

오○○: 그렇죠. 그랑게 많기 어렵죠. 하루에 인자 좀 부지런하고 소가 좋은 소들은 하루 다섯 바리 정도 할 수 있고, 인자 쪼금 안 좋고 힘든 소들은 3바리 할 때도 있고 2바리 할 때도 있고. 보통 기본이 한 4바리인데 진짜 힘들거든요, 4바리는. 이게 밑에서 산 꼭대기 올라가는데 1시간 이상 1시간 반 이상 걸리는데. 그게 인자 비탈진 길은 지금이야 거시기 하지만은, 그때는 이런 흙 이런 자체가 없어요. 구루마 길이 돌밭이기 때문에.

질문자: 소들이 이렇게 막 날뛰고 그런 거는 없나요?

오○○: 그때는 길이 들어갔고 소들이... 우리는 인자 이렇게 앞에서 몰고 그러지 않아요. 뒤에서 브레이크만 조정하죠. 예를 들어서 저리 그라면 좌측으로 하고, 이리 그라면 우측으로 하듯이 여기서 이렇게 사람이 뒤에서 제끼면 왔다 갔다 하거든요. 저리저리하면 저쪽으로 가고 이리하면 이렇게 하고 그런 길이 들여져 있기 때문에, 주로 앞에서 소를 잡고 제일 위험한 곳은 소를 잡고 하는데 웬만한 길은 지가 알아서 가요. 하도 많이 다니다 보니까 길이 들여져갖고 지가 알아서 갑니다. 우리는 뒤에 브레이크. 브레이크 조정을 안 해주면은 예를 들어서 약간 팽팽한 데가 있거든요. 그럼 풀어져야 되잖아요. 브레이크를 그래야 소가 안 멈추고 가는데 뒤에서 안 해주게 되면 소가 힘들잖아요. 그래서 뒤에서 사람이 조정해줘야 해요.

질문자: 그러면 그 구루마가 평소에는 농사용으로 쓰던 구루마를 올라갈 때만 브레이크를 달아 가지고?

오○○: 아니, 평상시에도 달았죠.

질문자: 그럼 평상시에도, 저 돌 일이 아니어도 원래도 있었던 거예요?

오○○: 그렇죠. 안 하면은, 예를 들어서 어디 짐을 싣고 농가에서 그 벼 같은 거를 싣고 오고 하다 보면은 내리막길 있잖아요. 내리막길에서...

질문자: 아 그럼 브레이크가 원래도 있었던 거네요?

오○○: 그렇죠. 없으면 그게 안 되죠. 그런데 그게 마차 같은 것은 잘 모르겠어요. 나무로 되어 있어서, 우리가 하고 있는 것은 타이어 바퀴인데. 옛날에 말해가지고 마차 같은 것은 그것은 있는가, 없는가. 자세한 건 잘 모르겠어요. 우리가 하고 있는 것은 타이어로 되어있어 브레이크가 다 달려있어요. 안에가 나무로.

질문자: 그러면 그거 소로만 했어요, 아니면 다른 동물을 이용한 분들도 있는 거예요?

오○○: 소. 내가 지금 하고 있는 것은 소로만.

질문자: 소로만 하셨고 혹시 다른 분들은 어땠어요? 말을 썼다든가, 당나귀도 썼다든지 아니면?

오○○: 그런 것은 없어요. 옛날에 듣기로는 지금 현재 군수 아버지가 말을 두세 마리인가 키워가지고 하셨다고 하시더라고요. 자세한 것은 잘 모르겠는데, 어려서.. 그래서 그 분이 말로 달구지를 끌고 다녔다는 말을 하시더라고요. 그것만 알고 있어요.

질문자: 아니면 무슨 손수레 같은 거? 적은 양을 한다든가 가까운 곳을 한다거나 그러면 사람이 손수레 끌고 올라가거나 이런 것은 없었어요?

오○○: 없죠. 그런 건 없어요.

질문자: 그러면 그 돌, 가는 길을 만드는 것을 본 적은 있으세요?

오○○: 그러죠. 우리도 다 만들고 했는디요.

질문자: 그럼 직접 돌 쌓고 길 만드는 것을?

오○○: 예. 예를 들어서 새로 길을 내잖아요. 새 길을. 일하시는 분이 산을 돌아다녀요. 옛날에는 지금같이 나무가 울창하고 이런 것이 아니에요. 옛날에는 허허벌판이에요. 나무를 해다 때다 보니까 산 자체가 밑에서 보면 저 꼭대기가 다 보여요.

질문자: 사람들 왔다 갔다 하는 것도 다 보여요?

오○○: 그렇죠. 지금이야 이렇게 나무가 커가지고 이렇게 안 보이지만, 그 전에는 밑에서 저 위에서 내려보는 것도 다 보이죠. 그 정도로 허허벌판이에요. 옛날에는 그랬는데, 이게 구루마 길을 낼라면 다 이렇게 바위를 보죠. 그분들이 바위를 보고 알아내서 방빼가 나온다 그러면, 업자한테 길을 여기 좀 내달라고 그래가지고 길을 며칠 내죠. 그래갖고 방돌을 떠서 실어 나르는 거죠.

질문자: 그러면 길 놓을 때 업자가 길 놓을 사람 찾아가지고 여기 길 만들어 이렇게 하면 이거는 별도의 돈을 받는 거예요?

오○○: 그렇죠.

질문자: 그러면 그거는 어떤 기술이 필요해요? 돌 잘 쌓는 거?

오○○: 기술이라고 할 건 없고 그게...

질문자: 근데 엄청 돌을 잘 쌓으셨던데요. 보니까?

오○○: 그게 돌 자체가 둥글둥글한 돌이 아니고...

질문자: 이렇게 납작한 걸로 착착착 쌓아 가지고?

오○○: 납작한 돌이니까 쌓기도 좋고. 차근차근 쌓을 수 있고 별 거시기는 없어요. 누구나 다 쌓을 수 있는 여건이니까.

질문자: 그러면 그때 우마차 한 대 있으면 지금 차 한 대 트럭 한 대 있는 거나 마찬가지겠네요?

오○○: 옛날 시대는 그렇죠. 옛날 시대는 소 한 마리가 대학교를 보내고 그랬거든요. 어르신들 말씀이 소 한 마리 가지고 송아지를 낳으면 대학교를 보낸다. 큰 재산이죠, 재산. 옛날 소 한 마리가.

질문자: 그러면은 그 정도 운반을 해서 먹고살았는지 아니면 돌을 떠서 먹고살았는지? 그 정도 일을 하면 그냥 뭐 밥 먹고 사는 정도였나요?

오○○: 그렇죠. 그때 그걸 해가지고 떼돈을 번다는 것은 꿈에도 그건 없고. 한마디로 먹고살기 위해서 그 일을 한 거죠. 그 당시에. 옛날에는 일부는 농사를 많이 지면은, 괜찮은데 그때 당시에는 사람이 원체 시골도 많잖아요. 옛날엔 시골 부락에 만해도 한 300명 이상이 있다 보니까, 농사 같은 것도 사람이 많다 보니까 오래 해봐야 얼마 못 하잖아요. 양이 가져가는 게 얼마 되지 않으니까, 먹고살기 힘들죠. 방빼 요거를 뜬다 하면 겨울철에만 그것을 많이 하죠. 여름에는 할 수가 없기 때문에. 가을부터서 겨울까지, 한 4월달에서 5월달까지. 그때까지 작업을 하죠. 그라고 그 이후에는 안 하죠.

질문자: 그런데 전국적으로 수요는 계속 필요할 거 아니에요?

오○○: 그렇죠. 그런데 여름에는 할 수가 없어요. 더워서. 더워서 소가 또 올라갈 수도 없고. 여름에는 더워가지고 구루마 끌고 가자니 올라갈 수가 없어요. 무거운 거를 끌고 가려면 소가 완전히 지쳐버리지.

질문자: 그러면 그때 당시에 소에다가 짚신 신발 신겨가지고 했다고 하더라고요. 그것도 직접 만드셨어요?

오○○: 아, 그러죠. 우리가 다 만들어가지고 신겨가지고 데리고 다니죠.

질문자: 그러면 그것은 돌길을 가기 때문에 소가 발바닥이 아파서 그러는 거예요? 평지에서는 안 신기고?

오○○: 평지에는 원래는 안 신기죠. 원래는 신겨야 하는데 안 신기고. 산에는 돌이 뾰족뾰족 있잖아요. 이런 돌이 있다 보니까 그래서 발이 상하지 않게 하기 위해서 그걸 신기는 거죠.

질문자: 그러면은 만약에 그걸 안 신기고 걔가 갔다 하면 걔 소 발바닥이 어떻게 돼요? 찔려요? 피 나요?

오○○: 그렇죠. 이게 순전 돌바닥인데, 그 무거운 1톤 이상 무게를 싣고 버티거든. 버티다 보면 이 신발을 신겨 놓은 것이 뒤로 가요. 이렇게 밀려가지고, 그 정도로 버텨요. 만약에 신발을 안 신겨 가지고 가면은 그 딱딱한 곳은 상관이 없겠지만 속에 부드러운 데가 있을 거 아니에요. 안 신겼으면 그런 데 피가 나죠.

질문자: 그런 거 보신 적 있으세요?

오○○: 아, 그럼요. 그게 인자 신발을 신고 내리다가 지가 발을 절더라고요. 다치거나 하면 말 못하는 짐승이기 때문에... 신발을 신기는 것하고 안 신기는 것 하고는 완전히 차이가 있어요.

질문자: 그럼 앞발 뒷발 다 신겨요? 네 개 다? 형태도 똑같고?

오○○: 그라죠.

질문자: 그러면 막 소 갖고 내려오다가 막 사고 나가지고 이렇게 뒤집어지면 돌 다 쏟잖아요. 그러면 다시 주워가지고 이렇게 해요? 어떻게 해요?

오○○: 아뇨, 내가 경험은 딱 2번 넘겨봤는데, 브레이크가 터져 가지고 한 번 넘어가고 그 다음에 소는 소대로 가고 나는 뒤에서 농땡이 치느라고... 그땐 소가 말을 잘 듣고 하다보니까 그래서 인자 엄한 짓거리하다가 넘어져서 소가 넘어 진 적이 있고. 처음에는 브레이크가 터져 가지고 넘어갔는데, 그 앞 소가 다행히 우리 소 바로 앞에 소가 이렇게 내려가는 도중이었어요. 그런데 이 소가 커브를 돈 상태에서 우리 소를 친 상태에서 구루마 뒤를 치면서 이렇게 넘어가버리니까, 그거 아니었으면 그대로 낭떠러지까지 떨어졌겠죠. 그런 경험도 해보고.

질문자: 그래도 그 이후에도 그 소가 계속 일을 했어요?

질문자: 그러면 그때 당시에 자주 올라가고 내려가고 하면은 산에서 먹고 잔다거나 그런일은 안 하셨어요?

오○○: 그런 것 없죠. 일부분 사람들은 객산에서 외부에서 오신 분들이 산에서 천막 치고 주무시고 그렇 게 있었어요.

질문자: 아 그런 분들도 계세요?

오○○: 예 있었어요. 그분들은 보통 한 달 정도 하다가 집에 갔다가 다시 와가지고 계시고. 먼 거리기 때문에.

질문자: 그럼 그분들은 어디서 오신 거예요?

오○○: 모르겠어요. 그거는 내가 자세한 거는 잘 모르겠어요. 여기분들이 옛날에 객산에서 일을...

질문자: 멀리라고 하면 광주나 아니면 이런 데인가요? 아니면?

오○○: 모르겠어요. 그분들이 어디서 왔는지 물어보질 않아가지고. 방빼는 실어날라도 그때는 모르는 사람들하고 접촉을 안 해봐가지고.

질문자: 그분들은 산에 계시면서 돌만 채취하시는 분들이신거죠?
오○○: 예.
(중략)
질문자: 그러면 그때 얘기 들어보니까 돌을 막 떠 놔도 운반하시던 분이 좋고 가볍고 얇은 이런 돌만을 막 가져가시고 그려셨다고 그러시던데요?
오○○: 예, 그렇죠. 인자 왜냐하면 얇은 돌은 가볍잖아요. 가볍기 때문에 드는 사람이 편하잖아요. 일단은 구루마 싣는 사람이 편하다 보니까 될 수 있으면 얇은 돌을 찾지요. 그런데 이게 얇은 돌만 있을 수 없잖아요. 뜨는 사람들은 요것도 방빼인데, 두껍더라도 이렇게 방빼로 해서 만들어서 빼내죠. 될 수 있으면 얇은 것을 찾고 찾고 다니고 그랬죠. 우리 같은 사람들이, 두꺼운 데 있으면 될 수 있으면 안 실을라고 하고. 얇은 돌만 있으면 우선 들기가 편하니까. 두꺼운 것은 이렇게 막 두껍거든요. 들 수가 없어요. 굴러서 영거야 되니까 들 수가 없어요. 그래서 얇은 돌만 찾고 한 거죠.
질문자: 그러면 들으신 거에 의하면 여기 돌이 왜 좋다고 그러던가요?
오○○: 글쎄요. 저희 내가 돌이 여기 좋다 나쁘다 그것보다도, 이게 불을 때게 되면 튀는 돌이 있어요. 불을 이렇게 갑자기 때게 되면 돌이 튀거든요. 그런데 여기는 돌이 튀지를 않아요.
질문자: 그건 단단하다는 뜻인가요?
오○○: 아니요. 돌이 무르다고 하죠. 단단하다고 하면 단단하게 되면 튀지만은 약간 석돌 같은 식으로 약간 불을 때도 돌이 안 튀어요.
질문자: 아 그러면 쉽게 깨져요?
오○○: 깨지는 것도 깨지지만. 사람이 올라가도 깨지고 그러진 않아요. 방빼를 방을 놓다보면 속에가 전부 예를 들어 방빼가 요만하다 하면 여기 하나 여기 하나 돌을 놔놓죠. 속에다가 고임돌을. 그러다 보니까 크게 깨지고 그러지는 않죠. 그런데 강한 돌은 예를 들어서 석산에 보면은 하얀 돌 있잖아요. 지금 이것은 밤색도 아니고 우리가 뜨는 돌은 그런 색깔이 나와요. 그 흑색도 되고.
질문자: 아 그래요? 푸르스름한 돌이 아니고?
오○○: 그러죠. 지금 현재 보면은 구루마 실어진 게 있죠. 그것은 석산에서 나온 칼로 잘라 놓은 돌이잖아요. 그 돌 같은 경우에는 옛날 어르신들이 그러거든. 저거는 방빼 같은 하얀 돌이 아니에요. 하얀 돌이 아니고 약간 시껌시껌하면서 밤 색깔도 나고, 이런 돌이 인자 방빼가 되죠. 한마디로 말해서 이 지금 층이가 있는데 밑에는 견치예요. 밑에는. 그란디 제일 위에 흙이 지금 현재 덮여져 있는 구간에는 한 요정도는 방빼예요. 그 밑에는 저 돌이라.
질문자: 그러면 이 산은 그냥 어디나 흙이 있다 하면 어디나 뚫으면 돌이 있다는 거예요?
오○○: 그렇죠. 암반이죠, 암반. 암반이 아닌 데가 없어요. 자체가 암반이지요. 그러니까 지금 현재 우리 태어나기 전부터서 방빼 돌 자체가 있었다는 거죠.
질문자: 오늘 일요일인데 이렇게 시간을 내 주셔서 너무 감사합니다.

■ **녹취 일자: 2021년 4월 21일**
■ **녹취 장소: 광주**
■ **채록자: 국제온돌학회 김준봉 교수, 보성군청 정○○**

김 교수: 저는 건축과 교수인데 온돌 연구하는 일을 맡아서 하고 있습니다. 자료가 워낙 부족해서 그 당시에 일하신 어르신들 찾아뵙고 상황을 물어서 당시 구들장에 채석, 운반 뭐 이런 관계를 인터뷰를 통해서 하고 있습니다. 참가해 주셔서 감사합니다. 오늘이 4월 21일 광주에서 녹음이 시작되고요. 성함이 어떻게 되시죠?

전○○: 전○○입니다.

김 교수: 전○○ 선생님. 지금 연세는 몇 세이신가요?

전○○: 일흔 넷입니다.

김 교수: 일흔 넷이요. 젊어 보이시네요. 당시 그러면 구들장 그때 할 때는 사시는 곳이 어디신가요?

전○○: 통운을 했어요. 대한통운 득량 출장소를 했어요.

김 교수: 대한통운 득량 출장소. 오봉산에서 구들장을 채취해서 나르는 일을 주로 많이 하셨나요? 다른 일도 하셨나요?

전○○: 우리가 나르는 일은 안 하고요. 제가 나르는 일은 안 하고요. 나르는 사람들은 칼 바위에서부터 득량 오봉산에서부터 득량역전까지. 밑에는 우마차가 날랐어요.

김 교수: 그 아래까지.

전○○: 예.

김 교수: 그러면 직접 참여하시지는 않고, 그러면 어떤 일을 하신 건가요?

전○○: 저는 인제 통운을 했기 때문에 그것을 전국 각지로 보내는 일을 했어요.

김 교수: 보내는 일을. 화물로 실어서? 그러면 화물로 보내서 싣는 일을 몇 세 때 처음 하시게 되었나요?

전○○: 아 제가 고등학교를 졸업하고 했으니까, 그 전에는 우마차로, 구루마로 댕기다가 내가 할 때는 산지 저 산에서 산지에서 차로 갔지요.

김 교수: 차로? 차로 옮기기 시작한 그때가 고등학교 졸업한 거면 연도가 대략 66년, 65년? 그러면 그 전에는 언제부터 그 일이 시작됐는지는 혹시 들으신 거나 기억이 있으신가요?

전○○: 오래됐지요. 저가 애기 때부터 했으니까, 아마 오래됐어요.

김 교수: 거기 자라셨는데 애기 때부터 통운을 하고 있었다?

전○○: 예. 부모님이.

김 교수: 부모님이? 부모님이 지금은 작고하셨겠네요. 그러니까 선생님이 고등학교 졸업할 때면 그때 일할 때가 스무 살쯤이니까, 한 20년 그 전에도 그 일이 계속되었다?

전○○: 예. 계속되었죠.

질문자: 어릴 때... 49년생이라고 하셨나요?

전○○: 네, 제가 48년생인데 늦게 신고됐어요.

질문자: 어렸을 때도 아버님이 계속 통운을 한 걸 보셨다는 그 말이시잖아요.

김 교수: 1940년 대도 통운을?

전○○: 그때는 아버지가 안 했어요.

김 교수: 그때는 외정 때니까 잘 모르시겠네. 그러면 당시 통운 하실 때에 하루 그 아침에부터 퇴근 때까지 일정이 어떻게 되나요? 출근을 하면 가서 받아서 실어서 뭐 이렇게

전○○: 아니 인제 자기들이 우마차를 끌고 오면은 와갖고 몇 칸씩이라고 해요. 몇 칸씩 쌓아서 놔요, 자기들이. 우마차 끌고 온 사람들이 네 칸씩 산처럼 쟁여 놓죠.

김 교수: 네 칸 반짜리다.

전○○: 아니, 거기에다 네 칸이라고 하면 방을 말하는 것이 아니라 무게차 화물차에 실을 때 알아야 하니까 몇 칸, 몇 칸.

질문자: 판매하는 기준이었던가요? 한 칸이라는 게. 그거에 한 칸에 얼마, 요렇게 했던 거 같아요.

전○○: 그때 아마 그런 것 같고 그건 인자 40톤 차로 주로 많이 나갔죠. 40톤 무게차. 그때만 해도 화물차. 석탄차 같이.

질문자: 열차지요?

전○○: 예, 열차요. 인자 그렇게 해서 한 차씩 실어가지고 광주, 여수, 순천, 많이도 갔죠.

김 교수: 그러면 거기서 아침에 받아서 갔다 오면 하루 일과가 끝나나요? 갔다 와서 또 가고 하나요?

전○○: 하루에 두 번씩 다니는 사람도 있고 우마차로 할 때는 그랬어요. 그러니까 며칠씩 모아가지고 또 인자 그때만 해도 차가 겁나게... 그때만 해도 구루마로 했을 때니까. 그때는 화물차 부를라면 참 힘들었지요.

질문자: 우리가 부르는 거예요?

전○○: 통운에서 인제 신청을 하죠.

전○○: 그러면 화물자가 따로 있어요. 광주 같으면 광주 누구, 순천 가면 순천 누구. 그 사람들이 화물주가 주인이 광주에서 팔아먹을 사람들이 실어서 가지고 가죠. 그래서 광주고 갔지, 순천으로 갔지.

김 교수: 그러면 당시에 통운을 오봉산에서 하실 때, 오봉산 득량에 통운에 직원 수라든지, 규모라든지, 그 조직이 어땠나요?

전○○: 그때는 굉장히 많았지요. 직원 수도 그때... 지금 역원에 한 명 있다고 하더라고 요. 한 명. 근데 그때만 해도 역원 수가 열 명이 되고 매일 교대를 하니까, 한 열 명 되고.

김 교수: 하루에 근무하는 사람이 몇 명 정도?

전○○: 역원들은 교대로 하니까 열 명이서 다섯 명씩 매일 교대를 하고요. 그리고 우리 작업 할 때 받고 싣고 내리고 할 때 뒤로도 싣고 내리고 하는 사람들이 한 열 몇 명 되는 거 같아요. 나왔다 안 나오는 사람도 있고 하니까, 꾸준히 나오는 사람은 그때 다섯이 했다가... 그라고 인제 하차할 때마다 싣는 사람들은 한 열두세 명 정도 됐을 거예요.

김 교수: 그러면 역원은 운전하시는 분이?

전○○: 운전한 것이 아니고 하차를. 기차 하차를.

김 교수: 화물차로 실어서 하차까지 가는 그걸 말씀하시는 거예요?

전○○: 그때는 처음에는 저 저 우마차로 했다니까요.

김 교수: 아, 우마차로 싣고 와서 내려놓고 하차를 실었고.

전○○: 하차에 실어서 산지로 보내고 저...

김 교수: 그러면 통운회사에 규모는 당시 득량역에는 총 직원이 한 10여 명 되겠네요?

전○○: 인부들이 그 정도 됐죠. 작업원들이 뒤로도 내리고 방돌도 싣고 그 직원들이...
김 교수: 10여 명이고, 그다음에 또 이렇게 운송장하고 근무하는...
전○○: 아 긍께 통운 직원이 그때 인제 나 졸업하기 전에는 사무를 한 명 두었어요. 한 명이서 다 해요. 다섯 명이서 딱 고정적으로 다섯 명은 있었고 그 하차 양에 따라 물량에 따라 열두 명도 되고 막 그랬었다고. 그러다가 나중에 차가 부족해지면서 차로 역전에 실어 날랐지. 차가 많이 생기니까, 그 뒤로는 인자 직송을 했어. 차가 많아지면서.
질문자: 광주나 이런 데로?
전○○: 직송을 해버렸어. 직송을 해가지고.
김 교수: 차가 많아진 때는 몇 세 때 정도 돼요? 처음에 조금 하다가 많아지는 때가 대략 고등학교 졸업하고 시작을 하셔가지고 30대, 40대? 정확하지 않아도 됩니다.
전○○: 하여튼 얼마 안 했어요. 제가 통운을 보면서...
김 교수: 그러면 선생님이 그것을 하시다가 어떻게 그만두시게 됐어요?
전○○: 인자 월 동냥이 줄어들었지요.
김 교수: 몇 세 정도에 확 줄었나요?
전○○: 몇 살이라고 할까. 제가 한 칠십댓년도부터는 확 줄어들었지요. 그때만 해도 사람은 많았고 화물꾼들이 없어지고 비로만 치중을 했죠. 뒤로 하차를 싣고 하다가, 그러다가 인부들도 점차 떨어져 나갔고, 일이 없으니까.
김 교수: 그 당시에 혹시 운송할 때 자료라든지 전표라든지 내용물이 뭔가 있었나요? 돈을 주고 받는지, 표를 주고 받는지, 싸인만 했는지.
전○○: 돈을 받아가지고 우리가 하차를 했어요. 하차를 불러서 송장을 끊어 가지고 역에 갖다 주면 역에서 결제해가지고 차를 불러나갔고 실었죠.
김 교수: 그러면 구들장이 아까 광주로 팔려 나가고 어디로 팔려 나갔다는데 주로 어디로 나갔고, 제일 멀리 나간 장소는 서울이나 부산 이런 데까지도 나갔나요?
전○○: 그건 잘 모르겠는데요. 그때 제가 그땐 어렸을 때니까 처음에는 멀리도 많이 갔다 그러더라고요. 지금 생각해 보면 맥반석이라고 나와요?
김 교수: 예. 맥반석.
질문자: 예. 성분이 있대요.
전○○: 지금 내 친구 산이 우리 산이 칼바위 밑이에요.
질문자: 아 지금 현재?
전○○: 현재. 내 산이 거, 저수지 시작하는 데서부터 저 칼바위 거까지거든요. 그래서 거 산에서 많이 캤어요. 아버님이 직접 그걸 또 관리하고.
질문자: 근데 20대 때 그거를 결정판을 사가지고 사람들이 왔을 때 그때 생각하면 광주 순천은 생각이 나는데 서울은...
전○○: 예, 그때는 안 했어요.
질문자: 서울은 안 했어요?
전○○: 그때 먼 데는 다 적었죠. 주로 광주, 순천, 여수.
김 교수: 아까 판 수 대로 한 칸 두 칸 몇 칸 실었다고 그랬는데요. 칸 수가 많은 것은 하루에 몇 칸 정도?
전○○: 며칠 못 해야 돼요. 그때는 또 달구지 댕기니까.
김 교수: 그러면 그렇게 쌓아 놓으면 어떤 거는 품질이 좋고 나쁘고 그런 품질에 대한 것도

구별을 했나요? 아니면 그냥 품질은 별로 안 보고 양만 봤나요?
전○○: 품질은 똑같은 것이 하나씩 나오니까, 뭐 쪼개지고 정으로 뜬 것이...
질문자: 거기 가지고 가서 거기 판매하는 사람이 있잖아요. 거기 판매하는 사람이 여기 품질이 좋으면 더 받고 그래갖고 이랬을 수도 있겠네요?
전○○: 그런 건 없었어요.
질문자: 아니, 사 간 사람.
전○○: 사간 사람도 그런 것은 없었어요.
질문자: 열차에 그냥 실어 가지고 간다고 생각했는데 어차피 도매상이잖아요. 도매상이 그거를 갖다가 열차 칸을 사갖고 거기다 싣고 가는 거만요잉. 그건 처음 알았어요.
전○○: 그게 인자 열차에다 싹 해놓죠. 큰 차로 하나 실을라면 엄청 들어가죠. 40톤짜리 그러면.
질문자: 한 칸이 40톤이에요?
전○○: 예? 아니. 차 하나가. 차 하나가 40톤. 40톤짜리가 들어와요. 그럼 거기다 싣죠. 엄청 실어요.
질문자: 그 전에 열차에다 실었던 거는 몇 칸, 그 한 칸에 얼마가 들어가는지는 잘 모르신 가요?
전○○: 예 잘 모르죠. 지금 보니까 그러니께 득량서는 지금 유○○하고, 최○○ 모르고 거기 이○○ 씨가 잘 알 거예요. 직접 거기서 채굴까지도 얼마 전까지도 했어요.
질문자: 이 누구요?
전○○: 이○○ 씨요. 아까 그 적었어요.
질문자: 그분 지금 계시죠?
전○○: 예에. 살아 있다고 그러더라고요. 전화 왔길래 지금 누가 살아있나, 옛날 일한 사람 중에. 이○○ 살아 있어요, 그러더라고요. 이○○ 씨는 화차에도 구들을 실었고 또 인자 나중에 하차가 안 했죠. 귀찮아서 안 했죠. 몇 번은 내렸다 실었다 하잖아요. 그날은 득량 와서 내려 놓으면 또 화차에 실어. 화차에 실으면 남경이나 광주에 와서 내려요.
질문자: 그러면 그분이 다 따라와서 해주는 거예요?
전○○: 실어주기만 해요. 화차에다가.
질문자: 일단은 실어다 놓으면 그분들이 무조건 실어다 놓으면 실어 가고.
김 교수: 물량이 없으면 직접 캐시지는 않았어요?
전○○: 아니요.
질문자: 싣고 가는 게 정기적이진 않았거든요. 왜냐하면 도매업자가 자기가 사가지고 어느 정도 판매처가 있으면 그때 와서 몇 칸 사가지고 가고 뭐 이런 식이니까.
전○○: 몇 칸이 아니고. 싣고 가서 쟁여 놓죠. 자기 집에다도 광주 같은 데.
질문자: 그게 열차 시간표에 따라 딱 정해진 게 아니라 어떻게 보면은 뭐 뭐 딱 시간이 일이 주기적으로 정해지진 않았을 거 아니에요?
전○○: 예. 많이 있으면 차를 불러서 실어 주라면 실어 주고 그랬지요. 항상 정해져 가 있었지요, 역전에다.
질문자: 저희가 어떻게 보면 옛날에는 먹고 살라고 했던 거지만, 어찌 보면 그게 크거든요. 사실은 그게 생활에서 없어서는 안 될 아주 중요한 거였잖아요. 그래가지고 우리가

전면적으로 군수님 예전에 아버님도 하셨다고 그래가지고 저희들이 또...

전○○: 예, 그분이 직접 캐면서 실어 날랐을 거예요. 그분이 우마차를 직접 몰고 오고 그 랬어요. 역전에, 산에서. 산이 높잖아요. 길이 다 나있어요. 우마차 길이.

질문자: 아버님 연세는 몇 년생이신가요?

전○○: 20년생. 22년생인가?

질문자: 어렸을 때 그 꼬마였을 때 기억으로는 그땐 안 하셨고, 저 한 뭐 초등학교 몇 학년 때 아빠가 그걸 했다, 이런 건 기억이 없으세요? 화물을 아버님이 처음 시작하신 거예요?

전○○: 아니요. 저 일본놈들이 하다가 냉겨주고...

질문자: 일본인들이 혹시 구들을 실어 나르고 했나요? 아버님이 할 때부터.

전○○: 아니요. 그때 됐는가 전에부터 했는가 모르죠. 양○○ 씨라고 돌아가셨는데, 그분이 좀 하고. 우리가 인자 일본놈 다음으로 하고.

질문자: 몇 살 때부터?

전○○: 중학교 다닐 때.

김 교수: 차는 어떤 차로 했어요? 그때 차가 귀했을 거 같은데.

전○○: 그때 차가 귀해갖고 없고 비싸고 그러니까, 한 우리 어렸을 때도 차가 국산 차가 많이 나올 때 였어요. 차가 많아 졌을 때. 차가 적을 때는 그때만 해도 자동차가 굉장히 비쌌죠. 휘발유를 몽땅 입금표 주더라고, 인건비는 비싸지고 자동차는 계속 나오고 그러니까 싸지고 바닥에서 판매할 때까지 실어 나르니까 편하죠.

김 교수: 화물차로 나가다가 기차로 이렇게 하는 게 있다가 그냥 트럭으로 직접 몰고 이렇게 그때가 몇 세 쯤에서 화물차가 활용이 많이 되게 시작했나요? 처음에 기차?

전○○: 예, 그때는 내가 중학교 때부터 고등학교 때까지는 기차로 좀 많이 나갔지요. 고등학교 가서 그 뒤로도 그냥 기차는 많이 나갔는데 구들장도 조금 줄어들었지요. 그때부터 사양길로 접어 들어갔지요. 그러다가 저는 안 해 부렀지요. 화물차로.

질문자: 그때 한 70년도 정도?

전○○: 안 했어요.

질문자: 안 했어요?

전○○: 그때는 자동차로 했죠. 그때도 내가 통운을 했었는데 그때 인부들은 일은 계속 했어요. 잘 모르죠 일반인들은.

김 교수: 하차 기록이 몇 년도 거라고 했지요?

질문자: 36년~38년.

김 교수: 그러면 일정 시대 때네. 그때 돌이 실렸다.

전○○: 역에는 가봤어요?

질문자: 역에는 없대요. 역에 사람 자체가 무인이 돼갖고 직원 한 명이 모든 서류 자체 그런 아무것도 확인이 안 돼요. 그래서 철도청이나 그런 데다가...

전○○: 순천 철도청 가면은 다 나와 있을 거예요. 아마.

김 교수: 그때는 구들장 놓는 기술자가 많았나요? 동네 할아버지들이 다 놓은 건 아닌가?

전○○: 그랬죠. 옛날에는. 구들장 놓을 때는 부모님한테 배우고 이웃 삼촌한테 배우고 다 배워가지고 그렇게 하셨죠. 연기 잘 빠지라고 고래를 잘 놔야 되고...

질문자: 그걸 현대적으로도 하세요. 옛날 전통하고 매치해서 그것만 연구하셔요.

전○○: 원래는 요즘에는 찜질방 만들라고 한 때는 가끔씩 쓰더만요. 집 짓는 데.
질문자: 그게 지금은 인제 새로운 게 나오면 편리하고 그러니까 자꾸 그걸 하는데, 다시 건강을 생각해서 다시 온돌로 집을 한다는 사람들이 있어요.
전○○: 예, 그런다고 하더라고요.
질문자: 누가 10년 후에는 일본이 지금 그러고 있다는데.
김 교수: 다다미방. 온돌이 좋은 점은 편안하잖아요. 편리보다는 편안하게.
전○○: 불 많이 때면 바닥 다 타죠, 뭐.
질문자: 예, 맞아요. 저도 어렸을 때 그 생각나요.
김 교수: 제가 놓으면 타지도 않고 뜨겁기만 해요. 어디 궁궐이나 사찰에서 그 기술로 하면.
전○○: 그땐 많이도 캤어요. 그러니까 산에서 캐다가 때니까 나무가 없으니까 그래서 때고 그랬는데. 민둥산이었죠. 그때만 해도. 그러다가 연탄 나오고.
질문자: 민둥산이어서 어디서 캐고 있는 게 다 보였다고 그러시더라고요. 어르신들이 밑에서 보면. 길이 외길이잖아요, 사실.
전○○: 지금은 길이라고 볼 수도 있는데, 구루마 하나 있고 댕기는데 차들도 불러도 그때만 해도 잘 안 올라 하드만요. 오르락내리락 하면서 막 좁았죠. 딱 달구지 하나 지나갈 길인데 지금은... 그래갖고 딱 보면 구루마가 내려오고 있어. 그러면 기다렸다가 자기들만의 뭐 법칙이 있었던 모양이에요.
질문자: 기다리고 있다가 내려가면 올라가고. 이런 식으로 했다 그러더라고요.
전○○: 내려올 때는 짐을 싣고 내려오지만 올라갈 때는 쉽게 올라가죠, 내려올 때가 더 어렵지요. 그러니까 어떻게 달구지 발등에 상나무를 대 가지고 양쪽에 대 가지고 박고 내려가요. 그러면 이렇게 잡아지잖아요. 계속 잡고 내려오는 거예요.
질문자: 그러면은 그 전에는 아예 나무 막 박고 그렇게 그 후에는 쪼금 인자...
전○○: 좀 발달했다고 장비가 그것도 계속 닳아지니까 안 되면 또 해줘야 하는데.
질문자: 근데 그거를 잠갔다 풀어졌다가 그 조절을 잘 해줘야 한다고, 그게 제일 중요하다고. 그래야지 소가 힘을...
전○○: 올라갈 때는 괜찮은데 내려올 때가 젤로 무섭죠.
김 교수: 내려오다가 소가 엎어지는 사고가 나는 그런 일도 있었어요?
전○○: 예. 있었지요. 아무나 그렇게 사고요 사고.
김 교수: 아, 그래요. 사고가 안 날 수가 없겠죠
전○○: 안 날 수가 없죠.
질문자: 대체적으로 산 정산까지 올라갔다가 내려오는데 대체적으로 명산이라 그런가 큰 사고는 많지 않았다. 이렇게 말씀하시더라고요.
전○○: 예, 그랬죠.
김 교수: 뭐 이 정도면. 저희가 또 궁금한 사항이 있으면 또 전화 드릴게요.

■ 녹취 일자: 2021년 4월 30일 14:00~14:30
■ 녹취 장소: 오봉리 원효경로당 앞
■ 채록자: 국제온돌학회 송○○

질문자: 일단 오늘 말씀 나누는 거 제가 녹음을 좀 할게요. 녹음기거든요. 선생님 일단 성함이 이○○ 선생님 맞으시죠. 죄송한데 연세가 어떻게 되셨어요?

이○○: 80이요.

질문자: 80이시면은 몇 년생이시죠? 40년생?

이○○: 42년.

질문자: 42년생? 그러면은 여기 득량에서 태어나셨어요?

이○○: 원래 여가 태어났어요.

질문자: 여기서 태어나셨어요. 그러면 저기 무슨 리에서 태어나셨어요? 오봉리?

이○○: 오봉리 79 방죽 마을.

질문자: 오봉리에서 태어나시고 계속 여기서 사신 거예요?

이○○: 그라죠.

질문자: 구들과 관련해서는 어떤 일 하셨어요? 당시에?

이○○: 구들이 석산에서 나오면은, 석산 밑에다가 하차를 해요. 소구루마가 막 끄집어갖고. 거기다 퍼 나는지 거기다. 옛날로 말하자면 신진 6톤이라고 있어요. 신진 6톤, 신진 6톤 차가 있어 처음 나왔을 때. 거기다가 방돌을 스무 칸씩 실어.

질문자: 스무 칸씩?

이○○: 그래서 그놈이 여수로 가고 부산으로도 가고, 또 송정리는 열차로 갔고.

질문자: 어느 역으로?

이○○: 득량역으로. 득량역으로 싣고 와서 여기서 퍼서 또 여기서 이제 하차 있어. 또 화물칸이라고, 거기다가 실어요. 실어갖고 송정리로도, 광주로도 가고.

질문자: 그건 기차로 가는 거잖아요?

이○○: 여수로도 가고, 때로는 부산도 가고. 그러게 여기서 엄청나.

질문자: 그러면은 그 신진 6톤 차라는 거는 화물차고, 그다음에 득량역에서 가는 건 기차고. 그 화물차에 20칸씩 실었다는 얘기신 거잖아요? 그러니까 차 한 칸에 차 하나에 차 하나에 실을 수 있는 양이 얼마나 돼요?

이○○: 화물차 한 대 스무 칸.

질문자: 그럼 혹시 득량역에서 가는 그 기차 칸 있잖아요 이렇게 화물칸. 그거 하나에는 몇 톤 정도 실어요? 몇 칸 정도 실어요?

이○○: 톤 수로는 40톤.

질문자: 톤 수로는 40톤? 그러면은 저기 어르신께서는 그거 운전하는 일을 하신 거예요? 아니면은 돌 내리고 올리고 하는 일? 주로 역에서 하신 거예요? 아, 다른 데 외지에서 이제 물건이 오면 여기서 이제 내리는 것도 하시고 또 돌이 일로 이제 역으로 오면 돌을 이제 거기다 올리는 거 하시고?

이○○: 그리고 때로는 신진 6톤차가 화물차가 이거는 가서 직접 실어서 나가면 되니까.

질문자: 예. 그러면은 그거 이렇게 돌을 올리고 하는 게 어떤 특별한 기술이 필요한 거예요?

이○○: 기술은, 뭐 안 다치면 한 거고. 쟁일 때. 아무래도 이제...
질문자: 그러면은 그 일을 몇 살 때 하신 거예요?
이○○: 나가 32살부터.
질문자: 서른두 살. 그러면 몇 년도냐 50년 전이네요. 50년 전, 지금 82세라고 치면?
이○○: 48년 전이지.
질문자: 네. 그러니까 거의 50년 전이잖아요? 그러면 50년 전이면은 1970년도? 1970년, 32살부터 하셔가지고 몇 년도까지 하셨어요? 몇 살 때까지 하셨어요?
이○○: 그래가지고 내가 10년도 안 했지.
질문자: 그러면 10년간 하시고 그만두신 이유는. 왜 그만두셨어요?
이○○: 이제 구들장이 안 나가부리고, 안 나가고 폐쇄가 되제. 통운이 이제 없어지게 됐어.
질문자: 그러면 그때 당시에 통운이 대한통운이었다고 하던데요.
이○○: 맞아요, 대한통운. 딱 한 회사밖에 없었어요.
질문자: 당시에 업자는 많았어요?
이○○: 이거는 칼바위 그 길이고. 또 이쪽에 이제 청뱅에 가는 게 있어요. 도촌 저수지 안에 가면은 인○○ 씨, 또 저 이○○ 씨 또 정○○ 씨.
질문자: 그러면은 이쪽에 업자가 훨씬 많았네요? 그럼 이쪽에 더 생산량이 많았어요? 나오는 양이?
이○○: 그라죠. 배나 되지라. 그래 요쪽에. 나 저거 청암 안골서도 나왔어.
질문자: 청암 안골서도. 그러면 이쪽에서 둘 나오는 양이 훨씬 많았었어요?
이○○: 그러죠. 하루에 신진 차로 열다섯 차에서 30까지 나갔어.
질문자: 하루에 15개에서 30차까지 나간다? 그럼 그 차는 어디서부터 오는 거예요?
이○○: 광주 오고 또 여수 오고. 또 이거 보성 저 송○○이라고 있어. 그분이 주로 많이 실어나갔어.
질문자: 그러면은 그 차는 이 동네 차가 아니라. 외지에서 들어와서 자기네가 싣고 나가는 차네요? 그러면은 이쪽이 먼저 이렇게 양이 이렇게 그 최적한 게 여기서 이쪽이 먼저 끊어졌어요 아니면 도촌 쪽이 먼저 끊어졌어요?
이○○: 끊어진 것은 이쪽. 저건 나중까지 나갔어. 그거는 이쪽에서 끊어져 버리고 저 청암이 거 끊어져 버리고 저쪽 칼바위서 나온 곳이 나중에 끊어졌어요.
질문자: 제일 나중까지. 그럼 그, 제일 나중까지 어르신께서 그거 다 하셨어요. 아니면은?
이○○: 마지막엔 나 안 했어.
질문자: 그러면 그만두시고 나서도 그쪽에서는 계속 이렇게 돌이 나왔네요?
이○○: 개인도 해불고.
질문자: 그러면 그만두실 당시에는 여기서 화물차로 막 기차로 가는 그런 거는 거의 없어졌겠네요? 그냥 소량씩 트럭으로 가는 것만 그렇게 하고... 그러면은 뭐 돌 캐는 그 산에 올라가셔서 돌을 직접 캐시거나 아니면은 뭐 돌을 소구루마로 운반하시고 이런 거는?
이○○: 그런 거는 안 했어.
질문자: 그러면은 많이 나갈 때는 화물차로 이제 그렇게 나가는데, 여기 같은 기차역에서 나가는 거는 하루에 몇 톤 정도가 나간다고 생각하세요? 기억하세요?
이○○: 기차 화물차로? 여기 기차로 나가는 거? 모르겠소, 그것이 한 5일에도 나가고 10일

에도 나가고 한 15일 되면 좀 나갈 때도 있고.

질문자: 한 번 나갈 때 몇 칸 정도 돼요?

이○○: 두 칸에서 세 칸. 그거밖에 안 돼요. 그렇게 실어요. 그러니까 이게 또 기차 칸 하나가 한 3개 달려있는 게... 40톤짜리가 3개면 120톤이 5일에 한 번씩 나갔다 이렇게 보시면 되는 거예요.

질문자: 5일에 한 번 정도 그러면은 저기 어르신 시작할 때 서른두 살 시작하셨다고 그랬잖아요. 그럼 그 전에도 그 일이 계속 그런 일들이 계속 있었어요?

이○○: 전에도 나왔지라.

질문자: 그 전에도? 그러면은 선생님 시작하신 그 시기가 한참 이렇게 많이 나갈 때예요? 아니면 한참 많이 나간, 그 후쯤 되는 거예요?

이○○: 우리가 할 때가 제일 많이 나갔지. 그때가 제일 많이 나갔지. 그 무렵에가 제일 많아.

질문자: 제일 많이 나갔어요. 그러면 1970년도에 제일 많이 나갔다?

이○○: 32살에 그 동원에 들어갈 때.

질문자: 그럼 어디 회사 직원으로 일하셨어요? 대한통운 직원으로 일하셨어요? 그러면은 그냥 일당 주는 게 아니라 직원들이 있었네요?

이○○: 그리 사무실 보면 황○○ 씨라고 그분이 통운 그 사무실 사무장. 사무 보는 사람 중에 제일 높은 사람. 그다음으로 이제 나중에 정○○이라고 그분이 나중에 했어. 이 원래 소장은 즈그 아버지, 아버지와 정○○ 씨가 아버지고, 대한통운 소장. 그래고 이제 사무지도 황○○ 씨가 하다가. 그다음에 이제 저 정○○이가 했지. 그러면은 그니까 초기에는 여기서 기차로만 나가다가 나중에 돼서 이제 화물차가 이렇게 외지에서 들어와서 화물차로 실어나갔다 했는데 주로 화물차를 실어내죠. 자동차로. 자동차로만, 초기에는 양이 많아지니까 걔는 화물차를 채용.

질문자: 아. 기차로 실어 가고?

이○○: 저 용산으로 하고, 또 여수로.

질문자: 용산으로도 가요? 용산으로 가면 서울까지 간 거잖아요?

이○○: 그러지.

질문자: 그게 그럼 서울까지도 간 거예요?

이○○: 그치... 아 그런데 서울은 그렇게 많이 그렇지 많이는 안 갔겠지. 부산도 가기는 갔는지 그렇게 많이 안 가고.

질문자: 그러면은 이제 방향이 저쪽으로 가면 부산으로 가는 거고 이쪽으로 이제 광주 쪽으로 올라가 가지고 서울까지 가고 주로 여수로도 많이 갔죠.

이○○: 여수로도 많이 가고 송정리, 광주.

질문자: 주로 광주로 많이 갔다고. 그러더라구요. 그러면은 그때 저기 뭐지, 같이. 그러니까 예를 들어서 대한통운 직원이셨으면 이제 이렇게 선생님처럼 그런 일을 하는 분 직원들이 많이 있었을 거 아니에요. 여러 명이 있었을 거 아녜요?

이○○: 나 있을 때 전부 16이었어.

질문자: 직원으로 일하는 사람만? 그러면 별도로, 일당으로 또 일하시는 분들은 없었어요?

이○○: 화물차에 실을 때 그놈을 일당으로 줘요. 한 차 싣고 16이 나누고.

질문자: 그때 당시 월급이 얼마인지 아세요?

이○○: 그때 당시 많이 우리가 했을 때는 3만 6천 원.

질문자: 3만 6천 원? 월급이?
이○○: 그때 쌀 한 가마니가 3천 원밖에 안 했어요.
질문자: 그래요. 쌀 한 가마니. 쌀 한 가마니가?
이○○: 쌀 한 가마니가 3천 원, 3천 원. 구매비 3만 9천 원, 2천 원.
질문자: 그러면 쌀 한 가마니가 3천 원인데 한 달에 월급이 3만 6천 원, 그러면은 열두 가마를 벌은 거네요? 그러면 수입이 좋은 거예요? 그 정도 되면 농사짓는 것보다 훨씬 나은 거예요?
이○○: 그죠. 그때 당시에는 수입이 좋았어요. 그러지 거의 장기적이 안 되고 나중에 끊어져불게.
질문자: 그러면은 저기 10년 동안 일하시는 동안 계속 직원으로만 일하셨어요? 그러면은 이거 화물차 한 칸의 한 양의 40칸 실으셨다고 그랬잖아요. 그러면은 열여섯 명이서 실으면 그거 몇 시간 정도 걸리면 다 실어요?
이○○: 5시 이바이 실으면은...
질문자: 하루에 한 차 다 실을 수 있어요?
이○○: 오전에 실으면, 네. 오후 2시경 되면 다 실어요.
질문자: 한 차 싣는 게 그러고 그러면은 그거 이제 싣는 데 그러면 뭐 한 3일, 세 칸이면은 한 3일 정도 걸려 있어서 실어서 나가는 거예요? 그러면은 그거 저기 뭐지 그거를 그 얼마에 팔았는지는 모르시죠? 돌을 얼마에 파는지는 모르고?
이○○: 그것까지는 우리가, 왜냐하면 이 산을 제껴서 사장님들이 와서 산을 정치를 사업 한 사람들이 있고 개인이 한 사람도 있고.
질문자: 그러면 혹시 여기 구들장 돌이 제일 처음 나온 데가 어딘지 혹시 아세요? 어디라고 들으신 적 있으세요?
이○○: 제일 처음 나온 디가 저기 칼바위. 거기서 많이 주로 나왔고.
질문자: 주로 나온 거 말고 제일 처음에 누가 이거를 제일 먼저 시작했는지?
이○○: 제일 먼저 시작한 거?
질문자: 시작한 장소나 그러니까 뭐 누군가가 이제 거기서 돌을 캐기 시작했는데 돌이 좋다고 이제 소문이 나니까 계속 뭐 주문이 들어왔을 거 아니에요. 그러니까 누가 제일 먼저 어디에서 누가 제일 먼저 시작했는지?
이○○: 한○○ 씨가 제일 먼저 했을 거요.
질문자: 한○○ 씨. 그럼 그분은 지금 살아계시면은 연세가 어떻게?
이○○: 지금 살아 계시면 나보다 7살 더 먹었어요.
질문자: 아, 그거밖에 안 되셨어요? 그럼 그분은 어디 사셨어요?
이○○: 해평.
질문자: 해평. 그러면은 이제 해평에서 제일 먼저 시작했다 이렇게 보면 되겠네요. 그러면 혹시 돌이. 여기 돌이 왜 좋다고, 이렇게 많이 사간다고 이게 얘기 들으신 거 혹시 없어요? 뭐 어디가 좋다고?
이○○: 구들은 불을 때면은 돌이 튀지를 안 해. 티어보면은 방장이 그냥 어긋나 보게. 내 방도 없이 무너져 버리는, 깨져. 그때도 뜨거워도 안 치고 그런 게 좋다고 말이야. 그래서 선전이 많이 돼서 많이 나가지.
질문자: 그러면은 이 저기 기차에 싣고 제일 멀리 간 게 용산까지 간 거네요. 용산까지, 그럼

서울로도 그냥 뭐, 서울로도 팔려나갔다 이렇게 보면 되는 거네요?

이○○: 그것까지는 모르겠어요. 용산까지만 알지.

질문자: 그러면 그때 당시에 업자로서 제일 크게 하신 분이 누구예요?

이○○: 업자로서 벌교 김○○ 씨라고 그분이 제일로 크게 했어요.

질문자: 그 사람은 어디 산에서 캐는 업자예요? 아니면 바우 밑에? 칼바위 밑에서? 이름이 어떻게?

이○○: 김○○ 씨라고.

질문자: 김○○? 그러면은 지금 저기 제가 듣기로는 그 칼바위 쪽에서 제일 마지막까지 하신 분이 이○○ 어르신이라고 들었거든요? 혹시 아세요?

이○○: 네, 알아.

질문자: 그럼 그분 하시기 전에 하신 거죠. 김○○ 씨는?

이○○: 그때 같이 했을 거요.

질문자: 같이 하셨어요?

이○○: 이○○ 씨라고, 그란디 그 양반은 자기 석산이 없어.

질문자: 빌려가지고, 그러면은 그때 당시에 이렇게 석산이 있는... 다 그럼 자기 산 가지고 이렇게 하시는 분들 다 자기 산에서 하시는 거예요?

이○○: 그라죠. 업자들이 다섯인가 됐을 거야.

질문자: 그러면 그 사람들이 동시에 그렇게 막 이게. 둘이 내려오면은 뭐 하루에도 없어 양이 많아지네요?

이○○: 그러니까 신진 6톤 차로 25대, 30대 가지. 업자가 다섯, 여섯 명이니까.

질문자: 그러니까 그렇게 하면 한 차에 얼마씩 나간다는 거는 모르시고. 한 차에 얼마? 그러면은 그 밑에도 또 거기서 화물차로 싣고 내리고 하시는 분이 거기서도 있었을 거 아니에요?

이○○: 그러니까 소 구루마로 싣고 오고 말 구루마로 싣고 오고.

질문자: 네. 그러니까 거기서 트럭을 싣고 나가면 거기서도 이제 트럭에 올린 이제 선생님은 여기서 기차역에서 화물차로 올리시고.

이○○: 저희도 거기 가서 싣고 오고 해요.

질문자: 말 구루마는 어떻게 하는 거예요? 말이 산에까지 가요? 저는 다 소구루마로만 했다고 들었거든요? 말은 제가 지금 처음 들어가지고요. 말로 하는 게 많았어요, 소로 하는 게 많았어요?

이○○: 소로 하는 것이 많더라. 말은 드물고.

질문자: 말은 드물고?

이○○: 아마 처음에 말로 했을 거야.

질문자: 처음에 말로 하다가 나중에 소로 한 거예요? 그러면 그럼 소로도 여기까지 가보자, 여기까지 소를 싣고 여기까지도 오잖아요?

이○○: 처음에는 그렇게 처음 실어. 여기 싣고선... 그때는 이제 소로는 싣기 전까지 싣고 오고 그러고, 차로는 바로 나가 볼 거고.

질문자: 그러면은 거기다 내려놓은 걸 여기 기차역까지는 안 가져와요? 그러니까 기차역에서 나가는 거는 소구루마로 여기까지 갖고 오고? 그러면은 16분이서 같이 이렇게 일을 하시면 하루에 한 차 정도밖에 안 실으시는 거예요? 아니면은 양이 많으면 더

실으시는 거예요?

이○○: 화물차에 싣고 또 자동차로도 싣고.

질문자: 그러면은 그 월급을 받으시는 거는 많이 실으면 월급을 많이 주는 거예요? 아니면 뭐 적게 실으나 많이 실으나 그냥 고정 월급을 받으시는 거예요?

이○○: 한 차에 얼마씩 받죠.

질문자: 추워서 많이 안 나왔을 거고, 제일 많이 실을 때, 제일 많이 나갈 때가 언제예요?

이○○: 봄에 많이 나가지.

질문자: 그럼 가을에는?

이○○: 가을에도 이제 많이 나오지.

질문자: 그럼 여름에는 좀 돈을 못 버시겠네. 여름에는 조금밖에 돈을 못 받고 그다음에 이제 봄 가을에 이제 양이 많을 때는 월급을 많이 받으시고 그러면은 아까 말씀하신 거 3만 6천 원 받은 게 많을 때예요, 아니면 그냥 적을 때예요, 아니면 평균이에요?

이○○: 많이 나올 때지.

질문자: 많이 나올 때 그 정도 받고. 그러면 적게 벌 때는?

이○○: 적게 벌 때는 적고.

질문자: 한 달 기준으로. 근데 많이 벌 때는 어쨌든 쌀 열두 가마니는 벌어온 거잖아요. 그러면은 그게 1년에 여기 그래서 전체 몇 톤이 나갔다, 이렇게는 계산 못 하시죠? 저희는 그런 양을 좀 알고 싶거든요. 양을 알 수가 없어가지고... 그러면 저쪽에 그 돌 캐시던 분 앞은 분들이나 뭐 이런 분들은 잘 아시는 분이 없으세요? 돌 캐시거나 아니면 뭐 운반하시거나 하시는 분 중에 잘 아시는 분이 없으세요?

이○○: 거기 터는, 지금 거기 다 돌아가셨죠.

질문자: 네. 그러면 주로 이제 이거 어르신처럼 상하차 하시는 분들은 여기에 오봉리 사시는 분들이 주로 이제 하셨죠? 여기 사시는 분들은 그런 일을 하시고 또 이제 저쪽 해평리나 도천에 사시는 분들은 캐고 운반하고? 혹시 이제 이 돈벌이 하겠다고 무슨 벌교라든지 순천이라든지 뭐 이런 데서 오신 분들은 없어요?

이○○: 객지 사람은 없어.

질문자: 여기 사람들이 그냥 다 하는 거죠. 알겠습니다. 오늘 또 이렇게 말씀해 주셔서 너무 감사합니다. 기억이 아주 좋으시네요.

이○○: 해온 거니까 기억하고 있제.

■ **녹취 일자: 2021년 5월 25일 14:30~15:30**
■ **녹취 장소: 월평마을 회관**
■ **채록자: 국제온돌학회 송○○**

질문자: 선생님 성함이?
위○○: 위○○.
질문자: 위○○ 맞으시죠 선생님. 지금 연세가 어떻게 되셨어요?
위○○: 저는 84입니다.
질문자: 84세. 그러면 몇 년생이시죠? 38년생? 그러면은 원래 여기서 태어나셨어요?
위○○: 이 밑에 마을에 살다가 태어났는데 이 마을로 30대 때 이사로 올라왔어요.
질문자: 30살 때 이사하시고?
위○○: 이 마을에서 계속 살았어. 50년 살았지요.
질문자: 50년 정도 사셨고. 그러면은 지금 방돌 이거 운반하시는 일은?
위○○: 여기와서 했지.
질문자: 그럼 몇 살 때 하신 거예요? 서른 살 때 하신 거예요?
위○○: 한 32~33살 때부터 했어요.
질문자: 서른두서너 살 때부터. 몇 년 동안 하셨어요?
위○○: 한 5, 6년 했나?
질문자: 그러면 5, 6년 하시다가 그만두신 이유는?
위○○: 이제 그때 당시에 방돌도 다 되고 그래서 이제 아닌 걸로 하고, 이제 또 각자 사정이 있었지. 나도 이제 농사를 좀 더 지키려고.
질문자: 그러면 이제 5, 6 년 하다가 그만두시고 농사지은 거네요.
위○○: 그 뒤로는 방돌이 많이 필요 안 하니까.
질문자: 필요 안 하니까. 그러면 주로 이제 운반하시는 일만 하셨어요? 뜨는 건 안 하고?
위○○: 뜨고 전하는 데도 했어요.
질문자: 그것도 하시긴 하셨고.
위○○: 뺄 때는 하고. 뺄 자서는 하고. 이제 안 할 때는 실어나르고.
질문자: 실어나르면은 직접 소를 갖고 계셨어요?
위○○: 응 내 소로, 내 구루마로 다 갖고 있지. 내 우마차.
질문자: 우마차에 보면 브레이크 같은 게 있던데 그건 자기가 직접 만들어서 다는 거예요?
위○○: 아니, 여기 그런 것을 손 봐주는 정비사, 요새 말로 하면은 정비사가 있었어. 거기 마을에 있었어. 거기서 직접 구루마를 제작해 주고, 이렇게 만들어서 잠그는 거에다 만들어주고. 그러니까 그걸 조절을 잘 해야 돼. 조절 많이 잘못했다면 구루마가 이동하다 죽죠, 이제. 그것이 생명이요, 생명. 소나 사람 생명이라고, 그것이.
질문자: 그러면 주로 이제 이쪽 산에서만 주로 이렇게 하신 거죠?
위○○: 이 안통. 숲이 다 덮어버렸는데 옛날에 훤했어. 저 건너 보이는데, 기남 뒤에.
질문자: 그러면은 하루에 그거 싣고 왔다 갔다를 몇 번 정도 하셨어요? 하루 평균?
위○○: 오전에 두 번 오후에 두 번. 한 네 번 쯤.
질문자: 네 번 정도? 네 번 하신 건 많이 하신 건데 왔다 갔다 한 두 번 정도 하셨다고 그러시

던데 다른 분들은?

위○○: 일찍 마음 먹고 하면 그렇게 하고. 지르게 하려고 그냥. 참, 노 기장 하라면 오전에 한 번, 오후에 한 번. 그렇게 한 번 젤로 편코.

질문자: 그러면은 그 네 번 왔다 갔다 하는 거는 여기 찻길까지 왔다 갔다 하고?

위○○: 저 밑에 찻길. 저기 역까지는 아니고, 여기까지. 득량역까지는 아니고,

질문자: 역까지는 아니고. 그럼 선생님이 하실 때 득량역에도 왔다 갔다 하셨었어요?

위○○: 역도 몇 번 왔다 갔다 했지.

질문자: 그런데 이제 주로 여기 찾기까지만 하는 걸로. 그때 한 번 왔다 갔다 하면 돈 얼마 받으셨는지 기억나세요?

위○○: 모르겠어요. 기억 없어요. 지금 누가 그걸 저 기억이 난다 말이지. 그걸 뭘 좋은 일이라고도 기억해 놓겠습니까. 지금 같으면 제가 다 기억해 놓지만은... 대략적으로 치자면, 두 번만 해도 한 요새 품삯으로 3일치?

질문자: 한 번, 두 번 왔다 갔다 하면? 날품으로 했을 때 한 2, 3일치는 벌었다. 그럼 네 번 왔다 갔다 하면 많이 버신거네요?

위○○: 아이고, 네 번은 어렵고. 네 번까지 한 번 해봤는데 어렵고. 그 네 번 하려면 식전일찍 나가야 해.

질문자: 새벽부터 나가가지고. 밤 늦게까지?

위○○: 아니, 늦게까지 안 하고 9시나 되면 내려오고, 다시 또 올라갖고 10시나 되면 내려오고 이런 식으로 해서 했는데, 그 어려워요.

질문자: 그럼 그것도 돈벌이가 꽤 됐겠어요.

위○○: 됐어요.

질문자: 그러면은 그거 일 년 내내 하셨어요?

위○○: 아니요, 농사지으면서 틈틈이.

질문자: 아. 농사도 지으면서 농사 바쁠 때는 그냥 농사 일 하시다가 농사 좀 한가해지시면 또 거기 가서도 날르고? 그럼 소가 농사도 짓고 그것도 하고 그렇게 한 거죠? 그러면 소가 그 산에 올라가고 할 때 별도로 훈련 같은 거 시키시고 그래요?

위○○: 아니요. 이제 처음을 할 때는 소도 고생하고 사람도 고생이 나요. 같이 막 그냥 끌고 멍을 잡고 이렇게 끌고 같이 힘을 밥에 터져줘 힘을. 그리고 뒤로 올라갈 때가 힘든데 그냥 내려갈 때는 소가 쭉쭉 버티면서 내오니까, 브레키 조절해서 버티면서 내오니까 좀 수월하죠.

질문자: 그러면은 그 저기 뭐지. 어르신도 그거 소 짚신...

위○○: 삼을 줄 알아요.

질문자: 그거 다 만드시겠네요.

위○○: 그런 거이 필요한 줄 알았으면 삼아갖고 나왔을 텐데. 많이 삼았죠, 앞발만.

질문자: 그거는 누가 그렇게 연구한 거예요?

위○○: 그전에 어른들이 소가 발이 안 아프게 이렇게 이렇게 하면 되겠다 해서 다 만들어낸 것인지. 이제 그것이, 내가 이 사람이 하고 이 사람도 이제 그게 보고 배우고...

질문자: 그러니까 그거는 여기 이 마을에서 연구해서 한 거잖아요. 어디 다른 데서 그런 게 있는 게 아니잖아요.

위○○: 아니, 비단 우리 소 방돌뿐만 아니라 옛날에는 그 우마차를 많이, 소 구루마를 많이

해요. 그러니까 길 갈 때는, 그때는 이런 아스팔트도 아니고 순 독자갈 밭이야. 그러니까 서로 발이 아프니까 이제 구루마를 많이 하는 사람들은 주로 신겨.

질문자: 원래도?

위○○: 원래 신겨. 이제 유득이 석산 돌 산을 댕길 때는 앞뒤를 다 신겨드려야죠. 그렇게 이제 그냥 한 켤레 신기고. 한 번 갔다 오면 다 떨어질 정도니까 그렇게 부도 날카롭고, 자갈밭이고. 또 날카로운 돌 날들이 많아갖고 발이 많이 상하죠. 소 발이.

질문자: 그럼 원래 이런 길 다닐 때도 신겼었는데 산에 이제 돌밭 다니니까 이제 더 신기고?

위○○: 평소에 빈 구루마 빈 수레로 이제 몰고 다닐 때는 그렇게 뭐 안 시켜도 되는데 무거운 짐을 싣고 다닐 때는 그때 신겨. 길이 안 좋으니까 신기고 된 것이, 그것도 또 사람 나름이야. 동물을 아끼고, 그건 소를 위하는 뜻에서 좀 사랑하는 마음이 많은 사람은 어떻게 사 신기고. 지금이나 옛날이나 똑같아. 좀 남의 일을 꾀부리고 차고 하는 사람은 안 신길 때가 많고.

질문자: 그러면 산에 올라갈 때 삼는 방법하고 이런 평지에 다닐 때...

위○○: 그건 다 똑같애. 소 신은 다 똑같애.

질문자: 그러면 아침에 몇 시 정도에 올라가면 올라갔다가 몇 시 정도에 일이 끝나는 거예요? 새벽에 뭐 6시 7시 이렇게?

위○○: 주로 봄하고 겨울 이 농한기를 기해서 많이 하거든요. 그런데 봄 날씨로 한 8시경.

질문자: 아침?

위○○: 아침 8시경. 그리고 이제 또 겨울에는 한 9시나 돼서.

질문자: 그러면 끝나면 다 일 끝났다 그러면 뭐 다 5시 6시?

위○○: 아니, 그렇게 갔다 오면 이제 끝나고 이제 일찍 들어와요. 일찍 들어와서 이제 소도 쉬고 사람도 쉬고 하니까.

질문자: 그러면은 소가 특별히 잘 올라가는 소가 있고 좀 못 올라가는 소가 있고 그래요?

위○○: 그러죠.

질문자: 그거는 어떻게 차이가 나요? 살찌면 못 올라가고 뭐 그런 거예요?

위○○: 아니 그것도 이제 훈련이 잘 되면 잘 오르는 거지. 이 우마차를 많이 끄집어 본 소하고 안 해본 소하고 틀려요. 우마차를 잘 짊어지고 해본 사람 손은 아무래도 능숙하게 잘 다니고 안 해본 사람이 처음으로 이런 소는 못 가게 하네. 큰일난다고. 소 잡고 사람 잡아요. 그러니까 우마차를 많이 해본 소, 그런 소라야 돼. 쟁기질만 잘한다고 해서 구루마를 잘하는 그것도 아니고, 쟁기질은 못해도 우마차를 잘하는 소가 있고 그래요.

질문자: 그러면 그런 거에 따라서 소 값이 다르고 막 이러지는 않아요?

위○○: 그러죠. 소 값도 틀리죠. 이 멍에 자리 소라는 거. 이 멍에 자리 보고 일을 얼마나 했냐, 안 했냐 해가지고.

질문자: 멍에 냈던 자리. 그렇구나.

위○○: 사람도 어깨를 보면 알듯이. 지게질 해본 사람과 안 해본 사람 표시 나듯이.

질문자: 그게 표시가 나요?

위○○: 나요. 그것보고 소 값도 틀려요.

질문자: 그러면 당시에 같이 일하셨던 분이 아까 말씀하신 분들. 그런 분들이 아까 얘기하셨고 그러면 주로 같이 이렇게 했던, 이렇게 돈 받았던 업자는 누구 기억하세요?

위○○: 아 저 지금 군수님 아버지. 김○○ 씨. 또 김○○ 씨가 있어요.
질문자: 김○○?
위○○: 주로 이제 그 두 분한테서 많이 했죠.
질문자: 그 두 분한테 주로 돈 돈 받고 하는 일을 그분한테. 그분들한테 하셨다 그러면은 그렇게 일찍 시작하시지는 않았네요 보니까? 이 두 분한테 했으면?
위○○: 그렇지. 그렇게 일찍 하지 않았죠.
질문자: 그렇죠, 예. 좀 나중에 하신 축에 속하시는 거죠?
위○○: 그러죠. 그렇게 해서 돈을 벌어야 하니까. 이제 욕심을 따라 당겼죠.
질문자: 그러면은 여기에 청암 안골이 어디예요?
위○○: 청암 안골이 칼바위 산 너에 넘어간 그 동네가 안골이에요. 그러면은 지금 이제 크게는 여기 이제 이 칼바위에 있는 이 오봉산하고, 그다음에 저기 도촌의 그 청뱅리.
질문자: 청방산.
위○○: 예, 청뱅이하고 두 군데서 돌이 제일 많이 나왔다고 그러거든요? 청뱅이 같은 데는 멀어서 가까이 안 가봤고, 거기는 뜨러 갔고 전해봤고. 뜬 사람이 있고 전한 사람이 있어.
질문자: 네네. 그러면 객산은 어디예요?
위○○: 객산은, 용추골 알지? 용추골 안으로 들어가서 넘어가면 회촌하고 경계선이 있어. 거기가 산 넘어가 객산.
질문자: 그럼 거기서 일하던 업자는 혹시 누군지 아세요?
위○○: 거기서 일하는 업자는, 시방 저 다 죽고 없는데 뭐죠. 조 양, 김○○이. 조 양. 돌아가셨으면 김○○. 또... 가만 있어봐라. 오래되니 또 그 사람들 이름도 다 잊어버리고.
질문자: 그러면 객산에서 그 돌 캔 분하고 청방리에서 돌캔 분하고 또 이쪽에서 칼 바위에서 하신 분들하고...
위○○: 그 사람들이 그라고 그라고 댕겼어요.
질문자: 다 같이 그냥 하나로?
위○○: 이제. 그 업주가 업주가 이제 누구 누구를 초대해서 말이야. 우리는 일하라고 그러면 그 업주와 일꾼과 사이가 좀, 그 좋고 또 그렇게 정감 있고 하는 사람들이 그것도 따르고 그래. 그런데 그때 아무래도 사업주가 좀 안 좋으면 좀 오라고 해도 안 가고, 그때 당시에는. 이제 누구 산에서 누가 했다는 것은 기억을 지금 못 하고 있죠. 몇십 년 됐다고...
질문자: 옛날에 그 정비소 같은 데서 저런 걸 만들었다고 그랬잖아요. 저거 하나 만들려면 돈을 얼마 줘야 돼요? 비싸요? 쌀로 줬다고 치면?
위○○: 쌀값으로... 쌀값이 귀중했어, 그때는. 쌀이 그때 세 가마 값인가, 네 가마 값인가. 요새 돈으로 말하면 한 6, 70만 원 줬을 거예요.
질문자: 그러면 저거를 며칠 일해야 돈을 빼요? 며칠 운반하면 저거 들인 값을 이제 뽑아야 되잖아요?
위○○: 한 3일은 해야지, 그래도.
질문자: 한 3일 안에 뽑아요? 한 3일 하면 괜찮네요, 그러면? 한 3일 해서 6, 70만 원? 그러니까 한 세 가마니 돈 되는 거죠?
위○○: 지금은 쌀 한 가마니 값이 아무것도 아니지만 그 당시는 금값만큼이나 귀하고 비싸고 그랬지.

■ 녹취 일자: 2021년 5월 25일 14:00~14:30
■ 녹취 장소: 기남리 박○○ 씨 댁
■ 채록자: 국제온돌학회 송○○

질문자: 선생님 성함이 박○○ 선생님 맞으시죠? 연세가 어떻게 되셨어요?
박○○: 42년생.
질문자: 42년생? 그러시면 지금 나이로는?
박○○: 80세, 79야 만으로.
질문자: 그냥 한국 나이로 80세시네? 그러면 원래 어디서 태어나셨어요? 아, 여기서 이 자리에서? 그럼 이 자리에서 태어나셔서 이 자리에서 그냥 평생 사셨네요?
박○○: 살기도 살고, 오래 사는 데 다니면서 살고.
질문자: 그러면은 지금 방돌 관련해서는 어떤 일을 주로 하셨어요?
박○○: 옛날에 지금도 그이 하나 있지만, 네, 우리 산에서 방돌이 났어요.
질문자: 산에서?
박○○: 지금도 우마차 길이 있고 그래.
질문자: 그게 어디예요. 그 산이?
박○○: 바로 뒤 해평리 산 71번지.
질문자: 해평리 산 71번지?
박○○: 그걸 이제 중간에 도로가 나가지고, 71-1, 71-2 나눠졌거든. 여 위에 저수지 생기면서 도로가 나부렀지. 그러니까 산이 두 쪼각이 나부렀지 가운데로 길이 나부게. 지방 사업이고, 그러니 협조를 해야지. 우리 마을이 옛날에는 전부 다 밭이었는데 지금은 전부 다 논이잖아요. 원래 밭에서는 수확이 적게 나고 논에서는 수확이 많이 나니까 우리 마을 숙원 사업이 해결돼분 거지. 일제 때부터 저 저수지를 막은다고 어르신들이 그래 왔어. 그런디 저수지 막은 지가 한 30년 가깝거든. 30년 못 돼도 한 20년은 넘었을 거야. 그래가지고 거기 지금도 산 위에 올라가면은 방돌 뜬 흔적이 다 있어요. 방돌 많이 떴지, 거기서. 나는 교직에 있으니까, 막 돌아다니고 동생이 서사하다가 당숙이 서사하다가.
질문자: 당숙이 서사하다가 동생도 서사를 하고?
박○○: 군대 가니까 이제 당숙이 했지.
질문자: 그러면은 그 서사가 지금 업자를 얘기하시는 거예요?
박○○: 아니, 업자는 나지. 내 앞으로 허가를 냈으니까. 그냥 나는 내 이름으로 허가만 내놓고 동생이 이제 감독을 관리 감독을 하는 거야. 그렇지, 감독을 하는 거지. 그때 내는 이제 사방대로 돌아다니니까 그럴 수밖에 없지.
질문자: 동생한테 이제 믿고 맡기시고, 당숙한테 믿고 맡기시고? 그렇게 하시고?
박○○: 그때는 방돌 한 칸에 500원뿐이 안 했어.
질문자: 한 칸에 500원? 한 개가 아니고 한 칸에?
박○○: 한 칸에. 사 방 8자가 500원.
질문자: 아니 그게 몇 년도인데요? 지금 제가 인터뷰해 보니까 한 칸에 업자들이 판 게 3, 4만 원 받았다고 하던데? 엄청 오래되신 거네 그럼?

박○○: 그렇지요.
질문자: 업자로 허가 낸 게 몇 년도세요, 그러면?
박○○: 오래돼서 모르겠지만, 우리 딸이 마흔일곱이니까는 50년이 넘었지. 결혼하기 전에 총각 때 했으니까.
질문자: 그렇게 총각 때 업자로 허가를 내셨어요? 그러면 몇 년도야. 1960년도? 아니다 70년도, 그래야 50년 되지.
박○○: 50년 넘었어.
질문자: 1960년도나 70년도?
박○○: 결혼하기 전이니까 허가 내려면은 굉장히 허가 내기가 힘들어. 군청 산림보호계에서 하는데 내가 아는 친구가 하나 있어서 어떻게 내기는 냈지만은, 군에 좀 아는 친구가 하나 있어가지고 부탁을 했더니 허가가 없어. 그때 허가 내기 힘들었어. 왜냐하면 산림보호법이 엄해가지고 방돌을 뜨고 다시 복구를 하는 그 일정이 굉장히 힘들었어.
질문자: 뭐 그런 거. 돈을 이렇게 맡기고 공탁하고 그랬다고 그러더라고요?
박○○: 그래가지고 그때도 이제 방돌을 뜨는데 100원인가, 200원인가, 500원 할 때. 왜냐면 그 뒤로 이제 차츰차츰 올라갔잖아. 그래가지고 이제 마차 우마차로 실으면은 두 칸을 실어요, 우마차에. 여기서 가만히 앉아서 들어도 삐삐, 소리가 나. 방돌 싣고 내려온다, 왜냐하면 나무로 해가지고. 브레이크가 이렇게 쇠로 타이어를, 원리는 지금 이제 저기하고 똑같지. 사이카 브레이크하고 똑같은데. 그러면 그냥 뒤에서 조여주고 앞에도 소가 이제 버티고 이런다는데 잘못하면 위험하죠. 그것도 소가 뒹굴어가지고 뿔이 빠져보기도 하고 소를 버려버리고 이제 완전히 도살 해가지고 저기 한 경우도 있고. 굉장히 사람도 위험하고 싣고 그럴 때. 500원 할 때. 두 칸 싣고 내려오면 200원. 뜨는 데, 한 칸 뜨는 데 200원.
질문자: 한 칸 뜨는 데 200원? 두 칸 싣고 오면 200원?
박○○: 300원 먹어불잖아. 뜨는 데 200원, 한 칸 싣고 오면 100원. 업자도 500원 받으면 200원 남죠. 그 외에 잡비가 많죠. 정도 다 달라고 그러고, 노미라고 해 가지고. 처음에는 방돌으로 그냥 거토라고 그래. 인제 거토라고 해. 걷어내는 게 흙이고 걷어내고 산을 그래. 거토를 한 다음에 거기서 이제 방돌을, 이제 정으로 이제 짬이라고 했는데 그 짬그러다 놓고 적을 때려놓고 방돌이 잘 나온다면 쭉 인나지. 방돌이 대개 그렇게 안 나오잖아요. 그러면 남포를 한단 말이야. 노미라고 있어요. 이제 이렇게 끝테리가 지금 뭐라까, 딴짝짝짝 하면서. 그거 저기 하는 거 있잖아. 도로 공사할 때 쓰는 거. 뭐이라 그러나. 근데 그렇게 해가지고 사람이 직접 망치를 들고 이렇게 뚜들려. 그리고 한 바퀴 돌리고 두드리고 조금 똘리고 또 내려 자꾸 덜고 또 들었다 그러면은 그걸 몇 자를 파. 그게 얼마나 힘들겠어요. 그것이 물론 발파를 하면은 방돌은 많이 나오지. 깊이 해 가지고 그 완전히 옆이 폭파했으니까 발파하는 데도 애로가 많지. 왜냐하면은 발파 허가증이 있는 사람이 와서 발파를 해줘야 되는데 그 사람이라는 것이 그렇게 안 되잖아요. 힘들고 돈이 많이 먹고. 그러니까 어떤 경우는 발파를 해서 남포를 하려면은 기술자를 데려오고 현장에 와서 발파를 해줘야 하는데 어떤 사람은 몰래하다가 엉뚱한 짓하고 말썽이 많죠.
질문자: 그러다가 다치기도 하고 그랬겠네요?

박○○: 다치기는 않죠 대개. 왜냐하면은 자기 생명의 귀중함을 다 알고 있기 때문에 발파를 하려면은 방돌이 있으니까, 방돌 방돌로 집을 딱 지어놓고, 방돌 빼가지고 쟁에 놓잖아요. 방돌을 빼가지고. 그 방돌을 굵은 놈으로 제 집을 지은 것은 그 속에서 그 속에서 숨어가지고 전기 발파라고 그러는데, 전기로 선을 이어가지고 발파하는 경우도 있고 이제 기술자가 와서 그렇게 해 주는데, 그렇게 기술자 치고 산에 올라가서 그렇게 해 줄라는 사람이 거의 없어. 근데 한 번이나 와서 해주면 다음에는 이제 안 하려고 그러고. 그래도 돈이라도 주고 기술자 데려다 그렇게 하면은 방돌이 많이 나와요. 그런데 그게 노미로 해가지고 이렇게 뚜드려서 구녕을 내기가 제일 힘들지. 발파는 아무것도 아니지만, 뇌관으로 해가지고 발파하는 경우도 있어요. 심진 뇌관이 다이너마이트, 다이너마이트로 해가지고 사고가 많죠 그건. 전기 내관은 안 터지면은 빼면 되지만은 다이너마이트는 나중에 안 터지다가 나중에 또 거의 터질 수도 있잖아요. 그러니까 사람의 생명이 위험하니까 그 허가증이 있는 사람한테 해라, 그지. 대개는 발파 않고 발파 않고. 대개는 많이 그렇게 했어요.

질문자: 그러니까 두 칸 뜨면은 다른 데서 일하는 거 사흘 일당이라고 그러더라고요?

박○○: 그러지. 두 칸만 뜨면은 다른 데 가서 일반 사람들 아니 이 장소에 따라서 그 다음에 돌 질에 따라서 많이 날 때도 있고 적게 날 때도 있고. 그러니까 힘이 좋아야 되고 또 기술이 조금 필요하지. 돌을, 눈을 알아가지고 짬을 이렇게... 돌에 눈이 있다던데. 나는 잘 모르지만은, 짬을 잘 봐가지고 어떤 쪽에서 때려야 방돌이 일어날 것인가를 이제 해본 사람들은 안다고. 난 건성이야, 건성. 새까이나 좀 갖다 주고, 돈이나 잘 주고, 돼지라도 잡아서 한 마리씩 고기라도 놔주면은 그게 내 할 일이지.

질문자: 그러면은 그거를 그 산 허가 내셔가지고 중단한 건 그럼 몇 년도였어요? 길 나기 시작하면서 저수지 생기면서 그만두신 거예요?

박○○: 아뇨, 중단은 진작 그만뒀지. 왜냐하면 내가 방돌 장사를 초창기에 해가지고 다른 사람은 다 남의 산을 빌려가지고 왔는데. 나는 내 산에서 하니까 세를 안 주잖아. 그러니까 다른 사람은 방돌을 뜨려면은 자금이 필요해. 그것도 꽤 많은 자금이 필요해. 그래가지고 광주에서 자금을 이제 끌여다 써, 끌어다 쓰는데 나는 자금이 필요 없어. 왜냐하면 내 산에서 인부들 돈만 잘 주면서, 맛있는 거만 사면서 가서 방돌 떠가지고. 그래도 가까우니까 또 우리 산으로 많이 가지. 다른 데는 높으니까 올라가기 힘들고 이도 질도 안 좋고 그러니까 안 가는데, 돈 잘 주지 먹을 거 잘 주지. 그래서 우리 사람으로 많이 가. 그런데 이유는 남의 돈을 갖다 쓰면은 그만큼 방돌의 질이 안 좋다고 해. 왜냐면은 오둥이 잡등이 막 이런 사람이 모여가지고 진짜 기술자는 그렇지 않은데 돈만 갖다 쓰고 방돌 떠달라고. 그러니까 양만 많이 막 해가지고, 많이 해가지고 그 돈을 이제 갖다 쓴 놈을 갚아나가는 거야. 그런데 그때 당시 방돌 뜬 사람들이 이 사람한테 가서 돈을 갖다 쓰고 저 사람한테 갖다 쓰고 세 군데 업자가 세 군데 네 군데 이렇게 있으면 세 군데 네 군데 다 갖다 써. 업자가 상당히 여러 사람이 있었는데 그런 사람들은 이제 어짜겠어요. 이 사람이 방돌 떠라 하고 생각하지, 저 사람이 방돌 떠라 하고 그 생각 보면 굉장히 난감해. 이자 요리 갈까 저리 갈까. 그도 핑계 치고 일도 안 하고. 이 사람 체면도 곤란하지. 집안에서 저 사람 체면도 곤란하니까 오히려 일을 회피하고 안 해불고 좀 어디를 출타 해본다든지, 그런 경우가 많아. 나는 이제 방돌을 내 산에서 세도 안 주고 그러니까 값도 내 마음대로 자유. 근데 그 방돌 업자한테서 이 조합이 생겨 가지고. 업자한테서 갖다 써. 이제 이○○ 씨 그 냥반이 조합장을 하기도 하고. 한○○ 씨도 조합장인가?

질문자: 조합이 있었구나?

박○○: 조합이 있어서, 그래 가지고 방돌을 떠가지고 득량 역전으로 이제 내거든. 역 광장에가 방돌이 역전에 수백 칸이 쟁여져. 그리고 방돌을 팔라면은 기차를 교섭해야 되는데, 기차에도 30톤 차가 있고 40톤 차가 있어. 그러면 40톤 차를 교섭을 해야 운임이 좀 덜 먹어.

질문자: 그렇죠. 많이 실으니까.

박○○: 득량역전 역전 역무원들이 정말로 방돌 사장님 어디 갔다 오면 어디 갔다 오쇼? 그냥 옷을 탈탈 털면서 사장님 어디 갔다 오시냐고. 그러자 얼른 말해서 제 한잔 달라는 거지. 30톤 차를 교섭하기도 힘들지만은, 그중에서 또 그 좀 능력이 있는 사람은 40톤 차를 교섭해서 싣거든. 그러면 이거 옛날에는 그 싣는 사람보고 마르봇이라고 하기도 하고. 그러면 역전에 가면은 그 실는 사람들이 또 수없이 많이 오지. 기차에다 실을 라니까 사람이 하나둘이 안 되잖아. 수십 명이 막 달라들어. 방돌 한 차를 순천이나 대전까지도 한동안 올라가고.

질문자: 서울까지는 혹시 안 갔어요?

박○○: 그거는 모르겠어. 나는 여수로, 순천으로, 광주로, 송정리로 나는 뺐는데 판로를 개척 해갖고... 그때만 해도 굉장히 열차 교섭하기가 힘들어가지고 서로가 다툼이 나. 아무래도 이제 열차 교섭을 하려면 서로 좋은 차, 서로 경쟁이제. 하다 보면 담뱃값이라도 넣어준 경우도 있고. 술 먹으라고 돈도 주기도 하고 그 역무원들이 굉장히 좋았어.

질문자: 옛날에 대한통운이 그걸 했다고 그러던데요?

박○○: 그렇지. 인부들이지. 역전 가까이 살던 인부들이 실어주는데 그 사람들도 또 잘 돼야 돼. 잘못하면 깨먹고 그러니까. 그러니까 그런 애로가 많이 있어요, 나는 뜨는 거 저런 것은 간섭은 동생이 하고 나는 판로 관계나 그런 거 토요일, 옛날에는 토요일도 근무를 했으니까. 토요일 오후나 일요일 날에 가서 판로 개척하고 그담에 섭외활동을 했지. 박○○이 술 안 먹은 사람이 거의 없을 거다.

질문자: 그러면 좀 아까 말씀하신 그 30톤 차, 40톤 차가 방돌을 실으면 몇 칸이 실리는 거예요? 30칸 실리고 40칸 실리고 그러는 거예요? 그건 아니고요. 칸 수로는요?

박○○: 칸 수로 시면은 큰 거는 뭐 한 200 한 이상 실을 건디.

질문자: 그렇게나 많이 실어요?

박○○: 돼요. 기억 나와요.

질문자: 200칸?

박○○: 나는 큰 놈은 그 말이라서 그지 적은 건 잘 몰라.

질문자: 큰 놈이. 그러면 40톤 차에 한 칸에. 그러니까 40톤 차 이거 하나에 200칸이 실린다고요?

박○○: 200칸 실릴 거여.

질문자: 그렇게 많이 실려요?

박○○: 많이 실어. 그것이 차 칸 위로도 올라오잖아. 뚜껑이 없으니까. 옛날 석탄차마냥 많이 실어요. 작은 놈은 운임만 많이 먹었지 많이 못 싣고.

질문자: 그러면은 그거를 40톤 차에 200칸을 실었어. 그럼 그 순간 돈을 받으시는 거예요? 돈은 언제 받으시는 거예요?

박○○: 그 광주 가면 이제 그 통운에서 내려가지고 자기들이 인자 저기를 하죠?

질문자: 그럼 외상 거래를 하는 거예요? 일단 돌은 보내고. 돌은 보내고. 돈은 나중에 받고. 그러면 돈 못 받고 그러는 경우는 없어요, 있죠?

박○○: 못 받고 그런 거도 있죠, 뭐. 근데 대개는 다 받아요. 남의 것 떼어먹고 쓴답니까.

질문자: 그러면 그거 사가는 사람들은 이제 이런 그런 자재만 파는 그런 업자들인 거죠? 개인이 사는 건 아니잖아요?

박○○: 여기서 이제 그래서 열차를 띄웠다고 그러면 거기서 내려가지고 자기들이 현장에까지 이 운반을 해서 내려 갖다 팔아요. 그러니까 ○○이 형님이 그 방돌, 우리 방돌을 갖다 많이 팔아줬는데 돈 받으러 가면 거의 다 준비해놨다 주고. 한 번은 가서 실수를 하더라도 그다음에는 하면 거의 다 줘요. 서로 아는 낯이고, 거래를 앞으로 할라니까 내가 이제 그렇게 방돌을 한 10여 년 하다가. 그게 너무나 그냥 번거로워 그래갖고 안 해버렸지 이제.

질문자: 그러면 일찌감치 10년 하셨으면, 일찌감치 그만두셨네요? 그러면 그 10년 정도 하시다 그냥 문을 닫으신 거예요? 아니면 다른 사람한테 산을 파신 거예요?

박○○: 아니 산 버려분다고. 옛날에 우리 아버지께서 못 하게 하고.. 산을 다 거토한다고 그래가지고 전부 다 버려부러. 그때만 해도 소나무도 그냥 이렇게 따박소나무라고 그래가지고 잘잘한 소나무가 있었는데, 그걸 전부 다 줘. 벗게 데우니까 산을 다 버려요. 그럼 산에 가셔 봤소?

질문자: 네, 그럼요.

박○○: 여기 어디?

질문자: 네, 방돌 뜬 데. 산에 이번에 길낸 데도 가고.

박○○: 기남촌 가봤겠네?

질문자: 네, 그럼요. 기남 두 번이나 가서 산에 올라갔죠.

박○○: 그러면 또 이번에 여기 우리 산에 그 방돌 뜬 독만이로 독 많이 있잖아요. 밭 옆에. 거기 또 나무 베어 놨어.

질문자: 그러니까 그거 계속 지금 개발하려고 그래요.

박○○: 요새 엊그저께 한 며칠 안 됐어. 거가 우리 산입니다, 예.

질문자: 그러면 지금도 산의 소유는 여전히 소유시고?

박○○: 내가 이제 소유자제.

질문자: 그러면 방돌 뜨는 건 한 10년 하고 그다음에 이제 안 하시고 그러면 그렇게 놔두셨어요 아니면 무슨 조림을 하셨어요?

박○○: 조림을 내가 했지.

질문자: 그러면 지금 저기 선생님 산은 그냥 나무 그냥 빽빽이 자라 있는 그냥 보통 산이지, 무슨 이렇게 돌 캐던 자리가 남아 있거나 길이 남아 있거나 그러지 않은 거죠?

박○○: 길은 남아 있죠.

질문자: 그러면은 혹시 이거, 저기 선생님이 그 채석 허가 내시기 전에도 다른 데서는 누군가가 하고 있었어요? 그러면 그걸 최초로 하신 분이 누군지 혹시 아세요?

박○○: 다 돌아가시고 없어.

질문자: 이쪽에서 먼저 했어요 아니면 도촌에서 먼저 했어요?
박○○: 여기서 먼저 했지.
질문자: 여기서 먼저 했죠. 그럼 여기서 최초로 하신 분이 누군지 혹시 아세요? 업자들 중에서 제일 처음에 한 사람이 누구예요?
박○○: 제일 처음에 한 사람 내가 알기로는 한○○ 씨.
질문자: 한○○ 씨가 제일 처음 하신 걸로 기억하세요?
박○○: 한 선생 아버지가.
질문자: 그러면 선생님보다 먼저 하신 분이 한○○ 씨. 그다음에 또?
박○○: 전○○ 씨. 나는 늦게 했으니까.
질문자: 전○○ 씨. 그다음에 또 먼저 하셨던 분이 정○○ 씨?
박○○: ○○ 양반은 안 했어. 산만 내놓고 구루마질만 했구만. ○○ 씨도 먼저 했지.
질문자: 다 먼저 하셨어요?
박○○: 먼저 했어. 나는 이제 다른 사람들이 막 하고 하다 돈이 잘 벌려고 그랬는데, 나도 손해는 없었지 지금. 벌었지 벌기는.
질문자: 그러면 여기 오봉산 방돌이 제일 언제 처음 언제 때부터 했다고 생각되세요? 뭐 말씀 들으신 거 있어요? 뭐 일제시대 때부터 했다더라 뭐 이런 거 말씀 들으신 거 혹시 없으세요? 6.25 때 또 했다더라 뭐 이런 거?
박○○: 그런 것은 모르겠어요. 옛날에 언제부터 했다는 무슨 확실한 것은 없는데.
질문자: 그러면 이제 서른 살에. 서른 살에 허가 내셨다고 그랬나, 아까?
박○○: 총각 때 냈으니까. 스물 몇 살에 냈지.
질문자: 그러니까 스물 몇 살에 냈을 때 그 전부터 하고 있었으면 우리 동네 이 지금 방돌 뜨는 일이 언제부터 시작됐다 이렇게 어렴풋이, 어렸을 때라도 들으신 거 없으세요?
박○○: 내가 생각하기에는, 나보다 한 20년, 30년 먼저 한 것은 사실이야.
질문자: 그러니까 42년생이시면 이제 10살 때면 52년, 6.25 때잖아요. 6.25 때 기억 나세요? 그러면 그때 이렇게 방돌 뜨는 모습이나 이런 거 기억나는 거 없으세요?
박○○: 칼바위 밑에가 먼저 있어. 기남치가 먼저 했소, 내가 추측하건대. 우리 어려서도 방을 다 놨으니까. 그때 당시에는 방돌을 뜨는 것을 내가 못 봤어.
질문자: 뜨는 거는 못 보시고?
박○○: 내가 여기서 어려서 소 먹이러 다니고, 방돌 뜨고 한 것은 없고 영추고 소바탕 같은 데 소 갖다 놓고 노는 것이 일이지. 그런데 그때만 해도 냇가에 가면은 방돌이 있어. 그냥 노지에서 막 그러면은 주워다가 아마 방을 놓은 거지.
질문자: 그러니까 이 동네에서 쓰는 거는 이제 그렇게 했다 치고 이것이 이제 이렇게 외지로 팔려나가기 시작한 게 언제냐? 그게 이제 제일 중요하죠. 그래서 이걸?
박○○: 그것이 엄청 오래됐겠구먼. 오래됐어, 음.
질문자: 그래서 이제 여기서 이제 여기에서 나온 돌을 예를 들어서 광주 사람이 썼는데 써보니 좋더라. 그러니까 거기 이제 누구 옆집에라도 방 논다 그러면 거기 저기 보성 가서 사와라, 뭐 이제 이렇게 소문이 나기 시작했을 거 아니에요. 그러면서 여기에 이제 이런 이제 업자들도 생기고 했을 건데, 그게 이제 최초로 어떤 분이 어떻게 시작했는지 그거를 좀 알고 싶어가지고 그러죠.
박○○: 그러게, 제가 잘 모르겠고 옛날에 이런 얘기는 들어봤어요. 소 먹이러 다녀오고 그

랬는데 용추로 올라가면은 그 검정 돌이 그 퇴적암이지. 그러니까 검정 돌이 굉장히 넓게 많이 있어요. 이제 그래서 그 돌을 주워다가 방돌을 놨는데, 전부 다 불을 보니까 튀어버려.

질문자: 터져버린다고요?

박○○: 쩜짝이 저거 있는 거. 저게 방돌이죠. 이 끄트리 방돌을 세워 놨다고. 오지가 세아졌어. 거 세워진 돌이 방돌이야. 아이, 거기 앞에. 바로 앞에 조리 한두 개 세워놨어. 아버지가 세우는 거. 일어나서 아버지의 손 흔적을 내가 남기기 위해서도 두 개가 세 개가 놔뒀어. 그래갖고 노인 양반이 여기는 짚어가지고 물이 나니까 그 이제 돌로 돌을 이제 깨. 이제 그래가지고 그 물구멍도 내놓고 그래서, 그리고 뒤 안에다 몇 개 빼놓는 데 있는 거 아무 쪽 뭐야, 위에다 시멘을 했거든. 근데 여거 사슈라고 한 지가 바꾼 지가 한 10년 넘듯 한가. 한 20년 될까 몰라. 이제 방돌을 빼가지고 누가 줄라고 그래서 줘 물고 아버지 기념이니까 이놈 놔둬야 쓰겄다 그러고 뒤 안에다 두 개인가 세 개가 세워놨는데 몰라 있는가는. 아버지 흔적을 내가 남겨놓은 거죠. 저게 방돌이야 우리 산에서 나온 방돌.

질문자: 아... 그러면 그 위에 퇴적암 그 시커먼 거는 터지고 이런 거는 안 터지고?

박○○: 그러니까 질이 좋다는 거지. 그리고 방돌도 색깔이 하얀 것이 있고 저렇게 불그족족하거 우리 산에 있는 것은 전부 다 불구죽죽한거고 그래갖고 질이 제일로 좋다고 그래. 근데 벌교의 김○○ 씨가 제일로 많이 갖다 팔지. 가까우니까 그러다가 자기가 이제 산을 사가지고...

질문자: 자기가 처음에는 사다가 팔다가 사서 팔다가 괜찮으니까 이제 자기가 산을 사서 이제 직접 업자가 됐구나?

박○○: 한○○한테 산을 사가지고 업자를 했는데, 거거 기남촌 돌이 좋기는 좋은데 그것도 조금 최상품은 못 되고.

질문자: 그러면 최상품은 어디 거 같아요?

박○○: 그 우리 산의 것이 최상품이라 그래. 저게 불그족족 한 저게.

질문자: 알겠습니다. 어쨌든 이렇게 말씀해 주셔서 너무 감사합니다

나가며

지금도 오봉산 구들장 채석장을 처음 본 그때를 생각하면 전율을 느낀다. 거대한 산 전체가 구들장 밭이 되어 덮여 있는 모습은 충분히 나를 압도하고도 남았다.

당시 2019년 겨울 코로나가 막 창궐하던 무렵, 보성군에서는 오봉산 구들장 채석지가 문화유산의 가치가 충분한가에 대한 확신을 갖기 위해 구들장 전문가를 찾고 있었다. 국제온돌학회를 통해 알게 되었는지, 학회 상임회장인 필자를 애타게 찾고 있음을 전화 속에서도 충분히 감지 할 수 있었다. 문의를 받고 늦은 시간 보성군으로 한달음에 달려갔다. 그때까지만해도 내게 보성은 우리나라 남쪽 어디, 벌교 꼬막이 유명한 곳, 그곳에 가면 주먹 자랑을 하지 말라던 풍문 정도로만 기억되는 곳이었다.

평생 구들에 관심을 갖고 구들장과 온돌문화를 연구했지만, 구들장 산지가 고스란히 남아 있는 광경을 실제로 보리라고는 전혀 예상을 못

했다. 옥천의 구들장 산지나 청원 미원면 구들장 산지, 그리고 선주 근교 구들장 담으로 유명한 곳. 그동안 많은 장소에 가 보았지만, 막상 현장에 도착하면 실망하기 일쑤였다. 온돌의 종주국으로서 전 국민이 모두 구들장이 있는 온돌방에서 살았다는 우리 한민족인데, 정작 구들장 밭이나 산지는 늘 훼손되어 초라한 모습뿐이었기 때문이다.

당시 보성군의 군수와 담당 과장, 계장은 모두 열성적이었다. 내가 보성에 도착했을 때는 늦은 밤이었는데도 불구하고, 그들은 따뜻한 향토 음식으로 저녁 식사를 차려 환대를 해주었다. 온돌문화의 핵심인 구들장에 대한 뜨거운 마음을 느낄 수 있었다.

드디어 제대로 된 구들장 채석 현장을 볼 수 있겠다는 벅찬 마음으로 긴 밤을 보낸 다음 날 아침, 담당 문화과장에게 따끈한 해장국을 대접받고 일찍이 산에 올랐다. 그곳에서 처음으로 발견한 것은 포클레인까지 동원해 오래된 구들돌 길을 확장하고 있는 모습이었다. 적이 놀랐다. 소가 구들장을 나르던 구불구불한 작은 도로가 등산로를 확장하느라 크고 반듯하게 펴지고 있었다. 이미 이곳도 훼손되고 흔적이 사라지고 있구나. 일단 급한 마음에 원형을 보존해야하는 기본 원칙을 입이 마르게 설명하고 더 이상의 원형 훼손 방지를 위해 굴삭기 공사 중지를 요청하고 다른 곳을 보여달라고 했다.

다행히 아직 등산로가 연결되지 않은, 세월의 흔적을 고스란히 머금은 채석지는 안으로 들어갈수록 높이 올라갈수록 신비하고 거대했다. 온 산이 공룡의 비늘 같은 구들장으로 덮여 있는 모습을 고스란히 볼 수 있었다. 캐다가 널브러진 구들장이 켜켜이 쌓여 있는 산은 그야말로 우리 온돌문화의 속살을 고스란히 간직한 모습이었다.

가슴이 뛰는 것은 그래서 당연한 일인 셈이다. 온돌문화를 세계문화유산으로 등재하려면 이 온돌문화의 대표적인 재료인 구들장 산지를 갖고 있다는 것이 참으로 중요한 일이기 때문이다.

오봉산 구들장 채석지는 일제강점기 후기부터 1980년대 근대화 말기까지 전남 지방은 물론 광주 부산 서울에 이르기까지 널리 이용되었다는 구체적 사례들을 많이 가지고 있는 구들장 산지로서 온돌문화의 지속적인 전승과 변천 그리고 보성 득량면 지역사와 대한민국 근대기에 미친 영향이 심대하다.

증언 녹취록에 따르면 80톤가량의 돌을 실을 수 있는 화물차량 8량 정도가 항상 득량역에 대기하고 있었다고 한다. 1달에 평균 4천 톤가량의 구들장 돌이 전국 각지로 판매되어 나갔을 것으로 추정된다. 득량면은 돌이 많은 지형 특성상 비가 와도 땅에 물이 고이지 않아 농사를 짓기 어려운 환경이어서 농사가 그다지 큰 수입원이 되지 못하였으나 오봉산 구들장의 채석 산업으로 인해 대부분의 가구가 채석 현장에서 일을 하였다. 또한 천연의 자연자원과 지형을 잘 이용한 구들장 운반로의 유구는 정교한 석축의 구축 방법을 보여주고 있어 문화재적 가치가 높다. 특히 역사적, 입지적, 학술적 가치가 뛰어나서 대대로 보존되어야 할 소중한 문화유산이므로 국가지정문화재로 지정하는 것이 합당하다고 사료된다.

한민족의 고유한 문화유산인 온돌문화의 근간이 되는 온돌의 핵심 자재인 구들장 채석지의 보존과 활용을 위해서 온 산에 큰 규모로 비교적 온전한 상태로 남아 있는 보성 오봉산 구들장 채석장의 국가등록문화재의 등록이 시급하고 절실하다.

보성 오봉산 구들장 채석지는 전라남도 보성군 득량면 일대에 소재하며 온돌문화의 가장 중요한 요소로 온돌방에 쓰이는 핵심 자재인 구들장의 생산지이다. 현재 오봉산 일대에 위치한 구들장 채석지는 일반인들에게는 별로 알려지지 않은 장소이지만 그에 대한 기록과 인터뷰 그리고 현장 지표 조사 결과 일제강점기부터 시작하여 1970년대 현대적인 보일러를 통한 온돌 난방 설비가 등장하기 전 시기까지 전국에 구들장을 공급한 현존 최대의 구들장 산지임이 밝혀졌다.

특히 오봉산 정상 부근 여러 곳에 형성된 구들장 채석지의 소달구지 운반로는 경사면에 도로를 내기 위해 경사면 아래쪽부터 석축을 점점 확장하는 방법으로 쌓았다. 특히 급경사에 도로 폭을 확보하기 위하여 현지에서 생산 채취된 구들장 돌로 정교하게 쌓아올린 모습이 잘 보존되어 있어 의미가 크다. 따라서 대한민국 근대문화유산으로 그 가치가 충분이 크다고 생각된다. 당시 생존자의 증언 및 화물 운송 기록과 사용되었던 각종 도구들이 남아 있으며 현재 강골마을이나 문화재로 지정된 민가에서 다수 존재하고 있기에 오봉산 구들장 채석지를 보존하고 중요 근대유산의 교육 재료로 활용할 필요가 있다고 생각된다.

위와 같은 여러 가지 상황을 고려하면 보성 오봉산 구들장 채석지는 시기적으로 오래 되었고, 원형을 잘 유지하고 있으며, 온돌방의 필수요소인 구들장의 현존 최대 산지임과 아울러 자연지형을 이용한 구들장 운반로 등이 잘 보존되어 있다. 따라서 보성 오봉산 구들장 산지는 근대문화유산으로서 문화재적인 가치가 높다고 판단된다.

심양건축대학교 교수/(사)국제온돌학회 상임회장 김준봉

저자소개

김준봉

1982년 연세대학교 건축공학과를 졸업하고 건축공학석사, 경영학석사, 공학박사를 취득했다. 2010년 중국 중앙민족대학에서 민족학으로 법학박사학위를 취득하였다. 1994년부터 2002년까지 중국 연변과학기술대학 건설공학부교수를 지냈다. 중국 칭화대학 방문학자(2002~2003), 북경건축대학 교수(2003~2004), 북경공업대학 교수(2004~2017)를 거쳐 2018년부터 2023년 현재까지 심양건축대학 박사연구생 지도교수로 일하며 연세대학교 객원교수, 우석대학교 겸직교수로 일하고 있다. 코로나로 그간 어려움이 있었지만 벌써 20여 년 이상 중국 생활을 하고 있으며 한국과 중국 각지에서 강의 강연 등 한옥과 온돌 그리고 2002년부터 온돌 시공 전문가로 연구와 전통 온돌 보급 활동을 이어가고 있다.

중국 세계문화유산보호연구센터 특별초빙고문, (사)국제온돌학회 창립회장(2002~2023), (사)한옥건축학회 창립 국제회장(2010~2017)을 거쳐 2018년부터 (사)한옥건축학회 대표회장을 맡고 있다. 충북 진천에 자연환경생태연구소를 운영하고 있으며 한옥구들학교 교장으로 2008년부터 2023년까지 550여 명의 전통온돌기술자를 양성하였다.

주요 작품으로는 중국 연변과학기술대학 금호관, 조각공원, 연변두래마을, 연길시 사랑의 집, 심양 동북신학대학 등을 설계 감리했고 두만강노래비 민속공원 국제현상설계 당선, 캄보디아 사랑수양관 설계, 인도네시아 팔렘방 신학대학 마스터플랜, 산동성 봉래시 신도시계획, 북경 올림픽 배드민턴 경기장, 평양과학기술대학, 김일성종합대학 도서관 리모델링 계획도 추진했다.

한옥과 구들 관련으로는 제주서귀포 한방한옥펜션단지 설계감리와 구들 시공을 했고, 제주성상카페, 태안한옥펜션, 종로 상촌재, 괴산 김기응가옥, 강원고성암환자의 친구들, 늘푸른 청소년의 미래 화천수련원, 경복궁 흥복전 구들복원과 창경궁 구들, 보성 강골마을 이정래 고택구들의 해체 및 복원 시공, 연변 강녕한옥마을 계획과 구들 시공, 길림시 아라디한옥마을, 아프리카 아루사마을 등 매년 해외 한옥 구들 설계 시공 활동을 펼치고 있으며, (사)국제온돌학회 구들봉사단 또한 운영하고 있다.

그간의 연구는 한국 대한주택공사 위탁 연구과제 <북한의 주택 및 건축 기술 실태조사와 계획방향 제시 연구 2002>, 국토교통부국토교통부 연구과제 <온돌기술 문화유산 등록 방안 마련을 위한 연

구 2014>, 문화체육관광부 연구과제 <온돌영문소개책자 제작용역, 2016>, 문화재청 연구과제 <온돌문화 국가무형문화재 지정가치 조사 연구 2017>의 연구책임자로 과제를 수행하였다. 조선족 민가연구로 과학기술부 제11회 과학기술 우수논문상(2001) 을 수상하였고 제5회 대한민국 환경대상(2010)-한국 생태환경건축학회-을 수상하였다.

주요 저서로는『다시 중국이다』,『중국속 한국전통민가』,『중국 유학 성공을 위한 13가지 열쇠』,『흙과 불의 과학적 만남』,『중국 부동산 투자의 원칙』,『중국 조선족 민가(中國 朝鮮族 民家)』 등이 있고 공저로는 세종도서로 선정된『온돌과 구들문화』,『온돌문화 구들 만들기』,『온돌 그 찬란한 구들문화』(2006, 과학기술 우수 도서상 수상), 역서로는『호설암의 기회경영』,『중국경제성장의 비밀』 등이 있다. 이외에도『현대한옥개론』과『천년의 비밀 아자방 온돌 - 하동 지리산 칠불사 아자방』 등을 출간했다.

빛나는 문화유산 온돌
보성 오봉산 구들장 이야기

초판 1쇄 발행일 2024년 1월 24일
지은이 김준봉
펴낸이 박영희
편　집 조은별
디자인 김수현
마케팅 김유미
인쇄·제본 제삼인쇄
펴낸곳 도서출판 어문학사
서울특별시 도봉구 해등로 357 나너울카운티 1층
대표전화: 02-998-0094 / 편집부1: 02-998-2267, 편집부2: 02-998-2269
홈페이지: www.amhbook.com
인스타그램: amhbook
페이스북: www.facebook.com/amhbook
블로그: 네이버 http://blog.naver.com/amhbook
e-mail: am@amhbook.com
등록: 2004년 7월 26일 제2009-2호

ISBN 979-11-6905-023-4(93380)
정 가 26,000원